KB059176

중세 시대의 몸

몸을 통해 탐색한 중세의 삶과 죽음, 예술

중세 시대의 몸

MEDIEVAL BODIES

잭 하트넬 지음 | 장성주 옮김

SIGONGART

중세 시대의 몸

초판 1쇄 인쇄일 2023년 9월 15일
초판 1쇄 발행일 2023년 9월 22일

지은이 잭 하트넬
옮긴이 장성주

발행인 윤호권
사업총괄 정유한

편집 김화평 **디자인** 최초아 **마케팅** 정재영, 이아연
발행처 ㈜시공사 **주소** 서울시 성동구 상원1길 22, 6-8층(우편번호 04779)
대표전화 02-3486-6877 **팩스(주문)** 02-585-1755
홈페이지 www.sigongsa.com / www.sigongjunior.com

ISBN 979-11-7125-168-1 03920

차례

1. 2003년 골동품 경매에서 판매된 시신의 머리와 어깨.

중세 시대의 몸

2003년, 파리의 한 골동품 판매상이 보존 처리된 인간의 머리를 비공개 가격으로 캐나다의 개인 컬렉션에 판매했다. 거래 자체는 특이한 사건이 아니었다. 유형을 막론하고 귀중한 역사 유물이 다 그러하듯이, 인간의 주검 또한 특이한 의학 표본 및 값비싼 골동품을 취급하는 전문 국제 시장에서 끊임없이 거래되기 때문이다. 그러나 이 품목은, 이 몸은, 특별한 호기심을 불러일으켰다.

첫인상부터 생생한 충격이다. 강력한 사후경직 상태로 고정된 듯, 머리는 짤따랗게 남은 양어깨에서 뒤쪽을 향해 젖혔고, 목구멍은 속이 훤히 보이며, 입은 헤벌쭉이 벌린 상태이다. 얼굴은 이마 한복판에서 아래쪽까지 큼직하게 벌어졌는데, 옆으로 돌려보면 머리 부위의 뼈가 통째로 둥그렇게 잘려 나간 것을 알 수 있다. 비스킷 깡통의 뚜껑처럼 분리된 머리뼈 위쪽은 간데없이 사라졌고, 두뇌 역시 제거되어 쪼글쪼글한 기저부와 납작한 등골 말단부만 남아 있다.

이 불가사의한 시체를 더 자세히 알아보고자 프랑스의 고생물 병리학 연구팀이 허가를 얻어 정밀 검사를 실시했다. 시체에 혁신적인 의료고고학 기법 몇 가지를 적용하기가 무섭게 망자의 온갖 정보가 드러나기 시작했다. 연구팀이 알아낸 바에 따르면 이 시체는 남성이고, 원래는 백인종에 속하며, 나이는 사망 당시 대략 마흔다섯 살이었다. 턱과 윗입술 위쪽의 짧고 붉은 수염으로 미루어보아 생전의 머리색은 붉었으리라 추정된다. 그리고 몇 차례 스캔한 결과 남자의 머리와 어깨는 빠르게 굳는 수은이 주성분인 금속성 밀랍을 이용해 보존 처리된 것으로 밝혀졌는데, 이는 시체의 포즈를 주조용 거푸집과 비슷하게 고정시킬 목적으로 남자가 숨을 거둔 후 곧바로 대동맥에 주입되었다. 무엇보다 흥미로운 점은, 방사성탄소 연대측정법에 따르면 이 인물은 1200년부터 1280년 사이의 어느 시기를 살았으리라 추정된다는 것이다. 즉, 중세의 시체라는 뜻이다.

나 같은 역사학자에게 이 같은 발견은 곧 과거로 통하는 매혹적인 문이 대뜸 열린 셈인데, 단지 오래전에 죽은 해골의 시시콜콜한 과학적 정보만이 그 문의 열쇠인 것은 아니다. 우리는 이 반쪽 인간의 성별과 나이, 심지어 머리색까지 알지만, 그의 주검은 여전히 억누르기 힘든 갖가지 의문을 생기 넘치는 포즈로 제기한다. 이 남자는 누구였을까? 어디 출신일까? 어쩌다 이런 모습이 되었을까? 남자의 시체는 자신이 살았던 시대에 관해 알려진 바를 더 깊이 파보라며 과거에서 현재로 날아온 독촉장이다. 그리고 중세의 몸을 탐구하는 일은 오늘날에 특히 필수적인데, 왜냐하면 그 시대에 대한 지독한 오해가 지금도 생생히 지속되기 때문이다. 영예로운 두 시대, 즉 고대 그리스 로마 시대와 고전 세계를 부활시킨 유럽 르네상스 시대 사이에 끼어 있는 몇 세기는 오늘날 정체되고 외떨어진 시기로 여겨지며, 이러한 생각은 그 시기를 가리키는 여러 상이한 용어에도 드러난다. '암흑시대' 또는 라틴어 메디움 아이붐medium aevum, 즉 '중간 시대'에서 유래한 '중세'라는 용어 말이다. 이 시기는 그 자체에 속하지 않는 시간대의 사건들, 즉 실제로는 같은 시대에 해당하지 않는 일들로 정의되는 경우가 흔하다. 그리고 중세의 유물을 바라볼 때 우리는 그것이 인체이든 시이든 회화 또는 연대기이든 간에, 부정적인 면을 강조하는 경향이 있다. 우리는 예로부터 전해진 미심쩍고 보통은 적잖이 섬뜩한 시대 서술 속으로 그러한 유물을 끌어들인다. 즉, 역사 속의 불쾌한 한 토막에 해당하는 당시에는 사람이 머리가 쪼개지고 몸속에 금속성 밀랍을 주입당해 최후를 맞는 것도 특별한 일이 아니었다는 식의 서술 말이다.

이러한 느낌이 보편적이라는 사실은 최근 런던의 한 대형 박물관이 중세 및 르네상스 시대 전시관을 새로 단장할 목적으로 관람객 설문 조사를 하면서 명확히 드러났다. 조사원들은 박물관을 즐겨 찾는 관람객 집단에서 추출한 평균 집단에게 먼저 르네상스 시대, 다음으로 중세 시대에 사는 본인의 모습을 차례로 상상해 보라고 요청했다. 그런 다음 본인 주위에 무엇이 보일 거라 짐작하는지, 또는 어떤 느낌이 들 거라 생각하는지 물었다. 박물관 측이 가감 없이 기록한 르네상스 시대에 대한 반응을 보면, 정말이지 좋은 말만 가득하다. 사람들은 진심으로 만족한 것처럼, 또한 흐뭇한 경이감에 충만한 것처럼 보인다.

> 저는 한낮의 피렌체에서 강변을 걸어요. 평화로운 한때, 제가 빙그레 웃고 있네요. 저는 조각가의 모델이고 그 조각가는 성모자상像을 만드는 중이에요.

> 환하게 부서지는 햇살 속으로 좁다란 공터와 조그만 호수가 보입니다. 이곳에는 철학이 있군요. 사람들이 둘러앉아 정치와 책을 논해요. 음악도 들리고…… 눌러앉아 꿈을 꾸고 싶은 곳입니다.

매력적으로 들린다. 하지만 똑같은 이들에게 중세 세계를 머릿속에 그려 보라고 하면 세상은 대번에 고달픈 곳으로 변한다.

> 군인, 농부, 높은 성, 진흙탕인 저지대가 보이는데…… 사방에 흑사병과 역병이 가득해요. 비가 내리고요. 사람들이 벌꿀 술을 마시고 취해서 자기네끼리 싸워요. 예술가는 존경받는 직업이 아니군요.

> 저는 감자 포대 같은 옷을 걸치고 한밤의 지하 감옥에 갇혀 있습니다. 춥고, 쥐도 돌아다니네요. 바닥 높이에 난 창문은 쇠창살로 막혔고요. 이제 막 아기를 낳은 당신에게 주려고 감자를 훔친 게 저의 죄입니다.

흔한 고정관념에서 비롯된 상상이다. 대략 기원후 300년부터 1500년까지, 대다수 사람이 잔인한 장면이 많은 영화 「브레이브하트」와 우스꽝스러운 사극 시트콤 「블랙애더」 사이를 오가는 시대에 살았다는, 즉 고통과 무지가 만연한 세상에서 가엾을 정도로 불결하게 살아가며, 스멀거리는 어둠을 틈타 전쟁을 일으킬 궁리만 했다는 식의 고정관념 말이다. 그렇게 보면 인류는 거의 1000년을 허송세월한 셈이다. 앞서 박물관이 조사한 관람객 가운데 적어도 한 명은 이처럼 널리 퍼진 고정관념 탓에 무려 인물과 사물의 역사적 좌표를 왜곡하는 경지에 이르고 말았다. 관람객이 상상 속에서 훔친 감자, 아마도 구워서 포슬포슬하고 알도 굵은 감자가 아니라 딱딱하고 차가운 날것일 그 감자는 사실 1570년대에 비로소 아메리카 대륙에서 유럽으로 전해지는데, 이 무렵은 이른바 '암흑시대'인 그 시대의 암흑이 걷힌 지도 이미 오래되었을 것이기 때문이다.

이러한 상상을 낳은 원흉이 누구인지 또는 무엇인지는 아직 완전히 밝혀지지 않았다. 어찌 보면 과거를 헐뜯는 행위에는 우리가 오늘날의 삶을 어떻게 보고 싶어 하는지가 자연스레 반영되는 것 같기도 하다. 교양 있는 현대 사람처럼 보이려면 우리 자신과 노골적인 대비가 되어 줄 암울하고 무지한 과거가 필요하다는 말이다. 대중문화는 디즈니 애니메이션 속 *옛날 옛적*의 성에 잔인하게 유폐된 공주처럼 낭만화된 인물을 통해, 또는 「왕좌의 게임」처럼 살벌한 폭력과 상반신 노출 장면이 넘쳐나는 텔레비전 드라마를 통해 여기에 노골적으로 가담했다. 컬트적 인기를 끈 쿠엔틴 타란티노 감독의 1994년 영화 「펄프 픽션」에서 배우 빙 레임스가 연기한 마약 판매상 마셀러스는 자신을 감금했던 남자에게 핏빛 보복을 감행할 기회를 얻는데, 이때 그가 불행한 먹잇감 앞에서 다음의 신랄한 대사를 내뱉은 것은 결코 우연이 아니다. "네 엉덩이는 *중세* 방식으로 대접해 주마." 이로써 그 시대는 순식간에 끔찍한 폭력으로 물든 역사 판타지가 되어 관객의 머릿속에 떠오른다.

역사를 되짚어 보면 이처럼 악랄한 중세관을 꽤 자주 마주치게 된다. 19세기 빅토리아 여왕 시대의 영국인들은 중세가 소름 끼치는 시대였다는 관념에 유독 강하게 매료되었는데, 이들은 유혈이 낭자한 신고딕소설을 좋아하는 자신들의 이색 취향에 들어맞도록 과거를 기꺼이 왜곡했다. 이 같은 관념은 훨씬 이전까지 거슬러 올라가 계몽주의 시대 사상가들의 저작에도 드러난다. 1580년대에는 중세 헐뜯기가 어찌나 보편화되었던지, 잉글랜드의 고문헌 연구가 윌리엄 캠든은 장대한 영국 통사를 저술하며 이 시기에 관해서는 한두 문단만 적고 통째로 건너뛰는 식으로 무시해도 괜찮으리라 여겼다. 캠든은 이렇게 적었다. "나는 여러분께 중세의 맛을 아주 살짝만 보여 줄 텐데 당시는 먹구름으로 잔뜩 뒤덮인, 더 정확히는 무지의 안개로 짙게 감싸인 시대였다." 조금은 안타깝기도 하지만, 이 당시를 특정한 중간성이 깃든 시대, 즉 한층 더 찬란하고 흥미진진한 역사상의 두 시점 사이에 끼어 있는 시대로 처음 관념화한 장본인은 다름 아닌 중세의 사상가들이었던 것 같다. 이탈리아의 시인 프란체스코 페트라르카는 14세기 이탈리아의 문화적 가치관이 변해 가는 과정을 지켜보고 이를 통해 중세 세계가 진보하기를 바라는 마음에서 갈망과 낙관적 흥분이 뒤섞인 어조로 이렇게 적었다.

> 더 복된 시대는 전에도 있었고 분명히 앞으로도 다시 올 것이다. 그 중간인 우리 시대에, 그대들은 불행과 오욕의 합일을 목도한다. (중략) 나의 숙명은 변화무쌍하여 갈피 잡지 못할 폭풍 속에 살아가는 것. 그러

나 그대들은 어쩌면, 내가 바라고 원하듯이 나보다 훨씬 더 오래 산다면, 나중에 도래할 더 나은 시대를 보게 되리라. 어둠이 흩어지고 나면, 우리 후손들은 예전의 순일한 빛 속으로 다시금 들어서리라.

처음 시작된 때가 언제였든 간에, 이 같은 중세관은 굳이 따져볼 필요도 없이 왜곡되었다. 이처럼 일그러진 인상 속에서 중세의 실제 모습을 밝혀내는 것이야말로 내가 10년이 넘도록 해 온 작업의 일부이자, 이 책의 핵심 주제이다. 우리는 단순히 스스로의 비위를 맞추고 싶다는 이유로 시간상 동떨어진 것처럼 보이는 이 시대를 업신여겨서는 안 된다. 오히려 중세 세계의 어느 일면이나마 진정으로 파악할 수 있도록, 우리는 당대의 기준에 따라 그 시대를 대해야 한다. 이미 늦었지만 이제라도 우리는 앞서 등장한 프랑스 출신 반쪽 남자가 영원히 정지된 모습으로 굳어 버리기 전까지 삶을 파악했던 방식대로 중세의 삶을 보려고 애써야 하며, 이를 위해 실제로 각양각색의 인물들을 한 명씩 차례로 집중해 살펴볼 것이다. 여기에는 6세기 라벤나에서 환자를 진료하는 의사, 12세기 아제르바이잔에서 서사시를 집필하는 페르시아 시인, 15세기 런던의 이스트엔드에서 옷을 짓는 재봉사 여성 등을 비롯해 여러 인물들이 포함된다. 우리는 단순한 캐리커처 수준에 머물지 말고 삶의 자잘한 구석들을 세밀하게 살펴봐야 한다. 또는, 이 책의 경우처럼, 삶과 죽음과 예술의 자잘한 구석들을 살펴봐야 한다. 그러면 과거 지향적이고 우중충한 중세 시대 이야기 너머의 다른 이야기가 우리 눈앞에 반드시 나타날 것이다.

출발점은?

그렇다면 실제 중세의 삶은 어떠했을까? 이 질문에 대한 답을 어떻게 시작할지는 우리가 중세라는 기나긴 시대 가운데 언제, 그리고 어디를 들여다보려 하는지에 달렸다. 왜냐하면 어마어마하게 긴 시간과 몹시도 다양한 민족 및 문화, 종교, 지리 정보 등이 중세라는 단 두 글자에 모조리 담겨 있기 때문이다.

중세처럼 화려하고 다채로운 시기가 모호하게 시작되어 논쟁적인 결말을 맞은 것은 어찌 보면 당연한 일이다. 중세라는 시계의 작동 버튼을 공식적으로 눌러도 좋은 시점은 다름 아닌 로마 제국 붕괴 무렵이다. 이 제국은 이전 몇 세기 동안 유럽과 아프리카, 아시아의 광대한 땅을 병합하고 지배했으나 476년 서로마 제국의 마지막 황제 로물루스 아우구스툴루스가 게르만족 왕 오도아케르에게 폐위당하면서 곧바로 중세가 시작됐고, 이로써 유럽에서는 제국 지배기가 막을 내렸다. 그러나 현실의 로마 제국은 이미 오래전에 심각하게 쇠락했다. 중세 이야기의 출발점은 북유럽의 여러 부족이 걸핏하면 라인강을 건너와 이탈리아 반도를 침략하기 시작한 5세기 초반으로 정해도 되고, 또는 거기서 아예 2세기를 훌쩍 거슬러 올라간 시점, 즉 과도하게 확장된 로마 세계가 처음으로 정치 불안과 경기 둔화를 겪기 시작한 3세기 무렵으로 정해도 결코 무리는 아니다. 다만 이 같은 중세의 여명기는 구체적 증거가 부족한 탓에 확정하기가 매우 까다롭다. 온전한 건물이나 유물은 거의 남아 있지 않고 문헌은 그보다 더 적게 남아 있으며, 고고학 기록 또한 드물다. 그렇다 보니 이 책의 상당 부분은 어쩔 수 없이 더 자세한 기록이 남아 있는 중세 서사의 후기 부분을 다루고 있지만, 그 시기의 마지막 또한 관련 자료가 방대하다고는 할 수 없기 때문에 중세가 정식으로 종결되는 시점을 찾기란 앞서와 마찬가지로 어려운 일이다. 르네상스 같은 운동으로 이어지는 흐름은 하룻밤 사이에 만들어지지 않는다. 어떤 이들이 보기에 14세기 이탈리아에서 일어난 패러다임 대전환의 신호였던 사상이나 행동, 예술 작품 등의 변화가 런던이나 세비야, 튀니스, 예루살렘 등지에서는 꼬박 한 세기가 흐른 다음에야 유행했을 수도 있다. 중세 세계를 맨 처음 자각적으로 비평한 이들, 예컨대 페트라르카 같은 사람들과 미켈란젤로나 세르반테스, 루터 같은 르네상스 명사들의 활동 사이에는 약 200년이라는 시차가 존재하는데, 후자의 명사들이 살던 세계는 사방에 만연한 중세의 영향력이 여전히 생생하게 느껴졌다. 역사적 변화란 결국 인간이 하는 일이다. 여러 지역을 순식간에 휩쓸며 똑같은 방식으로 일어나지는 않는다는 말이다.

그럼에도 불구하고 지중해와 맞닿은 모든 지역의 중세 역사는 고전 유산을 공유한다는 점에서 명백히 하나로 엮여 있으며, 이로써 같은 시기 동북아시아와 인도, 중국, 사하라 사막 이남의 아프리카, 콜럼버스 이전의 아메리카 같은 곳에서 바쁘게 펼쳐진 역사와 어느 정도 차별성을 띤다. 이때 로마의 유산을 물려받은 주요 상속자 셋이 전면에 두드러지는데, 이들은 저마다 내가 추적하고자 하는 중세의 몸을 조금씩 다른 느낌으로 보여준다.

그중 첫째는 비잔틴 제국이다. 그리스어를 사용하고 국교는 크리스트교였던 이 제국은 전성기에 그리스와 발칸반도, 아나톨리아 고원, 북아프리카, 레반트 지역 대부분까지 뻗어 나갔다. 비잔틴 제국 사람들은 스스로를 고전 그리스 로마 세계의 단순한 상속자로 여기지 않고 그 문명의 직접적인 계승자라고 자부했다. 그들의 수도인 콘스탄티노플은 세련된 건물과 정치적 위세가 집중된 대도시로서, 원래는 비잔티온이었다가 330년에 콘스탄티누스 황제가 자기 이름을 따 새로 명명하면서 로마 제국의 양대 수도 가운데 동쪽 끄트머리의 수도로 정해졌다. 비잔틴 제국의 황제들은 로마에 확고한 기반을 둔 콘스탄티누스 황제의 직계 혈통으로서 몇 세기에 걸쳐 통치권을 유지했으며, 비록 영토와 위세는 서서히 축소되었을지언정 콘스탄티노플 자체가 끝내 오스만 튀르크에 함락당한 때는 중세의 끝자락인 1453년, 비잔틴 제국이 약 1000년 동안이나 이 도시를 지배한 후였다.

둘째는 북쪽으로 스칸디나비아부터 남쪽으로 이탈리아에 이르는 유럽의 서부 및 중부 지역에 거주하던 중세 사람들로서, 이들 가운데 일부는 실제로 로마 자체를 무너뜨린 장본인이다. 중세 초기 이 지역은 하나로 통합된 동쪽의 비잔틴 제국과 달리 매우 자잘하게 쪼개져 있었으며 5세기부터는 국경선이 끊임없이 재편되었다. 이 지역의 주도권은 서로 쟁투하는 다양한 문화 집단, 즉 프랑크족과 앵글족, 색슨족, 켈트족, 바이킹, 서고트족, 슬라브족, 마자르족, 불가르족, 아바르족 사이를 오갔는데, 이들이 세운 여러 왕국은 비단 정치적 정통성뿐 아니라 국고 유지 차원의 노략질을 위해서라도 전장에서 승리를 거두어야만 했다. 그들 집단의 이름이 오늘날 더 경멸적인 뜻을 지닌 단어로 변형되어 쓰이는 것도 아마 이 때문일 것이다. 예컨대 '야만인Barbarian'과 '기물 파괴범Vandal'을 가리키는 영어 단어에 들어 있는 '바르바로이'와 '반달족'이 중세에는 역사상의 실제 집단을 가리키는 이름이었다[그리스어 '바르바로이'는 그리스어로 '그리스인이 아닌 자', 즉 문명인이 아닌 사람을 뜻한다—옮긴이]. 그러나 설령 정치적 폭력이 존재했던 것은 인정한다 하더라도, 그러한 여러 왕국이 앞서 런던 박물관의 설문 조사에 난데없이 등장한 가난한 감자 도둑 같은 사람들로 가득했던 것은 결코 아니다. 그들은 로마 교회와 맺은 동맹 관계에 힘입어 800년경부터 왕정을 점차 안정시켰고, 자신들이 정복한 로마 제국의 학문과 문화를 똑같이 모방하려고 더욱 애썼다. 그들 가운데 여럿은 중세 후기에 이르러 복잡한 민족 국가의 기반을 단단히 다지는데, 이 국가들은 근대 초기 유럽의 뼈대를 이루고 이를 발판으로 지구상의 드넓은 땅을 식민지로 삼았다.

셋째이자 아마도 예상에서 가장 멀리 벗어났을 로마 제국의 상속자는, 다름 아닌 이슬람 세계이다. 인구 밀도가 낮은 아라비아반도에서 630년 무렵부터 부각되기 시작한 이슬람교 신자들은 어느 모로 봐도 콘스탄티누스나 율리우스 카이사르, 플라톤 등이 살던 땅과 지리적으로 곧장 이어진 사이는 아니다. 그러나 신앙과 정치의 힘이 합쳐진 결과 그들은 가공할 속도로 세력을 넓혔다. 그들 군대가 일찍이 비잔틴 제국과 페르시아 제국의 영토였던 땅을 어찌나 빠르게 침략했던지, 고작 한 세기 남짓 지난 후에는 이베리아반도와 북아프리카, 중동의 거의 모든 지역, 더 나아가 오늘날의 아프가니스탄과 파키스탄까지 모조리 아우르는 영역이 칼리프 국가의 영토에 포함됐다. 여기서 칼리프는 '계승자'를 뜻하는 아랍어 *칼리파*خليفة에서 유래한 말로서 예언자 무함마드 사후에 이슬람 지도자에게 주어진 경칭이다. 서유럽과 마찬가지로 칼리프 국가 또한 결코 통일된 국가가 아니었다. 나라 안의 균열은 오래지 않아 전면적인 내전으로 치달았고, 이로써 서로 경쟁하는 몇몇 이슬람 왕국의 토대가 만들어졌다. 그러나 이웃한 크리스트교 국가들과 달리 이슬람 국가들은 공통어인 아랍어로 통합을 이루었고, 바그다드를 중심으로 문예 운동이 활발하게 일어나면서 그리스어와 시리아어, 페르시아어, 팔라비어 등 다양한 언어권의 필경사들이 남긴 고대의 수많은 저작물이 이슬람 세계의 국제어*lingua franca*인 아랍어로 잔뜩 번역되었다. 이러한 이슬람 세계는 유럽의 나머지 지역과 거의 항구적인 긴장 관계를 형성하게 되는데, 예루살렘의 성지를 회복한다는 명분으로 제1차 십자군 원정이 시작된 1095년 이후에 유독 그러했다. 그럼에도 이 이슬람 왕국들은, 특히 확장 초기에는, 상이한 종교와 민족을 용인함으로써 번영을 누렸고, 여러 서유럽 국가의 한결같은 상대역으로 남아 중세라는 시기 동안 내내 교역과 통상, 문화 방면에서 계속 교류했다. 중세의 시작과 끝을 언제로 간주하든 간에 그 시대를 하나의 일관된 시기로서, 또한 여러 복잡한 문화가 지중해라는 공통의 과거를 통해 불가분의 방식으로 얽혔던 시기로서 이해하는 데 필요한 핵심 단서는 비잔틴 제국과 유럽과 이슬람권의 정치 부문에서 일어난 긍정적 상호 작용이지, 반드시 그 반대인 것만은 아니다.

1000년 전의 당신

따져 보면 토대는 모두 로마에서 비롯되었는데도 불구하고, 만약 여러분이나 내가 약 1000년이라는 시간을 거슬러 올라가 현재에서 중세로 순간 이동을 한다면, 우리는 그 세계가 현대 세계와 놀랍도록 다르면서도 기이할 정도로 닮은 섬뜩한 장소임을 알아차릴 것이다.

가장 큰 충격은 아마도 대번에 느껴지는 한산함이 아닐까. 인구면에서 이야기하자면, 중세는 오늘날보다 사람 수가 상당히 적었다. 중세 유럽 전역의 인구를 모두 합하면 오늘날의 영국 인구와 대략 비슷하다. 그 가운데 상당수는 농업이 주산업인 경제에서 저마다 산업의 기관차였던 소도시 및 시골 마을에 거주했는데, 당시는 제트기와 고속도로가 없는 시대이다 보니 일상이 놀랍도록 조용했을 것이다. 한편으로 그보다 더 큰 중심지, 이를테면 중세의 카이로나 파리, 그라나다, 베네치아 같은 도시를 방문할 경우에는 북적이는 거리와 활기찬 시장, 전반적으로 밀집된 주거 환경 때문에 현대의 여러 도시와 똑같다는 느낌이 들 것이다. 그러한 중세 도시 가운데 가장 큰 곳들은 인구가 무려 50만 명 남짓이었고 정치권력 및 다양한 산업의 세련된 중심지였으며, 나중에는 대학에서 교육받은 지적 엘리트 계층이 모이는 곳이기도 했다.

종교 역시 우리가 아는 현대의 모습과 비슷해 보이겠지만, 중세 세계의 종교는 오늘날에는 거의 사라진 방식으로 지금보다 훨씬 더 폭넓은 임무를 수행했다. 그렇다고 해서 가끔 풍자화 속에 묘사되듯이 사람들 모두가 입만 열면 크리스트교나 이슬람교, 유대교 이야기만 했다는 말은 아니다. 유사한 예를 들자면 우리가 오늘날 과학에 관해 생각하고 이야기하는 방식이 적당할 듯싶다. 우리는 중력이 존재하는 것을 자축하려고 서로 등을 두드려 주며 돌아다니거나, 우리가 지구 표면에서 우주 공간으로 둥둥 떠오르지 않도록 막아 주는 뉴턴 역학에 늘 감사와 존경을 바치지는 않는다. 그보다는, 과학은 우리가 이 세계와 세계의 과거 및 현재, 미래를 보고 이해하는 기준선이다. 당대 사람들은 성서에 나오는 천지 창조나 전능한 하느님이 나날의 삶에 개입할 가능성 같은 종교상의 교리를 받아들였지만, 그렇다고 해서 이를 중세 세계관의 절대적 요체로 삼지는 않았다.

나야 물론 우리가 이때껏 중세를 오해했다고 주장하지만, 그 시대가 여러 모로 극히 거칠었다는 것은 분명 외면할 수 없는 사실이다. 오늘날의 기준에서 보면 1800년대 이전의 전근대 세계에서 살았던 거의 모든 사람은 극빈층으로 분류된다. 다만 개개인의 삶의 형태와 구조를 생각하면 누구나 운명의 포로라는 것은 중세 사람들도 아는 바였다. 운이 좋을 때가 있으면 나쁠 때도 있다는 말이다. 10세기 에스파냐에서 만든 한 필사본의 삽화에는 여신 포르투나Fortuna가 그려져 있는데, 이 로마 신화 속 행운의 여신은 중세의 도덕주의자들에게 유독 인기가 높았다. 보관을 쓰고 옥좌에 앉은 이 위풍당당한 운명의 군주가 바퀴를 돌리면, 일련의 인물들이 이쪽저쪽으로 돌아간다. 이 장엄한 그림에서 운명에게 부름받은 자는 왕 네 사람이다. 어떤 왕은 위로 올라가는 중인 반면에 다른 왕들은 완전히 뒤집힌 세상에 머물러 있다. 시간 속으로 내던져진 그들은 자신의 운명이 적힌 라틴어 꼬리표를 저마다 머리 위에 달고 있다. 레그나보regnabo는 '내가 통치하리라'

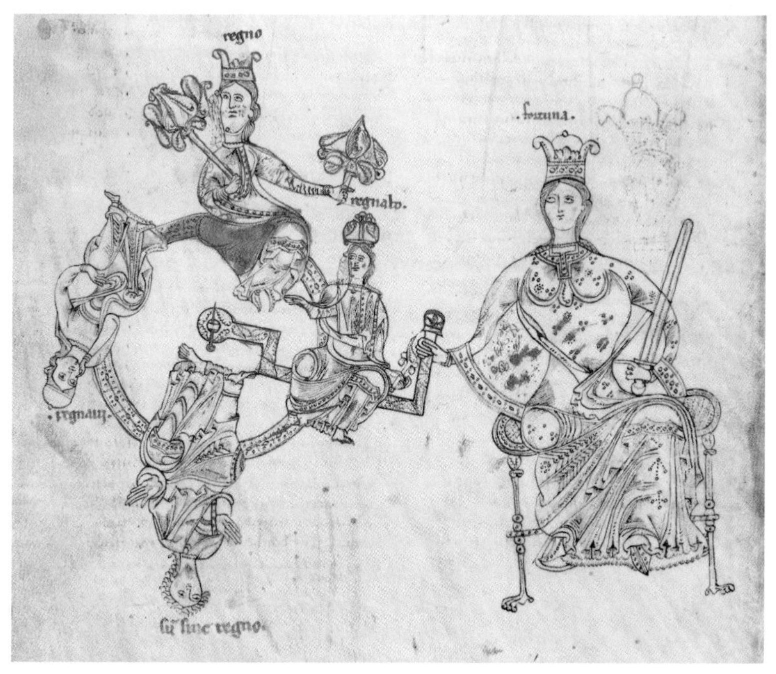

2. 운명의 여신 포르투나가 왕 네 명과 그들 통치권의 운명이 걸린 바퀴를 돌리는 모습.
914년 카르데냐의 고메스라는 필경사가 만든 서고트체 필사본에 11세기 화가가 덧그린 그림이다.

를 뜻하고 레그노regno는 '내가 통치한다'이며 레그나비regnavi는 '나는 통치했다', 숨 시네 레그노sum sine regno는 '나는 통치권이 없다'이다. 그러나 바퀴의 손잡이만 까딱해도 모든 것은 다시 변하고 만다. 이처럼 예측할 수 없는 급작스러운 변화는 오로지 왕좌를 둘러싼 위험에만 국한된 것이 아니라, 만인이 일상에서 겪는 현실이었다. 이를 두고 잉글랜드의 시인 존 리드게이트John Lydgate(약 1370-1450)는 이렇게 적었다.

부러워라 운명의 바퀴가 돌아가는 순서,

그릇되고 변덕스러운 이 속된 세상에서.
이번 생에서는 누구도 차지하지 못하리,
전쟁과 다툼 없이 평온 속에 사는 자리.
운명의 여신은 눈먼 변덕쟁이 조변석개,
여신이 정한 앞길에는 거짓과 상전벽해.

중세는 승자와 패자가 명확히 나뉘는 시대였다. 실제로 중세 문화는 대부분 이러한 사고방식에 따라 심하게 계층화되었는데, 가진 자와 못 가진 자 사이의 분열은 재산과 직업이라는 형태로 강조되었다. 땅을 소유한 사람은 고향에 살든 아니면 외국에 거주하든 간에 자기 땅에서 나는 것들, 즉 양모나 밀, 목재, 노예, 철, 모피, 선박 등을 재정적으로 이용할 권리를 누렸고, 더 나아가 그 땅에서 거주하거나 노동하려는 이들을 정치적으로 지배할 권리도 함께 누렸다. 그렇다고 해서 중세에는 모두가 황제와 소작농으로, 즉 소득을 기준으로 할 때 양극단에 위치하는 두 집단으로만 살았던 것은 아니다. 그 둘 사이에는 바삐 일하는 전문직부터 숙련공 및 출세 지향적인 상인 계층까지, 각계각층을 모두 아우르는 기다란 띠가 널따랗게 펼쳐져 있다. 그럼에도 왕은 꽤 안락한 환경에서 호화로운 식생활을 즐기며 왕실이 소유한 땅을 경작하는 농사꾼들의 평균 기대 수명보다 훨씬 더 장수할 거라 여겨졌는데, 당시의 농사꾼들은 기껏해야 마흔 살까지만 살아도 장수한 셈이었다. 부유한 영주의 딸은 집에서 알찬 교육을 받을 수도 있었던 반면, 노동 계급의 여자아이는 평생 문맹으로 살다가 죽을 공산이 컸다. 귀족 지주의 아들은 혈연 덕분에 정치적 지배계층이나 재정이 넉넉한 종교 기관에 쉽게 입문한 반면, 농민의 아들은 일할 기운이 바닥날 나이가 될 때까지 들에 나가 고된 노동을 하도록 요구받았다. 오늘날과 마찬가지로 운명의 바퀴에서 마주 보는 양극단에 자리 잡은 사람들끼리는 생활 수준이 충격적일 만큼 달랐던 것이다.

실소와 경멸

이러한 중세 시대에는 사람들의 몸도 처지에 따라 저마다 각양각색이었지만, 어떤 경우에도 오늘날의 우리 몸과 극단적으로 다르지는 않았다. 고정관념과 달리 중세 시대 사람들은 현대인보다 키가 많이 작지 않았다. 영국 링컨셔의 조그만 시골 교구에서 900년이라는 세월에 걸쳐 매장된 사람들의 시신을 대상으로 한 최근의 고고학 연구에 따르면 중세 시대와 빅토리아 여왕 시대 영국인의 평균 신장은 남자가 약 1미터 70센티미터, 여자가 약 1미터 60센티미터로 두 시대 사이에 차이가 거의 없다. 중세 시대 사람이라고 해서 하나같이 이가 다 빠지고 다리를 절고 늘 병든 상태였던 것은 아니다. 오늘날과 다르게 상세한 방역 지식이 없었던 탓에 세계 인구를 약 4분의 1이나 감소시킨 1340년대의 흑사병 같은 거대한 전염병 유행에 그들이 제대로 맞서지 못한 것은 사실이다. 그럼에도 그들이 호흡한 공기와 섭취한 음식물은 현대의 화학 물질 및 오염원에서 자유로웠을 테고, 따라서 우리가 먹고 들이마시는 것보다 훨씬 더 건강에 이로웠을 것이다.

다만 오늘날과 극도로 달랐던 점은 중세 사람들이 생각한 자기 몸의 작동 방식이다. 현대인은 중세 시대의 생물학 및 의학 관념에 대체로 두 가지 반응을 보인다. 그중 첫째 반응은 실소이다. 현존하는 중세 자료들은 치유라는 명분하에 사람의 몸에 온갖 기행奇行을 저지르라고 권하는데, 그중 다수는 엉뚱하다 못해 묘하게 우스꽝스러워 보이기까지 한다. 막힌 눈물샘을 뚫으려면 김이 모락모락 나는 소똥을 눈에 바르라거나, 탈모를 막으려면 식초와 꿀을 섞어 머리에 바르라거나, 성교 후에 말린 통후추를 질에 넣으면 피임이 된다거나 하는 식이기 때문이다. 그러나 이를 재미있고 우스꽝스럽게 여기는 태도는 곧바로 둘째 반응, 즉 과거 방식에 대한 더 노골적인 반감, 심지어는 경멸로 바뀌기도 한다. 중세 시대에 두통은 목에 구멍을 뚫어 피를 몇 리터 뽑아내면 나을지도 모르는 증세였고, 멧돼지 쓸개즙과 목숨을 위협할 수도 있는 독미나리의 혼합물은 마취제로 쓰였으며, 벌겋게 단 쇠꼬챙이로 몸의 여러 부위를 지지는 것 또한 갖가지 병의 치료법으로 여겨졌다. 오늘날의 관점에서 이러한 '치료법'들은 쓸모없는 정도가 아니라 숫제 고문으로 보인다.

이것이야말로 중세의 몸을 이해하고자 할 때의 진정한 난관이다. 그 몸의 주인들이 자기 몸을 상상하고자 동원한 여러 이론은 나중에 시간이 흐르면서 아예 부조리로 여겨질 만큼 오류가 철저히 입증되었지만, 당대 사람들이 보기에는 더없이 분명하고 논리적이었다. 현대인은 자기 몸을 웬만큼 닫혀 있고 채워져 있는 하나의 회로로 여기며, 피부는 자신의 내부와 외부를 가르는 분명한 경계로 인식한다. 그러나 중세 시대에는 인간이라는 형태를 그보다 훨씬 더 개방되고 구멍도 많은 장기와 계통의 집합으로 여겼다. 그 결과 몸의 바깥쪽을 둘러싸고 순환하는 세계를 이해하는 것은 몸의 안쪽 세계를 이해하는 데 반드시 필요한 일이었다. 이보다 앞선 그리스 로마 시대의 자연 철학자 및 과학 사상가들은 중세 사상가들에게 자연이 네 가지 기본 원소, 즉 불과 물, 공기, 흙으로 이루어졌으며, 이 4대 원소의 비율에 따라 만물의 외적 형상과 내적 기질이 결정된다는 관념을 물려줬다. 더 나아가 이 원소들은 저마다 두 가지 기준에 따라 분류되었는데, 바로 습도와 온도였다. 불은 건조하고 뜨겁고 물은 축축하고 차가운 반면, 흙은 건조하고 차갑고 공기는 축축하고 뜨겁다는 식이었다. 이러한 내적 기질은 각각의 원소와 결합한 물질에도 깃들기 때문에, 주위의 자연 환경이 고스란히 반영되는 중세의 몸에는 체액體液, humour으로 알려진 끈적거리는 네 가지 내적 동인이 들어 있다고 여겨졌다. 바로 피, 노란 쓸개즙, 검은 쓸개즙, 점액이었다. 사람의 체질은 자기 몸속에 있는 이 네 가지 생명 물질의 균형에 따라 결정되는데, 이들 물질은 저마다 특정한 원소와 다시 연결되었다.

이러한 생체 원리는 어쩌면 첫인상과 달리 그다지 추상적이지 않을지도 모른다. 그러한 관점의 일부는 오늘날 우리의 보건 관념에서도 여전히 느껴지기 때문이다. 우리는 몸이 아플 때의 어긋난 느낌, 즉 몸이라는 기계가 본연의 상태에서 적잖이 벗어나 있는 감각을 전하고자 할 때 몸이 '별로 온전치 않다'라거나, '살짝 균형이 깨진 상태'라는 표현을 곧잘 쓴다. 그러나 중세 시대에 4대 체액은 이보다 훨씬 더 정형화된 동시에 현대인이 느끼는 단순한 메스꺼움과 비교도 안 될 만큼 혹독한 결과를 초래한다고 여겨졌다. 체액의 비율이 흐트러지면 사람은 건강이 심하게 나빠지거나, 아예 죽기도 했다. 중세 의사

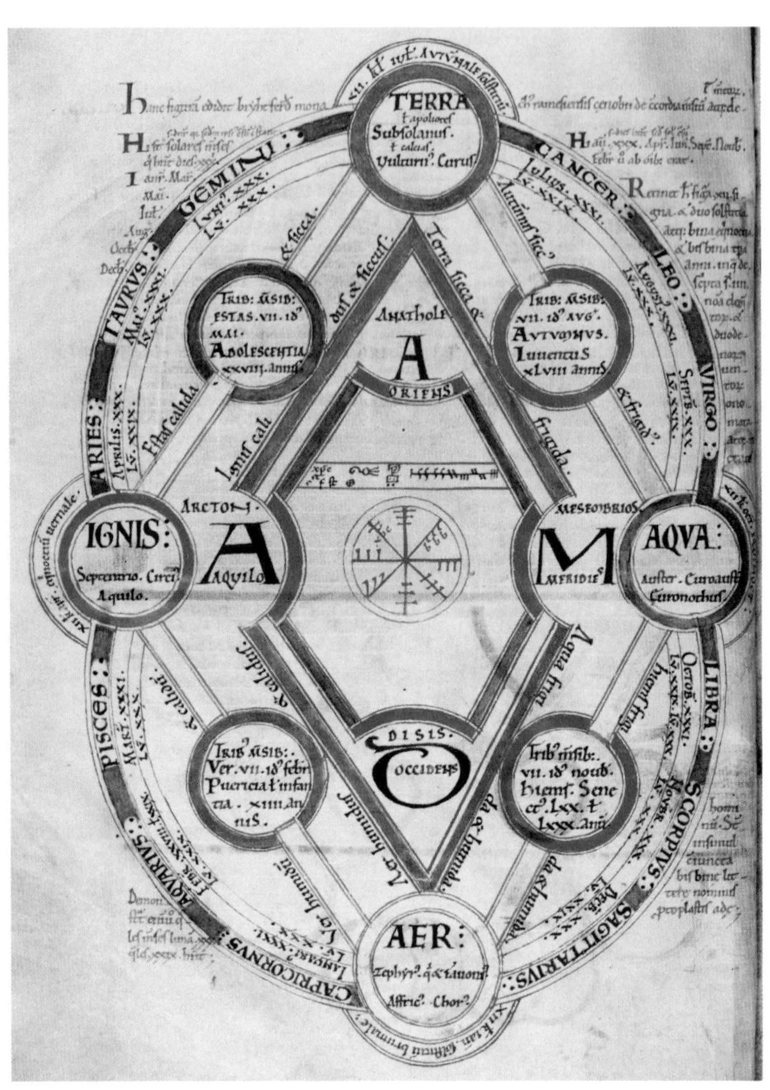

3. 1110년대에 집필되어 오늘날 『소니 책력Thorney Computus』으로 알려진 필사본 문헌 속의 도표. 세계를 근원부터 복잡하게 연결된 상태로 인식하는 중세의 거시적 세계관이 드러나는 도표로서, 4대 원소인 흙Terra, 물Aqua, 공기Aer, 불Ignis이 1년의 열두 달 및 황도 십이궁, 계절풍, 음력 주기, 사람의 연령대 따위와 어떻게 연동하는지 또한 간략히 보여 준다. 동서남북을 의미하는 라틴어 단어의 머리글자는 최초의 인간 아담ADAM의 이름을 형성하도록 크게 적었다. 이로써 이 소용돌이치는 도상의 한복판에 인간이 거한다.

의 으뜸가는 임무는 갖가지 안정 요법을 통해 4대 체액의 유독한 불균형을 방지하거나 바로잡는 일인 경우가 많았다. 그들은 지나치게 많은 체액을 몸에서 뽑아내어 제거하는가 하면, 건조하고 뜨거운 성질을 띤 땅속 식물과 향신료, 또는 차가운 성질을 띤 약초와 연고 따위를 맞춤 처방한 약으로 환자의 건강을 올바르게 균형 잡힌 상태로 회복시키기도 했다.

이러한 생각은 단지 치료약에만 머물지는 않았다. 중세 의학 사상의 광활한 지평에서 인간과 자연의 연관관계는 극단까지 확장되었다. 몸의 균형은 연중 시기에 따라 자연적으로 변한다고 여겨졌고 사계절은 4대 원소와 연관되었는데, 바람이 많이 부는 봄, 불기운이 센 여름, 땅기운이 센 가을, 물기운이 센 겨울 같은 식이었다. 긴 세월에 걸친 인간의 성장 또한 원소 변화와 더불어 일어나기 때문에 유년기부터 노년기까지 삶의 각 단계마다 몸은 점점 서늘해졌고, 기본 체액의 비율이 변화하는 징조가 나타났다. 심지어는 별과 지구 주위를 도는 행성의 점성학적 사건들마저 이러한 인간 중심주의 체계에 포섭된 나머지 염소자리와 물병자리부터 달과 목성까지, 모든 천체가 인간의 예민한 체질에 영향을 미쳤다. 중세 사상가들이 인간과 세계가 뒤얽힌 이런 식의 상상을 필사본의 양피지 위에 구현하고자 마음먹을 경우, 그 결과물인 도표 속에 아름다울 정도로 촘촘하게 뒤얽힌 연동 관계 및 연관 관계가 빼곡히 차 있는 것은 놀랄 일이 아니다. 몸을 이해하는 것은 우주를 하나의 전체로서 파악하려는 시도의 한 부분에 지나지 않았다.

이러한 사고방식에서 시작된 의학은 실험과 시행착오를 원칙으로 하는 현대의 임상의학과 겉모습도 분위기도 또렷이 달랐을 것이다. 이 같은 체계에서는 물려받은 이론을 숭상하는 전통이 곧 굳건한 기반이 되기 때문에, 오랜 세월 동안 전해 내려온 문헌들은 중세 의료의 여러 부문에서 중요한 임무를 수행했다. 치료법의 근거가 되는 개념은 언뜻 보면 추상적이지만, 이를 뒷받침하는 것은 고대 및 더 가까운 시대 저술가들의 연구물에 대한 수백 년 동안의 담론과 토론이다. 여기서 후자에 해당하는 학자들은 의학의 범위 및 세부 사항을 엄격한 내적 논리에 따라 규정하는 다양한 저작들을 몇 세대에 걸쳐 필사하고, 편집하고, 종합하고, 주석을 단 후에 다시 필사했다. 이 같은 문헌을 너무도 끔찍이 숭배한 탓에 중세 시대에는 실제 환자의 몸 자체를 관찰하기보다 문헌을 우선시하는 경우가 적지 않았다. 이를 감안하면 어째서 당대 사람들이 소똥이나 멧돼지 쓸개즙, 피 뽑기 따위를 믿고 의지했는지 조금은 이해가 간다. 선대 학자들의 의술을 고스란히 따라 하는 것은 당시 의학 사상의 패러다임이었지, 혁신이 아니었던 것이다. 설령 어떤 치료법이 미심쩍거나 효력이 없는 것처럼 보일지라도, 또한 그런 경우가 가끔씩 일어나는 것이 당연할지라도, 중세의 몸에서 새로운 길을 찾으려면 수백 년간 이어져 온 사고방식을 통째로 뒤엎어야 할 수도 있었다. 변화는 거대한 과학 혁명이 일어난 후에야 비로소 도래했고, 그마저도 빨리 찾아오지는 않았다. 4대 체액설은 중세 학자들이 단 주석에 의해 변형되어 의료 현장의 충실한 일꾼으로서 18세기까지 살아남을 운명이었다.

역사 속의 치료자들

중세 시대의 일반 남녀는 몸에 이상이 나타나기 시작할 때 누구를 찾아갔을까? 이 책 곳곳에 여러 사람이 소개되기는 하지만, 중세 유럽의 의료계에 포진해 있던 각양각색의 치료자들을 제대로 파악하기란 까다로운 일일 수도 있다. 그들 대부분이 역사 기록에 아주 희미한 발자취만 남겼기 때문에, 우리는 기껏해야 문헌 귀퉁이에 끼적인 이름이나 발굴된 병원 유적, 단순히 '의사'를 뜻하는 라틴어 메디쿠스*medicus* 라고만 적힌 묘비의 파편 같은 단서를 토대로 그들에 관해 추측하다가 막다른 골목에 이르곤 한다.

그러나 앞선 로마 시대와 마찬가지로 중세 초기에도 국가가 관리하는 의사 시험 체계와 전문의가 되는 정식 과정 또는 자격 요건이 사실상 전무했다는 점은 확실하다. 그 대신 각지의 학교 및 학파에서 훨씬 더 유동적인 형태의 의학 지식을 가르쳤으며, 몇몇 특정 지역이 치유 기술 분야에서 국제적인 명성을 누렸다. 700년대 이후 중동의 이슬람권 도시들은 가장 중요한 의학 중심지였는데, 특히 아랍어로 번역해 보존한 유럽 고전 문헌에 중국 및 인도의 전통 의학에서 수입한 아시아 의학의 수많은 지식을 더해 수준을 끌어올린 점은 잘 알려진 사실이다. 바그다드와 다마스쿠스, 카이로에서는 매우 상세하고 정밀한 의학 문헌들을 집대성하는 한편으로 외과 수술 및 약제학 분야의 신기술도 발전시켰다.

이러한 도시의 부유한 엘리트 계층은 자선 사업이라는 동기에 이끌려 최초의 대형 종합 병원이 세워지도록 재산을 기부한 첫 번째

4. 오른편에 앉아 있는 의사가 눈에 붕대를 감은 환자와
배가 불룩하게 부푼 환자를 진찰하는 모습을 묘사한 그림.
위쪽에 함께 적힌 글은 원래 1세기 그리스의 의사 디오스코리데스가 남긴 말을
1224년 바그다드의 필경사가 아랍어로 옮겨 적은 것이다.

집단이기도 했다. 비마리스탄بيمارستان이라는 이름으로 알려진 이들 병원은 진료 과목별 내부 병동과 욕탕 및 도서관, 교육 시설 같은 부대시설까지 완비해 어마어마하게 커지는 경우도 있었다. 981년경 부와이 왕조의 군주 아두드 알다울라가 설립한 바그다드의 비마리스탄은 이 도시를 방문한 나그네의 기록 속에 인상적으로 묘사되어 있는데, 도시의 가장 거대한 왕궁과 맞먹을 만큼 화려한 이 병원은 아름다

운 건물들이 광활하게 연결되어 있었으며 부자와 빈자, 남자와 여자, 이슬람교도와 비교도 모두에게 개방된 장소였다.

이 같은 아랍어권의 의학 전문 지식은 놀랍게도 북아프리카의 이슬람교 권역을 서쪽으로 가로질러 에스파냐 남부까지 전해졌고, 그 덕분에 유럽의 다른 지역에 거주하는 의사들은 단지 서양 문화와 중동 문화가 충돌하는 여러 병목 구간에 자리를 잡았다는 이유만으로 큰 혜택을 누리곤 했다. 예컨대 이탈리아 남부의 살레르노에 살던 이들은 11세기 무렵까지 남녀 가릴 것 없이 의료 분야에서 상당한 명성을 쌓았다. 살레르노의 의학 수준이 높아진 데에는 이곳이 다양한 문화가 용광로처럼 섞이는 곳이라는 점 또한 한몫했는데, 이는 현지의 베네딕트회 수도원이 지닌 부와 학식이 가까운 이슬람권 시칠리아의 아랍계 사상가들 및 이웃한 그리스어권의 문화유산과 결합된 결과였다. 이처럼 여러 언어가 섞인 살레르노의 치유 효과는 너무도 분명하고 인상 깊었기 때문에, 부유한 후원자들은 이곳의 전문가들에게 치료받기 위해 먼 길을 마다하지 않고 찾아왔다. 980년대에 베르됭의 주교였던 아달베로는 거액의 여비를 들여 자기 교구가 있는 프랑스 동북부에서 알프스 산맥을 넘어 살레르노까지 찾아간 대륙 종단 여행을 기록으로 남겼다. 그가 곳곳에 위험이 도사린 머나먼 여행길에 용감하게 나선 까닭은 오로지 병을 고칠 확률을 조금이라도 높이고 싶어서였다.

이 같은 이문화 교류를 통해 의학이 꾸준히 발달하는 풍조는 유럽에 최초의 대학이 출현하면서 더욱 굳건해졌다. 이러한 학교들은 11세기 후반 이후 볼로냐와 파리, 옥스퍼드, 케임브리지, 몽펠리에, 파도바 같은 곳에 세워졌다. 대학에서 교육받은 내과의들은 의학의 특정 분야를 전문적으로 연구하기보다 폭넓은 지식을 힘닿는 데까지 천천히 축적하도록 장려받았다. 가장 우수한 학생들은 신체 치료의 여러 상이한 측면에 관해 박학다식한 담론을 펼치기도 했는데, 문헌 연구에 기초한 치료법의 경우에는 법학이나 신학처럼 더 인기 있는 다른 과목에서 이미 익숙해진 공부 방식이었기 때문에 더욱 그러했다. 그러나 이들 내과의 집단 자체는 다양성과 거리가 멀었다. 대학 문은 오로지 남성에게만, 그것도 훌륭한 품성과 출신 배경을 지닌 남성에게만 열려 있었으며, 이들은 주로 종교 기관에서 정하는 도덕 및 지성의 기준을 충족해야 할 뿐 아니라 학비의 출처가 될 상당한 재산까지 소유해야 했다. 게다가 이런 유형의 엘리트주의적이고 이론 중심적이며 고도로 학술적인 의학이 실제 일반인 환자에게 반드시 효과가 있었던 것도 아니다. 머리에서 피가 철철 나는 환자나 극심한 고열로 괴로워하는 환자가 히포크라테스의 『금언집』이나 후나인 이븐 이스하크의 『의학 입문서』, 또는 갈레노스의 『호흡의 유용성에 관하여』 같은 책에서 찾은 길고 긴 라틴어 문장을 외우는 의사에게 감사 인사를 하리라고는 상상하기 힘들다. 현실에서 그러한 대학의 고위직 전문의들은 대중이 맨 먼저 찾아가는 의지처가 아니었을 것이다. 의료계라는 빙산의 자그마한 돌출부였던 그들은 교육 수준이 높고 부유한 개인들로 이루어진 비교적 소수의 집단으로서, 상층 계급 출신에 진료비 또한 비싸게 받았기 때문에 오로지 중세 사회의 고위층만 진료받을 기회를 얻었다.

그들을 대신해 중세 사람들을 치료한 장본인은 훨씬 더 다양한 분야의 치료자들로서 때로 '돌팔이empiric'라는 별칭 아래 하나로 묶인 외과의, 산파, 약제사, 이발사, 치과의였는데, 이들은 모두 학문보다 이문에 밝은 기술자로 여겨졌다. 돌팔이들이 행하는 시술의 토대 역시 당대 의학과 동일한 근본 사상, 즉 육체는 주위 환경과 깊이 융합된 여러 체액의 균형 위에 성립한다는 것이었지만, 이들은 그 사상을 실천에 옮겼다는 점에서 대학의 전문의와 크게 달랐다. 이들의 의술은 강의실이 아니라 공방이나 들판에서 배운 기술이었고, 배우는 방식은 어린 목수나 푸주한, 도공을 비롯한 공예가들이 그러하듯 자신보다 더 숙련된 스승의 도제로 일하는 것이었다. 대다수는 글을 몰랐을 테지만, 다루는 지식의 양은 기술계도 학술계만큼이나 많았다. 수습 외과의는 살갗 위로 수술칼을 긋는 섬세한 손 기술이나 약을 바른 후에 붕대가 풀리지 않도록 꼼꼼히 감는 요령, 또는 불안해하는 환자가 마음을 놓도록 적절한 순간에 교묘한 접객 요령을 발휘하는 자잘한 수법 등을 스승 곁에서 주의 깊게 지켜봐야 했을 것이다. 내과의의 지식은 아무나 접근하지 못하도록 엘리트 계급의 언어인 라틴어로 양피지에 기록해 특권층만 드나드는 도서관에 보관한 반면, 돌팔이의 생계 수단인 현장 지식은 혈연 집단과 장인 길드guild가 내부에서만 전수하고 보호하는 직업상의 비밀이었다. 이러한 집단은 강력한 사회제도로 성장하기도 했다. 파리나 피렌체 같은 대도시에서 의료인 길드는 자신들의 권리와 특혜를 열심히 지키는 한편으로 회원들의 영업 실태를 점검했고, 늙거나 병든 업계 종사자들을 지원했으며, 지방 정부의 관련 업무를 감독하다가 축제일이면 깃발을 들고 노래하며 온 도시를 행진하기도 했다. 그러나 이 같은 대도시에서는 내과의도 돌

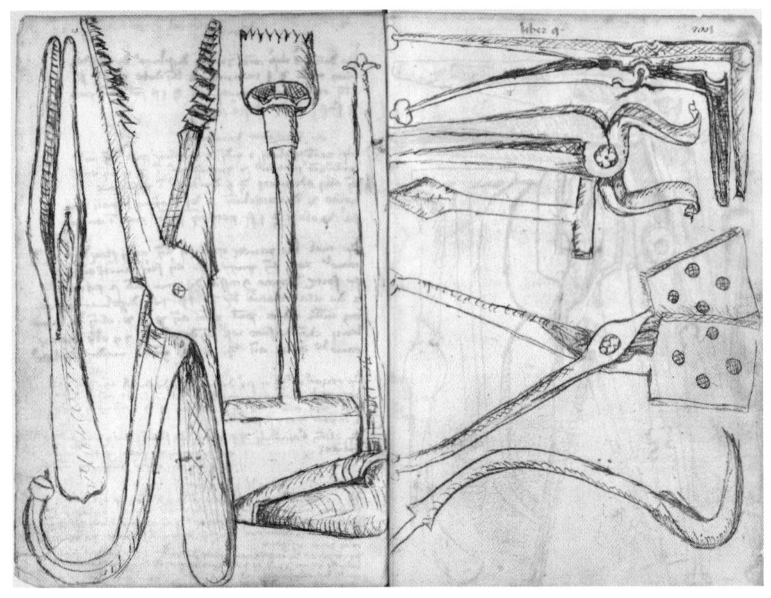

5. 15세기의 순회 의사 장 지스파당이 쓰던 수술 도구.
지스파당은 자신이 쓰던 공책의 뒷부분에 이 같은 스케치를 여럿 남겼다.

팔이도 반드시 정해진 상설 진료소를 차릴 필요가 없었다. 그들 중 많은 이들이 더 폭넓은 고객층을 찾아 열심히 여행을 다닌 15세기 프랑스의 외과의 장 지스파당과 비슷하게 일했다. 우리는 오늘날까지 남아 있는 지스파당의 공책을 단서로 그가 어떻게 일했는지 알 수 있는데, 이 조그맣고 낡은 공책에는 그의 진료에 관한 온갖 자잘한 사항들과 함께 수술 도구를 세밀하게 스케치한 그림도 몇 점 남아 있다. 이들 그림 속의 칼과 족집게, 집게, 가위, 그 밖의 늠름한 도구들은 순회 수술을 했던 지스파당을 따라 곳곳을 여행하며 알프스산맥 서쪽의 광대한 지역에 세련된 진료를 제공했을 테고, 이로써 그는 자신이 쌓은 숙련과 명성을 아마도 두둑한 진료비와 맞바꾸었을 것이다.

다만 이처럼 상이한 유형의 치료자들 사이에는 다양성과 함께 분열도 나타났다. 대학에서 문헌 교육을 받은 이들은 실제로 사람의 몸을 대하며 험한 일을 하는 외과의를 비롯한 다른 돌팔이들보다 더 비싼 진료비를 받았고, 더 우월한 지위를 누렸다. 의료 중심지 중에는 두 집단이 각자의 특기로 환자를 치료하며 잘 지내는 곳도 있었다. 그러나 다른 곳에서는 철저히 분리된 사회적 영역에 거하며 서로에게 매우 비판적이었던 경우도 있었던 것으로 보인다. 이 같은 중세 시기의 까탈스러운 다양성은 오늘날 사용하는 현대 의학 용어에서도 눈에 띈다. 영국의 외과의는 지금도 '박사Dr'가 아니라 '선생Mr'이라는 경칭을 선호하는데, 이는 곧 자기네 직업이 대학의 학위로 제한되는 학술 세계가 아니라 실질적인 기술 세계에서 기원했다고 공언하는 셈이다.

민중과 민담

이처럼 상이한 유형의 의료 전문가들은 찾아오는 환자들의 배경 또한 마찬가지로 다양했다. 당대의 환자들 가운데 우리에게 가장 잘 알려진 이들은 당연히 부자이며, 이들이 남긴 방대한 자료에는 의료 체계에 상당한 돈을 지출했다는 기록이 있다. 잉글랜드 왕 에드워드 2세(1284-1327)는 여러 나라 출신의 내과의와 외과의 열두 명으로 이루어진 의사 집단을 고용해 왕실의 직계 및 방계 구성원을 진료케 했고, 이들 각자에게 값비싼 약재와 의복, 시종, 넉넉한 일당, 말(과 건초도 함께)까지 지급했다. 삽화가 많고 호화로운 고가의 양생 지침서는 이탈리아와 프랑스의 귀족 계층에서 특히 인기를 끌었는데, 여기서도 이들 의료 후원자 집단의 특징이 상세히 드러난다. 당대의 치료법을 호화롭게 묘사한 이러한 필사본은 금박을 입힌 커다란 삽화 속에 의사와 환자 및 치료약의 재료를 모으는 일꾼의 모습까지 담고 있기 때문이다. 이런 책이 추천하는 값비싼 치료약, 과도한 고민 삼가기, 조용하고 아늑하며 맑은 공기를 잔뜩 마실 수 있는 환경 등은 모두 하층 계급의 일상 노동으로부터 명백히 자유로운 독자를 위한 치료법이다.

그럼에도, 오늘날까지 남아 있는 여러 의료 전문가들의 기록을 토대로 더 평범한 환자들의 모습을 부분적으로나마 그려 볼 수는 있다. 13세기 볼로냐에서 활동한 의학 교수 겸 내과의 타데오 알데로티는 자기 공책에 다채로운 왕진 기록을 남겼다. 여기에는 베네치아 대공의 궁전부터 지위가 더 낮은 환자들이 거주하는 이탈리아 북부 각지의 시골까지 모두 포함된다. 알데로티 같은 의사들은 천차만별인 환자의 주머니 사정에 맞도록 부유한 환자에게는 진귀한 향신료와 광물이 들어가는 값비싼 처방전을 써 준 반면, 형편이 덜 여유로운 환자에게는 구하기 쉬운 약재가 들어가는 더 간단한 약을 쓰는 식으로 맞춤형 치료를 제공했을 것이다. 빈곤층의 건강 상태가 개선된 데는 공중위생에 관심이 커진 것 또한 일조했으며, 중세 후반 유럽과 중동의 여러 도시에서는 지방 영주가 이를 통제했다. 이 무렵에는 폐기물 정기 수거 및 제도화된 거리 청소, 깨끗한 물을 공급하는 상하수도 설비 등 도시의 여러 기반 시설이 마련된 한편으로, 식재료의 품질 또한 점점 더 세심한 규제를 받았다. 사는 곳에 따라서는 무상 치료를 받을 가능성도 있었는데 이는 국가가 비용을 부담해 형편이 가장 어려운 이들에게 보장한 최소한의 의료였다. 이러한 환자들, 즉 형편이 더 어려워서 아픈 곳도 더 많은 이들은 역사책에 등장할 일이 가장 적었으며, 혹시라도 예외가 있다면 외과의가 수술을 망치거나 사기꾼 약제사가 실수로 처방한 독약을 먹는 바람에 당대의 치료자들에게 자주 골칫거리였던 의료 소송의 당사자가 되는 경우였다. 비교적 잘 보관된 대형 공공 병원의 기록을 보더라도, 이러한 하층 계급 환자들의 사연은 기다란 병동의 병상 하나에 두 명씩 눕혀진 채 죽음이라는 안식을 기다리는 처지였단 것 정도만 남아 있을 뿐이다.

그러나 이러한 의학의 각축장을 평정하는 거대한 힘이 있었으니, 바로 종교였다. 환자가 누구이든 또 치료받는 곳이 어디이든 간에, 거의 모든 중세 사람은 자신의 육체적 건강이 영적 안녕과 직결되었다고 강하게 믿었다. 크리스트교가 지배했던 중세 유럽 지역의 사람들과 북아프리카 및 중동의 이슬람권 사람들은 병을 재해 또는 침략, 체액의 불균형 등에서 유래하는 것으로 여겼지만, 한편으로는 더 깊숙한 내면의 역겨운 죄악이 바깥에 드러난 것이 곧 병이라고 생각하기도 했다. 의학이 지향하는 몸과 자연계의 합일은 궁극적이고 전지적인 조물주가 인류를 광활한 우주의 중심 요소로서 창조했다는 종교 교리에 꽤 절묘하게 들어맞았다. 크리스트교 교리는 질병이란 단순히 타락한 인간 남녀가 여호와의 뜻에 따라 감당해야 하는 여러 고역 가운데 하나라고 명확하게 규정한다. 또한 유대교와 이슬람교의 관점에서도 육신의 병은 불건전한 생활에서 비롯되는 것으로서, 전염병 유행은 널리 퍼진 악덕에 대한 신의 징벌로 해석되었다.

다만 의학 영역에서 신앙은 절망뿐 아니라 희망도 함께 선사했다. 신성을 거스르면 반드시 병에 걸린다는 믿음만큼 강력했던 것이 바로 늘 존재하는 기적적인 치유의 가능성이었다. 종교적 도덕성과 세속적 건강을 연결하는 이 같은 믿음 때문에, 중세 시대의 의학은 실용적 목적의 민담 및 마법적 미신이라는 훨씬 더 오래된 치유 형식을 꾸준히 불러냈다. 예컨대 의식화된 음주를 통해 신성한 힘을 부리는 고대 아람족의 풍습은 아랍권에서 중세 시대에도 여전히 통용되었으며, 이 때문에 미신적인 치유 능력이 깃들었다고 여겨지는 구리 대접을 여럿 만들기에 이르렀다. 대접 안쪽 면을 따라 둥그렇게 적힌 문구는 환자가 어떤 치료 효과를 원하는지에 따라 각기 다른 맛의 물약을 다른 온도에 맞추어 대접에 부으라고 지시하는 내용이다. 1200년경 시리아에서 만들어져 지금은 코펜하겐의 다비드 컬렉션이 소장하는 놋쇠 대접에는 순산을 기원하는 쿠란 구절과 네모 및 동그라미 속에 든 마법의 숫자가 새겨져 있는데, 여기에 사나운 짐승들까지 함께 새겨진 것을 보면 아마도 급작스럽거나 예기치 못한 죽음을 막으려는 의도 또한 있는 듯하다. 이런 그릇으로 물을 마시면 질병이 낫고 미래의 병 또한 예방한다고 여겨졌는데, 액체가 그릇 표면에 새겨진 문구와 그림에 닿으면 예방력으로 충만해지기 때문이었다.

사실상 모든 환자가 신앙의 힘에 의지하는 치료와 체액의 균형을 잡아 주는 약초를 똑같이 효과적인 것으로 여기다 보니, 주류 의학 서적에도 기도와 약물 치료를 혼합하는 처방이 자주 등장했다. 앞서 예로 든 시리아 대접과 마찬가지로 경전의 구절이나 복을 기원하는 문구를 몸 가까이에 두면 병이 낫는다는 믿음은 유대교 및 크리스트

6. 신비한 치유력을 지닌 놋쇠 대접.
1200년경 시리아에서 제작했으며 쿠란 구절과 미신적 이미지가 새겨져 있다.

교 권역에서도 분명하게 나타났다. 여호와나 성인의 이름 또는 짧막한 기원 주문이 적힌 양피지 쪼가리를 수호부 삼아 목걸이로 만들어 착용하는가 하면, 심지어 병으로부터 몸을 지키고 빨리 회복하기를 바라며 양피지를 삼키는 환자도 있었다. 순례지인 사원에 가서 기적의 현장이나 성인의 유해를 보고 만지는 것 또한 똑같은 효험이 있다고 여겨졌다. 이는 기적적인 치유 중에도 한층 더 직접적인 형태로서, 성인의 화려한 관 밑을 기어서 통과하거나 성스러운 공간에서 잠을 자면 성령의 연민을 얻어 즉시 육신의 병이 나을지도 모른다는 믿음이었다. 이런 식의 거룩한 치유는 거래의 성격을 띠었다. 속세에서 선행을 베풀면 그 보상으로 즉시 건강이 좋아질지도 몰랐기 때문에 순례자들은 자주 돈이나 향초, 병든 신체 부위의 모양을 딴 밀랍 모형 등을 사원에 봉헌하며 영적 거래의 지렛대가 자신들 쪽으로 기울기를 소망했다. 그러나 종교 기관은 기적적인 치유의 현장을 넘어 일상적인 치료의 구심점이 되는 경우도 적지 않았다. 작은 공동체에서 유대교 랍비와 가톨릭 사제, 이슬람교의 이맘은 의료 지식이 짧은데도 불구하고 해당 지역의 치료자를 겸직했고, 중세 수도원이 학문 연구와 자선 사업을 양대 기반으로 삼으면서 수도사들의 공동체 또한 의술 분야에서 널리 명성을 떨쳤다. 단순한 미신보다 더 정교할뿐더러 인도적이기도 했던 종교적 치유는 비교적 세속적이었던 4대 체액설과 함께 작동하며 병으로 고통받는 이들에게 육체적 위안과 더불어 심리적 위로까지 제공했다.

말로 다할 수 없는 것들

아주 간략하게 묘사한 이상의 내용은 지금부터 이 책에서 자세히 다루고자 하는 중세의 몸을 윤곽만 대강 설명한 것이다. 중세 시대의 의학은 고전 세계로부터 이론과 실기 면에서 고도로 발달된 체계를 물려받아 보건을 이해했다. 그러나 중세 의학은 그 나름의 사회문화적이고 종교적인 위계질서 또한 탄탄하게 구축했으며, 그 속에서 몇몇 의사와 환자는 세간의 관심을 차지하고자 격렬하게 경쟁했다. 내가

이 책의 서두에서 소개한 그 붉은 머리 반쪽 남자가 이 광대한 흐름 가운데 정확히 어느 지점에 살았는지는 아직 밝혀지지 않았다. 기술이 계속 발전하는 이상 어쩌면 머잖아 그의 보존된 주검을 더욱 세밀하게 분석할 새 방법이 개발되어 그가 생전에 누렸던 삶의 고유한 흔적들이 더 많이 밝혀질지도 모른다. 그러나 역사라는 안개가 쉬이 뚫지 못할 만큼 자욱하다는 사실과 별개로, 그 남자가 살던 시대의 특징은 바로 인간이라는 형상과 그 형상을 보살피는 방법을 둘러싸고 흥미로운 관념이 여럿 존재했다는 점이다.

사실, 나는 우리가 이러한 중세의 몸을 더 깊이 파고들어도 좋다고 생각한다. 중세 시대에 몸은 인간이라는 존재의 중심이었을 뿐 아니라 질병과 건강 사이를 주기적으로 오가는 하나의 취약한 완전체였다. 그것은 또한 강력한 은유이자 치료자, 작가, 장인이 비슷하게 만들어낸 창조적 도구로서, 영원한 형이상학적 구원의 장場에서 계절과 행성이 순환하는 구조에 이르기까지, 거의 모든 것의 대역으로 이용되었다. 따라서 이러한 소재를 살펴볼 때 우리는 폭넓고 다양한 경로를 택해야 하며, 또한 1000년이라는 시간의 거의 모든 시점에 흩어져 있는 증거들을 다층적으로 결합하는 방식을 택해야 한다. 우리는 박식한 저자가 쓴 의학 교과서의 자잘한 부분을 분석하고 의사가 남긴 글과 의료 시설의 기록을 샅샅이 뒤질 것이다. 각계각층의 중세 사람들이 질병과 치료를 자못 서정적으로 대하며 남긴 시와 기도문도 살펴볼 것이다. 한편으로는 시각 자료도 함께 살펴볼 것이다. 중세 시대부터 오늘날까지 전해지는 예술 작품과 각종 물건 역시 또 하나의 설득력 있는 자료군으로서, 인간의 형상을 어떤 식으로 보고 이해했

7. 나병 환자 셋을 치유하는 사브랑의 성聖엘제아르Saint Elzéar of sabran를 묘사한 대리석 부조. 프란체스코회 수도사이자 신비학 연구자였던 엘제아르의 이름은 기적적으로 부활한 신약 성서 속 인물인 나사로에서 유래한 것으로서, 그는 치유력이 깃든 손길 덕분에 이 같은 이름을 얻었다. 위의 부조에는 그가 몹시 기뻐하는 나병 환자 세 명을 치유하는 장면이 포착됐는데 환자들의 얼굴이 나병의 특징인 동그란 멍울로 뒤덮여 있다. 프랑스 남부 아프트에 있는 엘제아르의 무덤 아래쪽을 장식할 목적으로 1373년경에 제작한 부조의 일부이다.

는지에 관한 다양한 관념들을 알려 주기 때문이다. 일기 쓰기가 존재하지 않던 시대, 개개인의 관점이 매우 드물고 서로 크게 달랐던 그 시대에, 이미지는 문자가 침묵하는 지점에서 선명한 진입로를 제공한다. 그리고 거기에는 또렷한 감정과 활력이 함께 깃든다. 제 아무리 사실과 숫자를 찾아 외과 논문과 병원 장부를 읽는다 한들, 어쩌면 우리는 치유력이 있는 성인의 기적 같은 손길에 몸이 낫는 신실한 신자를 새긴 조각상과 그 신자의 얼굴에 새겨진 미소를 보며 더 즉각적인 깨달음을 얻을지도 모른다. 보건 관념과 이 같은 예술품들은 완전히, 그리고 기꺼이, 하나로 얽혀 있었다.

태어나고, 씻기고, 옷을 입고, 사랑받고, 다치고, 멍들고, 절개되고, 매장되고, 심지어 부활하기까지 한 중세의 몸은, 과거의 일상생활의 본질 자체를 이해하는 경로이다. 앞으로 펼쳐 보일 이 책의 각 장에서 나는 그러한 몸을 중세 시대의 사상가들이 닦은 것과 똑같은 노선에 따라 되살리고자 한다. 중세 시대의 의학 저술가는 책상 앞에 앉아 자신이 축적한 치료법을 기록할 때, 인체의 골격 자체를 글의 구조로 삼아 '머리에서 발꿈치로'를 의미하는 라틴어 문구 '아 카피테 아드 칼켐*a capite ad calcem*'에 따라 치료법을 나열하는 경우가 많았다. 즉, 대머리와 뇌 질환에서 시작해 접질린 발목과 가시가 박힌 발가락까지 내려가는 식이었다. 앞으로 이어지는 내용은 바로 이런 식으로 인체 부위를 하나씩 하나씩 펼쳐 보이는 이야기이다. 머리, 감각 기관, 피부, 뼈, 심장, 피, 손, 배, 생식기, 그리고 마지막으로, 발. 이렇게 조각조각 나뉜 부위들에 차례로 살을 붙이면 중세의 몸을 단순히 각 부위의 총합을 넘어선 도상으로 구체화하는 일이 가능하며, 거기에 삶과 죽음, 고통과 아름다움을 대하는 오늘날의 관점까지 함께 아우를 수 있다. 이는 가장 포괄적인 의미의 몸이자 중세 시대 삶의 모든 면을 탐색하기 위한 도약점이다. 머리는 사고로 이어지고 피부는 옷으로, 뼈는 매장 관습으로, 발은 여행으로 이어진다. 일단 동떨어지고 한정적인 '암흑' 시대라는 용어에서 벗어나면, 과거의 몸이 살았던 삶은 점점 더 지금 우리 삶과 별반 다르지 않게 보인다. 거대한 중세 교회의 골조는 지금도 도시 한복판에 우뚝 서 있다. 조각조각 나뉜 성인의 유골은 성聖유물과 성해聖骸함 속에 보존되어 지금도 세계 곳곳의 박물관 및 미술관에 보관되어 있다. 그리고 지나간 과거의 해부학 용어들은 지금도 현대 언어의 심장부에 도사리고 있다. 다시 말해 중세의 몸들은 죽어서 묻히기는커녕, 오늘날에도 생생히 살아 있다.

머리

중세 사람들이 알던 세계의 맨 가장자리에는 머리가 없는 인간들의 무리가 살았다. 머리가 없다고 해서 그들이 불편을 겪었던 것 같지는 않다. 그들은 귀가 먹지 않았고 어리석지도 않았으며, 앞을 못 보지도 않았다. 단지 얼굴 부분이 가슴 속으로 내려앉았을 뿐이었다. 그들의 눈과 코와 입은 복장뼈에 돌출되어 있었고 귀는 겨드랑이에서 당당하게 앞쪽으로 돌출되어 있었다.

블렘미아이Blemmyae라는 라틴어 이름으로 알려진 이 종족을 처음으로 기록한 로마인 저술가들은 이들을 외모가 괴물 같다고 알려진 더 커다란 집단의 일부로 여겼는데, 이 집단의 거주지는 기록에 거의 남아 있지 않은 광활한 아프리카 대륙의 동북쪽 끝자락이었다. 중세 저술가들 또한 이들에게 매혹되기는 마찬가지여서, 중세 시대 전반에 걸쳐 블렘미아이의 가상의 민족지에는 자잘한 항목들이 겹겹이 추가

되었다. 1000년경에 집필된 고대 영어 필사본에는 이들의 몸집이 "키 2.4미터에 폭 2.4미터"로 어마어마하게 거대하다는 묘사가 나온다. 이후 12세기의 신학 저술가들은 블렘미아이의 괴상한 식습관에 관해 토론하다가 그들이 길 잃은 여행자를 잡아먹는 식인종이었다고 결론지었다. 그러다가 1400년대에 이르러 알렉산더 대왕의 편력을 담은 일련의 전기 소설에 그 괴상하게 생긴 무리와 황제가 만나는 장면이 묘사되는데, 여기에는 블렘미아이의 사타구니에 수염이 자라고 그 수염이 발목까지 내려온다는 언급이 있다.

이 무렵이 되면 블렘미아이의 거대한 몸집은 중세의 문서에 자주 출현하는 수준을 넘어 책 본문 가장자리의 여백에 그림으로 등장하기에 이른다. 중세 시대에는 지도에 정확한 지리 지식 못지않게 역사와 전설을 기입하는 데도 공을 들였는데, 이 머리 없는 인물들은 다른 문서보다 특히 지도 속에서 북아프리카 해안선을 따라 괴상하게 생긴 동료 인간들과 옹기종기 모여 있는 모습으로 많이 그려졌다. 그중 파노티Panotii는 두 귀가 하도 커서 외투처럼 몸을 감쌀 정도였다. 키노케팔리Cynocephali는 몸통은 사람이지만 머리는 개의 대가리였고 말하는 소리도 개 짖는 소리와 똑같았다. 스키오포데스Sciopodes는 하나뿐인 다리에 거대한 발이 붙어 있는데 이 발을 이용해 빠르게 껑충껑충 뛰기도 하고, 땅에 드러누워 발을 위풍당당한 파라솔처럼 머리 위로 쳐들어서 사막의 뜨거운 볕을 가리기도 했다. 이처럼 인간과 비슷한 갖가지 괴물의 우스꽝스러운 특성은 곧 당대 서적의 본문 가장자리에 들어가는 화려한 장식용 그림 속에 온갖 상상을 곁들여 장난스럽게 그려 넣기 좋은 소재였으며, 개중에는 마치 기괴함을 겨루는 것처럼

8. 머리가 없는 아프리카 부족 블렘미아이.
1260년경 잉글랜드에서 만든 삽화 장식 기도서 『러틀랜드 시편집Rutland Psalter』에 그려져 있다.

괴물끼리 마주 보도록 묘사한 그림도 있다. 오늘날 대영 도서관에 소장된 영어 기도서의 본문 아래쪽 여백을 보면, 채색된 본문 경계부의 소용돌이 모양 기단에 앉은 날개 달린 괴물이 블렘미아이와 대결을 벌인다. 석궁과 몽둥이를 든 블렘미아이는 달랑 샅 가리개 한 장과 화살집만 몸에 걸친 채 몸 색깔이 화려한 적을 도발하는데, 멍하면서도 현실적인 표정을 한 이목구비가 몸통에 단단히 자리 잡고 있다.

우리는 더없이 이성적이었던 중세 사람들이 이처럼 유별나고 기괴한 인종들이 실존했다고 정말로 믿었는지 어땠는지 궁금해할 따름이다. 정보를 전달할 대중 매체가 전혀 없었던 중세 세계, 대륙 횡단 여행은 돈이 많이 들 뿐 아니라 위험하기까지 했던 그 시절에, 세상의 끄트머리에 무엇이 도사리고 있는지 과연 누가 알았을까? 정말로 있다는 증거가 없었으니 실제로는 이들 존재를 환상으로 여긴 이들이 많았을 것이다. 다만 널리 알려진 고대 자료와 당대 이야기 속의 이국적인 오지 여행담을 곧이곧대로, 즉 더 넓은 세상에 관한 더없이 합리적인 설명으로 믿은 이들이 있었던 것도 당연하다. 현대적인 이동 수단과 기술이 존재하는 오늘날에도 세상의 끄트머리에 이르면 우리가 아는 지식은 중세 때와 마찬가지로 흐릿해지기 일쑤이다. 어떤 이들이 우리 태양계 바깥에서 만나리라고 믿는 키 작은 초록색 외계인은 과학적 진실이 아니라 중세 시대의 괴물족을 빚은 것과 똑같은 인간적 충동이 만든 것이기 때문이다. 따라서 중세의 몸에 관한 사실과 허구의 교차점에 앉아 있는 블렘미아이는 우리에게 전근대 아프리카의 현실이 아니라 평범한 중세 사람의 상상과 열망, 환상, 두려움 따위를 살포시 드러낸다.

이들 괴물의 형상에는 어떤 몸이 '정상'인지에 관한 더 거시적인 중세 관념 또한 나타나 있다. 예컨대 이들의 몸을 14세기 이탈리아의 유명한 내과 의사인 리우치의 몬디노Mondino dei Liuzzi가 묘사한 인간 남녀의 몸과 나란히 비교해 보자. 몬디노는 중세 시대에 인체 해부를 상세히 저술한 최초의 주류 의학 저술가로서, 당시 해부학은 아직 의학 및 과학 연구의 주류에 포함되지 않는 분야였다. 1316년에 몬디노는 볼로냐 대학에서 강의하는 한편으로 저서 『해부학Anothomia』의 집필을 완료했는데, 그리스와 로마 및 아랍의 고전 자료에서 다양한 해부학 이론을 수집하고 다시 간략하게 정리한 이 책은 몬디노 사후 한 세기가 지나도록 여러 차례 필사될 만큼 충실한 의학의 길잡이였다. 이 책에서 몬디노는 다음과 같이 적었다. "우리는 인간과 야만족이 어떻게 다르지 알아야 한다."

> 우리가 보다시피 인간은 직립한 형상인데 (중략) 인간의 몸이 지극히 가벼운 공기 같은 물질로 이루어졌고, 따라서 뭇 동물 가운데 가장 가볍기 때문이다. 따라서 인간은 늘 위를 향하고자 애쓴다. (중략) 인간은 천사들과 더불어 가장 완전한 형상을 지니고 우주를 다스리는 지성을 누린다. 그래서 선善에 대한 인간의 감각은 모두 몸의 위쪽 부분에 거한다. (중략) 인간은 직립하기 때문에 사물을 이해한다.

여기서 몬디노는 가장 근본적인 중세의 육체 관념 두 가지를 완벽하게 표현한다. 첫째, 그는 인류가 지닌 가장 강대한 힘이 직립성, 곧 똑바로 선 자세라고 주장한다. 두 다리로 서서 명백히 하늘을 가리키는 몸을 통해 인간은 자신을 제외한 동물계를 말 그대로 굽어본다. 다른 의학 저술가들은 이러한 개념 위에서 인간의 몸을 저급한 바닥부터 숭고한 꼭대기까지 부위별로 나누어 등급을 매겼는데, 이들 모두 앞으로 펼쳐질 이 책의 각 장에서 살펴볼 것이다. 그중 가장 저급하고 천한 부위는 4급, 즉 터부시된 기관인 생식기와 항문이다. 3급은 복잡한 구조를 지닌 배로서, 중요한 곳이기는 하지만 꼬르륵대는 소리와 트림 소리를 손쓸 방법이 없다 보니 속을 썩이는 경우가 잦았다. 2급인 가슴은 무엇보다 소중한 심장을 비롯해 생명 유지에 필수적인 각종 장기를 품는 곳이었다. 그러나 몸에서 으뜸가는 부위는 가장 높은 권역에 위치한 머리로서, 이곳의 뇌와 여러 예민한 감각 기관 덕분에 인류는 중세 우주의 제왕이라는 지위를 확고히 누렸다. 이처럼 정점을 중시하는 상승 지향적 사고방식을 따라가다 보면 중세 사람들의 머릿속에서 블렘미아이의 얼굴 위치가 왜 그토록 중요했는지 이해가 간다. 머리라는 정점의 맨 위를 당당히 차지하지 못하고 가슴에 자리 잡은 얼굴 때문에, 이 종족은 명백히 인간이 아닌 존재로 낙인 찍혔다. 이들은 괴상하게 생기고 육체적으로 열등한 생물, 몸의 으뜸가는 부위를 박탈당한 생물이었다.

몬디노가 기술한 두 번째 중요한 형질, 즉 인간의 '완전한 형상'은 괴상한 몸에 대한 더욱 살벌한 비난이다. 여기서 몬디노는 당대 유럽에서 우세했던 종교적 사고방식을 반영해 성서의 천지창조, 즉 야훼가 자신의 모습을 본떠 흙으로 아담을 빚었다는 서사를 고스란히 따른다. 인류는 전지전능한 창조주의 육체적 거울상이었다. 따라서 이 완벽한 몸, 몬디노가 표현했듯이 '천사들과 더불어' 지니는 이 몸은 도덕적으로도 종교적으로도 훌륭한 몸의 전형이었다. 그러므로 정상 인간과 철저히 다르게 생긴 블렘미아이는 해부학적으로 부적절한 동시에 윤리적으로도 미심쩍다. 아니나 다를까, 중세 저술가들은 이 상상 속 오지 부족의 통탄스러운 삶을 열심히 강조했으며, 신을 닮지 않은 용모는 곧 그들의 거칠고 호전적인 성질과 본데없는 행동의 원인이었다. 머리가 없다는 데서 무엇보다 두드러지는 것은 고질적이고 유독 비크리스트교적인 죄악의 흔적이었다.

뇌

참제비고깔

구름국화 뿌리

세이지 잎

우슬초 잎

곽향

생강

후추

길쭉한 겨자씨

육두구

방동사니

정향

쿠베바열매

명반

감초 가루

모두 함께 갈아서 사용할 때까지 보관해 둔다.

식초와 함께 섞는다. 이 혼합물로 입을 헹군다.

위에 소개한 14세기 잉글랜드의 처방전은 전형적인 중세식 잡탕 치료법으로서, 작성자는 자극적인 식물 뿌리와 약초와 향신료가 들어간 이 혼합물이 모든 유형의 두통을 치료하고 "뇌 자체를 정화해 준다"라고 주장한다. 그 말이 정확히 무슨 뜻인지는 확실치 않다. 어쩌면 함께 들어간 재료들이 머리의 체액 불균형을 해소하거나, 아니면 정신을 깨워 작동시키는 자극제 노릇을 하는지도 모른다. 어느 쪽이든 간에, 중세 사람들은 뇌가 실제로 무슨 일을 하는지 거의 알지 못했으면서도 그것을 몸에서 가장 중요한 기관으로, 즉 인간의 지력과 행동을 모두 책임지고 통제하는 곳으로 여겼다.

그러나 이러한 기능 가운데 어떤 것도 몸속 기관들이 조화롭게 작동한 결과로 간주되지는 않았다. 신경계 및 소화계, 순환계의 미묘한 차이는 수백 년 후에 기술적 비약이 일어나고서야 비로소 완전히 분석하고 설명할 수 있었기 때문이다. 당대에는 인간의 동작, 사고, 기억 같은 행동 및 정신 활동의 산물은 개개인의 영혼에 지배당하는 것으로 여겨졌다. 이때 영혼이 가리키는 대상은 부분적으로나마 오늘날과 같은 의미의 추상적이고 영적인 힘이었다. 일찍이 고전 고대의 저술가들 또한 영혼이 인간의 '몸속'에서 살아가며 개개인의 의지의 여러 측면을 한층 더 지각 있는 상태로 구현한다고 매우 진지하게 언급한 바 있다. 기원전 4세기에 저술 활동을 한 플라톤은 이처럼 생기를 발산하는 영혼에서 가장 중요하고 이성적인 부분이 뇌 속에 저장되어 있다고 맨 먼저 주장한 사람으로 꼽힌다. 이러한 주장은 큰 인기를 누린 로마의 의사 갈레노스Galen(약 129-216)부터 영향력 있는 문헌 편찬자이자 의학자로서 서양에서는 '아비센나'라는 이름으로 알려진 아부 알리 알후세인 이븐시나Abu 'Ali al-Husayn ibn Sina(약 980-1037)에 이르기까지, 플라톤 이후의 여러 사상가에게로 이어졌다. 중세 후기의 저술가들 또한 뇌는 인지 기능의 중심부이자 지력과 추론을 관장하는 지고의 기관이라는 점에 동의했다.

오늘날 케임브리지 대학교 도서관에 소장된 13세기 백과사전 속의 채색화는 앞서 등장한 영어 기도서의 가장자리 장식화에 싸우는 모습으로 묘사된 블렘미아이와 거의 정확히 일치하는 시기에 그려진 것으로서, 활동 중인 뇌의 모습을 보여 준다. 이 그림은 난해한 신학 이론서에 가끔 들어가는 비슷한 유형의 그림을 단순화한 것이다. 그림 속 턱수염을 기른 흉상의 머리 안쪽에는 생생한 질감이 느껴지는 회백질 덩어리가 아니라 검은색과 빨간색 잉크로 그린 선과 원이 오밀조밀 이어지며 독자를 뇌의 복잡한 구조 속으로 안내한다. 이 그림의 목적은 뇌라는 대상을 소개하는 것이 아니라 사고라는 과정 자체를 도식화하는 것으로서, 중세 시대에 사고는 연관된 장기의 여러 부분 또는 여러 '방'에 걸쳐 일어나는 작용으로 이론화되었다.

이 같은 사고의 첫 단계를 촉발하는 것은 뇌와 몸의 각 부위를 연결한다고 알려진 신경 계통으로서, 이는 곧 몸의 감각 말단부에서 정보를 받아들여 처리하는 일이 뇌의 소관임을 암시했다. 이러한 분석 기능을 담당한 곳은 뇌의 맨 앞에 있는 두 방이었는데 앞서 소개한 백과사전 속 그림에는 눈과 빨간 선으로 연결된 왼쪽 끄트머리의 두 원으로 묘사되어 있다. 첫 번째 방에 적힌 라틴어 센수스 콤무니스*sensus communis*는 문자 그대로 '공통 감각'이라는 뜻으로, 몸의 여러 감각 정보가 함께 모이는 곳을 가리킨다. 이 정보를 뇌로 전달하는 물질의 이름은 프네우마*pneuma* 또는 스피리투스*spiritus*이며, 형언하기 힘들 만큼 가볍고 활기찬 이 정기는 영혼과 연결된 채로 마치 지각을 띤 유체처럼 뇌와 몸을 순환한다. 두 번째 방, 즉 이마기나티오*ymaginatio*라는 이름이 붙

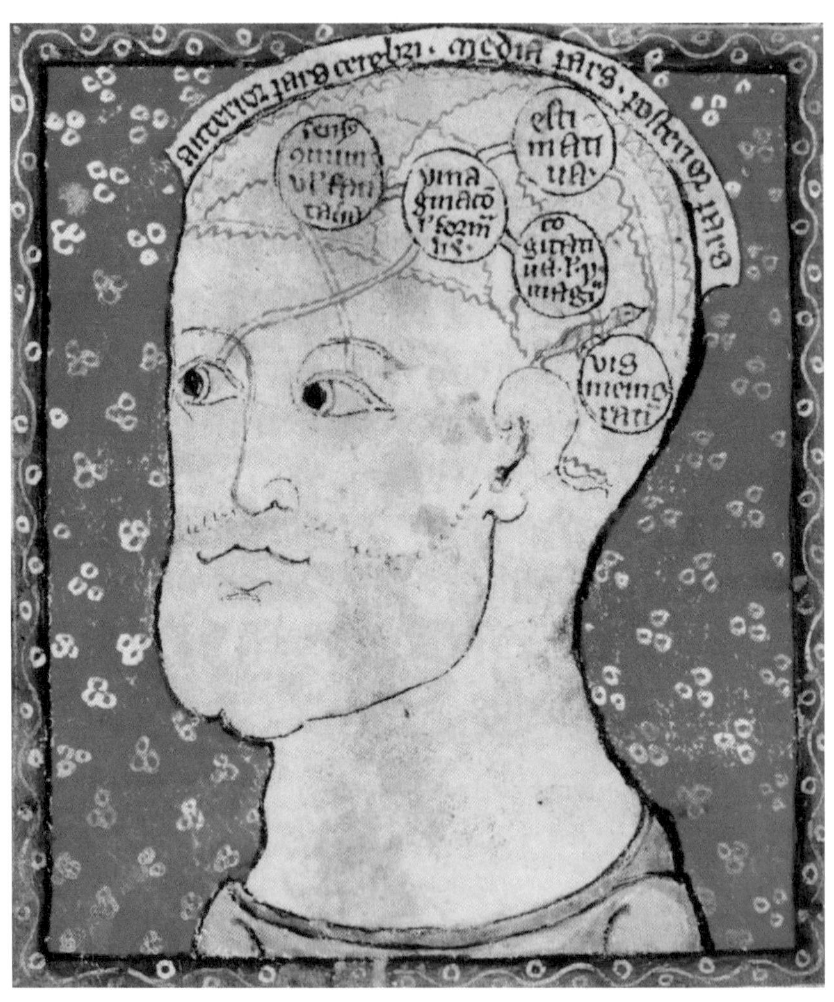

9. 다이어그램처럼 도식화된 뇌 속 구조를 고스란히 묘사한 사람의 머리.
13세기 중반 잉글랜드서 세 가지 언어로 만든 백과사전에 수록되어 있다.

은 곳에서는 추상적인 지식을 구체적 사고로 변환한다. 옛 프랑스어인 이마게*ymage*에서 유래한 이 방의 이름은 더 거슬러 올라가면 이마고*imago*, 즉 '이미지'로 번역될 뿐 아니라 유사성이나 생각, 메아리, 유령 등을 뜻하기도 하는 라틴어 단어에서 유래했다. 이는 오늘날 우리가 사용하는 현대적 개념의 '상상력imagination'에서도 핵심을 차지한다. 중세에 이미지는 곧 사고를 쌓아 올리는 벽돌이었으며, 이 두 방에서는 몸의 감각 데이터를 토대로 이미지를 뇌 속의 구체적 존재로 변환하는 일이 이루어졌다. 센수스 콤무니스와 이마기나티오에서 이미 취합해 실체화한 사고는 이해 과정을 마무리하기 위해 정련과 저장이라는 두 단계를 더 거친다. 두 번째 원형 방에서 뻗어 나온 두 가지 기능 가운데 코기타티바*cogitativa*는 감지한 이미지를 숙고하거나 개념으로 변환하는 뇌의 힘을 뜻하고, 에스티마티바*estimativa*는 이미지와 개념을 행동의 기반이 되는 판단으로 변환하는 힘, 즉 평가를 뜻한다. 마지막으로 머리 뒤쪽에 있는 방의 이름인 메모라티바*memorativa*는 '기억'이다. 뇌에서 가장 연약하고 영향받기도 쉽다고 여겨졌던 이 방은 사고가 문자 그대로 도장처럼 찍히거나 새겨지는 장소로서, 머릿속의 정교한 체계를 통째로 담은 궁극의 저장소였다.

이 같은 형상들을 모아 만든 노선 지도 덕분에 중세의 작가들은 감각과 사고에서 행동과 기억까지, 뇌의 여러 복잡한 계통을 세밀하게 묘사했다. 케임브리지 대학교 도서관에 소장된 책 속의 머리 그림 같은 이미지는 정신에서 일어나는 여러 과정 사이의 미묘한 차이를 이해하고자 할 때 추상적이면서도 창의적인 밑그림이 되어 줬다. 또한 뇌가 제대로 기능하지 않거나 사고력이 모자란 이유를 체계적으로 이해하려던 당대 의사들에게는 정신 체계를 이해하는 틀을 제공하기도 했다. 지적 장애는 연령이나 성별, 체질의 맥락에서 진단되는 경우가 잦았으며, 개개인의 지능의 우수성은 액체처럼 유동적인 성질을 띤 사고가 뇌 속의 여러 방을 얼마나 빨리 돌아다니느냐에 전적으로 좌우된다고 여겨졌다. 시리아의 과학자 쿠스타 이븐 루카Qusta ibn Luqa(약 820-912)가 제시한 가설에서 영민한 정신을 지닌 사람은 뇌 속의 내용물이 번개처럼 빠르고 매끄럽게 흘러 다니는 반면, 아이와 '백치'와 여성의 경우에는 선천적으로 사고가 걸쭉하기 때문에 정신이 지체되어 있다.

중세의 의사들은 이보다 더 심각한 정신적 불균형의 세부 사항 또한 빈틈없이 기록해 놓았다. 환자의 정신이 만성적으로 지나치게 활발하고 그 증거로 수면 부족이나 극도의 조증이 나타날 경우, 의사는 다양한 수단을 진정제로 추천하곤 했다. 여기에는 최면 효과를 내는 식물로 만든 약, 마사지, 환자의 거처를 은은한 음향과 흐르는 물과 부드럽게 짤랑거리는 종 따위가 있는 고즈넉한 환경으로 옮기기 등이 포함되었다. 이러한 진단을 내릴 때는 말이 결정적인 단서였다. 수많은 저서를 남긴 카탈루냐의 의사 아르나우 데 빌라노바Arnau de Vilanova(약 1240-1311)는 환자들이 대화 도중에 드러낸 몇 가지 이상 증세를 기록으로 남겼는데, 이는 음식 섭취에 대한 단순하지만 반복적인 불안 증세부터 입에서 코끼리 엄니가 자라는 식의 복잡한 신체 변형에 대한 불안 증세, 심지어는 폭우 또는 임박한 세상의 종말을 몸이 불편해질 정도로 심하게 두려워하는 증세까지 다양하게 나타났다. 이처럼 환자가 들려주는 말이 곧 정신적 불행의 주요한 징후였던 한편으로, 말 없는 환자 또한 걱정스럽기는 마찬가지였다. 뇌 속의 여러 방에서 일어나는 활동이 저조해지면 환자가 무덤덤한 상태나 심각한 긴장 상태에 빠진다고 여겼기 때문이다. 이러한 증상에 대처할 자극제와 충격요법은 조금 유별난 것부터 매우 황당무계한 것까지 다양했다. 프랑스의 의사 베르나르 드 고르동Bernard de Gordon(약 1258-1318)이 권한 치료법은 소리 지르기, 나팔과 종 연주하기, 환자의 가슴 털 뽑기, 암퇘지와 새끼 돼지들을 환자 앞에 데려다 놓고 큰 소리로 울게 하기 등이었다. 굳이 말할 것도 없이 이런 치료법은 효과가 없었다. 중세 의사들은 뇌 속의 방이나 살아 움직이는 스피리투스 같은 이야기를 잔뜩 늘어놓는 동시에, 이런 경우에는 자신들이 별 도움이 안 된다고 선선히 인정했다. 다만 뇌에 대한 이런 식의 초기 접근법에서도 정교한 내적 논리가 작동했다는 점은 부인하기 힘들다. 어쨌거나 뇌는 작동 원리를 완전히 밝혀내려면 현대 과학으로도 아직 갈 길이 먼 기관이기 때문이다.

광기와 대머리

빌라노바와 고르동 같은 의사들의 일화를 제외하면, 중세 시대에 실제로 정신 질환을 앓은 사람의 생활상을 속속들이 알기란 쉽지 않다. 중세에 만성적인 정신 질환을 지니고 살아간 사람에 대한 정확한 기록이나 장기간에 걸친 기록은 개탄스러울 정도로 적게 남아 있거니와, 남아 있더라도 사실상 무척이나 편향되게 서술한 경우가 많기 때문이다. 예를 들어 에스파냐의 크리스트교 성직자인 호안 힐라베르트 호프레Joan Gilabert Jofré는 1409년의 설교에서 자기 고향인 발렌시아의 길거리에는 미친 사람이 많았다고 회상하며 이렇게 말한다. "그 가엾은 광인들은 여러 사람에게 피해를 입혔습니다." 다만 호프레의 이 말은 만화에 나올 법한 사나운 미치광이들이 길거리를 뻔질나게 돌아다니며 사람을 공격했다는 뜻은 아니다. 중세 도시의 길거리에서는 오히려 장애인이 강도를 당하거나 학대당하는 경우가 훨씬 더 많았기 때문이다. 호프레가 한 말은 오히려 단순한 사실을 강조하려고 흥미롭게 꾸민 수사적 과장이다. 즉, 광인을 보호하는 것은 공동체 전체를 보호하는 모범적 방법이라는 사실 말이다. 호프레의 설교는 실제로 적잖은 지원을 끌어내어 발렌시아에 병원을 짓기에 이르렀는데, 이듬해인 1410년에 완공된 이 병원은 아마도 중세 최초의 정신과 전문 치료 시설이었을 것이다.

광기를 이보다 덜 호의적으로 다룬 이야기는 파란만장했던 당대 정치에서 찾아볼 수 있다. 프랑스 왕 샤를 6세(1368-1422)의 경우는 현존하는 중세 시대의 정신 질환 기록 가운데 가장 유명한 사례에 속하는데, 그가 오랫동안 앓은 정서 불안정은 순식간에 사람들의 입에서 입으로 퍼져 나갔다. 유독 생생하게 전해지는 사건 하나는 1392년 8월, 왕이 수행단을 거느리고 르망 근교의 울창한 숲에 말을 타러 나갔을 때 일어났다. 일설에 따르면 이때 걸인이 왕의 말 앞에 엎드려 적선을 간청했고, 다른 설에 따르면 그저 시종이 땅바닥에 창을 떨어뜨려 철커덕 소리가 커다랗게 났을 뿐이었다. 어느 쪽이었든 간에, 샤를 6세는 그 충격 때문에 반쯤 정신이 나갈 만큼 격렬한 분노에 사로

잡혔던 모양이다. 왕은 30분이 넘는 시간 동안 절친한 친구와 친족과 하인에게 칼을 휘둘렀고, 무려 다섯 명을 죽이고 나서야 주변 사람들에게 제지당했으며, 이후 깊은 혼수상태에 빠졌다. 사흘 만에 겨우 의식을 되찾은 왕은 자신이 무슨 짓을 저질렀는지 알고 통곡했다. 이후 10년 동안 왕은 상태가 점점 악화되어 당대 역사가들에 따르면 가족조차 알아보지 못했고, 탈진할 때까지 달리기를 하겠다고 고집을 부렸으며, 왕궁 곳곳의 가구를 넘어뜨리고 자신의 문장紋章은 보이는 족족 부수려고 했다. 한번은 심지어 자기 몸이 연약한 유리로 이루어졌다는 생각에 사로잡힌 나머지 산산조각 날까 두려워 꼼짝 않고 서서 아무도 자신을 건드리지 못하게 했다는 일화 또한 인상적으로 기록되어 있다. 그러나 샤를 6세의 병이 점점 더 깊어지는 과정을 시간순으로 기록한 까닭은 왕의 정신이 망가져 가는 실제 의학적 상황과 정확히 호응하는 사례집을 만들기 위해서가 아니었다. 역사가들의 진짜 관심사는 샤를 6세의 정신 상태 때문에 일어난 프랑스의 심각한 정치적 격동과 이로 말미암아 한 세대 동안 불안정했던 국내 상황을 설명하는 것이었으리라 추측된다. 그러나 고귀한 이의 뇌가 겪는 고난을 해결하고자 많은 전문가가 동원된 것은 분명한 사실이다. 의사들은 휴양과 약을 처방한 반면에 성직자들은 지고한 힘으로 눈을 돌려 샤를 6세를 구원해 달라고 기도하는가 하면, 왕과 조국이 함께 회복하기를 기원하며 왕의 용모를 본떠 만든 조그마한 밀랍상을 기적을 일으키는 순례지로 알려진 사원에 보내기도 했다.

이와 비슷하게 극적인 정신 이상 증세는 문학적 성격이 강한 중세 문헌에도 등장한다. 그러나 당대의 설교문이나 정치사 문헌과 달리 이야기나 시에 나타나는 광기는 병 또는 갑작스러운 충격이 아니라, 가슴이 미어지는 슬픔이나 호응받지 못한 사랑 때문에 촉발된다. 당대에 가장 많이 재창작된 중동의 시 가운데 페르시아의 불운한 연인들 이야기인 『레일리와 메즈눈ليلی مجنون』에는 수피파 이슬람교 학자들이 디바나기divanagi, 즉 '애정 광기'로 이름붙인 사랑의 열병 같은 형태의 정신 이상이 묘사되어 있다. 12세기 아제르바이잔의 저술가 니자미 간자비Nizami Ganjavi가 널리 알린 이 이야기에는 젊은 여성 레일리와 같은 학교 친구인 게이스가 등장하는데, 게이스는 레일리를 열렬히 사랑한다. 그 사랑이 너무도 광적이고 진이 빠질 정도였던 탓에 게이스에게 '광인' 또는 '무엇에 씐 자'를 뜻하는 '메즈눈'이라는 별명이 붙는데, 이 말의 어원은 신령을 뜻하는 페르시아어 진جن과 맞닿아 있다. 레일리는 메즈눈의 마음을 받아들이지만, 중세 로맨스의 전형인 비극적 전개에 따라 자신에게 더 걸맞은 상대와 약혼하고 결혼까지 하고 만다. 이루지 못한 사랑에 충격을 받은 메즈눈은 방황 끝에 사막으로 흘러들고, 들짐승들에게 위안을 받으며 모래 위에 막대기로 덧없는 시를 끄적인다.

레일리와 떠돌이 메즈눈은 그저 어쩌다 한번 멀리서 바라보며 시만 주고받는 순결한 만남을 이어 갈 뿐, 끝내 사랑을 이루지 못하다가 세월이 흐른 후에 비통한 죽음을 맞는다. 시라즈의 통치자였던 이스칸다르 술탄에 바치기 위해 1410년에서 1411년 사이에 제작한 호화로운 시집의 삽화가는 이러한 서정적인 만남 가운데 두 연인이 살아 있는 상대의 모습을 마지막으로 보았을 때의 광경을 간략하면서도 극적으로 포착했다. 사선으로 적힌 시구에 둘러싸여 있는 직사각형 그

10. 마지막으로 만난 자리에서 기절한 레일리와 메즈눈.
니자미 간자비의 장편 서사시 『함사خمسه』의 판본 가운데 하나에 수록된 그림이다.
1410년 또는 1411년에 이란 중남부의 시라즈에서 제작한 이 삽화 문집은 당시 이란의
대부분 지역을 지배한 잘랄 알딘 이스칸다르 이븐 우마르 샤이크를 위해 만들어졌다.

림 속에서 두 연인은 상대의 모습을 보고 혼절해 천막 사이에 쓰러져 있다. 둘의 몸은 야위다 못해 하늘거리는 듯하고, 공들여 지은 옷의 펄럭이는 천은 착용한 사람이 사막의 땅바닥에 쓰러지면서 널따랗게 펼쳐졌다. 홀로 지내던 메즈눈과 친구가 된 들짐승들이 두 연인을 지키는 한편으로 나이 든 일행이 레일리 위로 몸을 숙이고 끝이 뾰족한 금속 용기를 그녀의 얼굴 위에 기울여 약을 먹이는데, 이는 베르나르 드 고르동이 사용한 소생약과 동일한 전통에서 비롯된 식물성 치료약이다. 여기 적힌 시는 사랑이 격심한 정신적 불균형에서 실제적인 신체 질환으로 변할 가능성을 시사한다. 다른 그림에서 메즈눈은 이처럼 완전히 현실화한 상사병 때문에 몸이 많이 상한 상태이다. 그는 절망 끝에 극도로 야위어 가고, 끝 모를 그리움 때문에 뼈만 남은 은둔자로 변하고 만다.

정신 이상은 이런 식으로 신체에 또렷이 드러난다고 여겨졌다. 사실, 사람의 정신 상태는 얼굴 표정부터 피부 상태에 이르기까지 모든 곳에 드러나게 마련이었다. 당대의 전기 작가와 의사는 공통적으로 골상학을 연구했는데, 이에 따르면 신체 발달 및 이목구비의 생김새는 곧 지능과 품성 또는 정신의 부정적 특질을 드러내는 단서였다. 특히 머리털은 중세 후기에 널리 보급된 의학 전서에서 눈에 띄게 중요한 지위를 차지했고, 앞서 설명한 것처럼 그 털 밑의 머리 안쪽에 도사린 특성을 표시하는 능력이 있다고 여겨졌다. 메즈눈은 텁수룩하고 헝클어진 더벅머리로 묘사되는데, 이 거친 머리카락이 곧 광적인 기질의 분명한 증거였다. 그러나 단지 머리털 색이 붉다는 이유만으로 화를 잘 내는 사람으로 여겨지기도 했다. 숱이 많거나 잘 엉키는 머리카락은 타고난 야만성과 함께 나타나는 특성이었다. 그리고 숱이 적어 하늘거리는 금발은 부정직하거나 속임수를 부린다는 증거였다. 제프리 초서Geoffrey Chaucer(약 1340-1400)는 머리털이 낳는 이러한 종류의 차이를 명백히 의식한 상태에서 『캔터베리 이야기』에 순례 길에 나선 면벌부 판매인이라는 부패한 인물을 등장시켰다.

> 면벌부 판매인의 머리털은 밀랍 같은 노란색이었으나,
> 한 타래 아마처럼 힘없이 처져 있었다.
> 얼마 안 되는 그 머리카락은 드문드문 자란 채로,
> 어깨 위를 널따랗게 덮었으나,
> 모두 한 가닥 한 가닥 따로따로 가늘게 늘어져 있었다.

면벌부 판매인의 뜨악할 정도로 엉망인 머리카락은 그의 나약함을 보여 주는 확증인 동시에 제멋대로인 성격을 암시하는 것으로서, 양식 있는 독자라면 누구나 알아볼 단서이다. 아니나 다를까, 나중에 드러나다시피 그는 위선적인 설교를 태연하게 하고, 교황이 발행한 면벌부도 함부로 위조하며, 이로써 신실한 순례자들을 속여 금전상의 이득을 취한다. 순례자들이 그의 모자 아래에 숨겨진 단서를 더 주의 깊게 보았더라면 얼마나 좋았을까.

이처럼 언뜻 자의적으로 보이는 성격과 머리털의 상관관계는 부분적으로 머리털이 자라는 과정에 대한 추론에서 비롯되었다. 의학 저술가들은 특정한 체액이 피부 밑에서 농축된 후에 기체로 변하면 모공을 통해 몸 바깥으로 빠져나가며, 이로써 피부 표면에서 돋아난

각각의 미세한 모발을 형성한다는 가설을 세웠다. 손바닥이나 발바닥처럼 살갗이 두꺼운 부위는 차단막과 틈새의 성질을 함께 지닌 모공의 수가 적고 모공 사이의 간격도 넓어서 털이 자라지 못하지만, 모공이 숨 쉴 공간이 있는 두피에서는 털이 훨씬 더 풍성하게 자란다는 것이었다. 열 또한 머리털 성장에 적합한 요소로 여겨졌기 때문에, 더운 공기가 위로 올라가는 점을 감안하면 머리 꼭대기에 자라는 털의 숱이 가장 많고 빽빽한 것은 자연스럽기 그지없었다. 4대 체액설에 따르면 남성은 여성보다 몸이 더 따뜻하기 때문에 털이 더 많은 것 또한 이치에 맞았다. 그러나 바로 그 열 때문에 모공이 완전히 말라 버릴 위험이 있었고, 대머리가 되기도 그만큼 더 쉬웠다.

그런 반면에 여성의 머리숱이 적은 것은 매우 부자연스러운 일로 여겨졌다. 중세의 미적 기준은 장소와 시대에 따라 매우 다르게 나타나지만, 미모의 정의를 내릴 때 중세 저술가들이 번번이 꺼내는 핵심적인 문구는 하얀 피부와 붉은 입술, 가는 허리, 봉긋한 가슴 같은 것들이다. 때로는 넓고 높다란 이마가 인기를 끌었던 것으로 보이는데, 여성들은 이마 넓이를 강조하려고 눈썹과 머리 선 중앙의 뾰족한 부분에 난 머리카락을 뽑기도 했다. 당대의 도덕주의자들은 언뜻 허영으로 보이는 이러한 유행을 당연히 마뜩잖게 여겼지만, 12세기 살레르노에서 여성 질환 치료법을 모아 만든 것으로 보이는 중세 시대의 인기 의료 지침서 『트로툴라Trotula』에는 머리털 상태를 개선하는 미용 목적의 비결이 여럿 실려 있다. 머리를 감을 때 정향을 사용하면 냄새가 좋아진다거나, 따뜻한 소금물로 머리를 감으면 숱이 풍성해진다는 식이었다. 천연 재료를 잔뜩 써서 염색을 하는 방법 또한 추천되었는데 여기에는 호두 기름, 식초에 삶은 도금양나무 꽃, 유황에 재운 개미 알, 꿀을 섞은 백포도주 등이 들어갔다. 그러나 이런 방법을 통한 변신은 단순한 몸단장이 결코 아니었다. 용모를 보는 당대의 관점에서 이는 남들이 우리 내면의 성질 자체, 즉 순수 또는 퇴폐, 아름다움 또는 추함, 정상 또는 광기 등을 인식하는 방식에 영향을 미칠 정도로 중요한 사건이었다.

목 베기

머리가 인간의 이성과 분별력과 인격이 머무는 중심점인 이상, 중세 시대에 머리를 잘라 버리는 행위가 사회적 제재의 강렬한 수단이었던 것도 놀랄 일은 아니다. 월터 스콧 같은 19세기 신고딕 작가들이 소설의 배경으로 삼은 가상의 중세 유럽에서는 이런 식의 처형이 흥미진진한 한편으로 흔해 빠진 일이었다. 그러나 중세 시대에 참수형은 우리가 후대에 집필된 역사책을 근거로 믿는 것보다 훨씬 드문 일이었다. 그보다는 비교적 피가 덜 흐르는 결과를 낳는 교수형처럼 더 일반적이고 너그러운 형태의 형벌이 주로 집행되었다. 따라서 참수형이 실제로 집행되었다면 이는 매우 상징적인 행위로서, 가혹한 심판인 동시에 강력한 경고로 기능했다고 보아야 한다. 참수형은 산 자에게 보내는 지속적인 경고일 뿐 아니라 죽은 자에 대한 사회적 보복이기도 했다.

정치 사상가들은 신체라는 개념과 국가라는 개념을 하나로 묶는 경우가 많았다. 잉글랜드 출신 인문학자인 솔즈베리의 존John of Salisbury(약 1115-1180)은 제각각 개성을 띠고 기능하는 부분들로 이루어진 사회를 가리키는 신체적 은유인 '정치체Body Politic' 개념을 주장한 저술가 가운데 한 명이었다. 그의 글 속에서 농사꾼은 국가라는 신체의 발에 해당하며, 자기 위쪽에 있는 부위들을 위해 고되게 땅을 가는 존재로 그려진다. 행정 관료 및 재무 관료는 국가의 배를 형성하며 관료제와 재정 업무를 바쁘게 소화한다. 왕을 섬기는 현역 기사들은 국가의 팔과 손이고, 정부 기구는 박동하는 심장이며, 재판관은 눈과 혀가 되어 정의를 보고 또 말한다. 그러나 그 모두의 위쪽에 왕 또는 군주, 문자 그대로 '국가의 머리'가 존재하며, 사람의 머리가 몸을 지배하듯이 그 또한 몸의 성질을 띤 신민들 모두를 지배한다. 이러한 정치체는 인체와 마찬가지로 구성 부분들이 하나가 되어 함께 일해야 비로소 훌륭하게 기능한다. 재무 관료들이 탐욕에 사로잡혀 배를 지나치게 불리면 체제는 부패한 나머지 퉁퉁 부을지도 모른다. 마찬가지로 재판관이 시시때때로 불의를 눈감아 주고 농사꾼이 국가를 계속 발전시키기를 거부하면 이 은유적인 몸은 점점 위축되고, 결국에는 쓰러져 숨을 거둔다.

중세 사람들은 이따금 사회 구조 전체의 머리를 당장 잘라 버려야 한다는 결론에 이르곤 했다. 13세기 영국 웨일스의 지도자들은 잉글랜드 왕 에드워드 1세의 통치에 오랫동안 불만을 품은 끝에 왕을 제거하고 그들 스스로 나라의 어깨 위에 올라 통치할 방법을 모색했다. 1282년, 당시 웨일스 대공이었던 허웰린 압 그리피드Llywelyn ap Gruffudd는 두 지역 사이의 갈등을 살짝 가렸던 화평 조약을 파기하고 왕의 군대에 연이어 무력 공격을 감행했다. 그러나 전황은 웨일스인들의 작전대로 돌아가지 않았다. 12월 11일에 결정적인 전투를 치르고 나서 웨일스군은 완패했고, 허웰린은 아군으로부터 고립되고 적군에 포위당한 끝에 결국 살해당했다. 맨 처음 이 반란의 성격을 규정했던 은유, 즉 '국가의 머리를 자르자'는 이후 잉글랜드군이 허웰린의 시신을 가져가 참수하면서 시적으로 섬뜩하게 확장됐다. 허웰린이 정치체에 저지른 죄가 더없이 분명하게 전시된 셈이다. 런던의 에드워드 1세는 잘린 머리를 받은 후에 조롱하는 뜻에서 담쟁이 화관을 씌우고 시가행진을 시켰고, 나중에는 창에 꽂아 런던탑의 돌벽 위에 걸어 놓으라고 명령했다. 고정관념과 달리 이는 단순히 과대망상증에 걸린 군주가 한순간의 변덕 때문에 아무렇게나 저지른 신체 훼손이 아니었다. 그보다는 오히려 통치와 권력에 관한 하나의 통념을 영구히 유지할 목적에서 행한 의도적 행위였다. 메시지는 분명하고 통렬하게 대중에게 전달되었다. 왕을 거스르려면 목숨을 걸라는 것이었다. 파격적이고 기상천외한 참수형이 중세 문학에 그토록 자주 등장하는 까닭은 다름이 아니라 실제로 집행된 몇 건 안 되는 참수형이 본연의 임무, 즉 위협을 통해 왕권과 지배 권력을 선전하는 일에 성공했기 때문이다.

이처럼 국가의 잠재적 보복에 대한 두려움을 널리 전파하는 데는 이미지도 한몫했다. 호화롭게 장정한 정치 연대기 중에는 무지막지한 폭력을 그림으로 묘사해 설명을 보충한 판본이 많았다. 역사가 장 프루아사르Jean Froissart(약 1337-1404)가 쓴 『연대기Chroniques』는 영국과 프랑스가 벌인 백년전쟁을 다룬 초창기 기록으로서, 여기 실린 채색 삽

11. 장 프루아사르의 『연대기』 삽화본에 묘사된 올리비에 드 클리송의 참수 장면.
1475년경 브루게에서 플랑드르 궁정의 조신
로데베이크 판 흐뤼트휘서Lodewijik van Gruuthuse를 위해 제작한 판본이다.

화 중에는 전쟁 기간 동안 양 진영을 배반한 여러 인물의 운명을 화려하게 묘사한 그림이 많다. 예컨대 영국 편에 서는 실수를 저질렀던 브르타뉴 귀족 올리비에 드 클리송의 사례를 살펴보자. 그는 프랑스군에 붙잡혀 목이 잘렸고, 머리를 잃은 몸은 만인의 눈에 띄게끔 파리 성문 바깥에 내걸리는 수모를 겪었다. 프루아사르의 책에 실린 그림은 경고나 다름없다. 그림 속의 올리비에는 눈가리개를 쓰고 흰색 옷을 입었는데, 이제 곧 앞쪽 처형대 밑에 일찌감치 널브러져 피를 뿜고 있는 머리 잘린 몸뚱이 몇몇과 같은 꼴이 될 참이다. 독자는 극적인 마지막 순간의 모습으로 영원토록 고정된 올리비에를 보며 자연스레 그의 처지에 놓인 자신을 상상했을 테고, 이로써 고작 예리한 검을 한번 휘두르는 것만으로 쉽사리 목숨을 빼앗는 국가를 상대할 때에는 매우 조심해야 한다는 데까지 생각이 미쳤을 것이다.

이처럼 피가 튀는 난폭한 응징의 사례와 더불어 중세 정부의 무기고에 보관됐던 또 한 가지 강력한 무기는 다름 아닌 자비였다. 허웰린이 처형당한 지 고작 3년째인 1285년, 영국 노리치에 사는 월터 에거라는 사람이 장물 소지 혐의로 체포되어 교수형을 선고받고 형이 집행됐지만, 교수대에서 내려진 후에 어찌된 영문인지 여전히 숨이 붙어 있는 것으로 밝혀졌다. 에거는 자신이 살아남은 것은 하느님의 뜻이라고 주장하며 교회로 달아나 그곳을 법으로부터 면제되는 공적 피난처로 삼았다. 몇 달 후 이 도시를 방문한 에드워드 1세, 즉 허웰린의 잘린 머리에 담쟁이 화관을 씌우라는 잔혹한 명령을 내리고 이 때문에 널리 조롱받은 바로 그 군주는, 이 사건을 기회로 삼아 왕의 자비를 보여 줬다. 그는 에거의 죄를 공식적으로 사면하고 더 이상의 속

죄를 요구하지 말라는 칙령을 내렸고, 이로써 자신은 죽음을 내리는 힘뿐 아니라 목숨을 지키는 힘도 겸비했음을 과시했다. 중세 군주는 모든 신민에게 유죄 판결을 평등하게 부과하는 식으로 객관적 정의를 엄격하게 적용할 필요가 사실상 없다시피 했다. 죄를 범한 자의 목숨을 좌지우지하는 능력은 매우 효율적이고 자기 확증적인 통치 수단이기 때문이었다. 이런 식의 형벌은 한 손으로 위협하고 다른 손으로 구원하는 선전 활동으로서, 자칫하면 머리가 달아날지도 모른다는 조용하지만 생생한 불안은 시민들을 억누르는 유효한 수단이었다.

성스러운 머리

중세 시대에는 신체에 가하는 과격한 형벌을 끄떡없이 버티는 능력으로 정평이 난 특이한 사람들이 한 무리 있었다. 이들은 채찍질이나 살가죽 벗기기, 사지 절단, 불태우기, 물에 빠뜨리기, 심지어 참수라는 극단적인 행위까지도 스스로의 대의를 선전하는 행위로 둔갑시키는 능력이 있었다. 다름 아닌 성인聖人, 즉 고대와 당대의 종교인으로서 유독 고결한 삶을 살면서도 신앙 때문에 고문 같은 박해를 자주 겪은 인물들이었다. 단순한 순교자의 반열에 머물지 않고 로마 가톨릭교회의 공식 시성諡聖을 받아 성자가 되면 신도들의 위계에서 변치 않는 고귀한 지위에 올랐고, 그러한 성자의 사연은 중세의 일상생활이라는 태피스트리의 한 부분으로서 쉬지 않고 되풀이되어 전해졌다.

이론상으로 성인은 중세의 모든 크리스트교인이 종교적 숭배를 통해 갈구한 근본 목표 가운데 한 가지를 이미 성취한 셈이었다. 크리스트교식 구원 절차에 따르면 천국에 올라가기 전에 먼저 연옥에서 오랜 유예 기간을 보내며 기다리거나 지옥에서 수치스러운 고문을 마주해야 하지만, 더없이 경건하고 헌신적으로 살아간 덕분에 성인으로 인정받은 사람은 그러한 절차 없이 죽음을 맞기가 무섭게 곧바로 천국에 받아들여지기 때문이다. 그곳에서 그들은 하느님 바로 곁에 앉아 아직 지상에 있는 이들의 가장 유능한 중보자로서 소임을 다한다. 이처럼 이상적인 중보자에게 올리는 기도는, 심지어 생전의 소지품이든 아니면 실제 피부와 뼈이든 간에 그 중보자가 지상에 남기고 간 물건과 실제로 접촉한 상태에서 올리는 기도라면, 그야말로 신성한 자비의 작동 스위치와 가장 직통으로 연결되는 회로였다. 이 때문에 성인들은 크리스트교 사회의 근간으로서 부자와 빈자 모두에게 똑같이 알려지고 존경받았다.

우리는 주로 여러 차례에 걸쳐 베껴 적은 비타이*vitae*, 즉 '성인전'이라는 뜻의 라틴어 이름으로 알려진 문학 장르를 통해 성인의 삶을 접한다. 특정 개인의 초기 숭배자들이 주변에서 일어난 기적 이야기를 소소하게 모은 데서 시작한 이 전기 문학은 수십 년 또는 수백 년에 걸쳐 윤색되고 내용도 추가되면서 성인이 지상에 머문 동안의 여러 이야기를 폭넓게 다룰 뿐 아니라, 성인이 보여 준 여러 초인적인 이적의 목록과 경건한 죽음에 관한 해설까지 아우른다. 성인전에서는 마지막 순교 장면을 매우 강조해 기록했는데, 특히 성인이 크리스트교라는 대의를 지키기 위해 감내한 고문이 얼마나 지독했는지가 중요했다. 중세 말기에 이르면 순교 방식이 극단적이고 끔찍할수록 이를 견딘 성인의 인내심 또한 한층 더 감동적이고 신실하다는 논리가 단단히 자리 잡았다. 이러한 경향은 유럽 중부 및 동부의 독일어권에서 유독 두드러졌고, 그 결과 커다란 패널화부터 조그마한 필사본 삽화까지, 교회 제단의 조각상부터 금속 소품까지, 성인의 몸은 온갖 방식의 소름 끼치는 고문 끝에 피투성이가 된 모습으로 묘사되곤 했다. 이 같은 이미지는 섬뜩하다 못해 집요한 느낌마저 든다. 그러나 거기 묘사된 성인의 얼굴을 보면 그 같은 형벌을 차분하고 위엄 있게, 심지어 웃는 표정으로 참아 낸다. 그들은 이처럼 폭력적인 죽음을 통해 영원한 사후 세계에서 무엇을 얻을지 미리 알고서 그 예지에 마취된 것처럼 보인다.

추종자들이 이처럼 의식화된 죽음을 너무도 귀하게 여긴 나머지 성인의 성격 자체가 어떻게 죽었는가에 따라 정의되는 경우도 적지 않았다. 중세에 만들어진 3세기 로마의 순교자 성聖 아폴로니아의 성인전을 보면, 말뚝에 묶여 불타 죽은 이 성인은 화형에 처해지기 전에 먼저 이가 모조리 부러질 정도로 구타당했고, 일부 판본에 따르면 잇몸에서 이를 마구 뽑아냈다고도 한다. 독실한 신자들은 이처럼 섬뜩한 최후를 맞았다는 이유로 아폴로니아에게서 어떤 경건한 전문성 같은 것을 보았고, 기꺼이 그녀를 치과의 수호성인으로 모셨다. 그러므로 만약 교회에 갔는데 한 손에 집게를 든 로브 차림의 조각상이 눈에 띄었다면, 박식한 크리스트교인은 대번에 그 조각상이 성 아폴로니아상이고 원래는 성인의 이를 뽑을 때 사용한 도구가 그 성인을 식별하는 상징으로 재활용되었음을 대번에 알아보았을 것이다. 이와 비슷한 이유로 머리에 돌멩이가 박힌 남성 조각상은 성 스테파노, 1세기 예루살렘에서 투석형을 당해 죽은 성인이다. 눈알이 없는 조각상은 성 루치아, 3세기 시칠리아에서 안구가 제거당하는 형벌을 받고 순교했다. 바퀴를 든 여성상은 성 카타리나, 4세기 알렉산드리아의 공주 출신으로 수레바퀴에 묶인 채 둔기에 맞아 죽는 형에 처해졌다. 이처럼 성인과 그 성인을 순교시킨 도구는 철저히 하나가 되어 섬뜩한 종교적 줄임말을 형성했으며, 이 줄임말은 천국의 구름 사이로 늘어선 성인들의 성스러운 대열을 묘사할 때 사용되었다.

성인은 중세 민중의 수호자로 호명되는 경우가 너무나 많았기 때문에 그들의 삶 또한 머리 없는 블렘미아이와 마찬가지로 차츰 신화로 바뀌어 갔다. 이때 신화의 서사와 부속 요소들이 반드시 딱딱 맞아떨어질 필요는 없었다. 언뜻 보면 가녀린 젊은 여성이 바큇살 위로 아무렇게나 널브러져 있는 모습이 중세 사람들의 상상력을 사로잡았고 이 때문에 바퀴가 성 카타리나의 유명한 상징물이 된 것 같지만, 성인전에 적힌 내용이 사실이라면 그 거대한 수레바퀴는 성녀의 몸 아래에서 쪼개져 신의 사랑을 입증했기 때문이다. 사형 집행인들은 별수 없이 그녀를 차선책이자 궁극의 형벌인 참수형에 처했다. 그러나 어떤 성인들은 이처럼 극적인 조치에도 굴복하지 않았다. 3세기 파리의 주교였다가 나중에 성 디오니시오가 된 생드니Saint Denis는 파리에서 가장 높은 언덕에서 목이 잘렸는데 이곳은 오늘날 몽마르트르Montmartre, 즉 문자 그대로 '순교자의 산'으로 불린다. 그런데 중세 설화에 따르면 생드니의 잘린 머리가 땅에 닿기가 무섭게 목 아래쪽만 남은 그의 몸이 벌떡 일어나 자기 머리를 붙잡았다고 한다. 그 몸은 머리를 손에 들고서 북쪽으로 꼬박 10킬로미터를 걸어간 후에 마침내 땅에 쓰러졌고, 그 자리에 세워진 교회는 훗날 대성당으로 확장되어 성인을 기리는 뜻에서 생드니 대성당이라는 이름이 붙었다. 이렇게 머리가 잘린 채로 움직이는 성인을 묘사한 예술 작품을 세팔로포어cephalophore라고 하는데 고대 그리스어에서 유래한 이 말 자체가 '머리를 든 사람'을 뜻한다. 이러한 작품의 주인공은 오로지 신성한 믿음이 낳은 의지력만으로 되살아난 것처럼 보인다. 이때 머리 없이 온 사방을 걸어 다니는 기적 못지않게 중요한 것이 바로 잘린 머리의 입에서 쉬지 않고 흘러나오는 경이로운 말이었다. 성 디오니시오의 몸에서 분리된 머리는 주인의 몸이 삶의 마지막 구간을 걷는 동안 내내 설교를 함으로써 부활하여 얻은 마지막 순간에 수많은 사람들을 크리스트교로 개종시켰다.

참수당한 성인의 머리를 관리하는 일은 성직자에게 매우 중요한 임무였다. 이러한 유골, 즉 성해聖骸는 철저한 물신 숭배의 대상이자 성인에 대한 광신의 주춧돌로 변해 독실한 신자에게 영적 구원을 제공하는 동시에, 교회에는 자선 목적의 기부라는 형태로 넉넉한 재원이 되어 줄 가능성이 있었기 때문이다. 예컨대 성서에 맨 처음 등장하는 순교자 세례 요한에 관한 신약 성서 속의 이야기를 보면, 그가 신앙을 빌미로 목이 잘린 까닭은 당시 갈릴리의 통치자였던 헤롯의 아내 헤로디아가 남편에게 그를 사형시켜 달라고 졸랐기 때문이었다. 세례 요한의 머리는 커다란 접시에 올려진 채 보란 듯이 전시되었고, 이 잊지 못할 참수 행위를 통해 머리를 뜻하는 라틴어 카푸트*caput*는 세례 요한의 강력한 상징으로 떠받들어졌다. 중세에 이르면 세례 요한의 온전한 머리뼈를 모시고 있다고 주장하는 곳이 한두 군데가 아니

12. 독일어로 '요한의 접시'를 뜻하는 요하니스쉬셀은 세례 요한의 절단된 머리를 접시에 올려놓은 형태로 만든 조각상이다. 사진의 떡갈나무 두상은 독일 크산텐의 조각가 드리스 홀투이스Dries Holthuys가 1500년경에 만들었다. 호화로운 마욜리카 접시는 두상보다 50년 남짓 이전에 발렌시아 지방에서 만들어져 이곳으로 전해졌다.

었다. 일부 성직자는 그 성해가 다마스쿠스의 우마이야 모스크에 안치되어 있으며, 이곳에서는 원래 거대한 동방 교회가 있던 자리에 납골당을 지어 놓고 지금도 성인을 기린다고 주장했다. 다른 이들은 세례 요한의 머리가 프랑스 북부에 있는 아미앵 대성당의 소유물이라고 주장했다. 이곳에 있는 성해는 1204년 제4차 십자군 원정 때 이곳으로 옮겨져 커다란 황금 성해함에 모셔져 있었다. 그러나 어느 쪽의 성해를 진짜로 간주하든 간에, 세례 요한의 머리와 교류하는 것은 중세의 독실한 크리스트교인에게 매우 중요한 일이었다. 성인과 직접 대면함으로써 천국과 교감하는 독특한 느낌을 얻을 기회였기 때문이다.

세례 요한의 머리가 지닌 힘이 그토록 강하다 보니, 성해를 곧바로 손에 넣을 형편이 안 되는 공동체에서도 그의 머리뼈를 구할 방법을 궁리했다. 이들은 성해를 직접 모시는 것이 아니라 중세 장인들의 기술로 만들어 내는 쪽을 택했다. 그 결과 유럽 북부 여러 도시의 조각가들은 세례자 성인의 잘린 머리를 연상케 하는 모형인 요하니스쉬셀*Johannisschüssel*을 만들어 달라는 의뢰를 받았다. 그중 독일 서부 라인란트의 크산텐 대성당을 위해 만든 요하니스쉬셀은 이러한 전통을 보여 주는 전형이다. 나무를 깎아 만든 성인의 머리 모형을 이국적인 무어 양식 접시에 올려놓은 이 작품은 성인을 닮은 얼굴과 진짜 중동 분위기가 나는 도자기를 결합시켜 세례 요한이 참수당한 레반트 지역의 분위기를 떠올리게 한다. 이 같은 모형 작품은 처형부터 기억, 도덕성에 이르기까지 머리와 관련된 중세의 여러 관념을 활성화시킨 깊은 숭모의 대상이자, 경외심을 불러일으키는 세례자라는 존재를 대중의 일상생활에까지 확장시킨 정교한 종교적 소도구이기도 했다. 사람들은 이들 모형을 교회 제단에 안치하다가 종교 행사가 있을 때면 꺼내어 들고 시내를 행진했고, 성극聖劇을 상연할 때에는 뚝뚝 흐르는 가짜 피로 완성도를 높여 진짜 머리 대신 사용했다. 심지어 두통이나 인후통 같은 머리 쪽의 통증이 낫게 해 달라며 그 조각상에게 빌기까지 했다. 성인의 고통받은 *카푸트*와 자신의 머리를 그야말로 단단히 연결해 버린 것이다. 이 과정에서 조각상은 기묘한 방식을 통해 성 요한의 채색 두상을 넘어서는 경지에 이르렀다. 즉, 머리라는 부위가 중세의 몸에서 가장 높은 지위를 누린다는 사실을 의학과 영성의 측면에서 동시에, 그것도 가혹한 방식과 온화한 방식을 모두 사용해 환기시켰던 것이다.

13. 젊은 여성과 사자와 일각수가 있는 여섯 장짜리 연작 태피스트리 가운데 두 장. 태피스트리마다 미각과 후각, 청각(위쪽 그림), 시각(아래쪽 그림), 촉각 등을 묘사한다. 모두 15세기 말경 플랑드르 지역에서 만들어졌다.

감각 기관

1883년 봄, 박물관 대전시실의 벽에 걸린 커다란 태피스트리 여섯 장을 바라보며, 에드몽 뒤 소메라르Edmond du Sommerard는 분명 기다란 턱수염을 쓸어내리며 안도의 한숨을 내쉬었을 것이다. 누가 봐도 힘든 협상을 거친 끝에 손에 넣은 작품들이었기 때문이다.

벽에 걸린 호화롭고 커다란 직사각형 걸개그림들은 15세기가 저물 무렵 플랑드르 지역에서 화려한 양털실과 비단실을 섞어 짠 것으로서, 당시로부터 40년 전인 1841년에 처음 발견되었다. 작가이자 역사 기념물 검사관[프랑스 혁명 당시 약탈당하거나 파괴된 문화재를 발굴하고 보호하기 위해 만든 직책이다—옮긴이]이었던 프로스페르 메리메Prosper Mérimée가 이 태피스트리를 발견한 부삭Boussac성은 프랑스 중부 리무쟁 지역에 위치한 인상적인 르네상스 시대 저택이다. 그러나 이처럼 거대한 저택도 반세기 후에 파리의 이름난 박물관에 소장되어

〈모나리자〉와 어깨를 나란히 할 작품의 보금자리가 되기에는 역부족이었다. 메리메는 부삭성에서 근무하는 그 지역 공무원들이 어마어마하게 희귀한 이 연작 태피스트리의 일부를 이미 잘라서 수레의 짐칸 덮개나 집 안의 양탄자 또는 바닥 깔개로 사용하는 것을 알고 혼비백산했다.

1882년, 재정이 점점 어려워진 부삭 마을은 어쩔 수 없이 그 태피스트리를 팔려고 내놓았다. 잘려 나가고 남은 부분들은 습기에 얼룩이 졌을 뿐 아니라 문화재의 가치를 볼 줄 모르는 쥐가 귀퉁이를 여기저기 갉아먹은 상태였지만, 감식안을 지닌 사람들이 보기에 여전히 가치가 분명한 작품이었다. 당시 호경기를 누리던 파리 골동품 시장의 악명 높은 소문 제조기들이 힘차게 돌아가기 시작했다. 장부 위로 오가는 나직한 목소리를 타고 개인 수집가가 상당한 금액을 제시했다느니, 최고가가 무려 5만 프랑이라느니, 그 말이 사실이라면 최근에 팔린 부삭성 자체의 두 배 값이라느니 하는 이야기가 돌아다녔다. 추측 또한 무성했다. 예컨대 그 태피스트리에 눈독을 들인 거물 수집가가 있는데 아마도 부유한 은행가 집안 출신인 알퐁스 드 로쉴드Alphonse de Roghschild인 듯하고, 그렇다면 태피스트리는 개인 거래 시장으로 감쪽같이 흡수되어 다시는 대중의 눈에 띌 일이 없을 거라는 식이었다. 열띤 토론이 벌어지고 결국에는 프랑스 정부까지 개입한 끝에 부삭 마을은 예상보다 저렴한 가격인 25,500프랑을 받고 파리의 클뤼니 박물관에 태피스트리를 팔았다.

그 박물관은 에드몽 뒤 소메라르의 아버지이자 수도 파리의 문화계 유력자들 사이에 중세 취향을 다시 유행시킬 만큼 영향력이 컸던 알렉상드르 뒤 소메라르의 구상에서 태어났다. 1833년, 알렉상드르는 그때껏 수집한 중세 및 르네상스 컬렉션의 수량이 너무나 방대해져서 어쩔 수 없이 더 넓은 부지를 갖춘 호화로운 중세 후기 저택으로 컬렉션을 옮겼다. 오텔 드 클뤼니라는 이 저택은 노트르담 대성당과 시테섬에서 남쪽으로 조금만 걸어가면 보이는 곳이었다. 그러나 그는 자기 소장품들이 영원토록 속세와 격리되어서는 안 된다는 점을 분명히 밝혔다. 그리하여 그가 죽은 후인 1842년, 오텔 드 클뤼니는 그가 생전에 바랐던 대로 공공 박물관으로 바뀌었고, 이로써 각계각층의 파리 시민들은 중세 시대의 프랑스로 시간 여행을 떠나는 일이 가능해졌다. 그의 아들 에드몽은 박물관의 초대 관장이 되어 저택을 보수하고 용도를 전환했으며, 살롱으로 삼을 기다란 공간이 생기도록 건물을 증축하고 그 살롱의 벽에 마침내 태피스트리를 걸었다.

이 섬세한 직물은 한 세기가 넘는 시간이 흐른 지금도 그 박물관에서 대중 앞에 전시되어 있다. 지금은 프랑스 국립 중세 박물관으로 거듭난 이 박물관은 2013년에 태피스트리를 꼼꼼하게 복원했다. 이로써 색색의 실로 짠 직물이 은은하게 발산하는 광택은 무려 500년이 넘는 세월이 지나 다시금 빛을 보았지만, 거기에 그려진 것이 정확히 무엇인지는 아직도 수수께끼로 남아 있다. 각각의 태피스트리가 담고 있는 정교한 도안에는 젊은 여성과 사자와 일각수가 등장한다. 넓이가 살짝 제각각인 까닭은 아마도 맨 처음에 장식 및 단열 용도로 걸어두었을 중세 시대 벽의 넓이에 맞춰 만들었기 때문일 테지만, 여섯 장 모두 멋들어진 초록색 원형 정원을 배경으로 앞서 말한 삼인조, 즉 여성과 사자와 일각수가 다양한 위치에서 갖가지 포즈를 잡고 있는 모습으로 묘사되어 있다. 태피스트리 속 그림의 바탕을 보면 한창 피어나는 들꽃의 꽃봉오리가 온 사방에 널려 있고 곳곳에 자그마한 동물들이 몰래 숨어 노닐고 있으며, 굵다란 나무의 가지에는 부숭부숭한 이파리가 수북이 돋았고 그 사이로 갖가지 꽃과 열매가 주렁주렁 달려 있다. 이처럼 이미지의 화수분 같은 이 태피스트리는 플랑드르 직공들의 놀라운 방직 기술을 잘 보여 주는 표본이지만, 정작 그 직공들은 채색한 밑그림과 똑같은 무늬가 나오도록 천을 직조하느라 몹시도 애먹었을 것이다. 다만 이미지 속의 여성 자체는 수수께끼로 남아 있다. 그 여성은 어떤 이미지에서는 서 있지만 다른 이미지에서는 앉아 있고, 여기서는 자신보다 어린 시녀를 대동하지만 저기서는 홀로 짐승들과 벗하는 모습으로 묘사된다. 또한 이런저런 활동을 하면서 수화처럼 미묘한 손동작을 선보이는데 여기서는 어딘가 가리키는 손가락을, 또 저기서는 부드럽게 토닥이는 손짓을 보여 주는 식이다. 연작 전체에 위풍당당하게 묘사된 문장紋章 깃발은 그 여성이 누구인지, 또는 애초에 태피스트리를 주문한 사람이 누구인지 알려 주는 단서 같기도 하지만, 초승달 세 개로 이루어진 문장의 정확한 의미는 세월이 흐르는 사이에 망각되고 말았다. 우리에게는 이 젊은 여성이 무슨 말을 하고 어떤 행동을 하고 무엇을 생각하는지, 또 태피스트리에 묘사된 장면 자체가 무슨 의미인지 곧바로 추측할 단서가 전혀 없다. 그 여성의 정원은 하나의 고립된 섬으로서, 화초가 가득한 진홍색 배경 위에 둥둥 뜬 채 관람자가 사는 세상으로부터 멀찍이 떨어져 있다.

그러나 이 태피스트리 연작에서 적어도 한 가지는 분명해 보인다. 젊은 여성은 태피스트리 다섯 장에 걸쳐 사자와 일각수에게 소형 오르간인 하모늄의 연주를 들려주고, 앵무새와 원숭이에게 대접에 든 조그마한 나무 열매를 먹이고, 들꽃의 향기를 맡고, 일각수의 뿔을 쓰다듬고, 일각수와 함께 거울을 갖고 논다. 이러한 이미지로 청각, 미각, 후각, 촉각, 시각을 보여 주는 것이다. 일찍이 고전 시대와 중세 초기의 저술가들은 감각의 구성 요소를 매우 융통성 있게 파악했는데 여기에는 기억이나 상상 같은 뇌의 능력, 또는 분노와 신의 사랑 같은 격한 감정 따위가 함께 포함되었다. 그러나 중세 시대 후기에 이르면 전통적인 '오감五感'이 몸과 주위 환경 사이에 일어나는 감각적 상호 작용의 다섯 가지 기본 형태로 고착된다. 이들 감각의 작동 원리를 설명하기 위해 당대 사상가들은 각각의 감각이 토대로 삼는 기본 물질과 그 물질이 세상 속에서 돌아다니는 방식을 이해하고자 했다. 꽃에서 나는 향기가 바람에 실려 퍼지는 까닭이 무엇인지, 소리가 허공을 지나 전해지는 까닭은 또 무엇인지 밝히려 했던 것이다. 그러나 감각의 본질을 밝히려면 먼저 앞서 말한 감각 신호를 몸 자체가 어떻게 받아들이는지부터 아는 것이 결정적으로 중요했다.

시각을 보는 관점

'클뤼니 태피스트리' 가운데 가장 큰 작품에 등장하는 젊은 여성은 빙그레 웃는 일각수 쪽으로 금박 장식 거울의 방향을 틀고, 이로써 그 조그만 거울 속에 비친 짐승의 얼굴을 관람객에게 보여 준다. 화려하게 장식한 배경 속에서 반려 동물의 얼굴을 거울에 잠깐 비추는 것은 그 여성에게는 손만 까딱하면 그만인 사소한 일로 보인다. 그러나 여성은 일각수로 하여금 자기 모습을 이런 식으로 보도록 유도하는 동시에, 우리에게도 '보기'라는 행위의 원리 자체에 관해 생각해 보라고 권유하고 있다.

중세 시대에는 시각에 관해 상충하는 두 가지 이론이 우열을 다퉜으며, 두 이론 모두 시각이라는 감각은 빛을 주고받음으로써 기능한다고 파악했다. 그중 한 가지는 눈이 근본적으로 수용기로서 기능한다는 이론으로서, 이에 따르면 눈은 세상의 모든 물체로부터 뻗어 나온 가시광선을 받아들인 다음, 시신경을 통해 그 시각 정보를 뇌까지 전달한다. 이른바 '입사론theory of intromission'으로 알려진 이 이론은 아리스토텔레스부터 이븐시나까지 여러 학자가 지지했으며, 이븐시나의 경우에는 흔히 『과학 지식의 서』라는 제목으로 알려진 책 『다니시나마이 알라이دانشنامه علائی』에서 그 이론을 강하게 지지했다. 그는 이 책에 이렇게 적었다. "눈은 거울과 같고, 눈에 보이는 물체는 거울에 비친 물체와 같다." 이에 맞선 다른 한 가지 시각 관념 또한 고전, 특히 그리스의 과학 사상가 유클리데스와 로마의 저술가 프톨레마이오스의 저작을 토대로 발전했지만, 시각이 기능하는 원리는 입사론과 정반대로 파악했다. 이 반대 이론의 지지자들은 물체가 빛을 내뿜는 것이 아니라 눈이 바깥쪽을 향해 스스로 광선을 발산하며 이 광선이 물체의 표면에 안착한다고 주장했다. 이러한 방식의 보기는 거의 촉각적인 과정으로서, 눈에서 배출된 보이지 않는 광선이 허공을 더듬더듬 나아가며 투명한 손길로 세상을 어루만져 밝히는 것과 같았다.

중세의 저술가들 또한 시각의 방향성에 관해 거의 1000년 동안 지속된 이 논쟁을 계속 이어갔다. 그러다가 1260년대에 영국의 과학 사상가이자 저술가인 로저 베이컨Roger Bacon (약 1220-1292)이 여기에 끼어들어 어찌 보면 양 진영 모두 옳을지도 모른다는 견해를 제시했다. 전통적인 양대 시각 이론을 절묘하게 통합해 광학 체계에 큰 영향을 미친 저서 『광학Perspectiva』에서 베이컨은 이렇게 주장했다. 눈이 받아들인 감각을 뇌의 인지 담당 부위로 전달하는 일은 실제로 시신경이 맡지만, 시신경은 정보를 내보내는 일과 받아들이는 일을 둘 다 한다는 것이다. 이는 곧 시각의 원천은 사물과 몸 둘 다일 수도 있다는 뜻이었

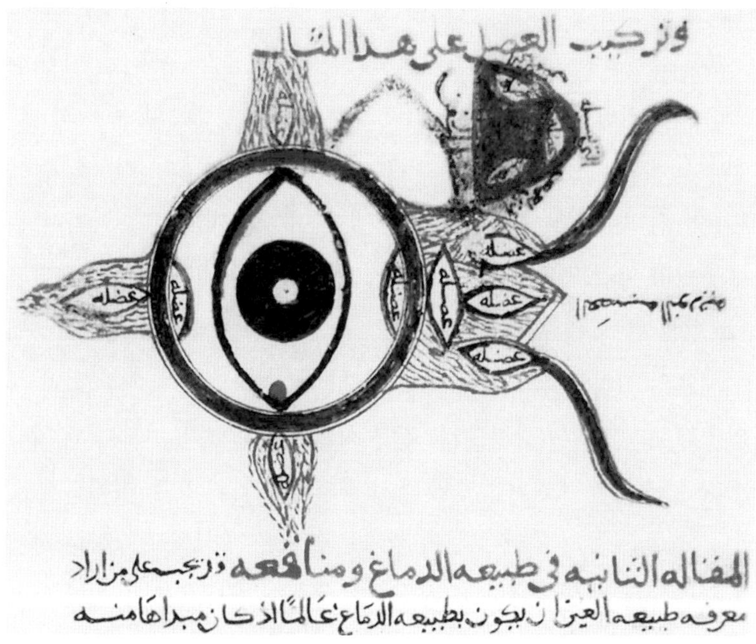

14. 네스토리우스파 크리스트교도이자 의학자였던 후나인 이븐 이스하크가 9세기에 쓴 연구서의 눈 그림. 원래는 더 오래전에 갈레노스가 쓴 안과 치료 연구서를 번역한 것이다.

으며, 모든 분야의 자연철학자들은 이처럼 가시광선이 한 방향이 아니라 양방향으로 움직이기 때문에 눈으로 들어가기도 하고 눈에서 나오기도 한다는 주장에 설득된 것처럼 보였다.

이와 마찬가지로 중세에는 눈의 물리적 구조에 관한 견해 또한 유동적이었다. 한편에는 수백 년 동안 어느 정도 일관성을 유지한 해부학 기반의 이론이 있었다. 의사들은 논문을 쓸 때 눈을 중앙부에 렌즈가 있는 동그란 기관이자, 점성과 경도가 저마다 다른 여러 층이 앞뒤 양쪽을 겹겹이 감싼 하나의 내핵으로 묘사했다. 이때 사용한 눈과 관련된 여러 가지 용어는 표현을 다듬고 때로는 해당 부위의 위치만 바뀐 채로 오늘날의 안과 용어에도 여전히 남아 있다. 바로 수양액aqueous humour, 그물막retina, 맑은막cornea, 흰자위막sclera, 이음막conjunctiva 등이다. 다만 중세의 일반적인 의료인은 안구의 해부학적 구조보다 눈 속의 4대 체액이 어떻게 구성되어 있는지를 더 중요하게 여겼다. 건강한 눈은 내부의 체액이 서늘하고 축축한 성질을 띤다고 여겨졌고, 따라서 눈이 붓거나 따갑거나 피가 날 경우에는 체액을 원래 상태로 되돌리는 치료법을 강구했다. 시력이 나빠지거나 눈이 병균에 감염됐을 경우에는 체액의 관점에서 적절해 보이는 약물을 처방했는데 특히 흙의 성질이 강한 회향이나 양파, 마늘 같은 식물을 사용했다. 이보다 더 위중한 다른 증상에 대해서는 중세의 내과의와 외과의 모두 이해도가 낮았다. 그들은 눈의 여러 부위에 생기는 질환을 포착하고 저마다 상이한 원인 때문에 일어난다고 파악했다. 예컨대 백내장은 눈 속에 흐린 증기가 불필요하게 모여서 발생한다고 서술되곤 했으며, 치료가 가능한 경우에도 반드시 발병 초기에 손을 써야 한다고 여겨졌다. 백내장 환자는 보통 식물성 점안제를 처방받거나 가느다란 바늘로 눈의 맑은 막을 찌르는 간단한 수술을 받았지만 이런 식의 치료는 십중팔구 득보다 실이 더 컸다.

이런 식의 개입은 성패가 엇갈릴 수밖에 없었기 때문에 시력을 잃는 경우가 드물지 않았다. 중세 시대에 실명blindness이라는 용어는 시력을 완전히 잃은 상태만을 가리키지는 않았다. 현대인 중에도 안경이나 콘택트렌즈가 없으면 중세식 실명의 범주에 들어갈 사람이 적지 않다. 그런 이들도 도움 받을 방법이 몇 가지 있기는 했다. 1300년대 초에 이르러 서유럽의 독서가들은 아랍식 독서 보조 기구를 쓰기 시작했는데, 광물인 녹주석을 연마해 '독서석reading stone'이라는 형태로 만든 것이 많았다. 녹주석은 타고난 초록빛 광택이 시력 개선에 특효로 여겨졌을 뿐 아니라 곡면 렌즈처럼 연마하면 돋보기 노릇까지 했다. 그러나 시력이 심각하게 안 좋은 사람이나 시력을 완전히 잃은 사람이 의지할 데라고는 사실상 직계 가족의 선의뿐이었고, 운이 좋은 소수의 경우에는 국가가 지원하는 종교 기관이 있었다. 13세기 프랑스의 시인 뤼트뵈프Rutebeuf는 1260년경에 옛 프랑스어로 쓴 풍자시에서 맹인을 파리의 흔한 길바닥 인생들 가운데 하나로 묘사한다.

왕이 한 곳에 모아 놓았다지
이유는 나도 알 길이 없네
소경 300명이 길마다 우글우글
셋씩 짝을 지어 파리를 돌아다니지
하루도 쉬지 않고 꺼이꺼이 외치네

'앞 못 보는 300명한테 한 푼만 줍쇼.'

앞의 시에 나오는 '300명'은 캥즈뱅 병원Hôpital des Quinze-Vingts에 입원한 이들을 가리킨다. 이름 자체가 '20 곱하기 15(즉 300명) 병원'인 이 종교기관 겸 자선 숙소는 당시 프랑스 왕 필리프 2세가 맹인 300명을 돌보기 위해 세운 지 얼마 되지 않은 곳이었다. 눈에 잘 띄도록 셋씩 짝을 지어, 때로는 눈이 멀쩡한 길잡이를 앞세우고서, 이들 캥즈뱅 무리는 날마다 파리의 길거리를 누비며 사람들에게 자기네 공동체가 유지되도록 적선을 베풀라고 애원했다. 그러나 이처럼 맹인을 도시에 수용하는 조치에 불만을 표한 사람이 많았던 데다, 앞 못 보는 걸인 무리를 도시의 고질적인 병폐로 여기거나 툭하면 희생자로 삼는 태도 또한 지속적으로 존재했다. 1425년에 이름이 밝혀지지 않은 파리의 기록자가 남긴 글을 보면 다음과 같은 '오락거리'에 관한 내용이 나온다. 맹인 네 명에게 몽둥이를 쥐여 주고 돼지 한 마리와 함께 공원에 집어넣은 다음, 돼지를 때려죽이는 데 성공하면 나중에 나눠 먹어도 좋다고 맹인들에게 일러 줬던 것이다. 여기서 구경꾼들은 맹인 넷이 서로 죽기 직전까지 때리는 광경을 구경하며 희색을 감출 생각도 하지 않는다.

그러나 이처럼 시각 장애인을 불쾌하게 학대하는 한편으로, 앞이 안 보이는데도 인내심과 신앙심으로 견디며 살아가는 이들을 도가 지나치게 찬양하는 풍조도 함께 존재했다. 맘루크 왕조 시대 이집트의 문헌학자이자 역사가였던 할릴 알 사파디Khalil al-Safadi(약 1297-1363)는 장애를 극복하고 사상가나 학자, 의사, 시인 등으로 일가를 이룬 맹인 및 한쪽 눈이 불편한 시각 장애인 400명의 전기를 긴 논문 두 편에 고스란히 담았다. 종교적 서사에서는 맹인의 업적을 찬양하는 분위기가 더욱 심했다. 크리스트교와 유대교, 이슬람교 모두 시력이 결여된 상태를 개인의 도덕성에 대한 시험으로 규정했기 때문이다. 이러한 시험에서 고통을 겪은 사람은 신앙을 지킨 대가로 내세에서 보상을 얻을 운명이었고, 속세의 안락을 누리지 못하기 때문에 오히려 더 심원하고 더 신성한 것들을 보는 잠재력을 타고났다고 여겨졌다. 그들은 세속적인 시력에 구애받지 않는 대신 영국의 신비주의자 마저리 켐프Margery kempe(약 1373-1438)가 '영혼의 시력sylght of hir sowle'으로 일컬은 힘을 통해 보는 법을 깨우친다고 여겨졌다. 그 힘이란 만물의 이면에 있는 하느님의 초월적인 섭리를 잠시나마 또렷이 목격하는 능력이었다.

과거의 냄새를 맡다

그렇다면 클뤼니 태피스트리 속의 신비로운 여인이 행하는 갖가지 활동은 관람자에게 기억과 투영投影을 함께 유발할 목적으로 고안된 것들이라고 할 수 있다. 여성이 보여 주는 다섯 가지 감각 놀이는 중세 시대에 감각의 이면에 감춰졌던 온갖 관념과 연계되어 있다. 오늘날을 살아가는 우리 역시 이 태피스트리를 마주할 때면 어쩔 수 없이 스스로도 그 이미지의 일부라는 상상에 서서히 빠져드는데, 이는 의도된 결과이다. 중세의 몸을 담은 여러 이미지가 그렇듯이 이 태피스트리도 우리에게 이미지 속의 '보는 사람'과 같은 공간에 존재하라고 교묘하게 부추기기 때문이다. 감상자는 태피스트리 속 젊은 여성이 자신의 반려 일각수를 거울로 살짝 비추는 장면을 보며 아마도 그 조그만 거울 속의 생생한 모습을 볼 만큼 눈이 건강한 자신은 운이 좋다는 생각을 떠올릴 것이다. 우리는 그 여성의 경험을 스스로의 것으로 받아들이고 더 나아가 그 여성이 느끼는 것을 느끼기 시작한다.

한편으로 이러한 중세의 감각을 어떤 식으로든 현실에서 생생하고 정확하게 재구성하기란 당연히 불가능하다. 감각 경험은 사람마다 제각각이고 주관적이라서 묘사하거나 공유하기가 극히 어렵기 때문이다. 예컨대 후각은 무언가 떠올리게 하는 힘이 매우 강한 동시에 유난히 사적인 감각이기도 하다. 당신과 나는 같은 장미의 향기를, 심지어 같은 시간에 함께 맡으면서도, 그 향기로 인해 느끼는 바가 서로 일치하는지 확실히 알지 못한다. 우리가 각자의 경험을 비교하고자 동원하는 말 역시 성에 차지 않는다. 이때 사용할 수 있는 방법은 다양하다. 과학이나 생물학의 힘을 빌려 다음과 같이 한층 더 자세히 설명하는 것도 가능하다. "그 와인은 녹슨 것처럼 비릿하고 삭힌 것처럼 톡 쏘는 냄새가 나." 다른 감각을 빌리는 것도 한 가지 방법이다. "그 치즈의 냄새는 날카롭고 선명해." 아니면 서로 공유하는 명백히 추상적인 문화적 개념에 의지할 수도 있다. "그 향수는 *너무* 1980년대 느낌이 나." 그러나 이런 식의 감각 묘사는 하나같이 끝이 안 보일 만큼 다양한 세부 요소와 고유성으로 가득하다. 현대 언어라는 수라장에서 우리는 기미whiff, 냄새scent, 일식一息, puff, 미향微香, waft, 악취stink, 방향芳香, fragrance 같은 표현을 사용하는데, 이러한 표현은 모두 미세하게 다른 맥락에서 미세하게 다른 대상을 가리킨다. 그리고 그 표현에 깃든 의미

15. 14세기 중반 이탈리아 북부에서 구리에 금을 입혀 만든 향로 또는 램프.

16. 1280년대 맘루크 왕조 시리아에서 놋쇠와 은으로 만든 향로.

는 냄새 자체를 싣고 왔다가 떠나 버리는 한바탕 바람과 마찬가지로 쉬지 않고 변화한다. 이는 역사가들이 말하는 감각 고고학의 문제로서, 중세에 만들어진 감각 묘사의 원본과 지금 여기 있는 우리 몸 사이의 1000년이나 되는 시차를 메우기란 쉬운 일이 아니다. 중세 사상가들이 후각을 시각과 매우 유사하게 파악했다는 사실은 이미 밝혀진 바 있다. 즉, 공기 중에 떠다니는 냄새가 코에 닿은 후에 몸속에 살아 움직이는 기운을 타고 뇌로 들어와 분석된다는 식으로 이론화한 것이다. 그러나 이 같은 과거의 냄새를 오늘날 다시금 포착하기란 필연적으로 간접적인 행위이며, 따라서 그 감각은 현상학이라는 짙은 구름을 통과하며 파악하는 수밖에 없다.

다행스럽게도, 형태가 있는 물건은 이러한 후각상의 난제를 푸는 데 한몫을 한다. 앞에 보이는 정교한 금속 공예품 두 점은 고작 80년 정도의 시차를 두고 제각각 서로 마주 보는 중세 지중해 연안 지역에서 만들어졌다. 둘 다 주위에 향기로운 연기를 퍼뜨릴 목적으로 향과 향신료에 불을 붙여 담아 두려고 만든 섬세한 작품이다. 그러나 중세의 후각을 살펴보고자 할 때 이들 작품은 매우 상이한 두 가지 문화적 맥락에 다가가는 경로가 된다.

둘 가운데 장식이 더 화려하고 크기도 더 큰 왼쪽 공예품은 아마도 14세기 이탈리아 북부에서 인기가 매우 높았던 조각가이자 화가 조반니노 데그라시의 밀라노 공방에서 만들어졌으리라 추정된다. 작지만 몹시도 정교한 이 물건은 구리에 금을 입힌 램프로서, 내부에 불붙인 향을 놓고 창문형 개구부 여섯 곳을 통해 불빛과 향기를 함께 발산하도록 고안됐다. 개구부 앞에는 성서 속의 인물처럼 차려입은 남자들이 서 있고 그 사이사이에 천사 같은 인물상이 배치되어 있는데, 두 가지 다 이 물건이 크리스트교의 맥락에서 쓰였을 가능성을 보여준다. 냄새는 중세 교회의 관습에서 없어서는 안 될 요소였기 때문에 서유럽 가톨릭교회와 동방 정교회 모두 행렬에 나설 때 불을 붙여 들고 다니거나 전례의 특별한 순간에 곁들이기 위해 향이 필요했다. 향긋한 냄새는 그 자체로도 신성의 지표로 성서의 본문 곳곳에 언급되며, 기록에 남은 성聖유물은 거의 예외 없이 놀라운 향기를 발산했다. 이는 그리스도의 몸이 남긴 반향으로 복음서에 따르면 그리스도의 시신은 십자가에서 내려져 염습하는 과정에서 향유가 발라졌다고 한다.

냄새는 또한 성인전에서도 극적인 효과를 내는 용도로 쓰였다. 성인전 특유의 서사에서 갑자기 뜻밖의 향기가 등장해 성스러운 힘의 연극적 반전을 강조하는 식이었다. 9세기 비잔티움의 성인인 크리소발란톤의 이레네Irene of Chrysobalanton의 전기를 보면, 성인이 콘스탄티노플에 있는 수도원의 자기 방에서 기도할 때 악마가 찾아오는 섬뜩한 장면이 나온다.

> 이윽고 악마가 손을 뻗더니 등잔불의 심지에 막대를 갖다 대어 불을 붙였다. 악마가 성인의 목 근처에 막대를 떨어뜨리자 풀무질을 한 듯 불길이 치솟았고, 머리 수건 전체와 수도복마저 활활 타오르다가 마침내 성인의 살에까지 점점 불이 번졌다. 불길은 성인의 몸을 뒤덮고 어깨와 가슴, 등, 콩팥, 옆구리를 까맣게 태웠다.

이레네의 동료 수녀 한 명은 매캐한 냄새를 맡고 이곳저곳 돌아다니다가 이내 악취의 근원지에 이르러 무시무시하면서도 경이로운 광경을 목격한다. "이레네는 온몸이 활활 타는데도 꿈쩍 않고 서서 흔들리지도 않고 굴하지도 않은 채로, 불길에 어떠한 영향도 받지 않았다." 서둘러 불을 끄고 나서 물어보니 까맣게 탄 이레네는 불길이 거의 고통스럽지 않았다고 주장했다. 뒤이어 화상을 치료하느라 살에 단단히 눌어붙은 천 쪼가리를 떼어내는 사이에 연기와 불에 덴 살의 역한 냄새가 순식간에 이레네의 성스러운 상처에서 퍼져 나오는 우아한 향기로 변했다. 이레네의 전기는 일부러 숨이 막히는 악취와 천상의 향기를 대비시킴으로써 성인에게서 새로이 풍기는 감미로운 향기를 다음과 같이 찬양한다. “그 어떤 향수나 귀한 향도 감히 견주지 못할 만큼 향기로워서 온 수도원을 여러 날 동안 가득 채웠다.”

조반니노 데그라시도 램프를 만들 때 이러한 종류의 신성한 냄새를 염두에 두고 불꽃과 거기서 흘러나오는 향긋한 연기를 성인들의 조그마한 조각상으로 둘러싸야겠다고 마음먹었을 것이다. 램프 표면에 얽히고설킨 금박 덩굴과 구부러진 잎, 이제 막 벌어지는 꽃봉오리 등은 자연에 충만한 향기를 함께 연상시키며 자그마한 건축물처럼 생긴 램프의 위쪽으로 구불구불 이어지고, 마침내 높이 솟은 여러 탑과 그 위의 야트막한 난간에까지 이른다. 맨 꼭대기에는 구멍이 뚫린 첨탑이 자리 잡고 있는데 아마도 여기에 짧은 사슬을 달아 램프 전체를 걸어 두었거나, 손에 쥐고 행렬에 나섰을 것이다. 이처럼 건축적인 장식성은 부분적으로 이러한 물건을 사용한 장소인 교회나 대성당의 암시이다. 그러나 한편으로는 크리스트교의 지고至高의 도시인 천상의 예루살렘, 즉 영생을 누릴 아름다운 왕국을 가리키기도 한다. 천국은 단지 시각을 위한 구경거리가 아니라 후각 면에서도 완벽한 영역이자 성인들과 영성이 가득한 고귀하고 향기로운 장소로서, 4세기의 신학자인 성 아우구스티누스의 말을 빌리면 “어떠한 미풍도 흩뜨리지 못할 향기”였다.

두 번째 향로는 조반니노의 작품과 꽤 동떨어져 보인다. 맘루크 왕조 시리아의 이름 모를 장인이 만든 이 향로는 놋쇠와 은으로 된 표면을 가늘고 날카로운 연장으로 뚫어 섬세한 무늬를 만든 것으로 보이며, 안쪽의 향이 타면서 나는 연기가 체처럼 작은 구멍이 뚫린 겉 뚜껑을 통해 바깥으로 퍼져 나가는 구조이다. 다만 밀라노에서 만든 램프와 마찬가지로 이 향로 또한 숙고 끝에 만들어진 형태를 통해 중세의 후각에 포착된 더 커다란 사상을 은근히 드러낸다. 크리스트교와 이슬람교는 공통적으로 내세를 향긋한 냄새가 나는 장소로 굳게 믿었다. 쿠란에서 이슬람교도가 가는 낙원인 잔나جنة는 풍요롭고 향기로운 정원으로 묘사되는 경우가 매우 흔하다. 중세의 삶은 몹시 퀴퀴한 냄새로 얼룩진 순간이 많았을 것이다. 이후 수 세기에 걸친 전근대 시기와 비교하면 당대에는 목욕이 인기 있는 소일거리였던 것으로 보이지만, 그래 봤자 중세 사람들이 소유한 옷은 고작 두세 벌에 지나지 않았고 그마저도 세탁하고 갈아입는 횟수가 많지 않았다. 이와 대조적으로 천국의 정원은 악취로부터 완전히 자유로웠으며, 잔잔하게 흐르는 폭포와 영원토록 썩지 않는 과일과 젖과 꿀이 늘 신선하고 향기롭게 흐르는 강 따위가 가득한 곳이었다. 이러한 정원에 사는 후리حورية, 즉 천국의 처녀들은 심지어 사프란과 사향, 장뇌, 용연향 같은 향료로 만들어졌다고 전해진다. 앞의 조그마한 시리아제 향로는 바로 이러한 향료를 넣어 태우는 물건이었다.

이 작은 구체에 묘사된 도상들은 그러한 쾌락이 존재하는 천상의 모습 또한 명확하게 보여 준다. 향로의 표면은 책상다리를 한 인물 일곱 명으로 장식되었는데 이들이 들어가 앉아 있는 원형 무늬 일곱 개는 저마다 일곱 행성, 즉 수성과 금성, 화성, 목성, 토성, 지구, 그리고 당시에는 어엿한 행성으로 여겨졌던 달을 상징한다. 그 위쪽의 정점을 둘러싼 원형 무늬는 구멍을 송송 뚫어 표현한 태양광선으로 채워져 있다. 이러한 면면을 보면 천체의 운동과 의미를 오랫동안 주의 깊게 연구해 온 당대 이슬람교 권역의 선진적인 천문학 수준이 향로의 전체 구도에 반영되어 있다는 것을 알 수 있다. 이 같은 물건의 내부 작동 원리는 표면보다 훨씬 더 정교하다. 이 향로의 경우에는 불붙은 향을 담는 내부의 조그마한 그릇을 수평 유지 장치가 둘러싸고 있다. 회전하는 원형 고리 여러 개로 이루어진 이 장치가 자이로스코프처럼 작동하기 때문에, 화려한 금속제 겉 뚜껑이 어떤 방향으로 놓이든 속에 든 향은 계속 위쪽을 향한다. 다시 말해 이 조그마한 구체는 장난삼아 이쪽저쪽으로 굴려도 내용물이 바깥으로 새지 않았다는 뜻이다. 이 향로가 만찬 손님들의 손에서 손으로 전해지며 탁자 위를 도르르 굴러다니는 광경, 또는 여행자의 천막에 깔린 양탄자 위를 이리저리 누비며 감미로운 향기로 사람들의 대화를 물들이는 광경이 눈앞에 선히 떠오른다.

이러한 향기는 은제 향로와 마찬가지로 명백히 부와 사치의 상징이었다. 향기의 원천인 향료, 즉 정향과 쿠민, 몰약, 재스민, 장미, 카밀러 등은 값비싼 수입품인 경우가 많았다. 그러나 향기는 특정한 과학적 성질 때문에 귀한 대접을 받기도 했는데, 특히 음식을 먹을 때나 낯선 땅을 여행할 때 유용하게 쓰였다. 중세 시대에는 그리스어로 미아스마miasma, 즉 '오염된 공기'가 질병을 전파하고 감염시키는 원인 가운데 하나로 여겨졌다. 향기는 이 나쁜 공기에 맞서 주위를 좋은 냄새로 물들이고 심지어 정화하기까지 했다. 따라서 이 향로는 크리스트교권의 맞수와 마찬가지로 천국의 상징부터 지상의 부귀까지 다양한 상상을 머금은 채 손에서 손으로 전해지며 실내에 은은한 향기를 퍼뜨렸고, 그러는 동안 겉 뚜껑에 새겨진 조그마한 행성들은 천체처럼 빙글빙글 회전했다.

귀 기울여 듣기

카르타헤나의 테레사Teresa de Cartagena는 청각 장애를 자신과 세계 사이의 단절로 규정했다. 그녀는 온갖 것을 보고, 냄새 맡고, 만질 수도 있었지만, 소리를 듣지 못한다는 이유 때문에 사람들과 동떨어졌다고 느낀 것이다.

> 듣지 못하는 내 귀 때문에 나는 인간의 목소리로부터 고립됐다. 듣지 못하면 말하지 못하기에 수다스러운 내 혀도 침묵한다.

15세기에 에스파냐 북부의 부르고스에서 자란 그녀는 어릴 적에 청력을 잃고 말년에 이르러 아르볼레다 데 로스 엔페르모스*Arboleda de los Enfermos*, 즉 『병자의 숲』이라는 제목의 얇은 책을 남겼는데, 이는 여성 저자가 자신의 청각 장애에 관해 쓴 거의 최초의 글이다. 중세 시대의 묘사를 보면 귀는 그물처럼 이어진 가느다란 관 여러 개를 통해 듣는 기능을 수행했다. 이 관은 속에 정지된 공기를 품은 가늘디가는 우물처럼 생겼으며, 그 관 속의 공기가 바깥에서 들어오는 소리의 진동을 흡수하는 구조였다. 이 소리는 몸의 감각 기관에서 익히 드러난 방식대로, 즉 스피리투스에 실려 뇌로 전달되어 분석과 판단을 거친다. 테레사는 이처럼 복잡한 과정을 처리할 능력이 없는 자신의 처지가 괴로운 동시에 즐거웠다. 괴로운 까닭은 장애 때문에 삶의 여러 측면과 거리를 둬야 했기 때문이었고, 그럼에도 진정으로 즐거웠던 까닭은 침묵 속에 살아가는 덕분에 보통 사람은 인식하지 못하는 일련의 소리가 들리기 시작했기 때문이었다.

6세기의 철학자 보에티우스는 데 인스티투티오네 무시카*De institutione musica*, 즉 『음악의 원리』라는 제목을 단 연구서에서 소리를 세 등급으로 분류하는 방법을 소개했다. 이 분류법은 중세 시대 내내 강력한 영향력을 유지하며 카르타헤나의 테레사의 시대에까지 고스란히 이어졌다. 세 등급 중 맨 아래인 무시카 인스트루멘탈리스*musica instrumentalis*, 즉 '도구의 음악'은 음성 및 현악기, 관악기, 타악기 같은 악기의 소리로 이루어진 음악과 노래를 뜻하며, 사람들이 세속의 일상 경험에서 늘 듣는 것이었다. 그 위인 무시카 후마나*musica humana*는 '인간의 음악'이라는 뜻으로 한층 더 복잡한 형태의 종교적 음악이었다. 이는 일반인에게는 들리지 않지만 몸과 영혼 사이에 공명하는 일련의 화음으로서, 끊이지 않고 늘 연주된다. 이보다 훨씬 더 세련된 음악이 무시카 문다나*musica mundana*인데 라틴어 문두스*mundus*에서 유래한 이 말은 '천체의 음악'이라는 뜻이다. 바로 이 마지막 소리 때문에 중세에는 음악을 이해하려면 반드시 철학과 수학, 즉 천체들이 빚어내는 우주의 부드러운 조화에 관한 연구까지 섭렵해야 했다. 이 천체의 음악 또한 인류에게 들리는 영역을 벗어난 소리였지만, 그럼에도 행성의 영구한 운동과 계절의 순환 속에서 지속적으로 울려 퍼졌다. 이는 이론상으로만 존재하다시피 하는 소리, 즉 하느님이 쉬지 않고 운동하도록 창조한 우주의 근원적인 진동이었다. 보에티우스의 인식 체계에서 노래와 인간과 천체를 하나로 묶고 여러 소리의 공감을 통해 천상의 조화를 유지하는 힘은 바로 이 3중 음악이었으며, 카르타헤나의 테레사가 자신과 특별하게 동조한다고 느낀 소리 또한 바로 이러한 공명으로 이루어진 한층 더 성스러운 선율이었다. 시각 장애와 마찬가지로 청각 장애 역시 신성에 다가가도 좋다는 특별한 허가증이었던 셈이다.

이처럼 들리는 소리와 들리지 않는 소리 모두 개념적 토대를 넘어 거의 종교적인 근거가 존재했음을 감안하면, 종교색이 강했던 중세 시대 문화 가운데 음악에 유독 특별한 신성성이 부여된 것도 놀랄 일은 아니다. 이는 성스러운 공간, 즉 유대교 회당과 이슬람교 성원, 대성당 같은 곳에서 유독 두드러졌다. 그중에서도 특히 막대한 비용을 들여 어질어질할 정도로 커다랗게 지은 건물들은 평범한 주거용 건물과 비교하면 건축 면에서는 커다란 규모와 화려한 장식이, 음향 면에서는 놀라운 공명 효과가 가장 돋보였다. 평범한 주거용 가옥은 대부분 방음 처리를 하지 않은 공간이었고, 따라서 얄따란 목재 벽을 통해 건너편 방의 소음이 밋밋하고 흐릿하고 약하게 전해졌을 것이다. 그런 반면에 종교 관련 건축물은 소리를 의도적으로 증폭하고 울리게 하는 경우가 많았다. 이스탄불에 있는 거대한 성 소피아 대성당은 5세기에 지어진 바실리카 양식 교회로서 나중에 오스만 제국 치하에서 이슬람 성원으로 바뀌었는데, 이 건축물의 높이 약 55미터짜리 중앙 돔 아래에 들어선 방문자는 십중팔구 그때껏 한 번도 들어보지 못했을 별세계의 음향 공간과 마주했을 것이다. 그곳에는 메아리치는 말소리와 높다란 벽에 자꾸만 부딪혀 되돌아오는 발소리가 가

17. 이스탄불에 있는 성 소피아 대성당의 내부.
원래 537년 유스티니아누스 1세가 명령하여 비잔틴 제국의 첫 번째 크리스트교 교회로 세워졌으나,
1453년 오스만 제국의 술탄 메흐메트 2세가 이슬람 성원으로 바꿨다.

득했을 테고, 당연히 노랫소리도 빠지지 않았을 것이기 때문이다. 독일의 수녀원장이자 작곡가였던 빙겐의 힐데가르트Hildegard von Bingen(1098-1179)는 한 술 더 떠 영성의 공간과 음악을 분리한 책임자들을 꾸짖기까지 했다. 대주교에게 보낸 편지에 이렇게 적었던 것이다. "정당한 명분 없이 교회에 침묵을 부과한 이들은 (중략) 천사들 사이에서 자기가 설 자리를 찾지 못할 것입니다." 힐데가르트가 상상한 천국은 향기로운 냄새에 더해 극히 성스러운 합창 소리가 감도는 곳이었다. 정돈된 음률에 반주 없이 부르는 크리스트교의 그레고리오 성가였든, 아니면 이맘이 회중 앞에서 쿠란 구절을 낭독하는 소리였든 간에, 이 세속의 공간들은 소리를 이용해 널따란 실내를 흥분으로 가득 채웠을 것이다.

중세의 성스러운 소리 가운데 가장 커다란 소리는 종탑에서 때만 되면 울리는 종소리로서, 사실 이 소리는 십중팔구 중세 시대에 사람이 접하는 가장 우렁찬 인공 음향이었을 것이다. 종과 거기서 나는 소리는 노동 시간을 통제하는 일상의 중요한 부분이었으며 크리스트교에서는 최초의 기원부터 매우 중요한 요소였다. 9세기와 10세기 무렵에는 청동으로 주조한 커다란 종이 점점 더 흔해져서 주변 수 킬로미터까지 종소리를 퍼뜨려 사람들을 예배당으로 불러 모았다. 이러한 종은 정교한 물건이었기 때문에, 금속 재료를 제대로 녹이고 성형해 소리를 다듬으려면 고도의 기술력이 필요했다.

종은 아예 교회 공사 현장에서 주조하는 경우가 드물지 않았는데, 때로는 반쯤 완성된 종교 건축물의 중앙부에 상징적으로 파놓은 구덩이에서 제작하기도 했다. 이처럼 상서로운 탄생 덕분에 종교 기관의 종은 신앙을 홍보하는 일과 신자들을 문자 그대로 보호하는 일 양면에서 지속적으로 활약했다. 귀에 거슬리는 우렁찬 소리에 벽사辟邪의 힘이 있어서 반갑지 않은 영을 쫓아낸다고 여겨졌던 것이다. 이 때문에 교회 종의 테두리에는 성인들의 이름을 새기곤 했다. 천상의 성스러운 인물이 베푸는 호의와 가호를 소리의 기운에 실어 멀리서 종소리를 듣는 이들 누구에게나 전하고자 했던 것이다. 1200년대 중반에 교황 그레고리오 9세가 이탈리아의 아시시에 있는 교회에 기증한 종을 보면 측면에 종의 여러 용도를 자랑스레 밝히고자 1인칭으로 쓴 시가 새겨져 있는데, 이 시는 느릿느릿 울리는 종소리와 비슷하게 반복적인 시구로 종의 효험을 설명한다.

나 안식일을 결정하고
나 장례식을 애도하며
나 번개를 부러트리고
나 게으른 자를 깨우며
나 모진 자를 길들이고
나 바람을 흩트리노라.

종은 우렁차게 울리는 성스러운 소리가 들리지 않게 된 후에도 위세 있는 물건이었다. 부서지거나 금이 간 종은 죽은 이와 마찬가지로 성역에 매장됐다. 게다가 규모가 큰 문화적 충돌의 시기에는 적군에게 볼모로 붙잡혀 정치적 장기 말로 쓰이기도 했다. 997년에 에스파냐 남부의 코르도바 칼리파국을 다스리던 이슬람교 군주는 크리스트교의 중요한 순례지였던 산티아고데콤포스텔라를 침략해 파괴했다. 그러나 이들 군대는 그곳 대성당의 종을 녹여 귀중한 금속 재료를 손에 넣는 길 대신 종을 볼모로 삼는 길을 택했고, 그 종을 코르도바의 이슬람 대성원에 걸어 상징적인 전리품으로 삼았다.

이 같은 교회 종의 타종법은 종 치기를 맡은 사람들이 직접 귀로 듣고 익히는 기술이었다. 실제로 9세기 전까지는 성스러운 음악과 세속의 음악 모두 손으로 쓴 기록이 아니라 구전을 통해 전해졌기 때문에, 배우는 사람은 경험과 반복을 통해 기억에 새겨야 했다. 이렇게 계승된 음악 전통은 12세기와 13세기에 이르러 악보 체계가 점점 복잡해진 덕분에 비로소 정확성을 띠고 발전하기 시작했다. 프랑스 남부와 에스파냐 북부에서는 음유 시인들이 작곡한 유희적이고 서정적인 사랑 노래를 오선지에 채록하기 시작했다. 또한 그 무렵 교회에서는 기도 시간에 다성 음악을 사용하기 시작했는데, 합창용 성가집을 제작할 때 성직자 몇 명이 둘러서서 들여다보며 노래해도 될 만큼 커다랗게 만들었다. 이렇게 기록한 최초의 멜로디들은 오늘날의 악보와 달리 빠르기도 명확하지 않고 강약도 표시되지 않았지만, 적어도 연속되는 음표 사이의 간격이나 어떤 선율과 어떤 가사가 결합하는지 같은 정보는 전해 주고 있다. 그럼에도 관건은 여전히 기억력이었기 때문에, 능숙한 가창자 및 연주자는 이러한 음악의 미묘한 표현법을 미리 거의 다 숙지해 놓으라는 요구를 받았다.

당시에 등장한 이 같은 유형의 악보는 강렬한 색으로 장식한 필사본 악보부터 만찬 테이블에서 노래할 목적으로 넓적한 칼날에 악보 한 줄을 새겨 놓은 고기 썰기용 큰 칼까지, 눈에 띄는 유형 유산을

18. 1000년경 이탈리아 남부의 바리에서 만든 부활 찬송 두루마리.
비슷한 종류의 두루마리가 다 그렇듯이 여기서도 도상과 글의 진행 방향이
서로 반대여서, 사제는 맞은편의 신도들을 향해 그림을 보여 주며 글을 읽었다.
위의 사진은 부활 찬송 두루마리의 이러한 사용법을 그대로 따라 게재한 것이다.

몇 가지 남겼다. 이탈리아 노래 가운데 형식이 특히 색달랐던 한 가지 장르는 가사가 일반적인 코덱스codex, 즉 낱장을 묶어서 표지로 싼 책이 아니라 기다랗게 이어진 양피지에 띄엄띄엄 적혀 있다. 노래 형식의 부활절 기도를 담았기 때문에 '부활 찬송Exultet 두루마리'로 불리는 이 기다란 양피지는 총 길이가 7미터가 넘는 것도 있으며, 지면 위에는 라틴어 구절 몇 줄과 악보, 그리고 너비 방향으로 기다랗게 적힌 노래 가사의 교훈적 장면을 그림으로 묘사한 직사각형 도상이 교대로 줄줄이 이어져 있다. 이러한 두루마리는 언뜻 보면 펼치는 방향이 제멋대로인 것 같다. 가사와 악보는 같은 쪽을 향해 진행되지만, 도상들은 정반대쪽이 위를 향하기 때문이다. 그러나 이는 일부러 뒤집어 그린 결과이다. 미사를 집전하는 사제는 두루마리의 가사를 보며 기나긴 기도문을 읊조리는 한편으로 두루마리를 풀어 자신이 서 있는 제단 너머까지 길게 펼치도록 지시했을 것이다. 사제의 노랫소리가 퍼져 나가는 동안 가사와 마주 보도록 그려진 도상들은 사제 앞에 서서 바라보는 신도들의 시선과 일치하는 방향으로 천천히 펼쳐졌고, 그렇게 기도문의 내용에 시각적 형태를 계속 부여하며 장장 몇 미터나 기다랗게 이어졌다. 그리하여 소리와 이미지는 하나로 합쳐졌고, 신자들의 밝은 눈과 귀에 힘입어 놀라운 공감각적 경험을 빚어냈다.

입과 혀, 이

눈과 마찬가지로 중세에는 입 또한 감각 기관의 관점에서 쌍방향 도로로 여겨졌다. 의학 저술가들은 입이 그 도로의 한쪽 차로를 통해 먼저 맛의 기본 정보를 흡수하고, 뒤이어 식도를 통해 음식을 배로 내려 보낸다는 것을 알았다. 그리고 반대쪽 차로는 입이 외부를 향해 의사를 전달하는 통로였다. 입은 말을 하는 곳, 즉 타인의 귓속에 구불구불하게 자리 잡은 수신용 통로를 향해 소리를 직접 쏘아 보내는 기관이었다. 중세 사람이 말하는 소리가 정확히 어떻게 들렸을지는 추측하기 힘들다. 중세 언어의 정확한 발음법은 그다음 시대 수백 년이 흐르는 사이에 필연적으로 유실됐고, 역사 속의 여러 언어를 모어로 사용한 이들 역시 같은 운명을 맞았기 때문이다. 그러나 여러 지역에서 사용하는 여러 언어의 문서화된 방언들을 분석해 보면, 서로 대조적인 음절 나누기 방식이나 모음의 강세처럼 소리로 전해지는 당대 언어의 미묘한 차이들을 다시금 하나둘 추적하는 일이 가능해진다.

직감으로 추측하자면 어떤 지방 사람들의 말소리는 부드럽고 간드러졌을 테고, 또 어떤 지방의 말소리는 그보다 훨씬 더 또박또박하고 으르렁거리는 것처럼 들렸을 것이다. 중세 사람들 스스로가 나라마다 다른 발성법의 차이에 관한 언급을 기록에 흔하게 남겼는데, 감미롭고 부드러운 억양을 지닌 언어와 파악하기 힘든 억양을 지닌 언어가 서로 대비를 이룬다. 독일 사람은 동부 유럽의 언어가 쥐어짜듯이 거친 소리를 낸다고 말했다. 이집트 사람은 단조로운 성조와 유럽인 특유의 음색을 단서로 아랍 토박이가 아닌 사람을 가려내기 쉽다고 믿었다. 말하는 속도 또한 눈에 잘 띄는 특징이었다. 프란체스코회 선교사였던 기욤 드 뤼브룩Guillaume de Rubrouck은 13세기에 이미 고향인 플랑드르에서 몽골 제국의 수도였던 카라코룸까지 수천 킬로미터를 여행한 인물로서, 그의 일기에는 이슬람교권의 아랍 사람을 조금 경멸하듯 가리키는 '사라센Saracen'이라는 말이 나온다. 그에 따르면 사라센 사제들은 놀랍게도 "하나같이 예의 바르게 침묵을 지켰"으며, "말을 시키려고 갖은 수를 써 봤지만 단 한 명도 입을 열지 않았다." 그 반면에 같은 유럽에서도 변방의 몇몇 언어는 익숙하지 않고 호들갑스러운 발성법 때문에 핀잔을 듣곤 했다. 잉글랜드의 역사가 레이널프 히그던Ranulf Higden(약 1285-1364)은 저서에서 중세 잉글랜드 여러 지역의 다양한 방언 억양에 남아 있는 세 가지 언어의 복잡한 유산을 설명하려 애썼다. 그러나 그조차도 중세 영어는 오염되고 약간은 추악한 언어라는 결론을 피하지는 못했다.

> 잉글랜드 사람은 게르마니아에서 온 세 민족(주트족, 앵글족, 색슨족)의 후손이기 때문에 처음부터 세 가지 말, 즉 북부어와 남부어, 중부 지방에서 쓰는 중부어가 있었다. 그럼에도 처음에는 데인족, 나중에는 노르만족과 부대끼고 섞이면서 나라의 말이 여러 모로 손상되었고, 이 때문에 일부가 사용하는 말은 호들갑스럽고, 수다스럽고, 으르렁거리고, 이를 딱딱거리고 드르륵드르륵 가는 식의 이상한 소리가 난다.

보기 드물게 고급스럽고 듣기 좋은 발성 덕분에 칭송받은 민족도 있었다. 8세기에 아라비아사막의 오지를 방문한 초창기 이슬람교도 여행자들은 이곳의 베두인족 공동체와 조우하고 그들의 아랍어가 놀라울 정도로 도시 생활에 오염되거나 물들지 않았다고 기록했으며, 이들이 쓰는 말을 한결 더 순수하고 시적인 형태의 아랍어로 추켜세

우기까지 했다.

그런가 하면 발화자 개인이 뛰어난 언변과 매력적인 수사법을 지녔다는 이유로 존경받기도 했다. 특히 신의 전문적인 대변자로 활동한 영향력 있는 지도자 및 설교자의 경우는 이슬람교와 유대교, 크리스트교 모두 마찬가지였다. 그중 한 명인 파도바의 성 안토니오(1190-1231)는 청중의 귀에 꽂히는 명확한 문장 구조와 음악적인 리듬 덕분에 웅변가로 칭송받았다. 당대의 한 전기 작가는 주장하기를, 성 안토니오는 말솜씨가 어찌나 훌륭했던지 세계 각지로부터 로마를 찾은 순례자들 앞에 나가 설교할 때면 여러 민족으로 이루어진 청중 속의 한 사람 한 사람이 성인의 감동적인 설교를 기적처럼 자기 모어로 알아들었다고 한다. 성 안토니우스가 죽고 나서 얼마 지나지 않아 사람들은 성인의 그 성스러운 턱뼈를 감동적인 웅변술의 해부학적 원천으로 여긴 나머지 성해로 삼아 보존했다. 귀금속으로 정성껏 만든 그의 성해함을 보면 사후에 사라진 머리뼈와 어깨가 금과 은으로 재건되어 있고, 생전에 황홀한 말을 쏟아내던 성인의 아래턱뼈는 그 재건된 부위에 둘러싸여 있다. 영적 의지처를 구하는 순례자들이 파도바 대성당에 전시된 성인의 유해를 보러 수없이 몰려들었는데, 그 유해는 실로 장관이었다. 수백 년에 걸쳐 여러 번 장식을 더한 성해함은 에나멜이 칠해진 기단부를 조그마한 사자상 세 개가 떠받치고 있고, 금박을 입힌 후광에는 천사상이 여기저기 새겨졌으며, 반짝이는 보관과 목걸이에는 진주와 보석과 유리구슬이 잔뜩 박혀 있다. 얼굴 부분의 유해 자체는 구경꾼들에게 가능한 한 잘 보이도록 돔처럼 생긴 투명한 수정 속에 자리 잡고 있다.

19. 1349년에 제작한 이후 여러 차례 추가 세공을 한 파도바의 성 안토니오의 성해함. 파도바 시가지를 지나는 행렬 중에 촬영한 사진이다.

그러나 중세 시대에 크리스트교도와 이러한 성물 사이의 상호 작용은 단순한 구경 수준을 아득히 넘어서는 경우가 적지 않았다. 성인을 모시는 성지에 찾아가는 일이 곧 구강 자체를 직접 사용하는 체험이 되기도 했던 것이다. 성스러운 유해를 만지는 행위는 단지 그 앞에 서 있기만 하는 것보다 훨씬 더 직접적으로 신성에 다가가는 길이며, 입을 맞추는 행위는 더더욱 그렇다고 여겨졌다. 이러한 구강 접촉 이론 때문에 온갖 종류의 성물이 순례자가 내민 입술의 표적이 되었다. 동방 정교회의 아이콘은 도가 지나치게 열렬한 입맞춤 때문에 채색된 표면이 벗겨져 피부 밑의 목재가 드러나곤 했다. 당대의 기록을 보면 이슬람교와 유대교 사원은 바닥에 널따란 석판 무덤을 만들었는데 이는 무릎을 꿇고 입을 맞추기에 이상적인 형태였다. 오늘날까지 전해지는 필사본 가운데 종교적 신념을 담은 것들 또한 대부분 비슷한 방식으로 손상된 흔적이 보인다. 성인의 용모를 묘사한 부분이나 성스러운 이름을 장식체로 쓴 부분은 얼룩이 지거나 닳아서 투명해진 상태이고, 가끔은 양피지에도 하도 여러 번 입을 맞춘 탓에 완전히 훼손된 부분이 보인다. 입은 신성이 멈추지 않고 들락거리는 중요한 접점이었다.

입술과 달리 맛보는 능력이 있는 혀는 종교적 체험의 열정을 보여 주는 부위가 아니라, 임박한 질병의 전조를 표시하는 기관이었다. 다른 감각들이 다 그렇듯이 미각 또한 네 가지 체액의 불균형 때문에 이상을 일으켰는데 이러한 경우 혀 표면의 미공에 염증이 생기거나, 혀 밑면의 색이 수상쩍게 옅어지는 증상이 나타났다. 의학 전문가들은 이 같은 심각한 증상의 대처법으로 붓꽃 줄기와 아니스 씨앗 같은 향신료를 조그마한 쌈지에 싸서 혀에 문지르라고 권했다. 혀는 심지어 건강할 때조차도 다른 신체 부위를 치료하는 경로로 쓰이곤 했다. 9세기 영국에서 만들어진 필사본에는 지능이 낮거나 언어 장애가 있는 환자를 치료할 때에는 입에 약을 넣고 삼키게 하기 전에 혀 밑에 십자 표시를 그리라는 지시가 적혀 있다. 만약 이러한 처방약에 유독 쓴맛이 나거나 냄새가 고약한 향신료가 들어간다고 해도 큰 문제는 아니었다. 일단 약을 먹고 나서 향이 첨가된 와인을 마시거나, 혀 밑에 월계수 잎을 넣어 두면 그만이기 때문이었다. 이러한 방법은 훗날 의

20. 커다란 이가 줄줄이 엮인 끈을 맨 치과 의사가 집게로 환자의 이를 뽑는 장면. 영국의 저술가 제임스 르 파머가 1360년에서 1375년 사이 런던에서 저술한 백과사전 『선善의 총체Omne Bonum』 가운데 치과 항목에 기재된 내용을 묘사한 그림이다.

학 편람에 유명한 구취 제거제로 수록됐다. 주머니가 두둑한 환자는 아예 조그마한 금덩어리나 곱게 간 보석을 삼킴으로써 자신의 혀 위에서 물질적 지출을 의학적 효능으로 전환시켰다.

이 같은 구강 세정제뿐 아니라 중세 시대의 고고학 유물 또한 당대의 구강 위생 수준이 현대인의 고정관념, 즉 중세인의 이는 시커멓게 썩었으리라는 상상보다 훨씬 더 양호했을 가능성을 시사한다. 다만 식사 습관이 천차만별이다 보니 지역과 계층에 따라 위생 기준 또한 크게 다를 수밖에 없었다. 부유층은 값비싼 수입품인 설탕을 음식에 잔뜩 넣은 까닭에 당분을 지나치게 섭취하는 사람이 겪는 문제에 취약했던 반면, 농민층은 싸구려 밀가루의 거친 입자 때문에 더 오랜 세월 동안 치아 질환에 시달렸다. 대학에서 교육받은 내과의들도 치과 치료에 조금은 관심을 보였지만, 그보다는 돈벌이를 중시하는 외과의나 이발사를 겸한 외과의, 또는 중세의 대도시에 흔하던 치과 전문의가 치료를 맡는 경우가 더 흔했다. 만약 의사를 사칭하는 사기꾼이나 돌팔이 의사가 아니라 합리적인 교육을 받은 개업의를 찾아갔다면, 앞서 언급한 부류의 의료인이라고 해도 제대로 된 조언을 적어도 몇 가지는 제공했을 것이다. 치아가 약한 환자는 뜨거운 음식과 차가운 음식을 연달아 먹지 말라는 조언을 들었고, 잇몸에 통증이 있는 환자는 적절한 혼합물로 입을 가시도록 지시받았다. 다만 극단적인 경우에는 문제가 있는 이를 뽑고 그 빈자리를 약초와 향신료로 치료했는데, 이때 말린 후추알이 특히 효험이 있다고 여겨졌다. 의사가 치통을 일으킨 이를 뽑을 때 참고했던 권위 있는 의학서는 고전 시대의 것까지 통틀어 '이 벌레', 즉 치통의 원흉인 자그마한 생물을 제거하는 것이 치과 치료의 목표라고 설파했다. 그러나 근세 초기에 이르면 이를 뽑은 자리에 남은 것은 사실 꽁지처럼 생긴 신경 말단이고, 덮개가 사라진 탓에 벌레와 놀랄 만큼 비슷해 보이는 경우가 있다는 사실이 상식으로 자리 잡았다.

얼굴을 가득 물들인 건강한 미소는 중세 시대 유럽과 중동 전역에서 딱히 아름다움의 결정적 면모는 아니었던 것으로 보이며, 적어도 오늘날만큼 중요하지 않았던 것만은 확실해 보인다. 그래서 중세의 이미지에는 웃고 있는 인물이 좀처럼 눈에 띄지 않는다. 그럼에도 중세의 치과 교정술은 주머니 사정이 넉넉한 사람이라면 빠진 이를 손쉽게 때우고 이를 내보이며 웃을 수 있는 수준이었다. 외과의였던 아부 알카심 알자흐라위(936-1013)는 이베리아 반도의 이슬람교 권역에서 왕성하게 활동한 의학 저술가이자 라틴어권에서는 '알부카시스'라는 이름으로 잘 알려진 인물로서, 뽑아낸 이를 원형과 비슷하게 만든 의치로 대체하는 복잡한 기법을 고안했다. 이러한 의치는 동물뼈를 깎아 형태를 잡은 다음 가느다란 금실로 바로 옆자리의 이에 묶어 고정하는 경우가 많았다. 제거한 원래 이는 나중에 치과 의사가 알아서 처분했으리라 추정된다. 잉글랜드의 저술가 제임스 르 파머James le Palmer가 14세기 중반에 편찬한 백과사전의 삽화에는 치과 의사의 시술 장면이 묘사되어 있다. 몹시 집중한 표정으로 검은 집게를 들고 환자에게 고개를 숙인 이 의사의 그림은 원래 은으로 채색되었지만, 지금은 세월이 흐른 탓에 변색된 상태이다. 의사가 어깨에 맨 목걸이를 보면 커다랗게 과장된 이가 줄줄이 달린 것처럼 보인다. 이 벌레의 사악한 소행 덕분에 금전상의 이득을 본 사람이 아예 없지는 않았던 것이다.

우리는 그저 클뤼니 태피스트리 속의 여성이 달콤한 맛 때문에 이가 썩기 쉬운 조그만 나무 열매를 자기 앵무새와 원숭이에게는 먹였을지언정, 스스로는 너무 많이 먹지 않았기를 바라는 수밖에 없다. 당분을 반복해서 과다 섭취하는 짓은 제임스 르 파머의 백과사전 속

21. 클뤼니 태피스트리 연작의 여섯째이자 마지막인 이 태피스트리는 젊은 여성과 그녀의 짐승들이A MON SEUL DESIR, 즉 '내 유일한 욕망에게'라는 아리송한 문구가 적힌 천막 앞에 서 있는 광경을 보여 준다. 문구의 의미는 아직 정확히 밝혀지지 않았다.

그림과 비슷한 치과 의사에게 가는 지름길이었기 때문이다. 심지어 그 의사는 수많은 이를 뽑아 부를 쌓은 덕분에 그림 속 의사와 차림새마저 비슷했을지도 모른다. 그럼에도 중세의 감상자들에게서 이러한 종류의 연관관계를 유도하는 것, 즉 태피스트리 속 젊은 여성의 감각 경험과 감상자 본인의 체험을 넘나들게끔 유도하는 것이야말로 클뤼니 태피스트리를 제작한 본래의 의도였다. 연작 태피스트리 가운데 다섯 장은 사실상 하나의 몸이 감각을 통해 주변 세계를 인식하는 다섯 가지 상이한 방식을 정의하고 각각 개성을 부여한다. 그러나 이와 동시에 똑같은 인물 여럿이 거듭 등장하며 인간의 다섯 가지 감각 전체를 차례로 연기함으로써, 이 태피스트리 연작은 인간의 감각 경험을 하나로 묶는 일도 함께 수행한다. 어차피 이들은 하나씩 따로가 아니라 통합된 집단으로, 즉 보는 이를 둘러싸게끔 단일 공간의 널따란 벽에 걸어 놓은 채로 감상하는 작품이었다. 하나의 통합된 연작으로서 이들은 중세인의 일상생활을 장식했던 것과 똑같은 방식으로 감상자의 여러 감각을 차곡차곡 중첩한다. 클뤼니 태피스트리 가운데 여섯째이자 가장 커다란 작품은 바로 이러한 종류의 감각 동조를 암시한다. 이 마지막 태피스트리는 지금도 연작 가운데 가장 신비로운 작품으로 남아 있다. 젊은 여성은 다시금 나무와 풀이 무성하게 자란 둥둥 떠 있는 섬의 한복판에 있다. 다만 여기서는 천막 앞에 선 채로, 충직한 시녀가 들고 있는 상자 속의 황금 목걸이를 이제부터 들어 올리려는 것처럼, 또는 상자에 다시 내려놓으려는 것처럼 보인다. 천막의 입구 위쪽에는 알쏭달쏭한 문구가 가로로 선명하게 새겨져 있다. 아 몽 쐴 데지르*A MON SEUL DESIR*, 즉 '내 유일한 욕망에게'라는 뜻이다. 그 욕망이 무엇인지는 지금도 오직 이 여성만 안다. 그러나 앞서 다섯 장의 태피스트리에 등장한 동물들, 그러니까 원숭이와 개, 토끼, 새, 그리고 당연히 있어야 할 사자와 일각수에게 둘러싸인 여성의 모습을 보면, 다음과 같이 추측할 만하다. 문구에 적힌 궁극의 쾌락이 무엇이었든 간에, 몸의 다섯 가지 감각을 통합적으로 인지해야만 비로소 그것에 진정으로 도달해 남김없이 만끽할 수 있었을 것이다.

피부

피부는 몸의 복잡한 내부 기관들을 둘러싸고 소중히 간수함으로써 몸 안쪽에 안전성과 신비성을 함께 부여한다. 그러나 한편으로는 정체성과 인종 같은 문제를 몸의 표면에서 외부로 투영함으로써 한 개인을 보호하는 동시에 그 개인의 공적인 겉모습을 빚어내기도 한다. 중세 시대에는 이러한 두 가지 개념, 즉 내밀한 몸속의 생명 활동을 보호하는 것과 외부 지향적인 사회적 인격을 형성하는 것 모두 몸의 바깥층을 이해하기 위한 주요한 접근 방식이었다.

몸의 표면 아래

필사본의 본문 한복판에 있는 파란색 그림 칸 속에 웬 남자가 당당하게 서 있다. 그 남자는 털이 없는 몸에 아무것도 걸치지 않았고, 살짝 바랜 장밋빛 물감이 머리와 허벅지에 발갛고 거칠거칠한 느낌의 분홍색을 입혔다. 나른한 듯이 휜 자세에서는 어떤 태연함, 또는 차분한 느낌이 배어나고, 시선은 멍하니 딴 데를, 자신의 바로 왼쪽에 있는 빈 공간을 보는 듯하다. 그러나 자세히 살펴보면 남자가 전경과 배경 사이 어디쯤을 멍하니 바라보기란 불가능하다는 것을 알 수 있는데, 왜냐면 이 남자에게는 눈도 눈꺼풀도 없고 텅 빈 눈구멍 한 쌍만 있기 때문이다. 사실, 이 남자의 몸은 바깥층을 아예 걸치지 않았다. 남자의 피부는 뻣뻣한 직물 같이 두 겹으로 접힌 채로, 어깨에 걸친 장대에 허물처럼 걸려 있다. 피부가 축 늘어지고 겹겹이 접힌 와중에도 손발은 온전히 붙어 있어서 팔과 다리의 모양은 분간이 가고, 한때는 숱이 많았을 머리카락 또한 두피에서 기묘한 검은색 무늬를 그리며 태양의 광관처럼 구불구불 솟아 있어서 대번에 알아볼 수 있다.

앞서 살펴본 성인들의 잘린 머리와 그 밖의 잔혹한 형벌로 미루어 보면 이 그림은 순교자를 경건하게 묘사한 종교 문헌의 삽화로 추측할 만하다. 이 그림은 분명 비운의 성자인 성 바르톨로메오를 묘사한 당대의 작품과 비슷한 구석이 있는데, 그는 십자가에 매달리기 전 신성에 대한 시험 가운데 하나인 산 채로 살가죽을 벗기는 고문에 처해졌다. 그러나 이 그림 속의 남자는 자기 생가죽을 독자에게 창의적인 방식으로 보여 주는 성스러운 인물이 아니다. 또한 중세의 전통인 장난스러운 여백 장식화도 아니다. 보통 이런 식의 기괴한 묘사를 유쾌하게 활용하는 여백 장식화는 거대한 달팽이와 기사의 대결 장면이나 조그마한 토끼들이 칼을 들고 서로 가죽을 벗기는 상상 속의 장면

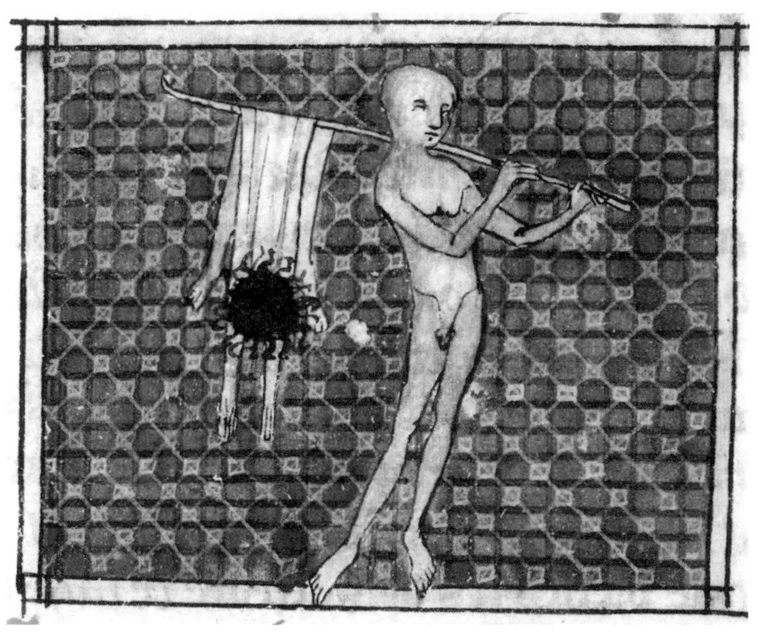

22. 1306년 파리에서 필사본으로 제작한 앙리 드 몽드빌의 책 『외과학』의 삽화. 한 남자가 자기 피부를 장대에 널어 어깨에 지고 있다.

을 필사본의 본문 바깥쪽 가장자리에 그려 넣은 것이다. 이 그림 속의 벌거벗은 남자는 책의 본문에서 한 단 전체를 당당히 차지하고 있다. 남자의 자리는 지면 한가운데이고, 그림 아래에 익살스러운 설명 따위도 붙어 있지 않다.

사실, 이 남자는 프랑스의 뛰어난 외과의였던 앙리 드 몽드빌이 1306년경에 쓴 키루르기아Chirurgia, 즉 라틴어로 『외과학外科學』이라는 제목의 책 속에 등장한다. 매우 존경받는 인물이었던 몽드빌은 프랑스와 이탈리아의 대학에서 모두 교수로 재직했으며, 당시 꽤 낮은 편이었던 자기 직업의 격을 높이고자 직접 책을 집필했다. 세밀하고 값비싼 고급 삽화는 일반적으로 부유한 계층을 위한 종교 서적과 지적인 내용을 담은 문헌의 전유물이었고, 이러한 책은 사회적으로 한층 더 인정받는 저자들이 집필했다. 『외과학』 같은 책이 등장하기 전까지 외과의는 그러한 저명인사의 반열에 들지 못했다. 외과 기술은 학술이 아니었기에 외과의는 다른 돌팔이 개업의들과 마찬가지로 의료계의 위계 서열에서 맨 아래에 놓이곤 했다. 이러한 현실에 맞서기 위해 몽드빌은 학술적인 외과 수술이라는 자신의 포부에 걸맞게 야심찬 이론적 토대를 선보이고자 애썼다. 그 결과로 완성된 책은 해부학 및 외과 치료의 여러 면모, 즉 다리 절단 수술과 상처 지짐술부터 종기 절제술과 시신의 방부 처리에 이르기까지, 폭넓은 분야에 걸친 외과 기술의 다양한 요소를 엄밀하게 소개하는 지적 길잡이였다. 이 책에는 본문의 수준을 끌어올리고 정확성을 보충하는 삽화 열세 점이 포함되어 있는데, 그중 하나가 바로 앞서 살펴본 살가죽이 벗겨진 남자의 그림이다. 그림 아래에 중세 프랑스어로 적힌 설명을 보면 이 남자의 임무가 구체적으로 드러난다.

> 네 번째 그림. 살가죽이 벗겨진 남자가 자기 피부를 장대에 널어 어깨에 걸치고 있다. 거기에는 머리카락이 붙은 두피와 양손, 양발의 피부까지 모두 붙어 있다. 남자 몸의 겉면은 피부가 벗겨진 살이고 하얀 부분은 가슴과 배설관(노폐물을 배출하는 기관)이며, 배가 드러난 부분에는 지방과 비곗살이 보인다.

피부의 해부학적 구조를 다루는 장의 첫머리에 나오는 이 그림은 설명에 포함된 세부 사항, 즉 살의 붉은빛과 두피에 붙은 머리카락, 피부밑 지방의 희끄무레한 색조 등을 보여 준다.

비록 단순하기는 하지만, 들여다볼 방법이 없는 몸속 구조를 시각화해야 하는 상황에서는 이처럼 매우 간략한 그림도 제법 쓸 만했다. 몽드빌과 같은 시대에 살던 이들의 기록에 흔히 나타나는 것처럼, 어차피 중세 사람의 실제 살갗 밑을 들여다보기보다는 그림 속 인물의 살갗 밑을 들여다보기가 훨씬 더 쉬웠기 때문이다. 현대인은 성인이 될 무렵이면 이미 현실에서든 아니면 텔레비전의 범죄 드라마에서든 갖가지 유형의 엑스선 촬영 장치나 인체 스캔 장치를 본 적이 있기 때문에, 자신이나 다른 사람의 피부 아래 구조가 어떠한지 비교적 명확히 파악하게 마련이다. 그러나 중세 시대 사람들은 우리와 사정이 달랐다. 당대에도 사람의 피부는 투과성이 있어서 기후나 계절처럼 체액에 영향을 미치는 외부 요소를 몸속에 흡수한다고 여겨졌지만, 시각적으로는 여전히 속의 내용물이 완전히 드러나지 않은 불투명한 장벽이었던 것이다. 의학 연구의 중심지들은 대부분 시신에 실제로 칼을 대는 해부를 엄격하게 제한했다. 해부라는 행위는 늘 수많은 사람이 제기하는 극도로 거북한 사회적 질문과 맞닥뜨렸다. 시신에 그토록 무도한 짓을 저지르는 것은 옳은 일인가? 그렇다면 누구의 몸을 골라 그러한 고역을 치르라고 할 것인가? 중세 시대 초기에 그 질문에 답하는 소리는 우렁차고 명확했는데 바로 '옳지 않다'와 '내 몸은 안 된다'였다. 당대에 가장 중요했던 세 가지 종교는 하나같이 죽은 후에 받는 심판과 천상에서 얻는 부활과 영육의 궁극적인 합일을 교리에서 상세하게 다뤘다. 만약 무덤에 매장되기 전에 의사들의 손에 시신이 갈가리 찢겼다가는 나중에 부활하여 영원한 구원을 얻을 몸이 거의 남지 않을 판이었다. 많은 중세 사람들에게 육체를 온전히 유지하는 것은 심지어 죽은 후에도 매우 중요한 일이었다.

그러나 몽드빌의 『외과학』에 들어갈 삽화가 그려지던 바로 그 무렵에 최초의 대안적인 접근법이 호응을 얻기 시작했다. 1286년 이탈리아의 연대기 작가 살림베네 다 파르마Salimbene da Parma는 이탈리아 북부의 행정 당국이 한 남성의 시신에 대한 체내 검사를 이례적으로 허가했다고 기록했다. 그럴 만한 정황이 있어서였다. 남자는 해당 지역을 무서운 기세로 휩쓴 알 수 없는 전염병에 걸려 사망했고, 당국은 그 전염병이 어떤 까닭에선지 해당 지역의 닭을 통해 주민들에게로 퍼졌으리라 추측했던 것이다. 같은 북부의 크레모나에서 온 의사가 병의 실마리를 조사하라는 지시를 받고 감염된 암탉 몇 마리를 해부한 결과 그중 여러 마리의 심장에서 보기 드물게 커다란 종기가 확인됐다. 죽은 남자의 가슴도 함께 열어 봤더니 아니나 다를까 남자의 심장에도 같은 흔적이 드러났고, 당국은 닭의 전염병과 연관됐으리라는 심증을 굳혔다. 현지의 어느 의사는 너무나 불안했던 나머지 닭도 달걀도 먹지 말라는 전단을 만들어 뿌리며 이 통찰력 있는 초기 해부 사례를 증거로 인용했다.

이처럼 조악하지만 겉보기에는 성공적이었던 방역 조사 덕분에 이 지역의 의학 전문가들은 해부로 얻는 결과에 아주 느리게나마 관심을 갖기 시작한 것으로 보인다. 이후 여러 해에 걸쳐 나타난 이탈리아의 재판 사례 몇 건에서 판사들은 중세 시대 최초의 사법 해부 명령을 하나둘 내리기 시작했다. 의사들은 시신의 겉과 속을 모두 살펴본 후에 법정에서 증언하는 경우가 늘어갔고, 이렇게 얻은 결과를 새로운 유형의 중요 증거로 인정하는 분위기가 서서히 생겨났다. 1302년, 아촐리노 델리 오네스티라는 남자의 시신이 독살당한 정황과 함께 발견되었다. 그러나 내과의와 외과의 몇 명이 공개 부검을 하고 나서 그의 심장 부근에서 심각한 내출혈이 일어났다는 사실이 비로소 밝혀졌다. 부검의들이 이 점을 타살이 아닌 자연사의 조짐으로 파악한 결과, 용의자들은 아촐리노를 독살했다는 혐의에서 벗어났다. 그럼에도 이런 식의 조사는 도덕적으로 극히 까다로운 일이었다. 이탈리아에서는 망자에게 옷을 차려입히고 얼굴을 노출시킨 채로 장지까지 운구하는 것이 오랜 장례 관습이었는데, 시신을 조각조각 해체하는 일은 이러한 관습에 명백히 위반되기 때문이었다. 반드시 필요한 경우가 아니라면 사랑하는 이가 그런 식으로 대우받기를 바라는 사람은 거의 없었다. 그러나 시신이 몸속에 일종의 실체적 진실, 즉 피부 밑에 감춰져 보이지 않는 일련의 단서와 원인을 품고 있다는 인식은 갈수록 또렷해졌다.

14세기의 법정은 이렇게 가끔 나타나는 부검 증거에 차츰 적응했는지도 모르지만, 의료계의 학술 부문은 이와 대조적으로 거의 요지부동이었다. 교육을 목적으로 한 최초의 해부 몇 건이 앞서의 재판과 비슷한 시기에 이루어지기는 했다. 예컨대 리우치의 몬디노가 1316년에 펴낸 『해부학』에는 볼로냐 대학에서 해부를 했다는 기록이 있다. 그러나 이러한 사례들은 오늘날 우리가 아는 해부와 다르다. 무엇보다 당대의 해부는 오로지 위대한 고전 전통의 우수성을 확인하고

자 인간의 몸을 열어젖히는 의례적 행사였다. 저명한 외과의들이 저명한 대가들의 저명한 저서를 소리 높여 낭독하는 동안 해부된 몸은 낭독되는 내용을 실제로 보여 주는 소도구에 지나지 않았다. 이런 행위는 의학 서적을 극본으로 삼은 연기일 뿐, 연구를 위한 진짜 해부가 아니었다. 나중에 인쇄본으로 만들어진 몬디노의 같은 책에 실린 그림을 보면 중세의 해부 장면이 어떠했는지 짐작할 만하다. 시신은 임시로 마련한 나무 탁자 위에 놓여 있고, 그 주위로 학생 및 연구자가 둘러서서 눈앞의 송장에 관해 토론한다. 그 뒤편의 높다란 강석講席에는 설교대의 사제와 다를 바 없어 보이는 렉토르*lector*, 즉 이제 곧 시신을 통해 확인할 라틴어 교과서의 해당 부분을 소리 높여 '낭송'할 임무를 띤 지위 높은 학자가 앉아 있는 반면, 아래쪽에 모인 해부 담당자들 가운데 두 인물은 시신 위로 몸을 숙이고 있다. 둘 가운데 기다란 '칼'을 손에 든 사람이 섹토르*sector*이다. 학자의 복장인 기다란 겉옷을 안 입은 것으로 보아 그는 십중팔구 외과의이며, 몬디노가 시작점으로 명시한 시신의 복장뼈에서 두덩뼈 사이를 금방이라도 절개할 참이다. 그 옆에서 시신의 머리 바로 위에 몸을 숙인 오스텐소르*ostensor*는 해부학 교실의 최고위직으로서, 렉토르가 낭송하는 라틴어 문장을 통역하고 중요한 부위를 자세히 '가리킴'으로써 주위 사람들의 이해를 돕고 길잡이 노릇을 할 책임이 있었다. 이 두 인물을 제외하면 그림 속의 사람들은 사실상 시신을 거들떠보지도 않는다.

사회적 금기와 관련된 이상, 시신을 해부하는 이런 식의 행사는 자잘한 부분까지 극히 조심스럽고 실용적으로 진행해야 했다. 해부학 강의는 1년에 한 차례로 정해졌으나 그보다 훨씬 드물게 열리는 경우가 흔했다. 또한 시신 해부는 서늘한 동절기에만 이루어졌기 때문에, 교수와 학생은 더운 여름에 임시로 마련한 좁은 해부학 교실에서 금세 부패하는 시신과 억지로 함께 머물 필요가 없었다. 해부용 시신 또한 제한적이어서 주로 최근에 처형당한 범죄자의 시체 가운데 시 당국이 엄격하게 정한 조건에 따라 대학에 넘기겠다고 생전에 약속한 경우만 해부 대상이 됐다. 이러한 경우 성별은 남성이든 여성이든 상관없었다. 실은 임신 기능이 부가된 여성의 몸 쪽이 생리학적으로 더 관심을 끌었다. 그러나 대개는 외국인이거나 적어도 상당히 외진 곳 출신인 사람의 시체였다. 이탈리아의 조그마한 지역 사회에 자리 잡은 대학들은 현지 주민의 시신에 칼을 대어 지역 여론을 들쑤시는 결과를 어떻게든 피하고 싶었기 때문이다. 해부학 강의에 이런 식의 엄격한 규정을 부과한 까닭은 앞서 말한 종류의 불안을 줄이려는 대책이었지만, 그렇다고 해서 해부가 언제나 순조롭게 이뤄진 것은 아니다. 1319년, 볼로냐 의료계의 거장이었던 알베르토 데 잔카리스는 제자들과 함께 볼로냐 대학 인근의 조그마한 예배당인 카펠라 디 산 살바토레, 즉 '구세주 교회'에 모였다. 그들의 목적은 근처 묘지에서 불법으로 도굴한 시신을 해부하는 것이었다. 이 사건 때문에 도시는 충격에 빠졌고, 재판 결과 알베르토의 제자 몇 명이 도굴죄로 교도소에 투옥됐다.

이런 이야기에서 중세 사람들은 몹시도 거북한 상상을 떠올렸고, 당국은 그런 종류의 독창적이고 불경한 사건에 대해 법령을 더 엄격하게 고치거나 하다못해 범죄라고 분명하게 규정하는 방식으로 대응했다. 그럼에도 불구하고 이후 2세기에 걸쳐 몽펠리에와 피렌체에서

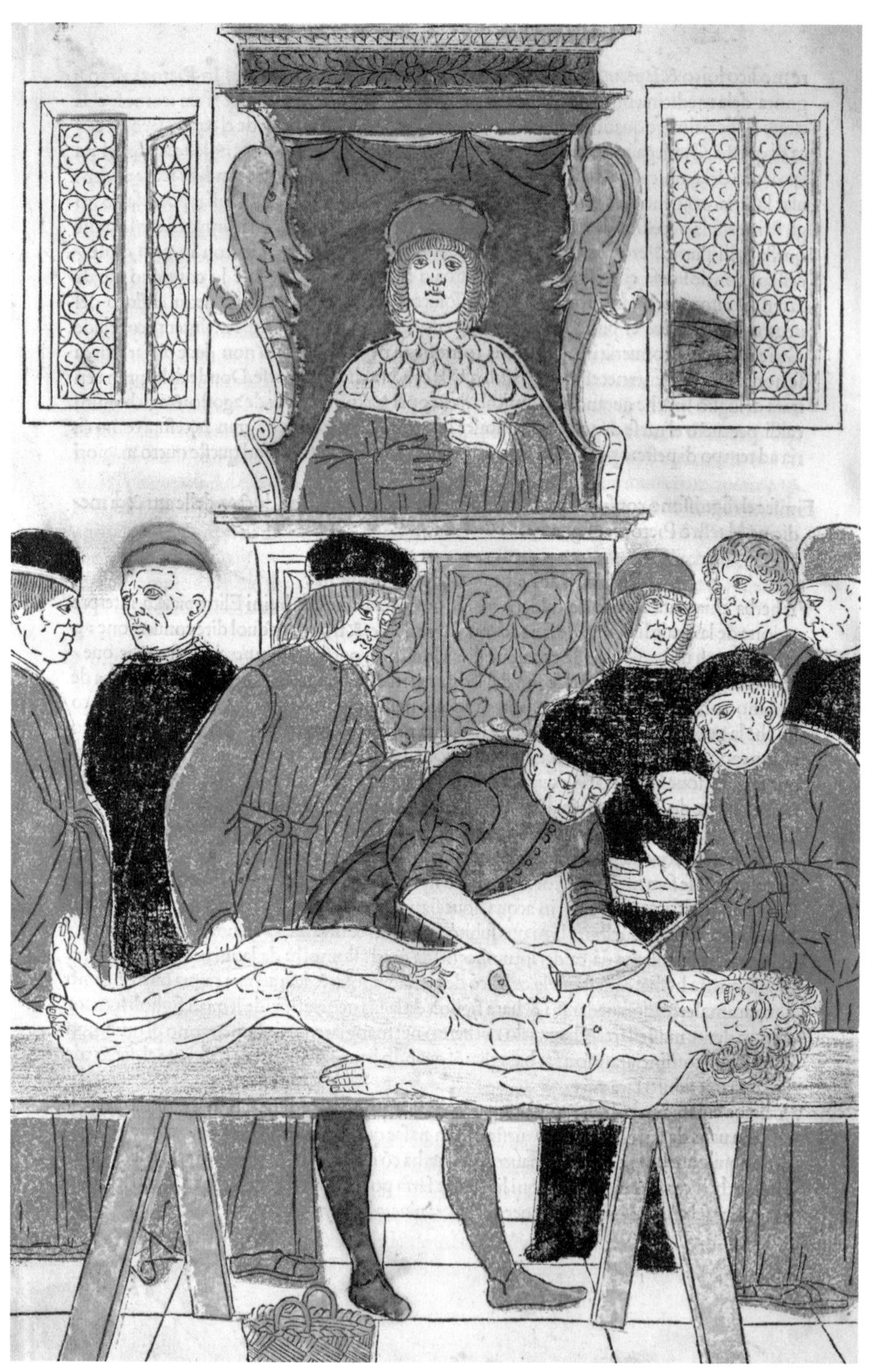

23. 파시쿨로 디 메디치나*Fasciculo di medicina*, 즉 『의학 자료집』이라는 제목의 책에 실린 해부 장면 그림. 이 책은 중세 시대의 끝자락인 1493년 또는 1494년에 베네치아에서 인쇄된 의학 관련 문집이지만, 위 그림과 더불어 몬디노의 『해부학』 또한 수록되어 있다.

레리다와 빈까지, 유럽 곳곳의 의학 연구자들은 자신이 몸속의 구조를 얼마나 잘 아는지 과시하고 싶은 욕심이 점점 더 커져 갔다. 그리하여 의사들이 피부 밑을 들여다보려고 사람의 살갗을 조심스레 벗겨내는 경우 또한 점점 더 늘어 갔다.

피부에 드러나는 성질

중세 의학자들은 피부가 공생하는 두 층으로 이루어졌다고 생각했다. 바깥층은 '본피本皮, skin proper'로, 그 아래의 근육층은 '피막pannicle'으로 불렸다. 이 둘은 함께 몸의 내부 기관을 이중으로 보호하면서 여러 가지 결합된 특성을 지녔다. 몽드빌은 이 이중 구조를 이렇게 묘사했다.

> 질기고, 튼튼하고, 잘 견디고, 굳기는 중간 정도이며, 매우 민감하고, 두께가 얇고 색깔이 차분하며, 몸의 표면 전체를 둘러싸고 있다.

피부의 변화무쌍한 성질에 관한 이런 식의 상세한 지식은 피부 표면에 구멍을 내라는 요청을 자주 받는 외과의에게 특히 중요했다. 사지 절단 수술의 경우 뼈까지 내려가서 톱질을 하려면 먼저 피부를 잘라 벗겨내야 했다. 총상 등의 상처에서 이물을 제거하거나 다른 부위의 긴장을 완화해야 할 경우에는 해당 부위의 피부를 절개하거나, 다른 부위를 맞절개counter-incision했다. 당시 혈액을 순환시킬 목적으로 출혈을 유도하는 처치법이 자주 쓰였던 것 또한 국소 부위의 피부에 구멍을 뚫어야 할 이유였다. 그리고 물론 피부 자체의 문제에서 비롯한 질환과 치료법도 잔뜩 있었다. 도포약과 기름은 발진과 화상, 뾰루지, 옴, 심지어 주근깨를 치료하는 데까지 사용된 반면에 종양이나 궤양은 날이 얇고 예리한 칼로 피부 표면에서 잘라냈다.

외과의들이 기여한 또 한 가지 시장은 1400년대부터 지금까지 내내 성장한 분야, 즉 성형 수술이었다. 당대의 여러 가지 미용 수술의 토대는 비잔틴 제국이 인도 아대륙에서 약 1000년 전에 수입한 약학과 의료 기법이었다. 일찍이 4세기의 그리스 출신 의학 저술가 오리바시우스Oribasius는 볼에서 떼어낸 알파벳 에이치H 모양의 피부 조각으로 코끝을 때우는 수술에 관해 논했는데, 15세기의 코 성형술 역시 이와 비슷한 맥락에서 이뤄졌다. 이 수술은 큰 사고나 전쟁 때문에 몸이 훼손된 이들에게서 특히 인기를 끌었으며, 1490년대 유럽에서 첫 번째 매독 대유행이 일어나면서 한층 더 중요해졌다. 매독은 심한 경우 코의 일부 또는 전체를 잃는 질병이기 때문이었다. 중세의 코 성형술은 시칠리아 출신 외과의 브랑카 미누티Branca Minuti와 그의 아들 안토니오Antonio 덕분에 유명해졌다. 이들 부자는 코를 재건할 때 필요한 피부를 뺨이 아니라 팔에서 이식하는 쪽을 선호했다. 이렇게 하면 환자의 얼굴에 흉터가 덜 남았지만, 그 대신 환자는 위팔의 피부가 몇 주에 걸쳐 천천히 자라는 동안 복잡한 고정 끈 여러 개를 착용하고 위팔이 입에 닿도록 팔꿈치를 든 채로 생활해야 했다.

그러나 피부는 단순히 신체적 결함과 외과적 조작의 현장에 그치지는 않았다. 피부는 색과 온도와 감촉을 통해 몹시 다양한 이상 증상을 외부에 드러냈고, 이 때문에 머리카락과 마찬가지로 그 밑에 도

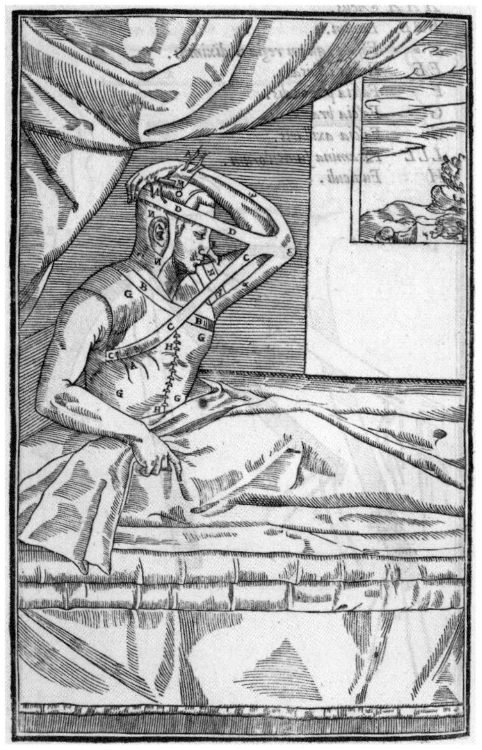

24. 15세기의 코 성형술 기법을 묘사한 후대의 삽화.
코가 떨어져 나간 자리에 살이 자라도록 위팔의 피부를 떼어내 이식한 모습이다.
이 그림은 1597년 베네치아에서 인쇄된 볼로냐의 외과의 가스파레 탈리아코치의 책
『이식을 통한 신체 결손의 외과적 복원에 관하여De curtorum chirurgia per insitionem』에 수록됐다.

사린 문제를 발견하고자 할 때 중요한 지표로 이용됐다. 의사는 피부를 진찰할 때 비단 환자의 식습관이나 체액 불균형 문제뿐 아니라 도덕성 또는 영성의 결함까지 한눈에 파악하곤 했다. 예컨대 나병은 당대의 의학 문헌에서 가장 치열한 논쟁을 불러일으킨 질병 가운데 하

25. 로마의 산 크리소고노 교회에 있는 11세기 벽화.
누르시아의 성 베네딕투스가 나병 환자를 치료하는 장면이다.
웃통을 벗은 남성 환자의 윗몸에 잔뜩 보이는 검은 자국이
나병 환자의 피부에 나타나는 병변을 연상시킨다.

나였다. 나병을 앓는 사람은 피부가 문드러지고 갈라지는 나병 특유의 보기 흉한 병변 탓에 단번에 눈에 띄었다. 한편으로는 의학뿐 아니라 다른 분야의 저술가들까지도 나병을 피부보다 훨씬 깊숙한 개인의 인성 속 내밀한 곳에서 비롯되는 병으로 여겼다. 나병자의 더럽혀진 몸은 내적 도덕성이 더럽혀진 결과로 간주됐고, 이는 심각한 박해로 이어졌다. 특히 감염에 대한 불안과 나병자들이 순진한 대중을 같은 병에 감염시키려고 식수원을 건드릴지 모른다는 근거 없는 두려움 때문에 더욱 그러했다. 오늘날 우리는 나병에 걸릴 확률이 극히 낮으며 전염 역시 감염된 사람과 몇 주 또는 몇 달에 걸쳐 오랫동안 밀접하게 접촉해야 가능하다는 사실을 안다. 그러나 중세 사람들에게는 9세기의 이슬람교도 학자가 『쿠란』에 주석으로 남긴 다음의 조언이 훨씬 더 진실하게 들렸을 것이다. "나병자를 보면 사자를 봤을 때와 똑같이 달아나야 한다." 다만 더 친절한 관점을 지닌 사람들도 있었다. 이들은 나병을 천벌이 아니라 타인들의 인내심과 연민에 대한 시험으로 해석했다. 또한 구약 성서와 신약 성서에 나타나는 나병자에 대한 연민 어린 언급에 명백히 감화된 저술가들도 있었다. 그중 비잔틴 제국의 신학자이자 4세기 콘스탄티노플의 대주교였던 나지안조스의 성 그레고리우스는 몸의 표면에 생기는 이 같은 질병의 미묘한 의미를 헤아리려 하지 않는 이들을 꾸짖으며 이렇게 적었다. "겁쟁이들은 어리석은 말에 휘둘린다. 의사들, 그리고 나병자를 간호한 이들의 사례를 보라. 그들 가운데 누구도 나환자를 찾아갔다는 이유로 위험에 빠지지 않았다. 그대의 형제를 경멸하지 말지어다. 비록 이 재앙 때문에 용모가 망가졌다 한들, 그들은 그대 자신의 팔다리와 같다."

대립하는 피부색

중세 사람들의 여론을 첨예하게 양극화시킨 원인은 단지 피부에 나타나는 질병의 흔적만이 아니었다. 인체의 표면을 둘러싼 논의에서 인종 문제에 대한 다양하고 복잡한 관점 또한 함께 드러났기 때문이다.

중세 시대에는 이따금 상이한 피부색이 하나로 합쳐지는 기적 같은 사연이 전해지곤 했다. 이는 나지안조스의 성 그레고리우스 같은 이들이 주창한 사회적 관용을 보여 주는 사례로서, 성 고스마와 성 다미아노의 성인전에 기록된 놀라운 외과 수술 장면도 여기에 해당한다. 3세기에 살았던 두 성인은 형제 사이였으며, 뛰어난 의술과 더불어 초기 크리스트교 신앙을 위해 경건하게 순교했다는 사실 때문에 여러 의학 분과의 수호성인으로 모셔졌다. 이들 형제의 성스러운 생애에 관해 읽다 보면 이름 모를 감염병 또는 악성 종양 같은 질환 때문에 한쪽 다리가 심하게 썩어 들어간 로마 출신 성직자와 마주치게 된다. 성 고스마와 성 다미아노에게 도와 달라고 기도하던 이 성직자는 어느 날 밤 자면서 꿈을 꿨는데, 꿈속에서 성인 형제가 연고와 병든 다리를 제거할 철제 수술 도구를 들고 나타났다. 두 성인은 성직자의 다리를 절단하고 그 자리에 같은 날 인근의 교회 묘지에 매장된 에티오피아인의 다리를 이식했다. 이튿날 아침, 잠에서 깬 성직자는 자신이 앓던 병이 치료되어 고통이 사라지고 다리 또한 바뀌어 있는 것을 알아차렸다. 꿈속의 치료가 현실이 된 것이다. 이 짧은 이야기를 지은 작가는 인종을 초월한 신체 변형이 당대 독자들에게 얼마나 급진적으로 보일지에 관해 고민하기는커녕 아예 언급조차 하지 않았고,

그 대신 종교적 위업이 선사하는 고양감에만 집중했다.

그러나 중세 시대에 인종 간의 관계는 앞의 경건한 이야기가 암시하는 것보다 훨씬 더 악의적이게 마련이었다. 이는 사람들이 다른 인종의 존재를 알지 못했기 때문이 아니었다. 적어도 큰 항구 도시에서는 지중해에 면한 모든 지역과 그보다 먼 곳에서 온 다양한 인종의 여행자들을 만나는 일이 가능했기 때문이다. 대륙 간의 왕래는 동쪽과 서쪽에서 찾아오는 성지 순례 행렬뿐 아니라 이국적인 물품 및 일상품의 왕성한 교역 때문에라도 자주 해야 하는 일이었다. 그러나 아라비아만을 벗어나 빠르게 확장하기 시작한 이슬람교 세력은 자신들만큼이나 격렬하게 대응하는 서방 강대국들과 맞닥뜨렸다. 그 결과 벌어진 사건은 전근대 시대를 통틀어 가장 오랜 기간에 걸친 문화 간 분쟁이자, 과도한 공격성과 피로 얼룩진 여러 차례의 종교 전쟁이었다. 11세기가 끝날 무렵부터 십자군이라는 주도면밀한 공격과 지하드라는 반격이 거듭되는 동안 민족과 민족이, 종교와 종교가, 인종과 인종이 서로 체계적으로 적대하는 광경이 펼쳐졌다.

이후 피부색의 차이가 적에 맞서는 구별 짓기와 헐뜯기, 악마화하기의 주요한 명분이 되기까지는 그리 긴 시간이 걸리지 않았다. 중동 의학계에서는 유럽 서북부 사람들의 몸에 체액상의 근본적인 결함이 몇몇 있다는 이론이 한동안 회자됐다. 이때 지리학자 겸 역사가였던 아부 알하산 알마수디Abu al-Hasan al-Masudi(약 896-956)가 밝힌 견해는 다음과 같다.

북쪽 사분면에 사는 사람들을 생각해 보면, 그들 속에서 태양의 힘이

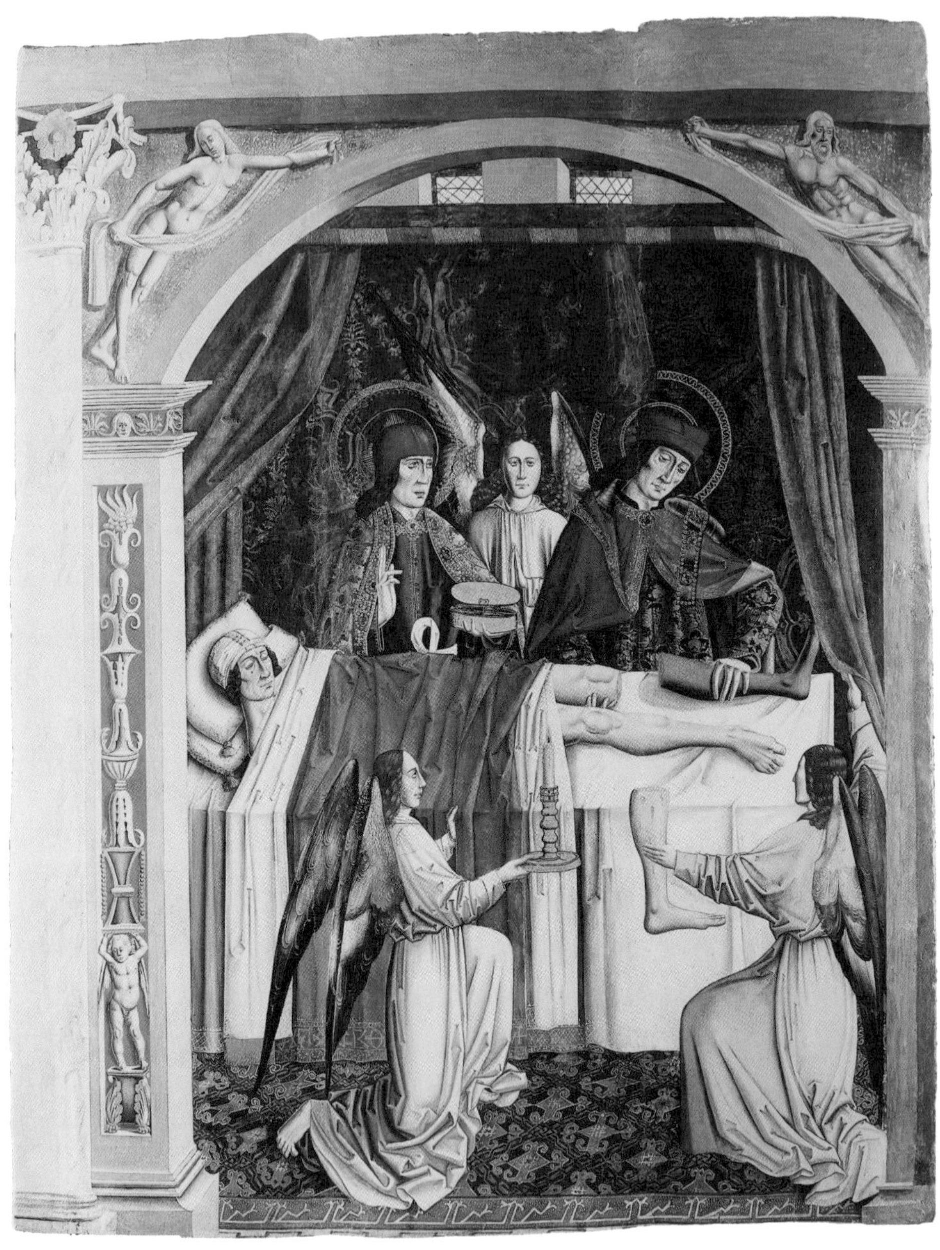

26. 성 고스마와 성 다미아노가 다리 이식 수술이라는 기적을 행하는 장면.
1495년에 에스파냐의 이름 모를 화가가 그린 그림이다.

> 약한 까닭은 태양으로부터 멀리 떨어졌기 때문이며 (중략) 그들에게는 따뜻한 성질이 부족하다. 그들은 덩치가 크고 본성이 추잡하며, 예절이 거칠고 지력이 부족하고, 언어 또한 무디다. 그들의 피부색은 지나치게 하얘서 희다 못해 아예 퍼럴 지경이다. 그들은 피부가 얇고 살이 두껍다.

후대의 이슬람교 선동가들은 이처럼 유구한 의학적 비평을 기꺼이 빌려다가 12세기와 13세기에 일어난 분쟁에서 활용했다. 그들은 적의 신체적 차이점을 지적 결함의 근거로 제시했다. 깨끗이 면도한 유럽인의 기이할 만큼 하얀 피부와 불길하게 새파란 눈 색깔은 전장에서 드러나는 무능력과 타고난 비겁성의 증거로 탈바꿈했다. 이들에 맞서 싸운 크리스트교 선동가들은 피부색과 체격을 근거로 삼아 차이를 강조하는 일에 훨씬 더 깊이 몰두했던 것처럼 보인다. 서양 십자군의 역사를 다룬 책은 삽화마다 빼놓지 않고 이슬람교도 또는 아프리카계 적군의 모습을 눈에 잘 띄게 묘사했다. 이들은 이국적인 옷차림이 강조됐고 피부색도 더 어둡게 칠해졌는데, 목적은 타고난 생리적 차이로 보이는 특징을 강조하는 것이었다.

유럽인 예술가들은 무엇보다 검은색이나 어두운 색을 죄와 연관짓는 크리스트교의 중요한 특징을 고스란히 모방했다. 만약 그리스도가 신약 성서의 「마태복음」에 적힌 라틴어 표현대로 룩스 문디*lux mundi*, 즉 '세상의 빛'이라면, 그에 대적하는 사탄과 악령, 마귀, 이교도 등은 그와 반대로 도덕 면에서나 실제 용모 면에서나 어둠에 휩싸여 있어야 했다. 1095년에 최초의 십자군 원정을 주창한 교황 우르바노 2세는 이슬람교도의 손에서 예루살렘을 되찾으라는 명령을 뒷받침하고자 장황한 인종적 비방을 퍼부었다. 교황은 이슬람교 추종자들이 겁쟁이라는 사실은 그들의 성장 환경과 체질, 피부색에 고스란히 깃들어 있다고 암시했다. 또한 교황은 의도치 않게 알마수디의 말을 그대로 따라함으로써 다음과 같이 그의 주장에 반박했다. "동방의 기후 속에서 태어난 민족은 누구나 어마어마하게 뜨거운 햇볕에 바싹 말려진다는 것은 잘 알려진 사실이다. 그들은 핏줄 속에 흐르는 피의 양이 우리보다 더 적고, 그래서 근접전이 벌어지면 달아난다. 스스로에게 남는 피가 없다는 것을 알기 때문이다." 일부는 공격적인 선동이고 일부는 유사 우생학이었던 이러한 생각이 비록 왜곡되기는 했어도 편리한 의학 이론과 결합한 결과, 십자군은 피부색이 어두운 적군을 거칠고 야만적이며 불결한 '타자'로 시각화했다. 아이러니하게도 크리스트교와 이슬람교 양쪽의 선동가들 모두 인체의 생리에 관한 똑같은 이론을 활용해 상대편의 피부가 치명적일 만큼 다르다는 점을 강조했던 것이다.

이 같은 희화화는 단순한 전쟁 중의 선전이 아니라 한층 더 뿌리 깊은 경향이었다. 다양성이 턱없이 부족하고 종교적으로 보수성을 띠었던 대부분의 중세 사회에서 인종에 관한 보편적 고정관념은 일상생활의 여러 부분에 조용히 스며들곤 했다. 『러트럴 시편집』은 영국 링컨셔의 부유한 지주였던 제프리 러트럴이 1320년에서 1340년 사이에 제작해 사적으로 사용한 종교 서적이다. 이 책 본문 한 쪽의 아래 여백에는 흥미로운 사실을 드러내는 삽화가 조그맣게 그려져 있다. 양피지 페이지 아래쪽을 가로질러 화려하게 치장한 말을 타고 결투를

27. 리처드 1세와 살라딘의 마상 결투를 희화화한 그림.
1320년에서 1340년 사이에 링컨셔에서 채색된 『러트럴 시편집』의 가장자리 여백에 그려져 있다.

벌이는 인물들은 초기 십자군 원정사의 충실한 두 역군이다. 왼쪽 인물은 방패 속에 뒷발로 일어선 사자 문장이 그려진 것으로 미루어 보아 프랑스어로 쾨르 드 리옹*Cœur de Lion*, 즉 '사자심왕'이라는 별명으로 불린 잉글랜드 왕 리처드 1세(1157-1199)로서, 1190년대 제3차 십자군 원정에 참가한 전술의 달인이었다. 그보다 훨씬 더 이국적인 갑옷과 번쩍이는 황금 미늘로 만든 투구를 쓴 오른쪽 인물은 서양에서 살라딘으로 알려진 술탄 살라흐 앗딘 유수프 이븐 아이유브Salah ad-Din Yusuf ibn Ayyub(약 1137-1193)로서, 이집트에서 시리아까지 이르는 강대한 아이유브 왕조를 건설한 장본인이었다. 이 그림 속의 장면은 완전히 지어낸 것이다. 두 남자는 직접 만난 적이 한 번도 없거니와, 전투 또한 저마다 거느린 충성스러운 군대를 동원해 대리전으로만 치렀기 때문이다. 게다가 14세기에 이르면 이 같은 왕과 십자군 원정 이야기는 진짜 전쟁의 연대기보다 오히려 소설화된 문학 장르에 가깝게 변질됐다. 그럼에도 실제 사건으로부터 한 세기하고도 절반이 흐른 후에 제프리의 필사본 책 가장자리에 누가 승리자로 묘사됐는지는, 의심할 여지가 없다. 리처드 1세는 창을 앞으로 길게 뻗어 살라딘의 균형을 무너뜨리고 안장에서 떨어뜨린다. 살라딘은 금방이라도 땅으로 굴러 떨어져 자기 말의 발굽에 짓밟힐 것처럼 보인다. 또한 결투 도중에 살라딘은 머리에 쓴 화려한 투구가 벗겨지고, 이를 통해 화가는 술탄의 더없이 충격적인 외모를 드러낸다. 이 그림 속에서 동방 사람인 살라딘의 피부색은 교황 우르바노 2세의 말마따나 너무나 어둡고 너무나 '비백인적'이라서 아예 짙은 푸른색으로 칠해졌고, 이 때문에 방패를 장식한 예언자 무함마드의 검은 머리보다 훨씬 더 생경해 보인다. 살라딘이 탄 말에 씌워진 옷의 기묘한 물갈퀴 모양 장식과 그가 입은 사슬갑옷의 새빨간 부품들에도 불구하고, 살라딘의 타자성을 가장 생생하게 드러내는 표지는 여전히 이상하게 변색된 그의 피부이다.

피부 위에 글쓰기

피부는 꼭 몸에 붙어 있지 않더라도 붙어 있을 때와 똑같이 강력한 의미를 전달하는 일이 가능했다. 책을 집필하는 일에 관한 한 십자군 원정사의 연대기이든 외과 수술에 관한 전문 서적이든 아니면 그 밖의 어떤 주제를 다룬 책이든 간에, 중세의 저술가가 택할 수 있는 책의 재료는 다양했다. 중동과 북아프리카의 이슬람교 권역에서 활동한 작가들은 대개 종이를 선택했는데 이는 그들이 일찍이 8세기부터 접촉하기 시작한 중국 문화에서 빌려온 기술이었다. 그러나 서부 및 중부 유럽에서 종이보다 훨씬 더 흔하게 지식과 이미지를 전달했던 매체는 양피지, 즉 건조 및 가공 작업을 거쳐 살아 숨 쉬는 피부에서 평평하고 매끈매끈한 책 속의 낱장으로 변신한 동물 가죽이었다.

중세 초기에 양피지 만들기는 주로 수도원이나 지배 왕조의 궁정에 딸린 필사실에서 도맡았다. 이러한 시설은 종교와 과학을 다룬 지적이고 두꺼운 책이든 아니면 더 실용적이고 영구히 보관되는 국가 기록, 즉 법률이나 재정에 관한 책이든 간에, 오래도록 남을 책을 만들고자 했던 몇 안 되는 당대 저술가들의 의지처였다. 그러나 13세기에 이르러 가죽 손질은 전문 양피지 장인의 일이 됐고, 필경사와 삽화가는 상업적 제작자에게서 구입한 양피지 낱장 또는 여러 장 묶음을 이용해 차츰 필사본 책과 비슷한 것을 선보이기 시작했다. 이러한 장인들의 공방은 중세 대도시의 문화 중심 구역에 밀집해 있었으며 개중에는 몇 블록에 걸쳐 기다랗게 이어진 곳도 있었다. 이는 부분적으로 자원과 전문 지식을 집중하기 위해서였는데, 양피지 만들기는 공정의 가짓수가 많고 복잡해서 세심하게 계획해야 했을 뿐 아니라 고도로 전문화된 기술과 값비싼 재료에 의존하기 때문이었다.

우선 동물 가죽부터 구입해야 했다. 가죽은 되도록 질이 좋고 흠이 없어야 했으며 가죽의 넓이와 색깔, 심지어 동물의 종류까지 의뢰받은 책의 종류와 잘 맞아야 했다. 예컨대 털색이 어둡거나 얼룩무늬인 송아지에서는 누런빛이 도는 얼룩덜룩한 갈색 가죽이 널따란 크기로 나온 반면에, 털색이 하얀 양은 비록 크기는 조그마해도 색이 더

28. 양피지 장인인 프리츠가 완성 단계의 가죽을 펼쳐 놓고 루넬룸으로 다듬는 장면. 이 그림은 이른바 『열두 형제 가서家書』로 불리는 두꺼운 책의 삽화이다. 1425년경에 만든 이 책에는 독일 뉘른베르크의 퇴직 장인들을 돌보는 자선 재단의 회원 정보가 수록되어 있다.

밝은 가죽을 생산했다. 가죽은 물에 씻어 흐르는 물에 하루 남짓 담갔다가 약한 부식 작용을 일으키는 염기성 물질, 이를테면 탈모용 용액이나 생석회, 심지어 소변 속에 며칠 동안 펼쳐 놓았다. 이러한 물질이 가죽 속의 세포를 부분적으로 부패시키고 분해하면 생가죽에 난 털이 저절로 느슨해져 빠지게 되고, 이로써 걸리는 부분이 없는 평평한 표면이 남는다. 그다음은 양피지 장인이 가죽을 늘리기용 틀에 고정할 차례였다. 이때 장인은 가죽이 완전히 건조되지 않도록 주의하는 한편으로, 구부러진 칼날 때문에 라틴어로 초승달 모양 또는 '달 모양'을 뜻하는 루넬룸*lunellum*이라는 이름이 붙은 칼로 가죽을 조심스레 긁어내렸다. 1420년대에 독일 뉘른베르크에서 제작한 삽화에는 양피지 장인인 프리츠 피르메터Fritz Pyrmetter가 바로 이 작업에 매진하는 모습이 묘사되어 있다. 프리츠의 부계 성姓은 십중팔구 양피지를 뜻하는 독일어 페르가멘트*pergament*에서 따온 것으로서 그 어원인 라틴어 페르가미나*pergamina*는 '페르가몬의 산물'이라는 뜻이다. 고대 헬레니즘 문화의 중심지였던 페르가몬은 무엇보다 첫째로 양피지 책이 가득한 도서관 덕분에 유명해졌으리라 추정된다. 턱수염을 기르고 소박한 튜닉을 입은 그림 속의 프리츠는 같은 성을 지닌 자기 선조들과 거의 비슷한 방식으로 일했다. 펼친 양피지를 날이 넓은 칼로 쓱쓱 다듬는 프리츠의 손놀림은 재빨랐지만, 칼날의 끄트머리가 초승달처럼 휜 덕분에 팽팽한 가죽에 구멍이 날 염려는 없었다.

이 과정에서 양피지 장인이 아무리 조심한들 동물 가죽에는 원래 결함이 있게 마련이라서, 양피지에도 필연적으로 조그만 구멍이 생기곤 했다. 가죽을 넓게 펴는 단계에서 이러한 결함이 더 커다랗고 둥그런 구멍으로 커지지 않도록 바늘과 실로 재빨리 꿰매는 작업은 외과의가 생계를 위해 사람의 피부에 하는 일과 다를 바 없었다. 이러한 보수 작업의 흔적은 지금도 여러 중세 서적에서 눈에 띄는데, 고작 조그마한 봉합 자국 덕분에 몇 세기가 흐른 후에도 책의 낱장이 온전하게 남아 있곤 한다. 이때 어떤 이들은 양피지의 희끄무레한 표면에 가려지도록 수수한 실을 사용한 반면, 일부러 색색의 실로 장식적인 문양을 만들어 수선한 사람의 숙련된 바느질 솜씨를 강조하는 경우도 있었다. 그리고 구멍이 너무 작아서 굳이 봉합할 필요가 없는 양피지는 책의 저자에게 즐거움을 선사하곤 했다. 구멍 난 자리 주위에 동물이나 사람 얼굴, 또는 가죽의 생전 모습이 어떠했을지 조심스레 알려주는 그림 따위를 그렸기 때문이다. 아무튼, 양피지 장인은 가죽에 남은 마지막 티를 긁어내는 동안 가죽을 틀에 고정하는 나사를 계속해서 조였을 테고, 이로써 가죽은 점점 더 매끈하고 반들거리는 막으로 변해 갔을 것이다. 말린 양피지의 질감은 부드럽게 팔랑거리는 종이가 아니라 얇은 비닐에 더 가깝다. 바느질로 기다랗게 이어 붙인 다음 둘둘 말아 두루마리로 만들든, 아니면 2절판 넓이의 직사각형 낱장인 폴리오folio로 자른 다음 묶어서 코덱스 형태의 책으로 만들든 간에, 유연하면서도 질긴 양피지는 접힘과 주름, 마찰, 얼룩 등을 매우 강하게 버텼기 때문에 손상될 일이 거의 없는 집필용 재료였다.

고작 책의 낱장 하나를 얻기까지 거쳐야 할 작업이 그토록 많다는 점을 감안하면, 중세 시대에 책이 어째서 그토록 수고롭고 호화로운 물건으로 여겨졌는지 쉽게 짐작할 만하다. 여러 권으로 구성된 커다란 코덱스 전집에는 폴리오가 500장 넘게 들어가기도 했는데, 이러한 경우에는 단어 한 개 또는 삽화 한 점이 페이지를 장식하기도 전에 이미 양 떼 몇 무리를 통째로 잡은 다음, 몇 달에 걸친 노동을 투입해야 했다. 1380년대 초에 웨스트민스터 주교를 위해 제작한 호화로운 필사본은 성공회 장부의 기록에 따르면 양피지 대금만 4파운드 6실링 8펜스였다. 이해를 돕기 위해 부연하자면, 매우 숙련된 필경

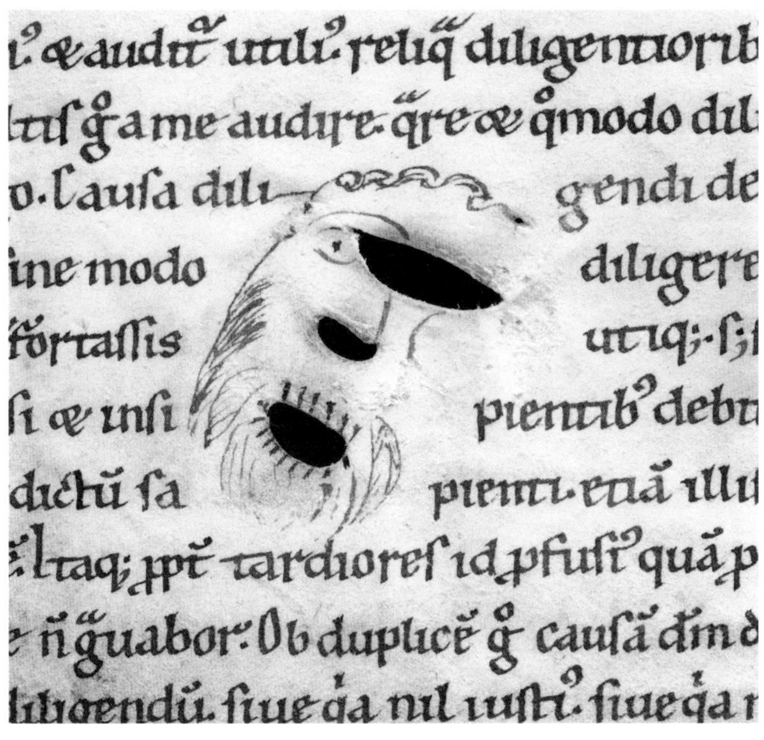

29. 12세기의 필경사가 그림으로 둔갑시킨 양피지의 조그만 구멍들.
이 필경사는 클레르보의 성 베르나르도가 구약 성서의 「아가」에 단 주석을 필사하다가
잠시 짬을 내어 구멍들 주위로 얼굴을 그렸다.

사인 토머스 프레스턴이 2년이라는 시간을 꼬박 들여 이 책을 필사한 대가로 받은 돈이 총 4파운드에 추가 경비를 약간 더한 정도로, 양피지 대금과 거의 맞먹는 금액이었다. 실제로 양피지 구입 비용은 비단 까마득히 오래된 중세 시대의 문제만은 아니었다. 영국의 법률은 2017년 초까지 여전히 송아지 가죽으로 만든 독피지에 기록하다가 이후 비용 삭감을 위한 의회 표결을 거쳐 값이 더 싼 종이 제본 책에 기

30. 영국 의회 도서관의 법률실에는 500년이 넘는 세월 동안 영국의 법률을 기록한 독피지 두루마리 수천 개가 보관되어 있다. 이곳에서 가장 오래된 법률은 1497년에 만들어졌으며, 노퍽의 양모 업계에서 일하는 수습공들의 처우를 다루고 있다.

록하는 방식으로 바뀌었다. 비판자들이 보기에 독피지는 혼탁한 중세 통치 체제의 케케묵은 시대착오적 잔재로서, 더 늦기 전에 현대화할 물건이었다. 일간 신문인 『데일리 미러』는 비꼬는 투의 머리기사에 이렇게 적었다. "의원들은 고작 해마다 8만 파운드를 들여 송아지 가죽에 법률을 인쇄할지 말지를 놓고 두 시간 동안이나 토론했다." 그러나 현존하는 영국의 마지막 독피지 제작 업체인 윌리엄 카울리의 최고 경영자 폴 라이트는 헨리 7세의 재위 기간인 1497년까지 거슬러 올라가는 법령의 원본이 지금도 의회 도서관에 남아 있는 것은 오로지 독피지 덕분이라고 반박했다. 다음은 라이트가 말한 내용이다. "독피지는 말아서 선반에 올려놓거나 동굴에 넣어두면 5000년도 보관할 수 있습니다. 하지만 자기네가 만든 종이의 품질 보증 기한을 250년

이상으로 잡는 제지 회사는 단 한 곳도 찾지 못할 겁니다. 그렇게 되면 우리가 아는 과거는 약 1750년까지이고, 그 이전의 역사에는 영영 작별을 고하는 셈입니다."

제2의 피부

내과의와 외과의는 피부의 병을 치료하고 양피지 장인은 피부를 글쓰기 용도의 평평한 평면으로 가공한 반면, 중세의 기술자 중에는 자신들의 기술을 이용해 피부를 비바람으로부터 보호한 이들도 있었다. 바로 고도의 기술로 직물을 제작해 사람의 몸을 감싼 이들이었다. 개인의 피부색이나 체질 같은 고정된 성질과 달리 옷은 바꿔 입을 수 있는 피부였고, 이 때문에 중세 사람들은 옷을 이용해 갖가지 상이한 정체성을 무척이나 자유자재로 표현했다. 그러나 재봉사와 방직공과 자수 장인이 실제로 만든 작품은 오늘날까지 전해진 중세 시대 물건 가운데 가장 드문 종류에 속한다. 튜닉과 바지, 로브, 드레스, 가운, 재킷, 케이프, 속옷 같은 것들은 모두 일상생활에서 유독 쉽게 닳고 해지기 때문이다. 옷의 유기 염료와 직물은 사람이 처음 입는 순간부터 분해되기 시작하는데, 중세 직물 가운데 그런 식의 부패를 모면한 것들은 대개 이집트의 사막 지대에 흔한 몹시 건조하고 기후 조건이 일관된 유적지나 사람 손이 닿지 않은 채 봉인된 교회 지하 묘지의 무덤에서 발굴됐다.

실제로 지금껏 남아 있는 직물, 그중에서도 특히 중세 시대 초기의 직물은 대부분 비잔틴 제국 및 이슬람권 공방의 양식을 본떠 만든 것으로 보이는데, 이러한 직물은 매우 귀한 대접을 받았다. 목면과 리넨과 비단으로 지은 옷은 중동의 특산물이었으며, 이곳에서 멋진 옷으로 변신한 옷감은 원래 주변의 에스파냐와 시칠리아, 시리아에서 수입한 것이었다. 이들 지역은 모두 농업과 양잠업, 즉 누에치기로 유명했다. 5세기 또는 6세기에 만들어져 지금은 런던의 빅토리아 앤드 앨버트 박물관에 소장된 어린아이용 모직 튜닉을 보면 그러한 옷이 얼마나 섬세하게 만들어졌는지가 드러난다. 이 셔츠는 무덤에 매장된 시신에게 입히려고 만든 수의이다. 세월이 흐른 탓에 지금은 더러워졌지만 원래는 망자를 깨끗이 모시기 위한, 이제는 세상에 없는 이를 위한 마지막 예복인 것이다. 가공도 염색도 하지 않은 직물 한 장, 오로지 그 한 장을 위쪽에서 반으로 접고 양쪽 재단선을 아마실로 꿰맨

31. 5세기 또는 6세기에 이집트에서 만들었으리라 추정되는 아동용 모직 수의.

이 옷은, 죽음에 일종의 정갈한 멋을 부여한다. 그러나 목둘레와 허리 부분에는 은은한 장식이 보인다. 바느질로 덧댄 일련의 섬세한 자수와 연속된 모티프로 만들어진 띠가 원형 무늬 및 구불구불한 덩굴, 추상적인 형상 등을 이루며 시신을 장식하는 것이다. 그런 한편으로 조그마한 얼굴과 꽃, 새, 동물 등은 하나로 어우러져 옷 자체와 그 옷의 주인에게 여린 느낌을 더하기도 한다.

옷차림새가 사람의 됨됨이를 말해 준다는 관념은 사후뿐 아니라 생전에도 중요했다. 옷이 국가나 정치, 종교에 대한 충성을 상징하는 경우도 적지 않았다. 때로는 이를 지나치게 남용하거나 공공연히 드러내기도 했다. 전장의 군인은 자신이 어느 편을 위해 싸우는지 나타내려고 군복에 붙이는 휘장이나 투구의 깃털 장식, 갑옷에 다는 왕가의 문장 등을 활용했다. 수도사와 수녀는 로브의 색깔과 형태를 통해 자신의 정확한 소속을 밝히는 일이 가능했는데, 이들의 옷은 수도회의 규칙을 어겨 성직을 박탈당할 경우에는 벗는 것도 가능한 정체성이었다. 그러나 다른 경우에 의복이라는 표지는 더 은근하고 간접적이었다. 일반인들은 유행에 따라 비싼 고급 의복을 구입함으로써 사회적 위계를 강화하는 경우가 많았다. 주머니가 두둑한 소수 계층에게는 유행하는 세부 요소, 즉 기장이 짧은 겉옷이나 떡갈나무 잎 모양 프릴로 장식한 소매, 목둘레선이 조절되는 밀착형 보디스, 기다란 어깨걸이와 모자가 달린 케이프, 뿔 한 쌍처럼 생긴 머리 장식 등이 곧 빠르게 변하는 세련된 스타일의 유행에 동참한다는 표지였다. 이렇게 옷에 신경을 쓰는 분위기 속에서 지역의 갖가지 특성을 활용한 희화화가 만연했다. 스칸디나비아 사람들은 그들이 내다파는 값비싼 모피와 연관됐다. 중국인과 페르시아인은 우아하고 무늬가 화려한 비단 덕분에 칭송받곤 했다. 그리고 중동을 찾은 서양인 여행자들은 백인종이 아닌 현지인의 피부색뿐 아니라 색조가 화려하고 '이국적인' 의복까지 싸잡아 헐뜯었는데, 이들이 유독 혐오한 대상은 이슬람교 문화권 대부분에서 착용하는 터번과 몽골 궁정의 신하들이 입은 현란하게 염색한 관복이었다.

그러나 대다수 중세 사람은 애초에 무엇을 입을지 선택할 여지가 없었다. 평범한 직업에 종사하는 사람들은 실용적인 작업복과 제복을 입어야 하는 신세였을뿐더러, 12세기부터 지중해 연안 지대 곳곳에서 사람들의 지출과 복장을 규제하는 포괄적인 범위의 법령이 줄줄이 출현했기 때문이다. 이른바 '사치 금지법'으로 알려진 이러한 법령은 지방 행정 당국이 집행을 맡아 계층에 따라 적절한 복식과 유행을 제한했다. 이는 해당 지역의 직공들을 보호하고, 외국산 옷감으로 옷을 지어 입는 사람들에게 부담을 지우고, 자국에 더 가까운 시장에 보호주의적 지원을 제공하는 의미도 있었다. 방직업은 이탈리아의 루카나 영국의 런던 같은 주요 중심지에서는 거대 산업으로 성장하기도 했다. 수요층이 매우 한정된 중세의 몇몇 기술과 달리 방직 기술의 전문가들은 남성과 여성 모두 노동 인구 가운데 적잖은 비중을 차지했는데, 이 많은 사람들이 방직업의 성쇠에 의지해 살아갔다. 이처럼 국가가 지원하는 상황에서 옷 만들기는 꽤 쏠쏠한 돈벌이가 되곤 했다. 영국에서 가장 성공한 방직공의 반열에 드는 토머스 칼턴은 1368년에 에드워드 3세의 전속 자수 장인으로 지명된 인물로서, 그가 남긴 장부를 보면 사업을 한창 키울 당시에는 런던 곳곳에 개별 매장을 몇 군데나 소유한 사실이 드러난다. 칼턴은 각각의 가게 앞을 조그마한 접이문으로 장식했는데 이 덧문을 절반만 내리면 곧바로 옷을 파는 접이식 카운터가 만들어졌다.

사치 금지법은 간혹 억압적이거나 심지어 악의적일 때도 있었다. 그런 한편으로 적어도 복식 면에서는 평화를 유지하는 방법으로서 꽤 합리적이었다. 1375년에 이탈리아 중부의 도시 라퀼라에서 제정한 법률 조문에는 누구도 '판도스 쿠르토스 우트 에오룸 게니탈리아 레마네안트 디스코페르타*pandos curtos ut eorum genitalia remaneant discoperta*'를 입어서는 안 된다는 문구가 있다. 이 라틴어 문구는 '너무 짧아서 성기가 그대로 드러나는 바지'라는 뜻이다. 이 정도면 괜찮은 조치이다. 그러나 다른 한편으로 이러한 법률은 사회적 감시를 통해 도덕률을 강제하려 들거나, 입법자의 관점에서 상류층과 하류층의 복식이 불쾌하게 뒤섞이는 일을 막으려 드는 경우 또한 적지 않았다. 독일의 뉘른베르크에서는 농민이 진주 장신구를 착용하거나 유행을 좇아 안감이 보이도록 절개된 신발을 신었다가는 거액의 벌금을 물었던 반면, 맘루크 왕조 치하 이집트의 카이로에서는 이슬람교도가 아닐 경우에 자신의 특성이 남들 눈에 잘 띄도록 특정한 색의 옷을 입어야 했다. 이때 유대교도는 노란색, 크리스트교도는 파란색이었다. 매춘부 또한 동서양을 막론하고 거의 모든 대도시에서 특정한 색조의 직물을 몸에 걸치지 못하도록 금지당했는데, 이는 일반인으로 오해받지 않게끔 하려는 조치였다. 그들이 걸치는 후드는 검은색 또는 노란색으로 한정됐고, 매춘부가 다가오는 것을 사람들이 미리 알도록 후드 가장자리에 조그마한 종을 줄줄이 달게 하는 경우도 있었다.

성 노동자의 복식에 쏟아진 높은 관심은 중세 시대에 피부를 옷으로 가리는 일이 음란함 및 죄악과 얼마나 밀접하게 연관됐는지 보여 주는 전형적인 사례이다. 매춘부가 직업 때문에 늘 악마화됐던 것은 아니다. 의외일지도 모르지만 고위 종교인들조차도 가끔은, 적어도 이성애자끼리의 접촉에 대해서는, 성 노동에 대해 관용을 표명했다. 유대교도 작가들은 경전으로 눈을 돌려 성서 속의 몇몇 여성, 예컨대 라합이나 다말 같은 이들 또한 매춘부였으나 모범적인 신앙의 투사로 추앙받는 점을 지적했다. 크리스트교의 교부들 역시 성 노동을 사회에 꼭 필요한 것으로 여겼다. 성 아우구스티누스는 자신의 첫 번째 저서인 『질서론*De ordine*』에서 만약 사회에서 매춘부가 없어지면 "세상은 과잉된 육욕으로 몸부림칠 것이다"라고 적었다. 이슬람교도 작가들은 아예 성 노동자의 화대를 떳떳하게 건네받는 지참금과 동일시하기까지 했다. 그러나 중세 매춘부의 진정한 사회적 위험성은 매춘으로 벌어들이는 돈이 아니었다. 진짜 공포는 매춘부 특유의 너무도 쉽게 옷을 벗어 던지고 그 밑의 맨살을 드러내는 능력이었다. 앞서 소개한 바로 그 종교 사상가들은 겉으로는 관용을 표방했지만, 매춘부의 거리낌 없는 알몸 노출이 곧 나태한 도덕관을 암시한다는 뻔하디뻔한 통찰을 툭하면 드러내곤 했다. 알몸 노출이 만족할 줄 모르는 육욕에 버금가는 죄악이라는 관념은 문자 그대로 태초부터 사실로 상정됐다. 아담과 하와는 에덴동산에서 추방되기 전 행복과 풍요를 누리던 시절에는 맨 살갗을 구경거리로 삼을 생각을 전혀 하지 않았다. 그들은 선악을 알게 하는 나무의 열매를 먹고 나서야 비로소, 구약 성서의 「창세기」를 인용하면 "눈이 밝아져서, 자기들이 벗은 몸인 것을 알고, 무화과나무 잎으로 치마를 엮어서, 몸을 가렸다." 바로 최초의 옷이다. 이처럼 거북스럽고 문제적인 나체 노출은 성서의 여러 장면에 거듭 등장하는데, 그때마다 침범과 수치를 동반하는 행위로 표현된다. 노아는 술에 취해 벌거벗은 채로 누워 있는 모습을 자기 아들들에게 들키고 말았고, 이교도인 바빌론 사람들은 자유롭게 벌거벗고 다닌다는 이유로 경멸받았으며, 성인의 몸은 성스러운 최후를 맞으러 가는 길에 억지로 나체 상태가 되는 궁극의 치욕을 겪어야 했다. 옷은 그 자체에 내재하는 도덕성을 지녔고, 이 때문에 규제 당국의 관점에서 복장 단속은 곧 신도의 윤리관을 단속하는 일의 한 부분이었다.

이러한 면에서 모범을 보이고자 열심이었던 고위 성직자는 신도들 앞에서 입을 옷을 매우 조심스럽게 골랐는데, 특히 성스러운 경전을 펼치고 설교할 때 어떻게 차려입을지에 관해 신중히 고민했다. 그중에서도 당대 유럽 사회에서 가장 권세가 컸던 크리스트교 성직자들은 화려하고 상징성이 강한 전례용 의복을 만들도록 주문했다. 오늘날 남아 있는 중세의 자수 공예 표본 가운데 보존 상태가 가장 훌륭한 것은 바로 그러한 옷들이다. 후대 사람들은 이러한 전례용 의복 또한 양피지 책의 낱장과 마찬가지로 원래보다 더 작은 조각으로 잘라서 이용하는 관습을 대대로 이어갔다. 가끔은 자수를 놓아 만든 그림을 옷에서 통째로 들어내어 새 예복으로 탈바꿈시키기도 했다. 그러나 이러한 옷은 조각으로 나뉜 이후에도 예전의 권능이 조금은 남아 있었다. 예컨대 14세기에서 제작된 마널 영대Marnhull Orphrey는 종교적 장면을 수놓은 기다란 띠로서, 한때는 사제의 제의를 장식했다. 비록 색은 바랬어도 매우 고급스러운 명주실로 짠 이 띠에는 그리스도의 수난이 묘사되어 있다. 여기에는 그리스도가 채찍을 휘두르는 두 인물에게 고초를 겪는 장면이 있는가 하면, 골고다 언덕으로 십자가를 지고 가는 동안 장황한 비난과 조롱을 당하는 장면도 들어 있다. 이들 이미지 자체가 의복의 사회적 역할을 이용한 결과물이다. 거의 나체 상태인 그리스도는 샅 가리개 하나로 간신히 체면을 차리는 반면, 그를 공격하는 자들이 착용한 각반과 황토색 웃옷 등은 색이 대담하고 무늬도 현란해서 이국적이고 화려해 보인다. 이 같은 직물의 색조는 겸손함이라는 기준에서 양쪽의 명백한 차이를 강조한다. 그러나 그리스도의 나신은 한편으로 피부 자체에서 비치는 찬란한 광채를 또렷이 강조하는 기능도 수행한다. 희끄무레한 광택을 띤 명주실로 수놓은 그리스도의 피부는 일부러 어둡게 표현한 난쟁이 공격자들의 피부와 대비를 이루며 순백의 편린으로서 열띤 숭배를 받았다.

『러트럴 시편집』의 본문 아래쪽 여백에 말에서 떨어지는 모습으로 그려진 살라딘의 얼굴이 파란색이었던 것과 마찬가지로, 이 이미지 속의 이교도들 또한 그리스도에게 저지른 죄악의 영적 어둠이 고스란히 검정색으로 변해 얼굴과 손발을 물들였다. 이 영대처럼 값지고 호화로운 의복은 그것을 착용한 성직자의 높은 권위를 더욱 증폭시켰고, 인종과 복식에 대한 교회의 관점 또한 명백하게 전시했다. 이와 동시에 성직자의 몸 또한 이 장면에 생동감을 부여하는 마지막 요소였을 것이다. 이미지 속 인물들은 단순한 노란색 비단이 아니라 금속 느낌이 나는 은실로 짠 배경 앞에 서 있다. 사제가 크리스트교 전례를 집전하며 이런저런 동작을 취하는 동안 그가 입은 옷은 창문으로 비쳐 드는 햇살이나 깜박이는 촛불의 빛을 받았을 테고, 은실은 그

32. 그리스도가 십자가를 지고 가는 장면과
채찍질당하는 장면을 자수로 묘사한
마널 영대 속의 두 이미지. 14세기 초 영국의
런던에서 제작했으리라 추정된다.

빛을 반사하며 영롱하게 반짝였을 것이다. 사제가 영대의 몸이 되어 움직이는 동안 십자가와 채찍과 그리스도의 몸에 얼룩진 핏자국은 모두 함께 반짝반짝 빛났을 것이다. 생명이 없는 묵직한 직물은 그렇게 전례를 위한 제2의 피부가 되어 생명을 얻었다.

뼈

뼈는 인체의 토대를 형성하는 구조적 틀이고, 근육과 신경부터 핏줄과 살까지 모든 것이 그 틀을 둘러싸고 있다는 사실은 중세 시대가 오기 훨씬 전에 이미 알려졌다. 중세 초기의 저술가들은 저서에서 골격의 거의 모든 부분을 비교적 상세하게 서술하며 각각의 뼈와 저마다의 상이한 기능을 하나하나 파악했다. 갈비뼈는 가슴을 튼튼하게 지키고, 머리뼈는 속에 들어 있는 부드러운 뇌를 보호하며, '작은 열쇠'를 뜻하는 라틴어 클라비쿨라clavicula에서 이름이 유래한 빗장뼈clavicle는 어깨 부위에서 양팔을 가슴에 붙여 잡가 놓는 기능을 수행한다는 식이었다. 그럼에도 몸속에 있는 뼈의 총 개수는 부정확하게 파악하는 경우가 가끔 있었다. 몇몇 저술가는 229개라는 설을 강력히 지지한 반면, 어떤 이들은 남자의 뼈는 모두 합쳐 228개이고 여자는 그보다 두 개 적은 226개라는 설을 지지했다. 특이하게 남자는 여자보다 갈비뼈가 한 개 더 적다고 생각한 이들도 있었다. 그 갈비뼈 한 개는 구약 성서의 「창세기」에 나오듯이 하느님이 아담의 갈빗대를 뽑아 하와를 만들면서 사라진 것이었다.

이 같은 혼란은 현실적인 문제 때문에 빚어졌다. 깨끗하고 하얘서 수를 세기 쉬운 상태의 골격을 보려면 먼저 근육을 뼈에 고정시키는 질긴 힘줄과 인대를 제거해야 하기 때문이다. 이는 예나 지금이나 시간이 오래 걸리는 작업이다. 마치 스튜에 넣고 끓인 양의 정강이뼈가 고기에서 분리되는 것처럼 몸속의 심에 해당하는 뼈가 살에서 스르륵 빠져나오게 하려면, 앞서 말한 살 부분의 근섬유가 느슨해지도록 팔다리를 비롯한 신체 부위를 뭉근한 불에 올려놓고 오랫동안 끓여야 한다. 중세 시대에 사람의 몸을 열어 보는 것은 굳이 이런 식의 논쟁적인 찜 요리를 하지 않아도 충분히 위험한 일이었다. 게다가 뼈가 드러날 때까지 끓이는 방법은 실행 도중에 시신이 대부분 파괴된다는 분명한 결점이 있었는데, 이렇게 용인하기 힘들 정도로 훼손된 시체는 결국 관찰하는 것 또한 불가능했다. 해부학 교육용 골격 표본은 훗날, 그것도 근대 초기에 이르러서야 비로소 널리 보급됐고, 그 시기에도 해부된 시체의 뼈에 붙은 살은 끓이는 방법이 아니라 생석회 같이 부식성이 강한 물질을 써서 벗겨내는 방법을 통해 제거했다.

당시에 뼈는 약간 짜증스러운 것, 분명 중요하기는 한데 피부 밑에 파묻혀 있어서 손에 넣을 방법이 없는 것이었다. 그 결과 당대 의학서의 그림에 뼈는 제한적으로만 등장했다. 그런데 당대의 그림 속에 실제로 묘사된 뼈를 보면, 우리 눈에 익숙한 형태이지만 왠지 살짝 어긋났다는 느낌이 든다. 머리뼈가 있기는 한데 뼈들이 맞물려 만들어진 선, 즉 정수리에서 바깥쪽으로 구불구불 뻗어 나간 접합선이 고작 몇 줄만 그려져 있다. 네모난 턱뼈는 독립된 조각으로 그려진 경우도 가끔 있지만 그보다는 머리뼈와 결합해 기묘하게 생긴 하나의 커다란 '뼈 머리'를 이루는 경우가 더 많다. 골반뼈 역시 형태가 왜곡되어 둥그런 모양으로, 즉 엉치뼈와 결합해 하나의 반원을 이루는 것처럼 그려지는 경향이 있었다. 그리고 피아노 건반처럼 생긴 척추가 목부터 꼬리뼈까지 이어지고 여기서 바깥쪽으로 뻗어 나가는 갈비뼈가 함께 그려져 있지만, 갈비뼈는 저마다 등골뼈와 연결되지 않고 단순히 등을 따라 아래쪽으로 비스듬히 뻗은 선으로만 그려지는 경우가 흔하다. 개중에는 골격의 내밀성, 즉 현실에서 관찰하기가 몹시 힘들다는 점을 반영할 목적으로 뼈들이 서로 연결되어 하나의 틀을 이루며, 그 틀이 실제와 비슷한 형태로 몸속에 자리 잡았다고 묘사하는 사례도 있다. 여기서 골격을 둘러싸고 층층이 쌓인 근육과 살은 끝으로 갈수록 가늘어지는 띠처럼 생겼으며, 자주색과 그보다 밝은 빨간색으로 칠해진 이 띠에는 지방을 뜻하는 하얀 줄이 켜켜이 섞여 있다. 그러나 이런 식의 묘사보다는 현실감이 전혀 느껴지지 않게 묘사한 경우가 더 흔하다.

페르시아의 저술가 만수르 이븐 일리아스Mansur ibn Ilyas(약 1380-1422)의 저작을 1488년에 필사해 만든 책을 보면, 골격에 대한 위와 같은 관점이 그림으로 나타나 있다. 그림 속의 형상은 묘하게 왜곡되어 있다. 머리는 하트 모양에 평평하고 꼭 뒤집힌 것처럼 보이는데, 얼굴 속의 눈과 코 역시 지면의 위쪽 방향을 향하고 있다. 중세 시대가 무지했다는 증거를 찾으려 안달하는 사람은 이 그림을 대번에 오류로

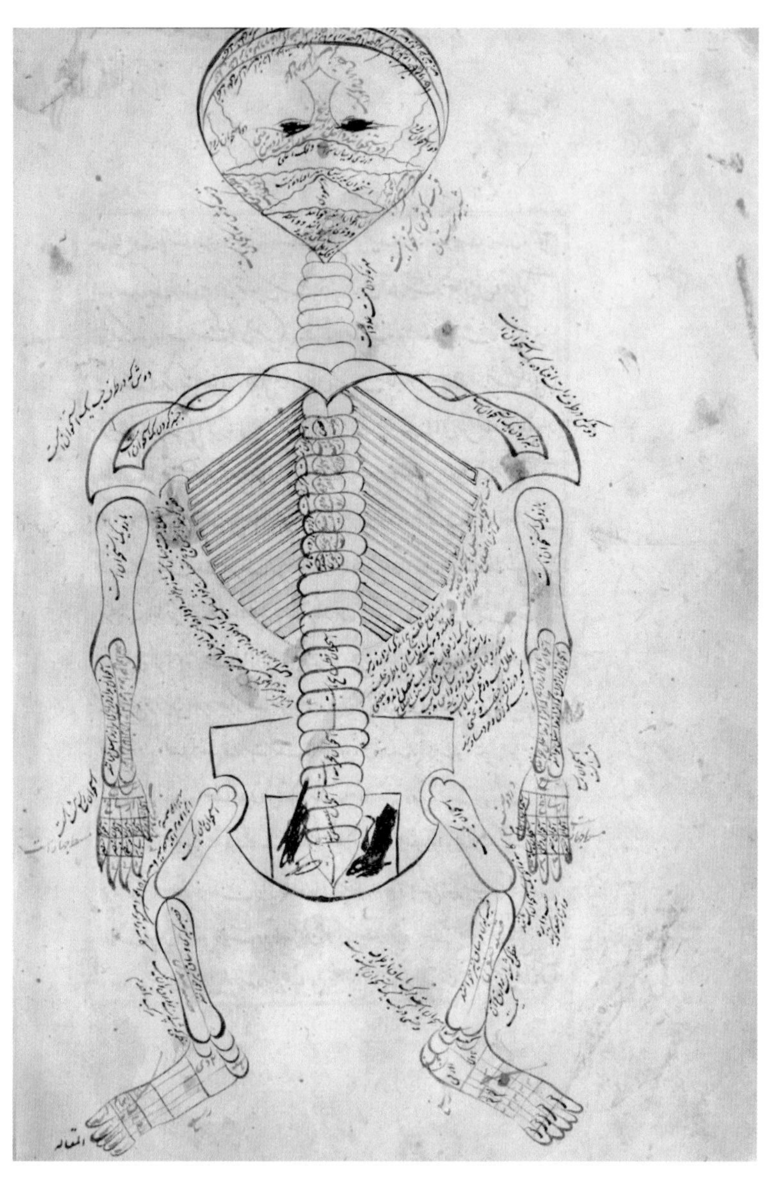

33. 타시리히 바다니 인산تشريح بدن انسان,
즉 『인체 해부학』이라는 아랍어 제목이 붙은 책에 수록된 골격 도해.
사람 몸속에 있는 뼈의 세부 구조를 설명하고 있다. 이 책은 페르시아의
저술가 만수르 이븐 일리아스의 저작을 필사해 1488년 12월에 완성한 것이다.

몰아붙이며 진짜 골격이 어떻게 생겼는지 전혀 모르는 삽화가의 졸작 정도로 치부할 것이다. 그러나 조금 더 자세히 보면 이 그림이 실은 배면도인 것을 깨닫게 된다. 서양의 비슷한 그림들과 마찬가지로, 이 그림의 화가 또한 골격을 뒤쪽에서 본 모습으로 묘사한 것이다. 팔꿈치와 손바닥이 독자를 향하는 까닭은 팔 앞면이 바닥에 닿은 상태로 놓여 있기 때문이고, 머리는 뒤쪽으로 끝까지 젖혀져 척추 위쪽의 목뼈가 고스란히 보인다. 완벽한 정확성을 띠고 그려진 골격을 보는 것은 분명 만수르의 책을 읽는 이들의 관심사가 아니었다. 그렇게 두꺼운 이론서를 읽을 만큼 숙련된 의료인이라면 어차피 사람의 진짜 몸에 더없이 익숙했을 것이기 때문이다. 오히려 독자들은 이러한 그림을 통해 다른 종류의 지식을 얻고자 했다. 뼈의 양식화된 윤곽선을 따라 빼곡히 적힌 설명에는 뼈의 이름과 저마다 지닌 상이한 기능이 담겨 있다. 이 골격도는 하나의 발표 도구로서, 즉 뼈의 세세한 부분을 기억하기 쉽게 보여 줄 용도로 만든 것이다. 이 그림은 의학 지식을 쉽게 이해시킬 목적으로 수많은 뼈 주위에 전문 용어로 이루어진 지적 뼈대를 쌓아올려 보는 이에게 전달한다.

이보다 더 실용적인 의학 분야는 다른 경로를 이용해 뼈에 접근했다. 중세에는 뼈를 연구하는 골학骨學이 이미 확고히 자리를 잡았고, 특히 타박상과 골절에 관해서는 외과의들이 일군 실용적인 전문 지식이 존재했다. 그 가운데 탈구 치료법의 경우는 다친 팔다리를 쭉 편 상태에서 맨손이나 몇 가지 혁신적인 도구를 사용해 해당 부위를 강하게 잡아당기는 것이 가장 좋은 방법으로 여겨졌으며, 이탈리아의 명망 있는 외과의 테오도리코 보르고노니Teodorico Borgognoni(약 1205-1298)는 이러한 치료법에 '빠진 것을 도로 넣기'라는 이름을 붙이기도 했다. 엉덩 관절이 탈구된 경우에는 양쪽 종아리의 정강이 부분을 한데 묶고 허벅지 사이에 조그만 동물 가죽 주머니를 끼운 다음, 그 주머니를 부풀려 관절을 제자리로 되돌렸다. 척추를 다쳤을 때에는 정교한 나무 받침대에 환자를 올려놓고 의사가 체중을 실어 환부를 촉진하거나, 환자가 스트레칭을 하도록 도왔다. 이런 식의 스트레칭은 비록 장기적인 치료 효과는 거의 없었을지언정 손상된 신경에 가해지는 압력을 줄이고 지나치게 늘어진 근육의 경련을 방지했으며, 환자에게 실질적인 안도감까지 선사했다.

금이 가거나 완전히 부러진 뼈를 맞추는 치료는 그보다 훨씬 더 성공적이었다. 이때 치료법은 보조기와 압박 붕대로 팔다리를 움직이지 못하도록 고정하고 원래대로 정렬시킨 다음, 뼈가 잘 붙게 하는 갖가지 연고와 약을 사용하는 것이었다. 아론의 이오아니스Ἰωάννου τοῦ ἀρο, John of Aron라는 잘 알려지지 않은 의사가 의학과 종교, 마법에 관한 글을 묶어 1440년경에 펴낸 그리스어 필사본을 보면 이러한 치료법들이 알기 쉽게 설명되어 있다. 이 필사본 책은 보존 상태가 딱히 훌륭한 편은 아니어서 페이지에 흠과 얼룩이 있는데, 어쩌면 책 주인이 참고삼아 자주 들춰 봤기 때문인지도 모른다. 그럼에도 책 속의 한 삽화에는 줄줄이 그려진 아홉 사람의 얼굴이 지금도 또렷이 남아 있고, 이들 얼굴에는 갈색 붕대가 갖가지 방식으로 뱀처럼 친친 감겨 있다. 모두 제각각인 붕대 감기 방법은 다양한 형태로 손상된 뼈를 보호하려고 고안한 것으로서, 모양과 방식에 따라 '투구처럼 머리 감싸기περικεφαλαία'나 '얼굴 주위로 얽어매기πλήξ', '마름모꼴 묶기Ρόμβος' 같은 이름이 붙었다.

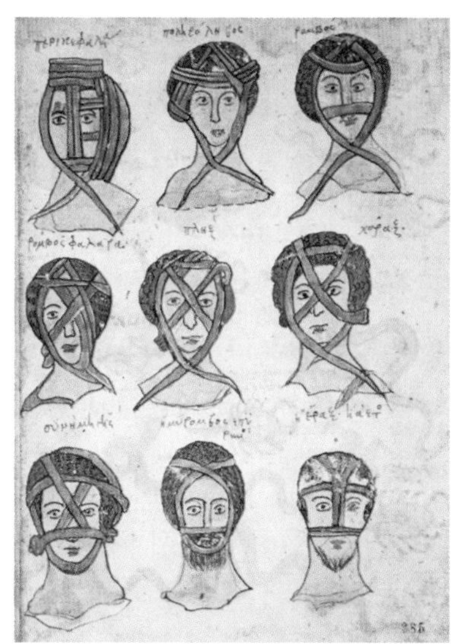

34. 1440년경 의사인 아론의 이오아니스가 그리스어로 쓴 의학서에 실린 삽화 두 점. 왼쪽 그림에는 얼굴에 붕대를 감는 여러 가지 방법이, 오른쪽 그림에는 관절에 가해지는 압박을 줄이려고 환자의 몸을 비트는 요령이 묘사되어 있다.

같은 책에 있는 다른 그림 한 점은 이보다 더 정교한 접골 시술 장면을 보여 준다. 환자는 견인 장치 위에 몸을 쭉 펴고 엎드린 반면에, 의사의 조수 두 명은 장치의 양쪽 끝을 팽팽하게 당기고 있다. 시술의 전체 모습은 자못 장관이다. 시술 장소 또한 장식 덮개가 달린 아치 아래이다 보니 위쪽에서 드리운 등잔과 무늬가 그려진 돔형 덮개에서 호화 목욕탕의 모자이크 장식이 연상된다. 조수들은 알몸이고 널빤지로 환자의 등뼈를 맞추는 담당의는 허리에 수건 한 장만 두른 것을 보면 현장은 분명 따뜻했을 것이다.

이러한 치료 기술로 인간의 뼈만 고친 것은 아니었다. 14세기의 수의사 아부 바크르 알바이타르는 이집트를 지배한 맘루크 왕조의 궁정에서 일한 전문 수의사였다. 그는 소나 말의 뼈가 부러졌을 경우에 쓸 커다란 부목과 인간이 복용하는 것보다 효과가 훨씬 더 강력한 치료약 및 진통제 등을 개발했다. 이러한 동물용 약품은 기록으로 남아 있는 경우가 드물다. 거의 대부분이 문맹이었던 농부들은 대대로 눈으로 보고 귀로 들으며 익힌 축산업의 장황한 세부 사항을 굳이 문서로 남길 필요가 사실상 없었기 때문이다. 그들을 대신해 수의학 관련 저작을 남기는 일은 최상급 동물을 돌보는 알바이타르 같은 이들의 전매특허였다. 건강한 승마용 말과 노역용 가축은 행진과 축제부터

35. 12세기 이란에서 셀주크튀르크족 도예가가 만들었으리라 추정되는 그릇.
말을 탄 귀공자가 새와 함께 사냥하는 모습을 묘사했다.
맘루크 왕조의 수의사 아부 바크르 알바이타르는
바로 이 그릇 속의 말과 새처럼 지체 높은 동물을 치료했을 것이다.

외교 순방과 전쟁까지, 국가의 여러 부문이 제대로 돌아가려면 반드시 필요한 요소였다. 따라서 동물이 대상인 복잡한 수술의 요령은 가치 있는 정보였고, 여기에는 뼈를 드러내기 위한 절개 기술뿐 아니라 동물이 버둥대지 못하도록 마취제를 주입하는 기술, 수술이 끝난 후에 뜨겁게 달군 인두로 절개 부위를 지지는 기술까지, 흥미진진한 세부 사항이 가득했다.

다른 책들을 보면 한층 더 미세한 골절상을 진정시키고 고정시키는 동시에 환부를 보호할 목적으로 매우 끈적거리는 반죽을 만드는 법도 실려 있다. 이러한 방법으로 가끔은 커다란 새, 예컨대 소수 귀족 계층이 사냥용으로 이용하는 매의 부러진 날개처럼 까다로운 부위를 치료하기도 했다. 매사냥이 지중해 연안 지역 전체에서 매우 인기 있는 취미였던 점을 감안하면, 매의 부러진 뼈를 붙이는 요령은 인간 환자의 수술법만큼이나 중요하고 수익도 짭짤한 지식이었을 것이다.

뼈가 누워 쉬는 곳

그러한 치료자들, 즉 살아 있는 인간과 동물 모두의 뼈를 치료하고 회복시키려 했던 이들의 희망과 정반대로, 중세 문화에서 뼈는 거의 항상 죽음과 연계되어 존재했다. 이는 뼈가 중세 시대에 맡았던 가장 노골적이고 가장 중요한 임무이자, 사람들이 현실의 생사 문제와 사적으로 또 공적으로 어떤 관계를 맺었는지 보여 주는 지표이기도 하다. 뼈가 마지막으로 찾아가 쉬는 곳은 극히 중요한 장소로서 슬픔과 기뼘, 추억, 산 자와 죽은 자 사이에 이루어지는 영적 교감의 현장이었다.

중세 시대 사람들은 대부분 나중에 자신이 죽어서 묻힐 곳을 생전에 미리 지정했고, 개중에는 노쇠하거나 중병을 앓기 한참 전에 정하는 경우도 있었다. 이러한 바람을 존중하는 것은 매우 중요한 일로 여겨졌다. 지위가 높은 개개인의 경우를 몇 건 살펴보면 이 점이 쉽게 납득된다. 막대한 부와 이동 능력을 지닌 왕이나 여왕, 술탄 또는 황제는 자기 영토의 정치적 심장부에서 멀리 떨어진 곳에서 숨을 거두는 일이 드물지 않았다. 또한 이들의 시신은 왕조 유지 차원에서 신하들과 국가 모두에게 상당히 중요했기 때문에, 왕위 계승자는 격식에 맞는 성대한 장례를 치를 만한 장소까지 유해를 이송해야 하는 까다로운 책임을 떠맡곤 했다. 다만 대륙을 가로질러 시신을 옮기기란 쉬운 일이 아니었다. 카롤링거 왕조의 왕이었던 '대머리' 카를 2세가 877년 알프스 산간의 아브리외에서 숨을 거뒀을 때, 신하들은 죽은 왕을 약 600킬로미터나 떨어진 파리 근교의 생드니 대성당까지 온전하게 옮기고자 시신의 내장을 제거하고 향기가 나는 보존제와 소금, 와인 등으로 속을 채웠다. 그런데 맙소사, 시신에서 풍기는 악취가 얼마나 끔찍했던지, 이송 행렬은 가까운 낭튀아에서 그만 멈춰 서고 말았다. 그로부터 7년이 지난 후에야 신앙심이 유독 강하고 담력이 좋은 수도사가 땅속에 남은 왕의 유해를 파내어 수도 파리까지 옮겼다. 시신의 방부 처리는 세월이 흐르는 동안 간소화되었지만 후대에도 여전히 중요한 장례 절차였다. 1266년 프랑스 왕 루이 8세가 오베르뉴에서 사망했을 때, 신하들은 위의 선례와 비슷하게 복잡하고 머나먼 여행과 맞닥뜨렸다. 이들은 시신을 소금에 절이고 밀랍 천으로 싼 다음, 소가죽에 넣고 바느질해 시신 이송을 맡은 이들의 코를 보호했다.

이렇게 망자의 안식처를 중요시하는 태도는 중세에 가장 영향력이 컸던 세 가지 종교 모두에서 빠지지 않는 요소였다. 종교의 관점에서 죽음은 유한한 종말이 아니라 다른 영역으로 건너가는 중요한 분기점, 즉 삶의 현세적인 한 단계를 지나 덜 실재적인 또 하나의 단계로 넘어가는 계기로 여겨졌다. 이에 관해 가장 열심히 논의한 종교는 크리스트교였다. 크리스트교에 영향을 미친 그레코로만 시대 초기의 장례 관습은 망자의 개인적 생애를 강조하고자 할 때 집안의 선조들을 동원하는 경향이 있었다. 사람은 죽었을지 몰라도 그 사람의 혈육과 혈연은 남기 때문이었다. 이는 신약 성서를 통해 영적 존속에 가까운 형태로 탈바꿈했다. 중세 신학자들의 의견이 일치한 부분은 다음과 같다. 강력한 생령生靈은 오로지 일시적으로만 육신에 거할 뿐이고, 비록 썩어 없어질 현세의 형상에 죽음이 종지부를 찍는다 하더라도, 이는 생령의 더 긴 여정에서 하나의 순간에 지나지 않는다는 것이다. 생령이 지닌 이러한 영속성은 묵시록에 나오는 임박한 최후 심판의 날에 마지막 심판을 받는 순간에야 비로소 끝을 맞는다. 여기에는 두 가지 예외가 존재했다. 살아 있는 동안에 용서받지 못할 만큼 무거운 도덕적 죄악을 저지른 사람의 영혼은 육신을 떠나기가 무섭게 지옥행에 처해졌다. 비슷한 이치로, 생전에 선행을 베풀거나 성스러운 순교를 행하는 등 놀랄 만큼 성스럽게 살았던 사람의 영혼은 육신을 떠나자마자 곧바로 천국행을 누렸다. 그러나 평범한 사람들 대부분에게 죽음은 곧 연옥이라는 한층 더 복잡한 상태로 영혼이 옮겨간다는 의미였고, 그곳으로 간 영혼은 언제 올지 모르는 최후 심판의 날에 받을 마지막 심판을 하염없이 기다려야 했다.

중세 교회는 토마스 아퀴나스(1225-1274) 같은 13세기 신학자들의 저작에서 커다란 영향을 받은 후에야 비로소 이런 식의 연옥 개념을 구체화했으며, 현세의 뼈가 연옥 같은 중간 지대에서 중요한 의미를 지닌다는 발상 또한 이들의 저작 덕분에 명확해졌다. 생전에 선한 크리스트교인으로 살았다면 심판의 과정이 이미 호의적으로 시작된 셈이었다. 종교의 관점에서 선한 삶이란, 성실하게 기도하고 크리스트교적 선행에 힘쓰는 것만이 아니라 교회의 사업, 즉 순례 여행이나 십자군 원정, 성물 및 성소 후원 같은 일에 물질적으로 참여하는 것까지 아우르는 삶이었다. 그러나 일단 사람이 죽고 나면, 영원히 사는 그 사람의 영혼이 계속 안녕을 누릴지 어떨지는 오로지 산 자들의 손에 달린 문제였다. 산 자들이 기도하는 도중에 망자의 이름을 부를 때마다 망자는 연옥에 머무는 기간이 짧아지고, 받는 벌 또한 경감됐다. 어떤 부자들은 이러한 종교적 응원의 효과를 증폭하고자 파격적인 조건으로 사후의 추모를 거래했다. 그들은 아예 수도원이나 수녀원, 사원, 대성당 같은 종교 기관을 통째로 건립하고 운영 자금을 댔고, 그 대가로 해당 기관에 거주하는 종교인 모두가 이후 몇 세대에 걸쳐 후한 기부자인 자신을 위해 기도해야 한다는 내용을 기관의 헌장에 적어 넣었다. 특히 기적 같은 힘을 지닌 성인의 유해는 육신과 영혼이 굳게 결합되어 있다는 것을, 심지어는 사후에도 그렇다는 것을 오래전부터 입증했고, 이 때문에 망자의 벌을 덜어 주는 기도의 힘은 묘지에서 더욱더 강력해진다고 여겨졌다. 부자와 빈자 모두의 관점에서 뼈가 된

36. 프랑스 중남부에 있는 콩크 대성당의 서쪽 문 위에 만들어진 이 부조는 1107년에 완성됐다. 신도들이 교회에 드나들 때마다 보면서 최후 심판의 날을 생생하게 상상하도록 만든 조각상으로서, 중앙에 커다랗게 새겨진 그리스도가 오른쪽에 선한 자들을, 왼쪽에 악한 자들을 두고 심판하고 있다.

시신을 매장하는 장소는 육신을 잃은 영혼에게 영적 지지를 보내는 일종의 육체적 안테나 같은 구실을 했다.

이러한 내용이 꽤 상세히 나오는 성서와 달리 쿠란에는 시신을 다루는 제대로 된 방법과 망자를 매장하는 장소에 관해 논하는 내용이 그리 많이 언급되어 있지 않다. 중세 이슬람교 사상가들은 죽은 이를 매장할 때 참고할 설명서를 만들며 자기 몫의 조언을 깜냥껏 추가해야 했다. 그중 유독 인기 있었던 것은 10세기 아프가니스탄의 저술가 후세인 알바가위가 쓴 책 '마사비흐 알수나مصابيح السنة'였다. 제목을 간략히 번역하면 『예언적 교시의 등불』인 이 책에는 사람이 죽으면 서둘러서, 그것도 되도록 하루가 지나기 전에 매장해야 한다는 이슬람교의 일반적 신념이 실려 있는데, 이는 현대에도 여전히 지키는 관습이다. 초기 이슬람교 공동체에서 이러한 매장 관습은 중요한 실용적 조치였다. 아라비아 반도에 위치한 사막 지대의 혹독한 더위나 다른 이슬람교 권역의 온화한 기후 속에서는 시신이 오랫동안 부패하지 않고 버티기가 힘들었을 테고, 따라서 서둘러 무덤에 안치했을 것이다. 이때 수의는 소박한 천 한 장만 두를 뿐이었고, 시신 자체는 오른편이 아래로 가도록 눕힌 다음 키블라قبلة, 즉 메카가 있는 신성한 방향을 바라보도록 했다. 그러나 종교적 측면에서도 서둘러야 할 이유는 있었다. 사람의 영혼은 죽는 순간 빠르게 육신을 떠나며 이로써 빚어진 물질계와 영계의 형이상학적 분열은 그 영혼이 키야마트القيامة, 즉 심판의 날 이후에 이상적인 형태의 육신과 다시금 결합해야 비로소 해소된다고 여겨졌기 때문이다. 고고학 증거를 보면 이 같은 매장 전통은 중동 지역 전체뿐 아니라 머나먼 서쪽인 프랑스 남부의 님에 살던 이슬람교도들까지 따른 것으로 보인다. 님은 우마이야 왕조의 군대가 에스파냐의 이슬람교 권역에서 피레네산맥을 넘어 북쪽으로 진군한 8세기 초에 이슬람교 공동체가 짧게 머문 장소였다. 이곳에서 발굴된 시신들은 앞서 말한 복장과 방향 모두 제대로 따른 상태였다. 얼굴을 가리는 형태로 포개어 놓은 시신의 양손은 신성 앞에서 영원토록 지속될 경의와 품위를 상징하는 가슴 찡한 표시였다.

중세 유대교도들의 마지막 안식처는 발굴하고 의미를 해석하기가 위의 사례보다 훨씬 더 까다롭다. 유대인 공동체는 중세 시대 내내 소수 집단이었으며, 다른 종교에 꼼짝없이 지배당한 채로 살아갔다. 그들은 구약 성서의 「잠언」에 나오는 '부자와 가난한 자가 죽은 후에 한데 섞일지니'라는 조언을 좇아 형태가 있는 재화는 산 자에게만 유용하다고 생각했고, 이 때문에 과시적이고 상징물로 가득한 무덤이나 묘석 같은 것을 땅속의 뼈 위에 남기는 일이 드물었다. 이처럼 빈약했던 물적 표상은 유대인들이 중세 시대 전반에 걸쳐 여러 차례 극심한 박해의 시기를 겪으며 더욱더 드물어졌다. 유대인들은 7세기에는 서고트 왕국이 지배하던 에스파냐 땅에서 추방당했고, 11세기에는 독일에서 제1차 십자군 원정의 후폭풍에 휘말려 학살당했으며, 1290년에는 영국의 잉글랜드에서 왕의 칙령에 따라 모조리 추방당했다. 비교적 큰 사건만 꼽아도 이 정도였던 유대인이 망자를 원하는 방식대로 매장할 정치적 자유를 누리기란 거의 불가능했다. 장례 관습의 개요를 담은 중세 히브리어 문헌을 보면 심지어 그런 일이 가능했을 때조차도 주로 유족에게 어떻게 행동할지 조언하는 데 중점을 뒀다는 사실이 드러난다. 이러한 지침은 일종의 이중적 태도를 요구한다. 즉, 남의 눈이 없는 곳에서는 슬픔을 표현하되, 남들 앞에서는 의도적으로 내면화되고 절제된 침묵을 유지하라고 조언한다. 고인의 머리맡에서는 옷을 찢으며 울부짖을지라도 가족의 죽음을 세상에 알릴 때에는 집 바깥에 조그만 천 한 장을 달고 집의 창문을 모두 열어 놓는 것으로 끝내야 한다는 것이다. 시신을 대하는 태도 역시 이와 비슷하게 이중적이어서, 죽은 이의 몸은 극진한 존경의 대상인 동시에 잠재적 오염원이었다. 매장에 앞서 고인의 몸을 씻기고 향유를 붓고 리넨 천과 수의로 감싸는 의식의 순간을 제외하면 시신을 직접 만지는 것은 불경한 행위로 간주됐으며, 특히 제사장 계급인 코하님כהנים은 반드시 피해야 할 일이었다. 염습을 마친 시신은 유대인도 받아 주는 가장 가까운 공동묘지로 옮겼는데 도시 중심부에서 상당히 멀리 떨어진 곳인 경우가 많았다. 묘지에 도착한 후에는 시신을 관에 넣거나 땅속에 깔아 놓은 짧은 널빤지 위에 올려놓고 매장했다. 무덤에는 보통 소박한 석판 한 장만 깔고 그 아래 땅속에 묻힌 사람의 이름을 새겼다. 그러나 이처럼 시신을 물질적으로 온전히 보존하는 관습은 히브리어로 하올람 하바העולם הבא, 즉 '도래할 세계'로 알려진 관념적이고 신비주의적인 메시아 강림의 순간에 관한 유대교 가르침과 함께 전해졌다. 훗날 그 순간이 오면 망자는 무덤에서 일어나 이스라엘 땅을 향해 구원 같은 귀향길에 나서고, 이로써 뼈만 남은 시신이 되살아나 낙원의 시대에 영생을 누린다는 것이다.

사실, 죽음과 매장에 관한 세 종교의 인식 체계는 시대와 지역에 따라 천차만별이었다. 또한 그들은 서로 적잖이 교류하는 사이이기도 했다. 유대인은 크리스트교도에게 시신에 향유를 붓는 전통을 전

37. 1149년에 네 가지 언어로 만든 이 묘석은 그 전해에 사망한 안나라는 여성을 추모하기 위한 것이다. 고인의 명복을 비는 기도가 라틴어와 그리스어, 아랍어, 유대아랍어로 새겨져 있다.

해 줬고, 크리스트교권 군주들은 이슬람교도 방직공이 짠 값비싼 천을 수의 삼아 두르고 무덤에 묻혔으며, 이슬람교 공동묘지는 도시 외곽에 유대인 공동묘지와 나란히 만들어지곤 했다. 이런 식의 이문화 교류는 께름칙한 것이 아니라 중세의 다문화 감수성을 보여 주는 징표로 자랑스레 전시되기도 했다. 12세기 시칠리아 왕국은 여러 종교가 비교적 친근하게 지냈던 곳으로서, 묘비에 새겨진 언어를 보면 이 같은 종교 세계의 변화상이 드러난다. 팔레르모에 위치한 성 미카엘 대천사 교회에서 발견된 커다란 석판에는 안나라는 여성이 어떻게 죽었는지 기록되어 있다. 이 석판은 안나의 아들인 그리산토가 어머니를 위해 주문한 석관의 말단부로 추정되는데, 그리산토는 시칠리아의 노르만족 왕을 섬긴 크리스트교 사제였다. 단순한 원형 모자이크를 중심에 두고 네 구획으로 명확히 나뉘는 이 석판은 각각의 구획에 안나의 죽음을 애도하는 글이 저마다 다른 언어로 새겨져 있다. 그 네 가지 언어는 바로 그리스어와 라틴어, 아랍어, 그리고 히브리어 문자로 표기한 아랍어인 유대아랍어JudeoArabic이다. 무덤으로부터 들려오는 여러 언어로 이루어진 합창 소리는 방문객에게 안나의 삶을 추모하고 그 이름으로 축복을 빌도록 유도하는데, 그들이 각기 다른 언어로 전하는 똑같은 문구의 내용은 다음과 같다. "이곳에 누워 있는 안나는 그리산토의 어머니로서, 1148년 이 교회에 매장되었노라."

☩ תופית אנה אם אלקסיס אכרסנת קסיס אלמלך אלמעטם עאל ☩

+ XIII KALENDAS SEPTEMBRIS + OBIIT ANNA MATER GRISANDI ET SEPULTA FUIT IN MAIORI ECCLESIA SANCTE MARIE ANNO MCXLVIII

+ ἐκημήθη ἡ ἐν μακαρίᾳ τῇ λήξῃ Ἄννα ἐν μηνὶ αὐγούστου κ᾽. καὶ ἐτάφη ἐν τῇ καθοληκῇ καὶ μεγάλῃ ἐκκλησίᾳ ἔτει ϛχνϛ᾽ +

+ توفت انّه ام القسيس اكريزنت قسيس
الحضرة المالكية الملكية العالية العلية العظمة السنية القديسية +

유골 위에 올린 돌

이러한 장례 관습과 추모의 말이 묘지라는 장소에서 유족의 말과 행동을 이끌었다면, 망자들 스스로는 어땠을까? 그들이 되살아나는 일은 가능했을까? 땅속에서 부패하는 살덩어리와 그 속에서 드러나는 뼈라는 점을 제외하면, 망자는 과연 어떤 존재로 느껴졌을까? 이러한 의문에 대해 중세의 장인들이 내놓은 묵직한 답은, 죽음이라는 육신의 종결 이후에도 한 개인의 존재가 오랫동안 이어지도록 설계하고 건축한 무덤과 기념물이었다.

무덤은 거래성을 띤 추모의 현장, 즉 조문객들의 경건한 행동이 망자가 받을 영원한 구원의 수준에 곧바로 영향을 미치는 장소였기 때문에, 망자들의 안식처를 어디에 정하고 어떻게 꾸밀지 정하는 데서 일종의 공간적 역학 관계가 서서히 생겨났다. 작은 마을과 큰 도시 모두에서 일반 주민들은 대부분 공동묘지 경내의 종교별 묘역에 묻혔다. 여기에는 불운한 예외가 존재했다. 가장 가난한 이들은 성스러운 땅에 매장되는 대가를 치르는 데에 애를 먹었기 때문에 장례를 타인의 자선에 의존하게 마련이었고, 자선을 베푸는 이들은 극빈층의 빚을 떠안는 대가로 두둑한 영적 보상을 받았다. 또한 전염성이 유독 강한 질병, 예컨대 흑사병이나 이따금 출현하는 나병에 걸려 죽었다고 추정되는 이들은 보통 일반 대중과 분리되어 대부분 도시 성벽 바깥에 마련된 집단 매장용 구덩이에 던져지는 최후를 맞았다. 이들의 반대편에 위치한 사회 계층, 즉 벼락부자 상인이나 지방 귀족, 고위 성직자 등 출세를 꿈꾸는 시민들은 적어도 크리스트교 공동체의 경우에는 교회 내부에 매우 장엄한 매장지를 마련할 금전적 여유가 있었고, 이 때문에 성스러운 공간인 중앙 제단에서 가까운 곳의 탐나는 자리를 놓고 치열하게 경쟁했다. 이는 사실상 무엇보다 중요한 속죄의 기도를 자신이 차지했노라고 뽐내는 행위였다. 실제로 사회의 최상층에 해당하는 이들은 애초에 그러한 고민으로부터 자유로웠다. 교회 건물에 신관을 증축하거나 자금을 지원해 아예 새 종교 기관을 세우고 집안사람이 죽을 때마다 그곳에 매장하는 일이 가능했기 때문이다. 이처럼 정성껏 만든 공간은 사실상 왕가의 공동묘지이자 육체로 구현한 최상급 의전으로서, 가문의 유구한 혈통을 과시하고 살아 있는 친족이 무소불위의 통치를 지속하도록 정당화했다. 이런 유의 거대한 기념물, 예컨대 웨스트민스터 사원에 있는 영국 왕족의 조각 장식 무덤이나 카이로에 있는 맘루크 왕조 술탄의 돔 장식 영묘靈廟를 만드는 일은 규모가 엄청나게 큰 사업이자, 선조들의 시신이 지닌 정치적 영향력을 먼 훗날까지 유지시키는 수단이었다.

중세에는 남들 눈에 잘 띄는 장소에 매장하는 것뿐 아니라 무덤을 물질적으로 풍요롭게 꾸미는 것 또한 죽은 이의 신분을 드러내는 방법이었다. 생전에 부자였던 이는 죽어서도 부자로 남았다. 귀금속이나 보석, 아름답게 세공한 돌 장식 등은 모두 시신의 주변을 격조 높은 공간으로 탈바꿈시켰고, 이로써 구경꾼들의 관심을 무덤 속에 묻힌 채 서서히 흙으로 변해 가는 고인의 육신이 아니라 휘황찬란한 유산 쪽으로 돌려놓았다. 어떤 이들은 오로지 압도적인 외관에 의존했다. 페르시아 왕조의 여러 군주들은 과시적인 추모용 건물을 짓지 말라는 당대 이슬람교의 금기를 의도적으로 무시하고 무척이나 높고 뾰족한 영묘를 벽돌로 쌓아 올렸다. 그러한 건조물 가운데 하나는 페르시아의 옛 도시 조르잔에 세워져 지금도 이란 북부에 남아 있다. 무려 53미터 높이로 우뚝 솟은 이 벽돌 탑은 1006년에 지야르 왕조의 군주인 카부스 이븐 우심기르를 위해 지어진 것으로서, 탑 둘레에 그의 이름을 고대 아랍 문자로 둥그렇게 새겨 추모하고 있다. 그런가 하면 한층 더 세밀하고 정서적인 이미지에 의지해 보는 이를 감동시킨 사람들도 있다. 15세기 부르고뉴 공국의 프랑스계 대공인 용담공 필리프 2세Philip II le Hardi와 용맹공 장 1세Jean sans Peur는 한 쌍의 정교한 개인적 기념물을 마지막 안식처로 삼았다. 이들의 무덤을 보면, 조각상을 새긴 석판이 위를 덮고 있고 그 기단을 소형 설화 석고상으로 이루어진 추모 행렬이 빙 둘러싼 형태이다. 이들 자그마한 석고상은 과장되게 묘사한 후드를 쓰고 제각각 다른 감정이 느껴지는 자세를 취하고 있는

38. 53미터 높이로 우뚝 솟은 지야르 왕조의 군주 카부스 이븐 우심기르의 영묘. 영묘가 위치한 곳은 세워질 당시인 1006년에는 페르시아의 도시 조르잔이었으나, 오늘날에는 투르크메니스탄 국경과 가까운 이란 북부에 해당한다.

데, 정지 상태로 묘사된 갖가지 애도의 동작은 무덤가를 방문한 적이 있는 사람이라면 겪어 봤을 법한 것들이다. 물질주의에 가장 충실했던 이들은 아마도 비잔틴 제국의 황제들이었을 것이다. 이들은 일찍이 콘스탄티누스 대제가 보여 준 모범을 따라 거의 700년에 걸쳐 콘스탄티노플에 위치한 성 사도 교회의 황족 묘역 내부에 커다란 대리석 관을 만들고 그 속에 안치됐다. 이 군주들은 세밀한 조각이나 애상을 유발하는 장식 따위에는 별 관심이 없었던 모양이다. 그 대신 그들은 하나의 석재에 색조와 무늬의 층이 얼마나 다채롭게 나타나는지에 집중했다. 그들의 석관은 거대하고 터무니없이 무거우며, 그 재료인 대리석은 존재하는 모든 빛깔과 농담의 변화를 보여 준다. 짙은 초록빛 테살로니키산 대리석, 장밋빛에 자잘한 알갱이 무늬가 있는 사카리아산 대리석, 히에라폴리스와 프로코네시아에서 나는 색색의 석재 등이 있었지만, 무엇보다 중요한 것은 진자줏빛 반암이었다. 이 자줏빛 대리석은 황제의 지위를 보여 주는 징표로서 극히 중요했다. 아예 자기 이름에 그 돌의 색을 넣어 스스로를 콘스탄티노스 7세 포르피로예니토스Κωνσταντίνος Ζ΄ Πορφυρογέννητος(905–959)로 칭한 황제도 있었는데, 이는 문자 그대로 '자줏빛 방에서 태어난 사람'이라는 뜻이다.

그러나 이렇게 수수한 비잔틴 양식 석관은 모두를 만족시키지는 못했다. 무덤에 고인과 닮은 장식물을 세워 남들이 알아보도록 하는 일도 중요하게 여겨졌는데, 특히 서유럽에서 유독 그러했다. 형편이 넉넉한 사람은 무덤의 전체 장식 가운데 어딘가에 자신의 모습이 나타나게 해 달라고 주문했고, 이때 주문자의 몸을 매우 낭만적으로 미화하는 경우도 적지 않았다. 이러한 조각상은 중세가 시작할 무렵부터 이미 묘지 장식에 하나둘 포함됐다. 시작은 귀족이나 성직자를 추모하는 뜻에서 비교적 단순한 인물상을 석판에 우묵하게 새긴 것이었고, 그렇게 한 목적은 추모객들로 하여금 그들이 명복을 비는 대상의 실제 모습을 떠올리도록 돕는 것이었다. 그러나 이러한 장식은 오래지 않아 고인의 외모를 미화하고 세속적 업적을 연상시키는 쪽으로 발달했다. 왕족의 무덤 위에 만든 조각상은 왕권의 상징물을 자랑스레 한껏 착용하고 금관과 비단 예복까지 걸친 모습으로 완성함으로써 세속적 지위를 과시하는 요소들을 영원토록 고정시켜 놓았다. 그러한 조각상은 자세와 포즈 또한 중요했는데, 이를 통해 인물의 지위와 개성을 함께 강조했기 때문이다. 예컨대 교황과 대주교가 보통 축복을 내리거나 왕에게 왕관을 씌우는 모습으로 영원토록 고정된 까닭은 그 일이 그들의 가장 존경받는 사회적 소임 가운데 하나이기 때문이다. 그 반면에 전쟁을 업으로 삼은 귀족이었던 윌리엄 마셜, 즉 제2대 펨브로크 백작(1190-1231)은 오늘날 런던의 템플 교회에 무덤이 남아 있는데, 여기 있는 그의 조각상은 마치 금방이라도 펄쩍 뛰어오를 것처럼 몸을 비튼 자세를 하고 있고, 손은 칼자루에 올린 모습이 꼭 검을 뽑기 직전에 마음을 가라앉힌 것처럼 보인다. 이 무덤은 백작의 지위를 용맹한 지도자로 영속화하고 그를 언제나 경계심을 늦추지 않는 전사로, 심지어 죽은 후에도 전투에 뛰어들 준비가 된 인물로 표현한다.

중세의 무덤은 그 자체가 상징하는 죽음의 추잡성과 유한성 또한 피하지 않고 드러냈다. 수많은 뼈가, 살이 썩어 사라진 해골바가지와 뼈다귀가 놋쇠 기념물이나 묘비에 새겨졌다. 내세가 있다고 믿고 안심했기 때문이든, 아니면 필멸이라는 현실에 익숙해진 나머지 마음이 느긋해졌기 때문이든, 중세 사람들은 죽음의 시각적 재현물과 더불어 살아가면서도 현대인보다 훨씬 덜 불안해했다. 다만 어떤 기념물은 재현도가 극단까지 치달기도 했다. 유엘름은 영국 남부 옥스퍼드셔의 구릉지에 자리 잡은 그림처럼 아름다운 마을로서, 이곳의 조그마한 세인트메리 교회에는 앨리스 초서(1404-1475)의 시신이 안치되어 있다. 앨리스는 부유한 가문 출신이자 유명한 시인 제프리 초서의 손녀였지만, 스스로의 힘으로 대담하고 교묘한 정략가가 된 인물이기도 하다. 앨리스는 결혼을 세 번 했는데 처음에는 남작, 다음에는 백작, 그다음은 공작을 남편으로 골라 번번이 계층 사다리를 성큼성큼 뛰어 올라갔다. 그들은 모두 아내보다 먼저 세상을 뜨며 상당한 재산과 광활한 토지를 유산으로 남겼고, 앨리스는 이를 철저히 관리했다. 이러한 사회적 지능이 이룬 결실은 그녀가 죽음을 눈앞에 두고 스스로를 위해 큰돈을 들여 주문한 보기 드문 형태의 무덤에서 가장 잘 드러난다. 이 추모 기념물의 위쪽을 보면 앨리스의 설화 석고 조각상이 천사들이 받쳐 주는 베개를 베고 누워 있다. 표정은 평온한 미소로 물들어 있고, 치렁치렁한 망토와 조그만 보관은 공작부인이라는 고귀한 지위를 나타낸다. 왼쪽 팔뚝에 찬 가느다란 띠는 가터 기사단Order of the Garter에 선발됐다는 자랑스러운 징표로서, 국왕이 기사에게 내리는 가장 큰 명예였던 가터 기사단에 여성이 입단을 승인받는 경우는 당대에 거의 없다시피 했다. 조각상이 되어 누워 있는 앨리스는 화려한 의복과 장신구, 작위 등 생전에 이룬 성취의 상징물을 잔뜩 지니고 있다. 그러나 눈이 밝은 관람객은 이 이상적인 인물상 아래쪽의 나지막한 창살 장식 안쪽을 들여다보고 그곳에 앨리스가 함께 주문한 사뭇 다른 모습의 설화 석고상이 누워 있는 것을 눈치챌 것이다. 주름까지 세밀하게 조각한 수의용 천 위에 놓인 것은 앨리스 본인의 부패해 가는 시신이다. 기괴하게 경직된 자세를 한 이 시신은 일찍이 포동포동했던 살이 이제는 한 점의 생기도 없이 바싹 말라 마치 뼈 위에 널어놓은 얄따란 장막 같아서, 그 밑의 골격이 차마 보기 힘들 정도로 선명하게 드러난다. 코는 사라지고 없고, 가슴은 완전히 쪼그라들어 납작

39. 앨리스 초서의 무덤에 만들어진 설화 석고 조각상 두 점.
무덤은 영국 옥스퍼드셔의 유엘름에 위치한 세인트메리 교회에 있다.

하고, 휀히 드러난 턱은 사후 경직 때문에 벌어져 있다. 겉모습을 중시하는 세속의 관점과 유일하게 타협한 지점은 딱딱하게 굳은 오른손으로서, 천을 끌어다 골반 위를 덮어 체면치레를 하고 있다.

이 조각상은 앨리스가 세상에 보여 줄 자기 모습으로 고른 것치고는 뜻밖의 이미지로 보이며, 위쪽의 이상적인 인물상과 비교하면 더욱 그렇다. 하지만 그런 식의 비교가 바로 이러한 무덤을 만든 목적이다. 아래쪽 조각상은 위쪽과 우아한 대조를 이루며 앨리스의 두 몸, 즉 현세의 성공과 이에 대비되는 현세의 부패 사이에 죽음의 이중 구조를 형성한다. 그리고 그렇게 함으로써 보는 이로 하여금 이러한 중세의 무덤에 공통된 특징, 즉 두 가지 성격을 끊임없이 오가는 상태를 떠올리게 한다. 바로 이 순간에 앨리스는 초라하고 비쩍 마른 몸뚱이인 동시에 몸을 잃고 천상의 심판을 기다리는 영혼이다. 무덤가를 찾은 방문객이 물질적 유산을 마음껏 감상하는 한편으로 앙상해진 주검의 모습을 한 조각상 곁에서 기도를 올릴 때, 그 방문객의 존재를 통해 앨리스는 비로소 천국에서 영원한 구원을 얻을 것이다.

뼈를 이용하는 법

앨리스 초서의 섬뜩한 무덤은 현실의 살벌한 삶에서 조금이나마 미학적 가능성을 포착하려 애쓴 중세 후기의 수많은 예술품 가운데 한 가지 사례에 지나지 않는다. 그중 존 리드게이트가 쓴 중세 영어 시 『죽음의 춤The Dance of Death』 가운데 첫째 연을 예로 들어 살펴보자. 리드게이트는 앞서 운명의 여신 포르투나가 돌리는 무정한 바퀴를 너무도 절절한 시로 표현했던 바로 그 시인이다. 15세기 초에 활동한 그는 죽음을 관심 깊게 다룬 중세 후기의 문학 사조에서 중요한 축을 담당했다. 아래에 소개한 시의 첫 행에도 나타나듯이, 중세 사람들은 죽음을 흔하고 보편적인 일로 대하는 구석이 있었다.

아아, 그대들, 돌처럼 무정한 사람들
온 관심을 세상에 다 쏟는 이들
마치 이 세상이 영원토록 계속된다는 듯이.
그대들의 이성은 어디 있는가? 지혜는 또 어디 있는가?
어찌 보려 하는가, 그대들 앞에 느닷없이 들이닥칠
잔인한 죽음을, 그것은 너무도 교활하고 영리하여
역병을 한 번 퍼뜨리는 것만으로
젊은이와 늙은이, 천한 이와 귀한 이를 모두 쓸어가거늘.
죽음은 신분의 높고 낮음을 따지지 않아
교황도 왕도, 훌륭하신 황제도 면치 못하나니.

그러나 리드게이트는 자신의 시를 오로지 동시대에 바치는 비통한 애도로서 제시하는 데서 그치지 않고, 이 섬뜩해 보이는 상황에서 도덕적으로 비판할 소재들을 계속해서 찾아낸다. 이 시는 희극과 비극을 섞어 죽음의 힘에 관해 숙고하는 내용을 위로는 황제와 왕부터 아래로는 막일꾼과 어린애까지, 사회 각층의 사람들이 펼치는 대화를 시구로 삼아 계속 이어가는데, 여기서 죽음은 기괴한 해골의 형상으로 의인화된 채 사람들에게 차례로 춤을 청한다. 죽음이 내미는 손은 아무도 거절하지 못한다. 인류는 "그저 덧없는 존재일 뿐"이며, 결국에는 모두 "차갑게 식은 재"가 될 운명이다. 그러나 리드게이트의 필치에는 일종의 해학이 깃들어 있다. 시의 분위기 자체는 분명 음울하지만, 시인은 고귀하고 비천한 인물들의 대답 곳곳에 사회 비판을 교묘하게 끼워 넣었다. 이들은 하나같이 죽음이 함께 춤을 추자고, 즉 어디 한번 죽어 보라고 내미는 불안한 손을 한시라도 빨리 거절하고 싶어 안달한다. 예컨대 죽음에게서 함께 춤추자는 제안을 받은 치안관은 실제 인물을 흉내 내어 잔뜩 거드름을 피우며 대꾸하길, 자신처럼 지체 높은 관리에게 감히 춤추기 같은 실없는 짓을 청하면 안 된다고 말한다. 천문학자는 죽음과 손잡은 유흥객 무리에 가담하면 안 되는 이유를 별들에서 찾으려고 애쓴다. 바람둥이 지주는 자기 '애인'들에게 작별을 고하고 나서야 죽음의 권유에 응한다. 그리고 왕은 마지막에 가서야 비로소 사실 자신은 춤추는 법을 전혀 모른다고 죽음에게 털어놓는다.

리드게이트의 시는 이 장르에서 가장 유명하고 아마도 가장 오래되었을 「죽음의 춤*danse macabre*」의 프랑스판을 토대로 쓴 것이다. 그는 1426년에 중세 시대 파리에서 가장 커다란 공동묘지였던 레지노상Les Innocents을 방문했다가 그 작품을 목격했다. 레지노상은 조용하고 소박한 묘지가 아니라 시끌벅적하고 체면 차릴 일이 없는 공공장소였다. 그곳은 빈자들이 묻히는 집단 매장 구덩이가 있는 곳이자, 시장부터 축제 행렬까지 파리 시민들을 위한 대규모 공공 행사가 열리는 곳이기도 했다. 리드게이트가 이곳에서 발견한 시는 책이 아니라 그림, 즉

40. 슬로베니아의 흐라스토블레에 있는 성삼위일체 교회의 벽에 그려진 죽음의 춤의 일부. 15세기 말의 화가 야네즈 이즈 카스트바의 작품이다.

묘지 가장자리를 따라 회랑처럼 만들어진 납골당의 벽 몇 칸에 널따랗게 그려진 벽화의 형태를 띠고 있었다. 반쯤 개방된 형태로 만들어진 이 회랑의 서까래 위쪽에는 오래전 레지노상에 잠들었던 사람들의 유골이 가득 차 있었는데, 이는 새로 도착한 시신들에게 묘지 중앙부의 매장 구역을 내주려고 파낸 것이었다. 그러나 이 뼈 무더기 바로 아래에는, 납골당 안쪽 벽을 따라, 의인화된 죽음이 춤추는 광경을 세밀하게 묘사한 그림이 시와 함께 기다랗게 펼쳐졌다. 레지노상은 18세기 후반에 파리를 근대화하는 과정에서 파괴됐지만 이 벽화는 근대화 당시에 그린 회화 몇 점에 잘 묘사되어 있다. 중부 유럽 및 발트해 연안 지역에서는 이 그림이 교회 벽을 장식하는 용도로 특히 인기를 끌었다. 그림 속에서 흥에 겨운 해골들은 벽돌 벽을 따라 껑충껑충 뛰고 빙글빙글 돌며 시에 묘사된 불안해하는 인물들에게 손을 내밀고, 그 인물들은 남녀 가릴 것 없이 팔짱을 낀 채 길게 늘어서서 저마다 죽음의 마지막 춤에 발을 맞춰 느릿느릿 스텝을 밟는다.

죽음과 해골을 익살스럽게 결합한 중세의 물건 중에는 이러한 벽화보다 훨씬 더 적극적인 것도 있었다. 14세기 피렌체의 조각가 발다사레 델리 엠브리아키Baldassare degli Embriachi는 갖가지 사치품의 외관을 실제 동물 뼈로 장식해 큰 성공을 거두었다. 그의 전매특허나 다름없는 기법은 물건 표면에 나무나 짐승 뿔, 하마 엄니, 소뼈, 말뼈 등을 서로 대비되는 모양으로 조그맣게 상감 세공하되, 이것들을 결합해 정교한 무늬의 장식판이나 조그마한 인물상으로 이루어진 모자이크를 만드는 것이었다. 엠브리아키는 1390년대에 피렌체에서 베네치아로 공방을 옮겼는데 여기서 만든 작품 수백 점이 지금도 남아 있다. 조그만 십자가, 직사각형 상자, 원통형 장식함, 인물상이 가득 들어찬 세 단짜리 제단 모형, 체스와 주사위 놀이용 이중 놀이판, 첨탑이 달린 커다란 제단 장식까지, 모두가 뼈를 사용한 같은 기법에 따라 만들어졌다. 그러나 엠브리아키 공방은 나중에 훨씬 더 사치스러운 소재인 상아로 조그만 물건을 만들어 인기를 끄는 쪽으로 변해 갔다. 상아는 겉으로는 뼈와 비슷해 보여도 값이 훨씬 더 비쌌다. 지체 높은 후원자와 장인이 똑같이 귀하게 여긴 상아는 한 눈에 봐도 고급스러운 소재였다. 아프리카에서 수입한 코끼리 엄니이든 아니면 북유럽의 북극해 연안에서 잡은 바다코끼리의 엄니이든 간에, 상아는 당대 사람들이 알던 세상의 끄트머리에서 나는 물질적 재료였고, 따라서 상당한 거리를 이동한 후에야 비로소 지중해 연안 중심부에 도착했다. 그러므로 리드게이트의 시에 나타난 음산한 분위기와 동일하게 뼈다귀와 해골에 집착하는 죽음의 이미지가 이 값비싼 소재에도 똑같이 나타난다면, 이를 단순한 농담으로 치부하기란 불가능하다. 그러한 조각품 가운데 15세기 말에 만들어진 작품 하나는 아마도 기도용 묵주의 끝자락에 묶여 있었으리라 추정된다. 이 조각은 얼핏 서로 입을 맞추는 젊은 연인 한 쌍의 풋사랑을 자그맣게 묘사한 것으로 보인다. 여성은 몸 이곳저곳을 더듬는 남자의 손을 떼어내는 듯도 하고, 또는 반대로 자기 가슴 쪽으로 이끄는 듯도 하다. 그러나 이 조그만 작품을 뒤로 돌려 보면 놀랍도록 다른 이미지가 눈에 띈다. 위풍당당한 해골이 방금 막 무덤에서 일어난 것처럼 우뚝 서 있기 때문이다. 해골의 몸은 살이 썩어서 반쯤 벗겨진 상태이고, 표백한 것처럼 파리한 인골의 느낌을 유백색 상아가 완벽하게 전해 준다. 해골이 든 기다란 띠 모양 깃발에는 프랑스어로 이렇게 적혀 있다. "그대가 머잖아 얻게 될 모습을 내게서 볼지어다EN VOVS MIRES TES Q IE SUI SERES." 젊은 시절의 철없는 수작이 서둘러 닥쳐오는 죽음으로 갑작스레 바뀌는 것을 목격하면, 그러다가 다시금 간절한 마음으로 묵주를 돌리다 보면, 섬뜩한 해학과 진지한 경악을 동시에 느끼게 된다. 삶이란 덧없는 것, 그러니 잘 살아야 하는 것이라는 깨달음 말이다.

현대인의 눈에 이러한 싸구려 소품들, 즉 두개골이 즐비하고 해골을 장식처럼 쌓아 놓은 레지노상의 납골당 같은 것들은, 적잖이 노골적이고 극성스러워 보인다. 도시를 거닐며 풍경을 살피든 아니면 그저 묵주를 들여다보든, 중세의 뼈에 나타나는 폭력과 임박한 죽음

41. 입맞춤 하는 연인들과 띠 모양 깃발을 든 해골을 함께 보여 주는 상아 묵주 구슬. 15세기 끝 무렵에 프랑스 북부에서 만들었으리라 추정된다.

은 사람들의 눈에 자주 불편하게 비쳤을 것이다. 그러나 당대 사람들은 내세가 있다고 굳게 믿었을 뿐 아니라 현실 속의 죽음과 지금보다 훨씬 더 가까운 관계를 맺었기 때문에, 이러한 재현물에서 현대인만큼 큰 충격을 받지는 않았을 것이다. 물론 뼈는 불길한 것이었고 죽음, 상실의 고통, 애도의 슬픔 등과 단단히 연관됐던 것 또한 의심할 여지가 없다. 그러나 이를 중세 특유의 무시무시한 집착으로 여기는 것은 옳지 않다. 평범한 중세 사람들의 눈에 더 또렷이 보였던 것은 뼈로 변한 시신을 대하는 갖가지 세련된 방식이었을 것이다. 그 방식들은 섬뜩하기는 해도 한편으로는 존경스럽고, 희망적이고, 심지어 익살스럽기까지 했다.

심장

1308년 8월 17일, 이탈리아 중부 몬테팔코에 있는 산타 크로체 수녀원의 원장실 침대에서, 키아라 벤젠테 원장 수녀가 마지막 숨을 내쉬었다. 거의 18년 동안 수녀원의 종교적 길잡이였던 그녀가 안심하고 숨을 거두기를 바라며 임종을 지킨 수녀들도 원장 수녀의 정확한 사인이 무엇인지는 기록으로 남기지 않았다. 그러나 죽어가는 원장 수녀의 곁을 지킨 프란체스카 수녀와 일루미나타 수녀, 마리나 수녀, 카타리나 수녀, 엘레나 수녀가 보기에, 적어도 한 가지는 확실했다. 키아라 원장 수녀의 심장 속에 그리스도가 계신다는 것이었다. 원장 수녀는 건강이 점점 나빠지는 동안 그 점을 유독 고집스레 주장했고, 그분께서 그곳에 거하시며 자신을 돌보신다는 얘기를 자주 하곤 했다. 그래서 원장 수녀가 죽은 후에 그 시신이 형태가 흐트러지거나 썩지 않고 심지어 아주 희미한 악취조차 풍기지 않은 채로 이탈리아의 절절 끓는 8월 더위를 견디자, 수녀들은 원장 수녀의 말을 믿어 보기로 했다. 시신의 가슴을 가르고 심장을 꺼내어 상자에 담았던 것이다.

수녀들이 구체적인 해부 지식을 숙지한 상태에서 키아라 원장수녀의 몸속을 살펴봤을 것 같지는 않다. 어쩌면 그들 가운데 일찍이 약제사에게서 얻은 약초와 향신료로 다른 수녀의 시신을 염습해 본 수녀가 있었을지도 모른다. 그러나 인체의 내부에 처음 발을 디딘 미숙한 모험가들이 대개 그렇듯이, 그들이 아는 지식 또한 심장이 있을 법한 대강의 위치와 대략적으로 추정한 심장의 모양새 정도에 그쳤을 것이다. 그들이 원장 수녀의 순결한 몸 안쪽에서 뭔가 특별한 것을 찾으리라 기대했는지 어땠는지조차 확실치 않다. 수녀들은 특정한 해부학상의 목적보다는 오히려 초자연적인 직감을 좇았던 것으로 보인다.

그 이튿날, 저녁 기도를 마친 프란체스카 수녀는 심장이 든 상자를 다시 들여다봐야겠다는 생각이 들었다. 즉흥적이었던 최초의 부검이 무슨 까닭에선지 마음에 들지 않았던 프란체스카 수녀는 성스러운 느낌이 점점 더 강해지는 키아라 원장수녀의 시신을 더욱 깊이 조사하기로 마음먹었다. 그래서 속에 뭐가 들어 있는지 확인하고자 면도칼을 들고 원장수녀의 심장을 둘로 갈랐다. 바로 그 순간, 프란체스카는 진실을 찾고자 했던 자신들에게 영적으로 두둑한 보상이 주어진 것을 깨달았다. 심장 속에 조그맣게 새겨진, 십자가 위의 그리스도 형상을 발견했던 것이다. 그뿐 아니라 그리스도의 수난과 관련된 물건들, 즉 그리스도의 손발에 박혔던 못과 몸을 후려친 채찍, 십자가에 매달려 있는 동안 옆구리를 깊숙이 찌른 로마 군인 롱기누스의 창까지, 그 모든 것이 조그맣게 축소된 형태로 함께 들어 있었다. 그러나 이 물건들을 만든 소재는 장인이 전통적으로 사용하던 금속이나 나무, 도자기, 상아 따위가 아니었다. 다름 아닌 키아라의 심장을 이루는 살이었다.

이 경이로운 장기와 그 속에서 나온 것들은 즉시 교회 당국에 전해졌다. 일부 성직자들은 미심쩍어 했지만, 비록 수는 적어도 열성적인 추종자 집단이 형성되어 키아라의 심장이 성스러운 힘에 발탁되었으며, 이는 보기 드물게 굳건한 신앙심의 증거라고 확신했다. 이후 수십 년, 더 나아가 수백 년에 걸쳐 키아라 수녀의 교회를 장식한 그림들을 보면, 그리스도가 실제 크기의 십자가를 키아라 수녀의 심장 위에 직접 세우는 장면을 묘사한 그림이 여러 점 있다. 말씀을 통해 이적을 퍼뜨릴 목적으로 키아라의 심장과 거기서 나온 것들을 설명한 인쇄물도 만들어졌다. 그리고 마침내, 몇 차례나 시도했다가 실패한 끝에, 1881년 교황 레오 13세가 키아라를 로마 가톨릭 교회의 성인인 몬테팔코의 성 키아라Santa Chiara da Montefalco로 시성했다. 키아라의 심장은 근육으로 만든 십자가를 온전히 품은 채로 오늘날 몬테팔코에 있는 교회의 중앙 제단에 놓인 크고 화려한 금속제 성해함에 담겨 있다. 심장은 시간이 흘러 검게 변하기는 했으나 지금도 썩거나 모양이 흐트러지지 않은 상태이다. 천상의 힘이 그렇게 허락했는지 아니면 그보다 더 자연스러운 건조 과정 때문인지는 보는 이가 판단할 문제이다.

성 클라라의 몸속에는 그리스도가 거할 곳이 많고도 많았다. 그런데 기적 같이 나타난 곳이 하필 심장이라는 사실을 산타 크로체의 수녀들뿐 아니라 성인 본인조차도 그럴 만하다고 여긴 까닭은 무엇일까? 그 장기의 어떤 점이 심방까지 깊숙이 절개하도록 프란체스카 수녀를 유인했을까? 그리고 생명 유지에서 중심적 역할을 맡은 이 신체 부위는 중세 사람들의 의식 속에 또 무엇을 불러일으켰을까?

마음을 치유하기

단도직입적으로 말하면, 심장은 우리 몸에서 존재감이 가장 강렬한 내부 기관이다. 가슴 속에서 쉬지 않고 두근거리기 때문에 몸속에 있는 것들 가운데 유일하게 실제로 감지할 수 있기 때문이다. 배에서도 가끔씩 뒤틀리는 통증이나 당혹스러운 꾸르륵 소리가 느껴지곤 하지만, 그 정도는 가슴 속에서 심장이 펌프질하는 느낌에 비하면, 또 우리가 갑작스레 흥분하거나 격렬한 운동을 하거나 압도적인 공포에 맞닥뜨렸을 때 귓속에서 요란하게 쿵쿵대는 박동 소리에 비하면, 아무것도 아니다. 몸속에서 지칠 줄 모르고 약동하는 이 활력이야말로 신체 내부를 세밀하게 살피는 의료 장비가 아직 개발되지 않았던 시대에도 의사들이 심장과 그 기능을 몹시도 중요하게 여겼던 이유이다.

그리스와 로마가 남긴 고전 세계의 유산은 심장이라는 장기를 이해하는 데 큰 영향을 미쳤다. 그중 특히 중심점 구실을 한 것은 아리스토텔레스의 저작이었다. 그는 『영혼에 관하여*De anima*』에서 플라톤의 뒤를 이어 주장하기를, 인간의 행동과 지성을 통제하는 것은 몸속 장기의 자율적인 움직임이 아니라 영혼이 지닌 지배력이라고 했다. 그러나 플라톤과 달리 아리스토텔레스는 뇌를 영혼의 자리로 보지 않았고, 그 대신 지각을 갖춘 영혼이 심장 속에 거한다고 주장했다. 심장은 인간의 모든 생기와 욕망이 뿜어 나오는 곳이자, 행동과 정동이 함께 빚어지는 곳이었다. 고대 그리스인은 인간 태아가 자궁 속에서 성장할 때 가장 먼저 만들어지는 장기 또한 심장이라고 생각했는데, 이는 초기 단계인 닭의 배아를 해부하고 그 결과에 근거해 추측한 것으로 보인다. 훗날 갈레노스나 이븐시나 같은 저술가들은 이러한 이론을 더 확장해 인체가 지닌 치유하고 생식하고 생장하는 힘의 근원 또한 심장이라고 주장했다. 아리스토텔레스의 사상적 틀 속에 머문 중세 사상가들이 보기에 심장은 단연코 사람의 몸에서 가장 중요하고 강력한 기관이자, 의학 이론의 핵심이었으며, 인간을 대신해 행동과 이해를 창출하는 원천이기도 했다.

그러나 인간 영혼의 집이라는 중요한 지위를 맡았으면서도, 심장은 실제 중세 의학에서 비교적 사소한 비중밖에 차지하지 못했다. 물론 의학 문헌에는 빠지지 않고 등장했다. 13세기 영국의 의학 관련 문집에는 다른 여러 장기와 함께 책의 본문 속에 아늑하게 자리 잡은 심장이 보인다. 이 책 속의 심장은 붉은색을 띤 아래쪽 심실과 깃털 모양에 흰색을 띤 위쪽 심방, 그리고 기다란 관처럼 생긴 대정맥이 대조를 이룬다. 다만 이러한 책에서 심장의 질환 및 그 치료법은 사실상 다른 질환, 즉 복부의 전반적인 기능 이상 또는 심장이 사소한 원인을 차지한다고 여겨졌던 열병 등에 집중한 치료법에서 스쳐 지나가듯이 가볍게 다루는 정도였다. 심지어 그런 문헌에서조차도 심장의 정확한 모양과 크기, 기능 등을 제각각 다르게 설명했다. 어떤 글에는 심장이 둥그렇다고 적혀 있는가 하면 가늘고 기다란 직육면체 같다거나, 심지어는 피라미드처럼 끄트머리가 뾰족한 세모꼴이라고 적은 글도 있다.

이론가들은 심장이 체온 유지에 대단히 중요한 기관이라는 점에는 의견이 일치했다. 심장은 다른 여러 장기에 양분과 같은 온기를 나눠 주는 뜨거운 중심부였고, 이 때문에 몸속에서 빛나는 태양으로 비유되곤 했다. 또한 온기와 냉기가 중세 체액설의 이분법적 기준 가운데 하나이다 보니, 심장은 몸이 유지해야 하는 전반적인 체액 균형의 관점에서도 매우 중요한 기관이었다. 만약 심장의 활동이 균형을 잃으면 몸은 매우 위중한 상태에 빠질 위험이 있었다. 이처럼 임박한 재난에는 너무 빠른 맥박이나 치명적으로 약해진 박동이 함께 포함됐고, 심장 잡음과 심장 떨림 또한 머잖아 닥칠 심장 마비의 전조로 여겨졌다. 심장 마비는 이 같은 신체 증상을 동반하면서도 한편으로는 기분의 극단적 변화 때문에, 특히 충격이나 급격한 분노 때문에 일어나는 지극히 감정적인 현상으로 인식됐다. 이러한 경우에 의사는 환자의 고통을 줄여 줄 방법이 거의 없다는 것을 잘 알았다. 내과의가 왕진 가방에 챙겨 다니는 몇 가지 치료제, 즉 값진 황금과 진주부터 더 흔한 약초와 향신료, 그중에서도 달콤하고 톡 쏘는 맛이 나는 식물과 설탕 및 제비꽃으로 만든 시럽 같은 것들이 병든 심장을 낫게 하는 약으로 권장됐다. 그러나 이러한 수단은 대체로 효능이 거의 없다고 간주됐다. 심장 마비가 발생한 환자를 가까스로 소생시킨 의사는 엄청나게 운이 좋은 사람으로 여겨졌고, 의학 전서 속의 심장 치료법 부분은 마치 환자가 이미 죽기라도 한 듯 유난히 처량한 어조로 서술되곤 했다.

이처럼 효과적인 심장 치료법이 부족했던 본질적인 이유는 이제

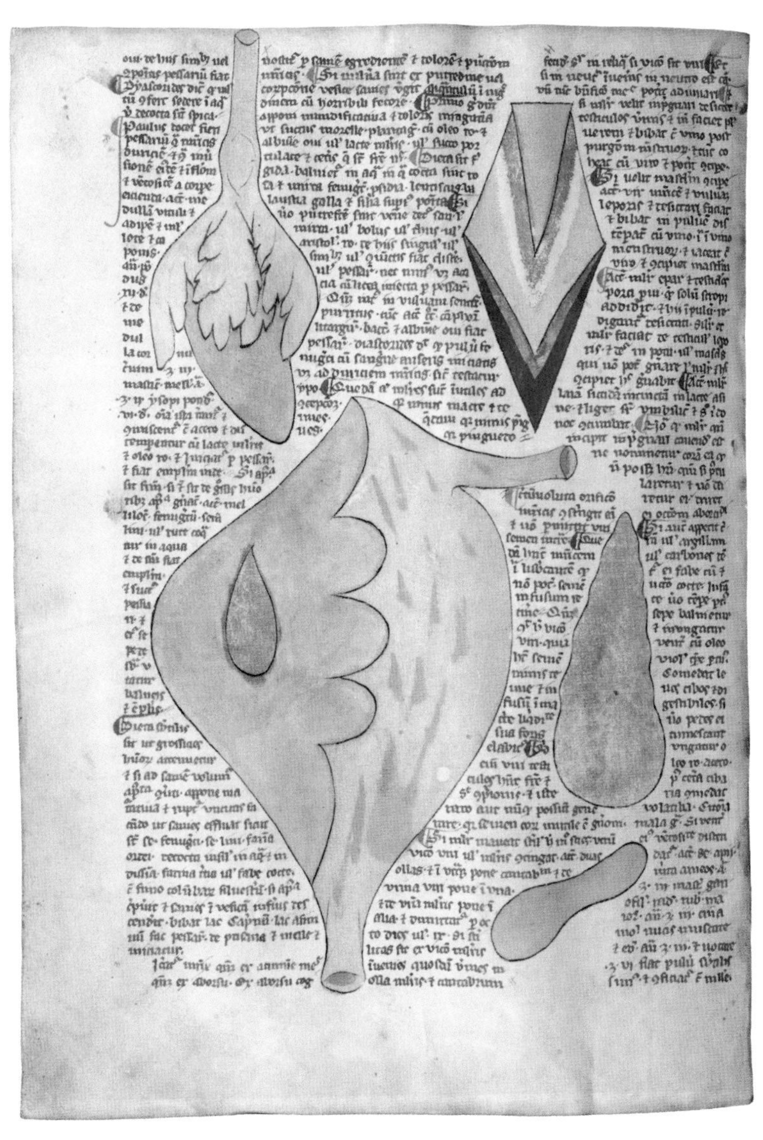

42. 13세기 영국에서 만든 필사본 의학 서적의 삽화.
인체의 중요한 장기들을 묘사했다.
왼쪽 위, 본문 글에 둘러싸인 장기가 바로 심장이다.

는 우리에게도 익숙해진 고전 문헌, 즉 아리스토텔레스와 갈레노스, 이븐시나 등의 저작이 권위를 누렸기 때문이다. 이러한 문헌의 저자들은 반쯤 종교적인 성격을 띤 심장 관련 지식들을 자신들이 온전히 파악했다고 주장했고, 이로써 심장 내부의 실제 작동 원리를 더 자세히 규명하려는 시도에 찬물을 끼얹었다. 당대에는 심장을 체계적으로 탐구하려는 시도가 사실상 이루어지지 않았고, 심장 특유의 기능 또한 거의 알려지지 않았다. 심장의 두 심실이 제각각 독립되어 있는 것도, 수축과 이완을 반복하는 방식으로 혈액을 펌프질하는 것도 알려지지 않기는 마찬가지였다. 심지어는 심장이 몸속의 피를 계속 돌게 하는 폐쇄된 순환 계통의 일부라는 사실조차도 17세기 영국의 해부학자 윌리엄 하비(1578-1657)가 조사를 시작하고 나서야 비로소 밝혀졌을 정도이다. 그 이전까지 외과의들은 명확히 감지되는 맥박과 출혈을 단서로 삼아 심장에서 나간 피가 길게 뻗은 동맥과 실핏줄을 타고 신체 말단 부위까지 이동하는 것은 쉽게 알아챘지만, 말단 부위의 혈액이 심장으로 되돌아오는 정맥 및 동맥의 구조까지 다 파악하지는 못했다. 이렇게 일방통행식으로 생각하다 보니, 심장을 구멍이 숭숭 나서 피가 자유롭게 지나다니는 매우 개방적인 기관으로 보는 경향이 생겨났다. 당시에 심장은 몸의 다른 부분이나 외부 세계와 깔끔하게 분리된 폐쇄 회로가 아니었다. 오히려 심장의 병은 외부 영향 때문에 발생하며, 뾰족한 창처럼 구체적 형태를 띤 것뿐 아니라 사랑처럼 추상적인 것도 그러한 영향을 미친다고 여겨졌다. 이러한 관념은 해부학부터 시 쓰기까지 몸과 관련된 모든 종류의 사고에 크게 영향을 미쳤다.

심장이 느끼는 진심

현대어에는 가슴胸이나 마음心으로 상징되는 심장heart과 감정 상태의 오래된 연관관계가 뿌리 깊게 남아 있다. 우리는 '터질 것처럼 벅찬 가슴a heart fit to burst'이나 '마음에 새기듯 암기하다learn things by heart' 또는 '흉금胸襟을 터놓다engage in heart-to-heart'나 '무언가 이루고자 마음을 정하다have our heart set on something' 같은 표현을 사용한다. 만약 어떤 관념을 정서적으로 지지한다면, '진심眞心을 담아heartfelt' 그 관념을 표현한다. '가슴이 미어지다heartache'라고 할 때 우리는 신체적 통증과 정서적 아픔을 동시에 의미한다. 또한 '무심無心하다heartless'나 '마음이 딴 데 가 있다half-heartedly' 또는 '하루아침에 변심變心하다change of heart' 같은 표현은 부정적 의미로 쓰인다. 심장과 관련된 영어의 여러 표현 또한 일찍이 유럽 지역의 갖가지 언어를 거치며 꼴을 갖췄다. 예컨대 정서 상태를 나타내는 '용기courage'는 심장을 뜻하는 옛 프랑스어 'coeur'에서 유래한 말이다. 이와 비슷하게 '우호적cordial'이라는 다정한 뜻을 지닌 말 또한 심장을 의미하는 라틴어 'cor' 또는 'cordis'에서 유래했는데, 이는 '기록하다record'의 어원이기도 하다. 심장은 말 그대로 우리 감정을 적는 기록장인 것이다. 심지어 사물의 '핵심core'이라는 개념 또한 같은 라틴어 어원에서 유래한 것으로서, 심장이 만물의 중심이라는 점을 암시한다.

이처럼 심장을 둘러싼 언어 표현은 용례가 다양하고 상상력을 자극하는 힘 또한 강했다. 중세 사상가들은 이를 숙지했을 뿐 아니라 적극적으로 이용하기도 했다. 특히 작가들은 심장이 상징하는 모든 감정 가운데 가장 대표적이고 가장 강력한 것은 바로 사랑이라는 데에 의견이 일치했다. 예컨대 10세기의 유대인 의사이자 시인인 모제스 벤 아브라함 다리는 심장을 수동적인 행위자가 아니라 기민하고 적극적인 낭만적 동력으로 보고 열심히 탐구했다. 아브라함 다리가 유대아랍어로 쓴 시를 보면 감각에 따른 애정의 위계라는 인기 있는 주제에 관해 성찰하는 내용이 있다. 즉, 사람은 시각이라는 감각에 의지해 사랑하는 이를 찾지만, 마지막에 그 사랑을 이끄는 것은 심장이라는 견해가 담겨 있다는 말이다.

> 내 연인의 이름을 밝히라고 요구하는 이에게
> 나는 크게 외친다. "당신은 눈먼 심장 때문에 고생하는군!"
> 눈을 밝히는 빛이 어두워지면
> 반드시 심장이 눈을 뜨는 법이기에.

이렇게 심장과 눈을 짝지은 구절은 당대의 여러 문학 사조에서 눈에 띄며, 특히 음유 시인들이 프랑스 중부 및 남부의 옛 프로방스어로 쓴 서정시의 대사에 두드러지게 나타난다. 그중 1180년대에 활동한 작가인 지로 드 보르넬Giraut de Bornelh 또한 심장을 감정의 충실한 파수꾼으로 여겼다.

> 사랑은 그렇게 눈을 통해 심장을 얻네.
> 눈은 심장의 정찰병이라서,
> 부지런히 돌아다니며 찾기 때문이지
> 심장이 품고 기뻐할 만한 것을.

이러한 전통을 따르는 시와 노래에 힘입어, 중세 사람들의 사랑은 11세기 후반부터 완전히 새로운 모습으로 탈바꿈했다. 무분별한 욕망과 대조적으로, 또는 그러한 욕망보다 더 흔하게 발생해 연인들을 실연과 낙담에 빠뜨리는 그릇된 만남하고도 다르게, 이러한 유형의 애정은 명백히 정직하고 건전한 것으로 묘사됐다. 이 고도로 양식화된 성애적 관계는 이른바 '궁정풍 연애courtly love'로 불리며 중세 시대 후반 내내 폭넓은 인기를 누렸다. 대담한 궁정 신하의 파란만장한 모험담이든, 아니면 서로 멀리 떨어져 그리워하는 연인들의 복잡한 사연이든 간에, 이러한 기사도 로맨스는 틀에 박힌 방식, 즉 청순하면서도 열정적인 이야기 전개 방식을 따르는 경우가 잦았다. 멀리 떨어진 두 연인이 서로 남몰래 지켜보며 닿지 못할 상대를 그리워하다가, 남자가 극적이고 영웅적인 행위로 여성에게 구애하고, 여성이 마침내 구애를 받아들이면서 둘은 남몰래 관계를 맺기에 이른다. 프랑스 남부 지역에서는 트루바두르Troubadour, 독일 지역에서는 문자 그대로 '궁정풍 연애를 노래하는 가수'를 뜻하는 미네젱거Minnesänger로 불린 유럽의 음유 시인들은 자신도 모르는 사이에 이 급성장하는 귀족 문화의 기록자가 됐다. 궁정풍 연애는 구애의 의식과 세부 사항을 크게 강조했고, 무엇보다도 낭만을 좇아 이쪽저쪽으로 향하는 심장의 움직임을 중심 소재로 삼았다.

1300년에서 1340년 사이 스위스의 취리히에서 명망 있는 상인 집안이었던 마네세Manesse 가문을 위해 만든 시가집을 보면, 사랑과 심장의 향방을 노래하는 시적 정취를 사회의 최상위 계층에서 향유했다는 사실이 드러난다. 400쪽이 넘을 만큼 두꺼운 이 책은 중세 독일 방

43. 14세기의 『마네세 코덱스』에 수록된 궁정풍 연애시의 저자 초상 세 점.
왼쪽은 콘라트 폰 알트슈테텐 경, 가운데는 알브레히트 폰 하이게를로흐 백작,
오른쪽은 울리히 폰 리히텐슈타인 경이다.

언인 중고지독일어Mittelhochdeutsch로 기록한 이야기시를 가장 온전하고 방대하게 수록한 선집으로서, 시인 140명이 지은 작품의 수가 거의 6000곡에 이른다. 흥미롭게도 이 작품들은 시대순이나 인기순으로 배치되지 않았다. 그러기는커녕 지은이의 사회적 계급에 따라, 즉 왕과 공작, 백작의 작품에 이어 음유 시인과 유대인과 한낱 평민이 지은 노래가 나왔다. 이 위계질서의 꼭대기는 다름 아닌 신성 로마 제국의 황제 하인리히 6세(1165-1197)가 차지했다. 그는 젊을 적에 지은 낭만 시 몇 편으로 이 책의 서두를 장식하며 독자를 대신해 가슴이 미어지는 순수한 사랑의 힘에 감탄한다. 하인리히 6세는 주장하기를, 아무리 막대한 부와 권세도 사랑하는 이가 일깨워 주는 감각에는 감히 견줄 수조차 없다.

그녀를 버리느니
나 차라리 황제의 보관을 버리겠노라……
그녀가 지닌 힘은
능히 나의 슬픔을 날려 보내니,
나 어릴 적부터 이때껏 내 충실한 심장 없이는
그토록 멀리까지 가 본 적 없어라.

화려하게 장식한 마네세 시가집은 이처럼 극적인 표현의 시구와 더불어 시를 지은 작가들의 초상화 또한 갈피갈피에 조그맣게 수록하고 있는데, 이 그림들은 여러 독일어 사랑 노래의 내용을 차례로 시각화해 보여 준다. 그중 기사도 정신이 투철한 콘라트 폰 알트슈테텐 경 같은 이는 의미심장하게 만개한 꽃나무 아래서 연인의 품에 나른하게 기대어 누워 있는데, 독자들로서는 그저 시 낭송회 같은 것을 성공리에 마친 후의 모습이겠거니 하고 짐작하는 수밖에 없다. 다른 작가들은 인상 깊은 위업을 한창 행하는 모습으로 그려진다. 울리히 폰 리히텐슈타인 경은 로마 신화 속의 베누스 여신으로 장식한 갑옷을 입었다. 서로 다투는 바다 괴물 두 마리 위로 부글거리는 파도를 디디고 도약하는 기사의 투구 꼭대기에 등신대 크기의 여신상이 자리 잡고 있는 것이다. 그림과 함께 수록된 시를 보면 울리히 경은 사랑하는 귀부인을 만나러 이탈리아 북부와 오스트리아를 지나 보헤미아 지방까지 여행하는 동안 적게 잡아도 300회가 넘는 전투에서 승리를 거뒀다. 기사, 왕, 심지어 황제조차도 심장을 궁정풍 연애의 두 축을 암시하는 은유로 인식한 것처럼 보인다. 그 두 축 가운데 하나는 지속적이고 부드러운 로맨스, 다른 하나는 명백히 남성적이고 공격적인 열정의 전시이다.

이러한 기능과 정반대로, 신체에 깃드는 영적 분위기와 정서 상태를 적극적으로 드러냈던 심장은 시치미를 떼면 들키지 않고 넘어갈 도덕적 흠을 굳이 들춰내 주인을 배신하기도 했다. 파도바의 성 안토니오, 즉 앞서 살펴본 유창한 언변과 황금 턱으로 유명한 그 성인의 전기에는 성인이 토스카나 지방에 살던 어느 부자의 장례식에 참석한 일화가 나온다. 느닷없이, 무려 묘지로 향하는 장례 행렬 한가운데서, 성 안토니오는 이제 곧 무덤에 들어갈 장례식 주인공이 실은 성스러운 땅에 묻힐 자격이 없다는 신성한 영감을 받았다. 성인은 시신 운구를 당장 멈추라고 목청껏 외친 다음, 망자의 영혼은 지옥에 떨어질 운명이며 잘 찾아보면 시신에 아예 심장이 사라지고 없을 것이라고 단언했다. 역사 기록을 보면 알 수 있듯이 여기서 말하는 토스카나의 장례식 같은 의식은 지역 사회의 법질서 유지에 없어서는 안 될 성대한 사교 행사의 일부로서, 부유층에게는 매우 중요한 자리였다. 성 안토니오의 단언을 들은 사람들은 당연히 두려움에 빠져 소란을 일으켰다. 까닭을 설명해 보라는 요구를 받고서 성인은 성서로 눈을 돌려 「누가복음」 12장 34절을 라틴어로 인용했다. '*우비 에님 테사우루스 베스테르 에스트 이비 에트 코르 베스트룸 에리트*', 즉 "너희 재물이 있는 곳에 너희 마음도 있을 것이다." 성 키아라의 동료 수녀들이 그러했듯이 구경꾼들은 성 안토니오가 사용한 표현을 곧이곧대로 받아들였고, 즉시 외과의를 불러 죽은 남자의 가슴을 절개했다. 그런데 놀랍게도, 시신의 가슴 속은 휑하니 빈 상태였다. 성 안토니오는 그제야 장례식에 모인 관리들에게 죽은 부자의 금고, 즉 부자가 침대 밑에 숨겨 둔 궤짝을 찾아보라고 일러 줬고, 사라진 심장은 궤짝에 그득한 금화 더미 속에 아늑하게 놓여 있을 거라고 했다. 굳이 말할 것도 없이 심장은 궤짝 속에서 발견됐고, 자기 몸에 배신당한 인색한 구두쇠의 주검은 수레에 질질 끌려 근처의 강가까지 가서 매장 의식도, 십자가 모양 묘비도 없이 땅에 묻혔다.

이후로도 이탈리아 작가들은 이와 비슷하게 엽기적인 권선징악 이야기의 중심 소재로 심장을 즐겨 사용했다. 토스카나주 출신 작가 조반니 보카치오(1313-1375)는 은밀한 관계의 연인들을 그린 유명한 소설『데카메론』에 심장이 나오는 반전 이야기를 몇 편 수록했다.『데카메론』은 젊은 남녀 여럿이 코앞까지 닥친 흑사병 유행을 피해 피렌체 근교의 별장에 모여 서로에게 들려주는 이야기를 모은 단편집 형식의 작품이다. 그중 살레르노 대공의 딸인 기스문다의 이야기에서 주인공인 공주는 아버지가 골라 준 명문가 출신 남편감들을 끝끝내 거부한다. 그러던 기스문다가 사회 통념에 어긋나는 연애를 시작하자 대공은 부하들을 시켜 딸의 연인을 살해하고, 주검의 심장을 황금 잔에 담아 딸에게 보낸다. 기스문다는 멜로드라마의 형식에 충실하게 눈물이 황금 잔을 가득 채우도록 엉엉 운 다음, 그 눈물이 든 잔에 독약을 타 모조리 들이켜고 스스로 목숨을 끊는다. 이 책에 실린 다른 이야기에는 아내가 외간 남자와 정을 통한 사실을 알아차린 기사가 등장한다. 기사는 즉시 아내의 정부를 살해하고 심장을 꺼내는데, 복수는 여기서 끝나지 않는다. 그 장기를 요리사에게 가져다주고는 잘게 다지고 채소와 함께 끓여 고기 스튜를 만든 다음, 아무것도 모르는 아내에게 주라고 지시한 것이다.

요리사가 기사 앞에 스튜 접시를 대령했지만, 기사는 이날 저녁 따라 식욕이 없는 척하며 아내에게 접시를 양보하고 요리의 맛을 극찬했습니다. 아내는 스튜를 조금 먹어 보고 맛이 훌륭한 것을 알고는 혼자서 접시를 깨끗이 비웠습니다.

기사는 아내가 스튜를 다 먹을 때까지 지켜보다가 물었습니다. "부인, 음식 맛이 어떻소?"

아내가 대답했습니다. "당신 말씀대로예요, 여보, 정말 맛있어요."

"아무렴!" 기사는 그렇게 대꾸했답니다. "살아 있을 적에 그렇게 좋아했으니 죽은 후에도 당연히 좋겠지."

아내는 잠시 동안 말이 없다가, 이내 물었습니다. "무슨 말씀이세요? 저한테 뭘 먹이신 거예요?"

기사가 대답했습니다. "당신이 먹은 건 사실 굴리엘모 과르다스타뇨의 심장이오. 부정한 여자인 당신이 사랑했던 그자 말이오. 그리고 그건 틀림없는 사실이라오. 왜냐면 내가 집에 돌아오기 직전에 이 두 손으로 그자의 가슴에서 직접 꺼냈으니까!"

중세 작가들은 심장을 다채로운 문학적 장치로 사용함으로써 그 장기에 깃든 생명력을 사랑뿐 아니라 열정과 탐욕, 복수의 은유로도 활용했다. 참수형이 정치체의 사회적 통제를 위한 강력한 상징이었듯이, 인간이라는 존재의 월등하게 고결한 부분과 고약하게 저열한 부분을 함께 표현할 만한, 즉 사랑스럽고 상냥한 동시에 악독하고 모진 신체 부위를 찾고자 할 때, 다른 어떤 장기도 인체의 으뜸가는 중심부인 심장을 능가하지 못했다. 심장이 지닌 강렬한 정서적 결합력은 의학 사상과 대중 문학, 양쪽 모두를 통해 확실히 보장받았다.

사랑을 바라보는 시선

중세의 심장 이미지는 앞에서 살펴본 사랑과 상실과 거절에 관한 궁정풍 연애 이야기에 시각적 장치로 등장하면서 의료 영역 바깥에서 처음으로 모습을 드러냈다. 그러나 이러한 문학 작품 속 심장의 형상은 현대인이 떠올리는 모습과 달랐다.

그중 시기적으로 가장 이른 것은 1250년대에 만들어진 프랑스어 필사본에 등장하는데, 다름 아닌 『배 이야기Le Roman de la Poire』라는 유별난 제목의 서사시를 수록한 책이다. 이 시는 이야기로서는 비교적 단순하다. 지은이는 사이가 멀어진 연인인 어느 귀부인에게서 상징성과 성애적 성격이 강한 과일인 배를 받는다. 배 맛에 중독된 나머지 채워지지 않는 욕망에 들뜬 지은이는 연인을 찾아 파리를 헤매던 도중에 인간의 형상으로 화한 미美와 정절, 자비 같은 몇 가지 감정 및 덕성을 만나고, 마침내 찾아낸 연인에게 그간의 경험을 노래로 들려준다. 이러한 궁정풍 이야기의 핵심 장면은 보통 두 연인이 처음으로 서로를 보는 순간이지만, 『배 이야기』에서는 이 '보기'가 사전적 의미의 눈짓으로 그려지지 않는다. 보는 행위마저도 의인화를 통해 이루어지는 것이다. 무릎을 꿇은 전령 하나가 마치 지로 드 보르넬 같은 음유 시인의 눈처럼 활발하게 두 연인 사이를 종종걸음으로 오간다. 이 전령의 이름인 두즈 르가르Douz Regart는 문자 그대로 풀이하면 '다정한 눈길sweet looks'을 뜻하는 말장난으로서, 이 시의 필사본 중에는 삽화가가 장식적으로 그린 대문자 '에스S'의 곡선 안에 두즈 르가르의 모습을 그려 넣은 것도 있다. 이 삽화 속에서 두즈는 귀부인 앞에 무릎을 꿇고 지은이의 심장을 바치는 모습으로 그려졌다. 두즈가 귀부인의 가슴 바로 앞까지 쳐든 심장은 마치 귀부인의 심장과 직접 소통하는 것처럼, 또한 함께 지닌 애정의 궁극적인 상징처럼 보인다.

그러나 삽화를 자세히 뜯어보면, 두즈가 손에 든 심장은 오늘날 우리가 사랑의 상징으로 인식하는 어떠한 형상보다도 이야기의 제목에 등장하는 과일과 더 비슷해 보인다. 이 심장의 모양새는 우리가 밸런타인데이 카드에서 익히 본 심장, 또는 만화영화 속 등장인물이 졸도할 때 가슴에서 튀어나오는 심장과 다르다. 즉, 말끔하게 굴곡진 좌우 대칭형 ♥가 절대 아니고, 아예 비슷하게 생기지도 않았다. 이 길쭉한 심장은 이븐시나 같은 학자들의 의학서에 나오는 설명과 부분적으로 비슷한 구석이 있는데, 이븐시나는 심장을 가리켜 아드 피네암ad pineam, 즉 '솔방울과 비슷하게' 생겼다고 서술했다. 그러나 이는 ♥라는 모양이 거의 중세 시대 내내 심장이라는 장기와 별다른 연관성을 띠

44. 『배 이야기』를 수록한 13세기 프랑스어 필사본의 삽화.
연인의 눈길을 의인화한 두즈 르가르가 심장을 들고 있다.

지 않았기 때문이기도 하다. ♥는 분명 중세의 온갖 물건에서 눈에 띄기는 하지만, 그럼에도 단순히 덩굴무늬나 줄무늬, 체스보드 무늬, 소용돌이무늬 같은 장식 문양에 지나지 않았다.

이처럼 양식화된 한편으로 추상적인 형상이 어쩌다가 오늘날과 같이 실제 신체 기관과 정서를 상징하게 됐는지는, 지금도 명확하게 밝혀지지 않았다. 어쩌면 당대에 최음제로 여겨졌던 덩굴 담쟁이나 다른 식물의 이파리 모양과 연관됐기 때문인지도 모른다. 아니면 장식용 ♥ 문양은 이전부터 이미 존재했는데, 그 생김새 때문에 나중에 한쪽 끄트머리가 반대쪽보다 더 뾰족하고 심방과 심실이라는 이원적 구조를 띤 장기를 가리키게 됐는지도 모른다. 이는 어쩌면 꽤 자연스러운 일일 수도 있다. 어느 쪽이 옳든 간에 이 상징은 중세 시대가 다 끝날 즈음이 되어서야, 그것도 유럽에서 만들어진 초기 인쇄물의 이미지에 등장하면서야 비로소 구체성을 띠고 사용되기 시작했다. 이미지를 만들어 여러 지역의 다양한 독자층에 퍼뜨리는 일은 인쇄술이라는 새 기술이 등장한 1450년대 이후로 줄곧 훨씬 더 쉬워지고 빨라졌다. 이처럼 이미지가 널리 유통되면서 ♥라는 상징은 곧 심장이라는, 무엇보다 심장의 성애적 특성을 의미한다는 공통의 합의가 정착한 것으로 보인다. ♥ 문양은 이처럼 새로운 유행이 된 신기한 이미지들 중에서도 특히 놀이용 카드에 인쇄된 이미지에서 출발해 중세 말기와 르네상스 초기에 온갖 물건의 표면을 빠른 속도로 뒤덮었다. 낭만적 사랑의 증표, 예컨대 예쁘게 장식한 상자 같은 것을 열어 보면 은밀한 사랑의 상징이 오목새김이나 돋을새김으로 조각되어 있곤 했다. 소중한 연인에게 선물하는 빗의 중앙부에 심장을 새긴 까닭은 여성이 몸단장을 하는 동안 머릿속에 구애하는 남성을 또렷이 떠올리도록 하기 위해서였다. 미술품 하나를 통째로 심장처럼 만든 사례로는 '심장 모양cordiform' 책을 들 만하다. 네덜란드의 특산품이었던 이 책은 하트 모양으로 재단한 본문 용지에 사랑과 낭만적 만남을 다룬 온갖 이미지와 시, 궁정풍 노래 등을 모아 수록한 물건이었다. 궁정풍 연애담의 장대한 서사를 빼면 중세 시대의 실제 연애편지 및 기타 문서 형태의 사랑 고백은 오늘날까지 남아 있는 것이 거의 없기 때문에, 이

45. 1360년경 독일에서 제작한 원형 그림 태피스트리의 세부화 여섯 점에 연인들의 여러 모습이 묘사되어 있다. 위 줄 가운데 그림의 연인 가운데 한 명은 프라우 미네, 즉 의인화된 궁정풍 연애에게 날개 달린 심장을 건네는데, 프라우 미네는 그 심장을 화살로 찌른다. 아래 줄 오른쪽 그림 속의 두 연인은 무게 차가 나는 자신들의 심장을 저울에 올려 비교한다.

책처럼 소소한 하트 모양 물건은 사적 연애의 분주하고 친밀한 관계망이 어떤 형태를 띠었는지 목격할 귀한 기회를 제공한다.

앞에서 살펴본 모든 사례에서 심장의 이미지는 중세 사람들에게 다른 방식으로는 표현할 길이 없는 내밀한 감정을 생생하게 드러낼 유익한 수단이었다. 어찌 보면 심장은 몸의 대변인으로 활동하는 장기였던 것이다. 다만 돌처럼 무정한 심장이 감정에 인색한 주인의 본모습을 폭로하는 경우가 있듯이, 심장에 애정을 담아 주고받다 보면 한쪽이 약자가 되는 것은 불을 보듯 뻔한 일이었다. 한쪽이 제아무리 자유롭게 낭만적 애정을 선사한들, 상대편에 그 애정을 받아 주는 심장이 존재하지 않으면 헛수고이기 때문이었다. 이처럼 다정한 관계의 성공 여부는 양팔에 심장을 올려놓은 천칭의 평형 상태로 표현되는 경우가 많았다. 마치 연인들의 선의를 분명히 보여 주는 증거인 양, 심장 두 개를 천칭에 올려 각각의 무게를 가늠했던 것이다. 그러나 때로는 받는 이의 심장이 가벼운 빈 껍데기라서 응답하지 않는 경우 또한 불가피하게 생기곤 했다. 1360년경 독일에서 만든 태피스트리 속의 조그마한 원형 그림을 보면, 연인 한 쌍이 각자의 심장 무게를 비교하는 와중에 천칭이 한쪽으로 축 처져 짝사랑을 증명한다. 항의하는 뜻에서 손가락을 살짝 펴 든 남성은 표정이 그리 밝지 않다. 둘 가운데 심장이 더 가벼운 쪽인 여성은 자기 심장을 손으로 가리키는 모습에서 동요한 기색이 거의 보이지 않는다.

이러한 슬픔은 심장에서 온몸으로 물결처럼 퍼져 나갔고, 비단 신체만이 아니라 정서적으로도 느껴졌다. 분노와 욕심 같은 감정은 심장에 내재한 열기에서 생성되어 손발 끄트머리까지 빠르게 퍼지는 반면에, 비애나 질투 같은 격정은 섬뜩한 공허감을 일으켜 심장을 단단하고 묵직한 상태에 빠뜨린다고 여겨졌다. 14세기 이탈리아의 작가였던 야코포 다 밀라노는 불만에 차서 스스로에게 이렇게 물었다. "아아, 심장이여, 돌보다 더 단단한 그대, 심장이 아닌 그대 심장이여, 어찌 사랑으로 불타오르지 않는가!" 이런 식의 낭만적인 은유에서 심장은 그 자체가 목소리를 지닌 것처럼 슬퍼하고, 탄식하고, 한숨 쉬고, 심지어는 치명상을 입거나 정서적 고문에 걸려들어 만신창이가 되기도 한다. 1480년대에 독일의 장인 카스페르 폰 레겐스부르크가 만든 판화에는 프라우 미네Frau Minne, 즉 '궁정풍 연애 귀부인'이 그려져 있다.

이는 비너스 여신과 마찬가지로 사랑을 의인화한 것으로서, 독일 예술가들이 연인 사이의 우스꽝스러운 모습을 묘사할 때 자주 이용한 상징이었다. 그림 한복판에 도도하게 서 있는 미네는 열아홉 개나 되는 심장으로 둘러싸여 있으며, ♥ 모양을 온전히 갖춘 이 심장들을 짓밟고, 자르고, 꿰뚫는 식으로 거칠게 학대한다. 그중 한 개는 화형을 당하고, 나머지는 집게로 집히거나, 갈고리로 찍히거나, 톱에 썰려 두 조각이 나거나, 곰덫에 꼼짝없이 갇히거나, 누름틀에 들어가 눌리거나, 화살 또는 칼, 창에 찔리는 신세이다. 미네의 무력하고 위축된 연인은 속수무책으로 이 광경을 구경할 뿐이다. 두 손을 활짝 펴고 미네 앞에 무릎을 꿇은 채로, 남자는 제발 그만하라고 딱하게 애원하며 희망 섞인 삼행시를 읊조린다.

아아, 아가씨, 어여쁘고 선량하신 그대!
저를 고통에서 놓아 주시고
부디 그대 품 안에 들이소서!

남자의 애원은 들을 생각이 없는 귀에 가닿고, 판화 아래쪽에는 아마도 중세 말기의 원래 주인이 15세기식 필기체로 썼을 법한 최종 판결문이 다음과 같이 적혀 있다. “어리석은 자 같으니Du Narr.”

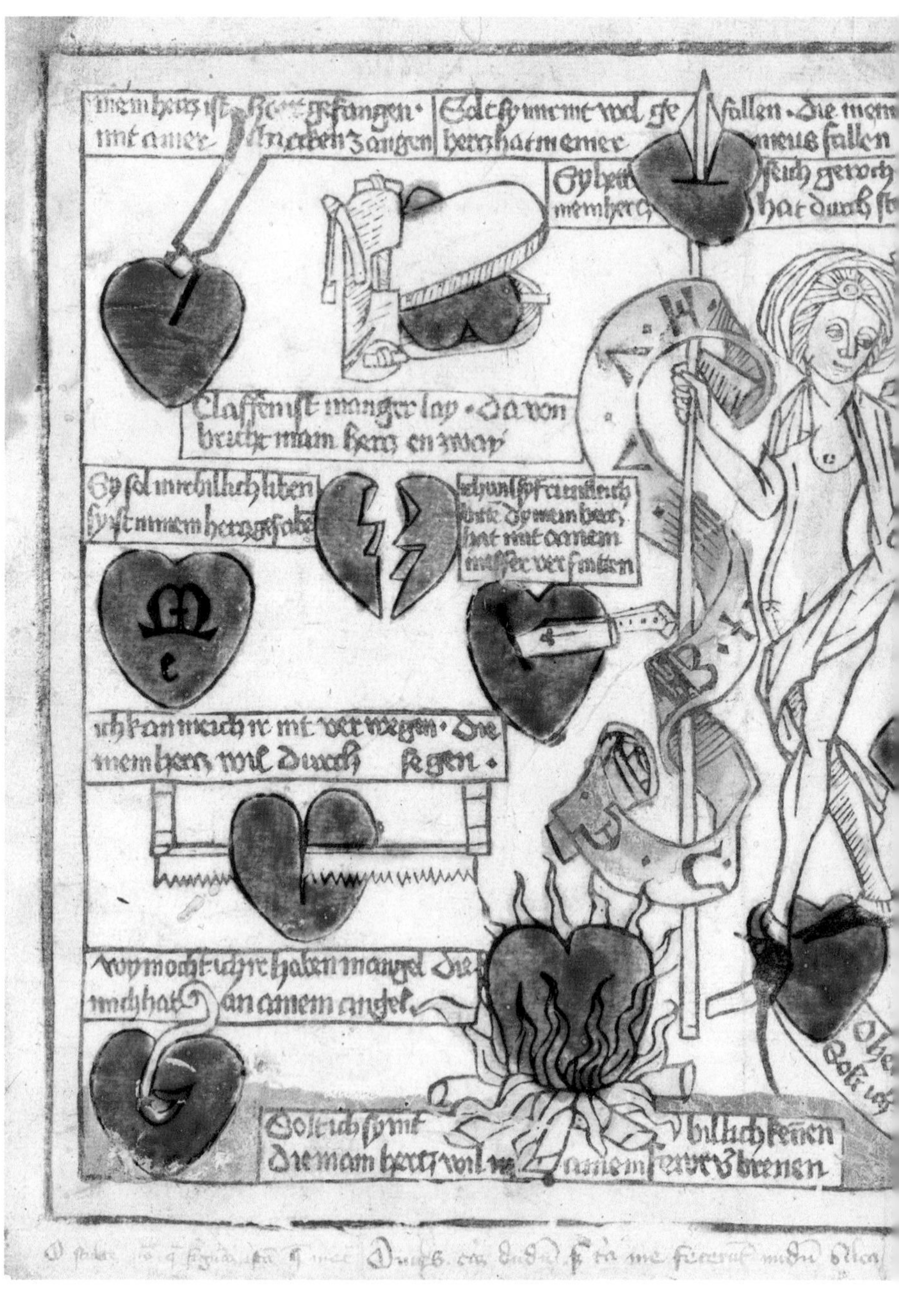

46. 비너스와 비슷한 형상인 프라우 미네가 열아홉 가지 상이한 방식으로 연인의 심장을 고문하는 모습. 1485년경 장인 카스페르 폰 레겐스부르크가 제작한 판화이다.

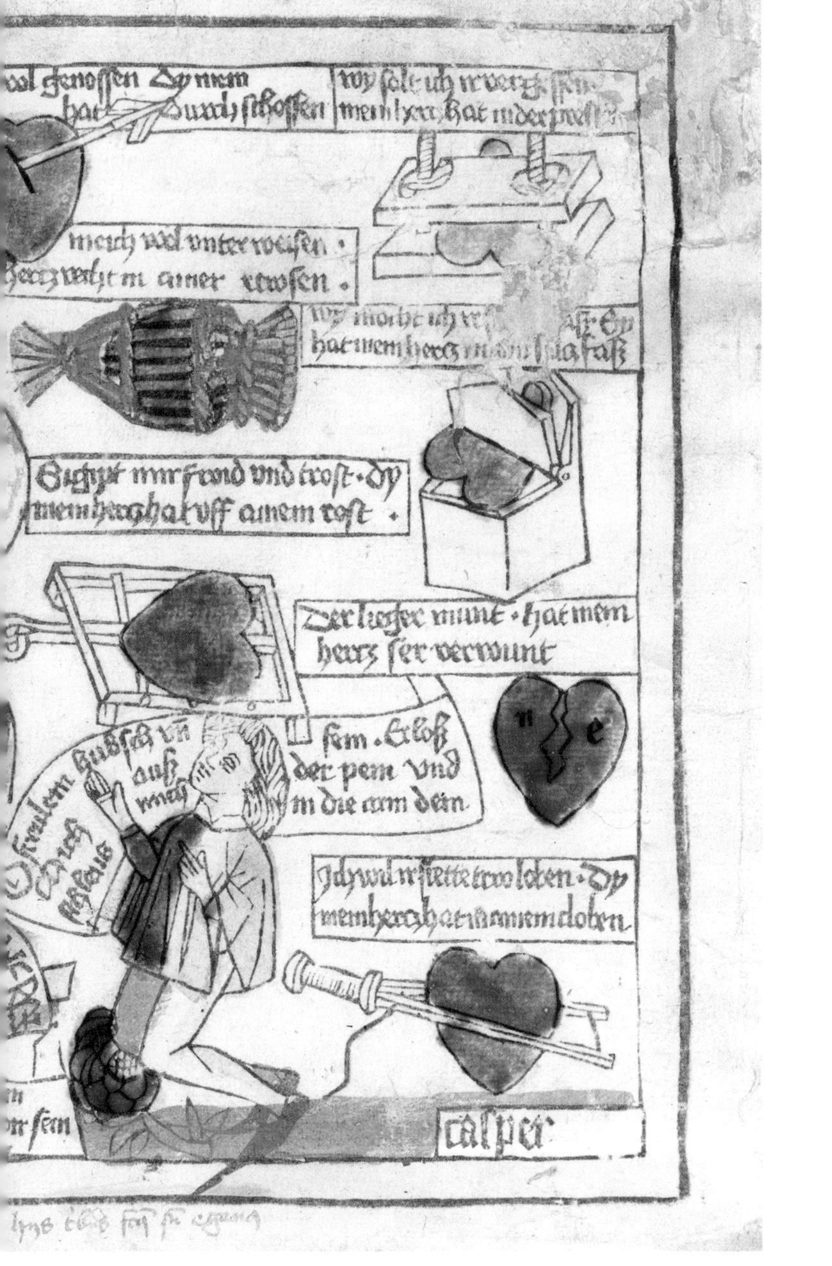
wol genossen dy mein
hat durch schossen
mich wol unterweisen .
hertz ligt in einer rewsen .
Sy gyt mir freud und trost . dy
mein hertz hat uff einem rost .
Der liebster munt . hat mein
hertz ser verwunt
sein . Erlosß
der pein und
in die arm dein
casper

신을 향한 사랑

이처럼 세속적인 성애가 중세의 심장 관념과 단단히 결합한 한편으로, 어쩌면 그보다 더 강력한 또 다른 유형의 사랑이 중세 시대 유럽 전역에서 출현했다. 다름 아닌 종교적 사랑으로서, 이는 모든 종교의 교조주의자들에게 중요한 문제였다. 유대교 사상가들은 오래전부터 신을 사랑하는 것을 의무인 동시에 종교적 열정의 척도로 여겼다. 에스파냐의 랍비이자 철학자였던 마이모니데스Maimonides(1138-1204)는 지식을 통해 영혼을 성장시키는 것이 유대교 율법의 주요한 목표이며, 신자는 지식이 늘수록 신을 향한 사랑을 더욱 애타게 갈구한다고 보았다. 아우구스티누스 또한 이와 유사한 크리스트교 교리에 영향을 미쳤다. 그는 자신의 저작에서 일찍이 고전에 나타난 사랑과 우애 관념을 확장해 크리스트교 특유의 두 가지 사랑 유형을 설명했다. 그중 하나인 쿠피디타스*cupiditas*는 세속적인 사랑이었다. 이는 다른 사람에 대한 자기중심적 사랑이자 물욕으로서, 몹시도 인간적인 욕망이었다. '탐욕cupidity'이라는 영어 단어의 어원인 고전 신화의 악동 신 큐피드Cupid와 맥을 같이하는 쿠피디타스는 일종의 경박한 사랑, 즉 물질계에 대한 속되고 위험한 관심을 나타낸다. 이와 대비되는 또 한 가지 관념이 바로 카리타스*caritas*이다. '자선charity'의 어원인 카리타스는 쿠피디타스와 반대로 훨씬 더 도타운 유형의 사랑, 즉 선한 이들이 서로에게, 또한 결정적으로 신에게 품어야 할 사랑을 가리킨다.

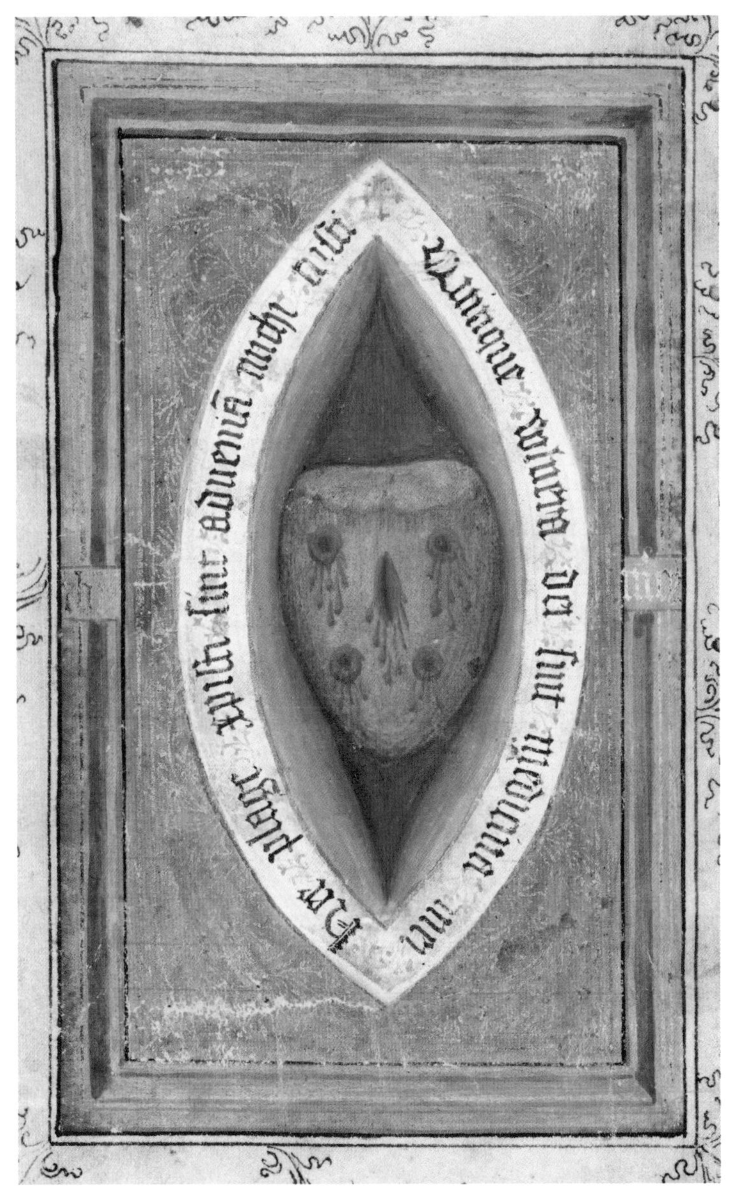

47. 옆구리 상처를 통해 본 그리스도의 심장.
1405년에서 1413년 사이 네덜란드에서 제작한 기도서의 삽화.

신학이 승인한 이 사랑은 심장과 유독 깊이 연관됐다. 12세기에 프랑스의 신학자였던 클레르보의 베르나르Bernard de Clairvaux(1090-1153)가 최초로 주장하기를, 기도는 그리스도가 지닌 인간의 형상 전체가 아니라 그리스도의 심장만을 대상으로 삼아야 한다고 했다. 베르나르가 보기에 롱기누스가 십자가에 매달린 그리스도의 옆구리를 창으로 찔렀을 때, 그 창은 단지 그리스도의 가슴만 뚫었던 것이 아니다. 갈비뼈 사이를 지나 쭉 나아가 그리스도의 핵심을 관통했던 것이다. 그리스도의 성스러운 영에 깃든 비밀은 그 창이 뚫은 구멍을 통해 바깥으로 흘러나와 하찮은 필멸자들 앞에 드러났다. 이렇게 그리스도의 심장을 받든 독실한 신자들의 믿음은 훗날 '성심 공경Cult of the Sacred Heart'이라는 이름으로 알려졌는데, 이들이 보기에 기도와 열렬한 신앙심은 곧 진정한 종교적 열의를 품고 그리스도의 내적 본질을 꿰뚫는 수단이었다. 13세기 독일의 신비주의자였던 마이스터 에크하르트Meister Eckhart(약 1260-1328)는 신자가 그리스도의 심장과 대화를 나누는 방식의 기도문을 집필했고, 그보다 훨씬 더 주류였던 신학자들 가운데 이탈리아의 저술가 보나벤투라Bonaventura(약 1221-1274) 같은 이는 신앙의 관점에서 볼 때 선한 크리스트교인은 문자 그대로 그리스도의 심장 속에서 살아갈 마음을 먹는 것도 가능하다고 적었다. 종교적 도구로서 그리스도의 핵심에 집중하는 태도는 삶의 초점이 분명했던 수도사와 수녀에게 특히 인기를 끌었다. 그리고 이들 가운데 여럿이 들려주는 이적이나 환상적 체험은 현대인의 감성으로 보면 꽤 엽기적이다. 13세기의 도미니크회 수도사이자 종교 저술가였던 하인리히 조이제Heinrich Seuse는 예수를 가리키는 라틴어 약자 IHS를 자기 가슴의 심장 자리 바로 위에 칼로 새기고서 이를 하느님에 대한 '사랑의 휘장'으로 일컬었다. 또한 시에나의 성 카타리나Saint Catherine of Siena(약 1347-1380)는 몸이 공중에 떠오르는 기적을 몇 차례 경험했으며, 이때 자신과 그리스도가 함께 피가 흐르는 심장을 꺼내어 서로의 몸에 바꿔 넣었다고 주장했다.

당대의 다른 종교들 역시 신에 대한 사랑에서 심장이 맡은 임무를 그리스도교와 똑같이 간주했다. 이슬람교 주석학자들 가운데 8세기의 역사학자 무함마드 이븐 이스하크Muhammad ibn Ishaq(약 704-767)는 예언자 마호메트가 겪은 생생한 기적을 이따금 이야기했다. 그 이야기 속에서 젊은 마호메트를 영접한 천사들은 그의 심장을 꺼내어 의식을 치르듯 정성껏 씻어 다시 가슴에 넣어 줬고, 이로써 그는 신학적으로 정화된 상태로 쿠란의 가르침에 마음을 열게 됐다. 그러나 이런 식의 극단적이고 내밀한 이야기는 크리스트교에 훨씬 더 흔했고 자극성도 더 강했는데, 이는 부분적으로 그리스도의 심장과 그 심장이 꿰뚫린 일화가 일상생활에서 거듭 반복됐기 때문이었다. 1424년, 당시 신성로마 제국 황제로서 유럽 중부의 대부분 지역을 다스렸던 룩셈부르크의 지기스문트Sigismund von Luxemburg는 자신이 수집한 수많은 성유물을 제국의 수도 프라하에서 뉘른베르크로 옮기도록 했다. 그중에는 진짜 성창聖槍, 즉 그리스도의 옆구리를 찌른 롱기누스의 창의 진품도 포함되어 있었다. 사실, 당시 서유럽에서는 성창이 몇 점이나 돌아다녔다. 그중 하나는 1098년 제1차 십자군 원정대가 오늘날 터키의 안타키아에 해당하는 안티오크에서 로마로 가져와 바티칸의 성 베드로 대성당 지하에 안치했다고 전해졌다. 다른 하나, 어쩌면 바티칸의 것과 동일한 창은 파리에서 목격된 적이 있다고 알려졌다. 네 번째 창은 17세기 바

48. 하르트만 셰델의 '슈피어빌더'를 각각 앞과 뒤에서 찍은 사진.
1465년경에 만든 책 속에 붙어 있는 그림이다.

르샤바에서 뒤늦게 모습을 드러냈다. 그러나 뉘른베르크로 옮겨진 창은 다른 경쟁자들에 비해 훨씬 더 널리 숭배받았다. 유물 호송대가 뉘른베르크에 도착하자마자 순례자들이 성령 교회에 모셔진 성창을 보러 모여들었다. 현지인들은 자기네 고향에 성창이 방문한 일을 기념하려고 노래와 시를 지었고, 부활절 이후 두 번째 금요일을 성창 축일로 정한 다음 해마다 뉘른베르크의 프라우엔키르헤Frauenkirche, 즉 성모

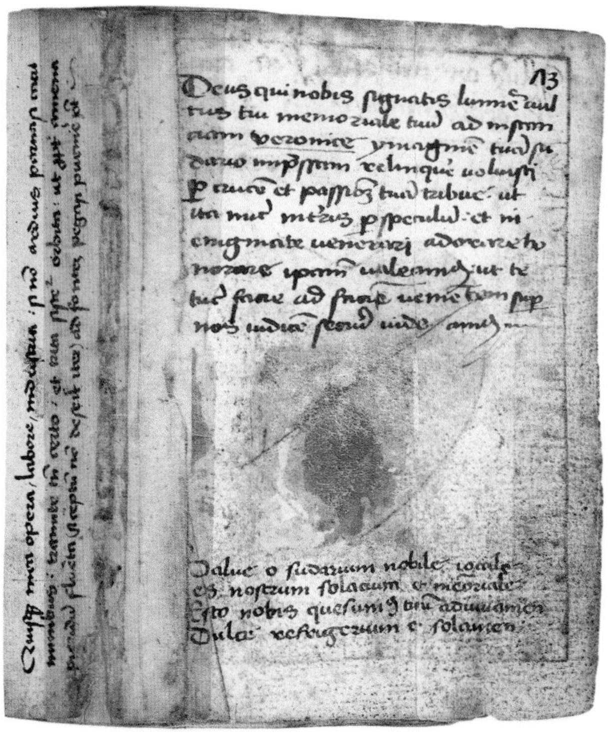

교회의 화려한 전면부 맞은편에 시장을 열고 그곳에서 창을 일반 대중에게 공개했다.

이 성유물이 뉘른베르크 사람들에게 얼마나 인기가 있었는지를 가장 시적으로 묘사한 자료는 아마도 역사학자이자 의사였던 하르트만 셰델Hartmann Schedel(1440-1514)이 종교 관련 글을 모아 만든 조그마한 문집일 것이다. 유물이 뉘른베르크에 도착하고 나서 약 40년쯤 지난 때인 1465년에 작성된 이 수첩은 속에 첨부된 그림 한 장 때문에 더욱 흥미롭다. 제본 부분에 풀을 발라 붙여 놓은 이 조그마한 목판화에는 커다란 진홍색 심장이 그려져 있고, 심장 한복판에 굵은 검정색 선이 기다랗게 그어져 있다. 그림 위쪽에는 짧은 라틴어 문장도 한 줄 적혀 있다. "이 심장은 우리 주 예수 그리스도의 창에 관통됐노라Illud cor transfixum est cum lancea domini nostri Iesu Christi." 인쇄 기술의 여명기에 만들어진 이러한 판화는 슈피어빌더*Speerbilder*, 즉 '창 그림'으로 불렸으며, 뉘른베르크와 그 일대에서 관광 기념품으로 판매하는 종교적 상징이었다. 그림의 검은 빗금은 목판으로 찍은 자국이 아니라 찌르는 행위를 문자 그대로 재현한 흔적이었다. 즉, 심장 그림을 실제 창날로 찔러서 만든 자국인 것이다. 여느 슈피어빌더와 마찬가지로 48번 사진 속의 그림 또한 인쇄업자의 칼이 아니라 실제 성창에 대고 종이를 눌러 뚫린 자국을 만들었다. 이렇게 순식간에 인쇄하고 순식간에 축성祝聖한 그림은 마찬가지로 순식간에 엄청나게 많은 양이 순례자들에게 판매됐다. 이러한 그림은 성유물에 닿았으니 그 힘이 깃들어 있다고 여겨졌기 때문이었다. 그렇게 보면 셰델의 수첩 속 지면에는 그리스도의 심장을 묘사한 이미지와 그 심장에 가해진 행위가 둘 다 재현되어 있다. 즉, 열렬히 추앙받는 성스러운 고통을 찌르듯이 예리하게 재연한 셈이다.

이처럼 사적이고 정교한 물건을 보면 무엇보다 중세의 심장이 몹시도 지적인 장기이자 사람과 사람, 또는 사람과 신성을 잇는 독특한 수단이었던 점이 드러난다. 당시에는 실제 작동 원리가 거의 밝혀지지 않았는데도 불구하고, 심장은 중세 사람들의 정신 세계 한복판에서 당당히 박동하고 있었다. 또한 글과 그림 모두에서 종교적 삶과 낭만적 삶의 가장 낮은 밑바닥과 가장 높은 꼭대기를 표현하는 상징으로 자리 잡기도 했다. 다시 성 키아라의 사례로 돌아가 보면, 실물로 존재하는 일말의 신성을 찾아 그녀의 시신을 열심히 뒤진 행위는 사실 생리학적으로나 정서적으로나 심장의 본령을 정확히 반영한 것처럼 느껴진다. 만약 심장이 개방적이고, 창 같은 것에 관통되기도 하고, 관능적이면서 영적이기까지 하다면, 가슴 깊이 저릿한 느낌을 주는 이 영혼의 집 외에 중세의 몸 안에서 그리스도가 거할 곳이 과연 또 있었을까?

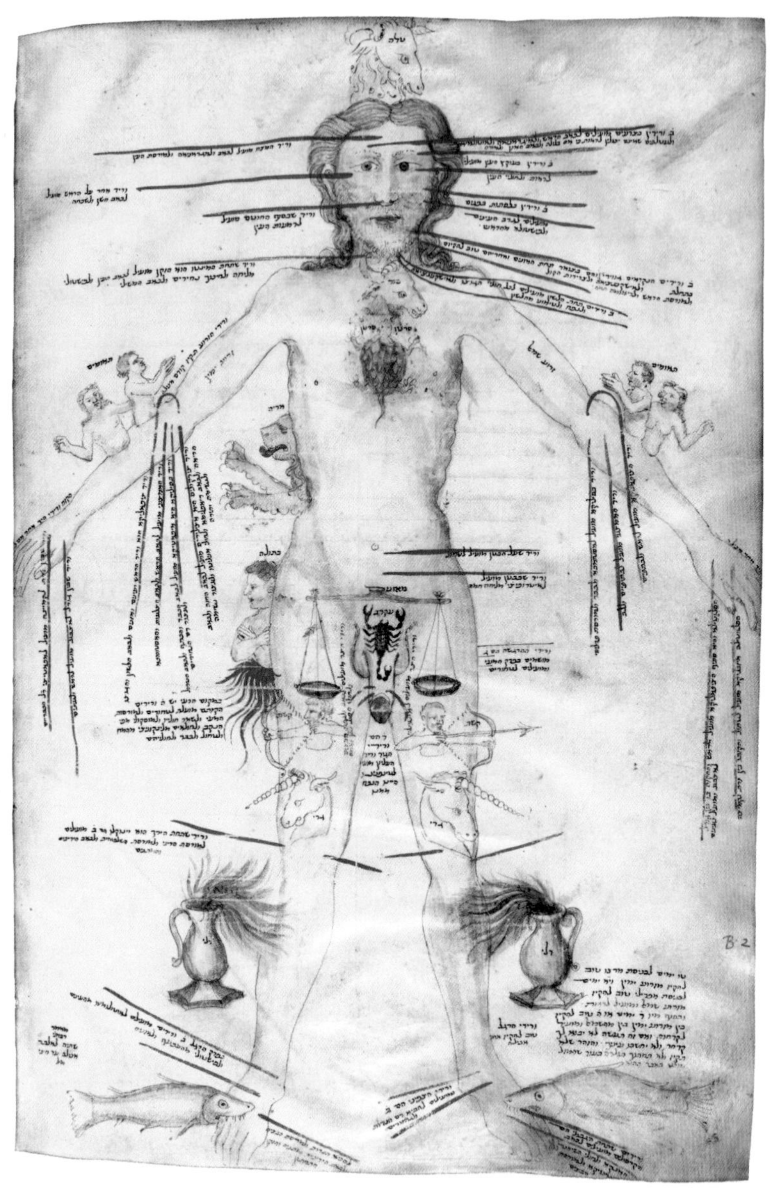

49. 히브리어 의학 문집에 수록된 사혈 요법 삽화.
15세기 초 프랑스 남부 또는 이탈리아 북부에서 만들어졌다.

피

어느 히브리어 필사본에 수록된 왼쪽 삽화 속의 커다란 남자는 독자를 눈이 휘둥그레진 상태에 붙잡아 놓는다. 남자의 몸은 사람과 짐승과 물건이 옥신각신하는 섬뜩한 혼합체이다. 얼굴과 팔다리에서는 붉은 선이 총알처럼 뻗어 나왔고, 몸 가장자리를 따라 검은 직선으로 적힌 히브리어 문장들은 거의 악을 쓰는 것처럼 보인다. 다만 남자는 단순한 기형 인간이 아니다. 남자의 삽화가 수록된 책은 15세기 초 프랑스 남부 또는 이탈리아 북부에서 만들어졌으며, 아랍과 카탈루냐, 이탈리아의 저명한 의학 저술가들이 쓴 질병 치료법에 관한 글이 가득 실려 있다. 꼬챙이에 찔린 것처럼 보이는 이 인간과 짐승의 혼종은 머리가 없는 블렘미아이와 달리 괴물처럼 날뛰는 기색이 전혀 없다. 이 남자는 사실 피와 관련된 치료법을 연구하는 의사들의 길잡이이기 때문이다.

피는 중세의 몸에서 가장 중요한 물질로서, 땀이나 소변, 스피리투스 따위보다 더 귀한 대접을 받았다. 혈관의 팽창과 수축을 조절하는 것은 몸 전체의 평정을 유지하는 핵심 수단이었다. 이는 플레토라*plethora*라는 라틴어 이름으로 알려진 체액 상태, 즉 '병을 일으킬 우려가 있는 내적 과잉 상태'를 방지하는 차원에서 특히 중요했다. 혼란스럽게도, 피는 그 자체로서 어엿한 체액인 동시에 나머지 세 가지 체액을 함유하고 순환시키는 매개체로도 여겨졌다. 따라서 날이 짧고 두껍고 끝이 예리한 칼로 혈관을 조그맣게 절개해 그 속의 피를 바깥으로 배출하면 갖가지 위험한 체액 과잉 상태를 해소하거나, 적어도 다른 쪽으로 흘려보내는 일이 가능했다. 이렇게 피를 흘리게 하는 치료법은 정식 명칭이 사혈瀉血, phlebotomy이었고, 만병통치약으로 여겨졌다. 사혈은 체액에 곧바로 조치를 취할 수 있다는 점 때문에 여러 분야의 의료 전문가들이 연령대와 체질을 막론하고 성인 환자의 갖가지 상이한 증상에 대해 치료법으로 추천하는 방법이었다. 심지어 별다른 증상이 없는 경우에조차도 예방 차원에서 사혈을 실시하곤 했다. 따뜻하고 축축한 체액인 피를 제거하면 환자 몸의 핵심부가 서늘하게 식는 동시에 환기까지 되기 때문에, 나중에 걸릴지도 모르는 병의 예방 조치로 이용했던 것이다. 사혈은 장차 일어나리라 예상되는 생물학적 변환이나 계절 변화 등 신체의 균형을 무너뜨릴 만한 요인에 맞서도록 몸을 준비시키는 조치였다. 그리고 그 요인은 머잖아 돌아올 월경부터 여느 해보다 유난히 더 더울 거라고 예상되는 초여름 날씨까지, 무엇이든 해당됐다.

사혈은 만성 질환을 치료하거나 전염병 확산을 방지하는 데에 사실상 전혀 도움이 되지 않았지만, 중세의 의사는 현실을 무시하다시피 했다. 중세 의학은 여기서도 인과 관계의 순환구조에 빠지고 말았던 것이다. 당대 의사들은 몸에 관한 여러 관념을 근본부터 새로 설정할 능력도 의지도 없었기 때문에 뿌리 깊은 고전 의학의 전통을 꿋꿋이 이어가려 했고, 이를 위해 심지어는 흠잡을 데 없이 건강한 사람에게서 몇 리터나 되는 피를 뽑아내는 짓도 마다하지 않았다. 그런 한편으로 사혈이라는 기술 자체는 의사들 사이에서 일종의 기예로 여겨졌다. 질병을 고치려면 통증이 일어나는 환부 가까이서 직접 피를 뽑거나, 질병의 근원인 환부로부터 되도록 멀찍이 떨어진 동시에 체액설의 관점에서 환부와 호응하는 신체 부위를 골라 피를 뽑는 것도 방법이었다. 두 경우 모두 어디를 택하느냐가 가장 중요했고, 의사가 앞서 살펴본 히브리어 필사본 속의 삽화에서 인체 주위에 폭포처럼 기다랗게 적힌 설명을 참고하는 대목 또한 바로 이 지점이었다. 붉은색 피 줄기로 각각의 사혈점을 지정한 이 혼종 인간의 몸에는 각기 다른 증상과 진단에 따라 피를 내야 할 각각의 지점이 마치 지도처럼 표시되어 있다. 예컨대 인물도의 왼팔에서 왼쪽 끄트머리 행에 해당하는 설명의 내용은 다음과 같다.

> וריד בסיליקא מועיל לאסטומכא ולכבד …
>
> 자쪽 피부 정맥(팔꿈치 안쪽 바로 위에 보임), 복부와 간의 병에 효과가 있으며 (중략)

특정한 핏줄과 특정한 증상 사이에는 매우 강한 연관관계가 존재했다. 엄지손가락의 핏줄은 머리의 이런저런 통증을 다스렸는데, 이곳은 피가 천천히 배어나는 자리이다 보니 의사가 환자의 피를 지나치게 많이 빼낼 우려가 적어서 쓸모가 많았다. 혀 아래에 그물처럼 퍼진 굵은 자주색 핏줄은 현기증 및 목의 통증과 함께 신체 전반의 혈액 관련 질환을 다스렸다. 양쪽 발의 뒤꿈치와 발목 사이 납작한 핏줄에서 피를 내면 생식기 관련 질환을 고치는 데 효험이 있었지만, 그 대신 해당 발의 반대쪽 위팔에 있는 상응하는 핏줄도 함께 따야 했다. 숙련된 의사는 그러한 치료법을 머릿속에 암기하고 다녔을 테지만, 앞서 살펴본 히브리어 사혈 요법 인물도 같은 그림은 비단 의사들 사이에서만이 아니라 의사와 환자 사이에 치료법을 설명할 때에도 요긴하게 쓰였다. 오늘날 남아 있는 사혈 요법 문헌은 피를 뽑는 시술자에게 예리한 도구 때문에 불안해하는 환자를 진정시키려면 빠르고 전문가답게 시술하라고, 또한 걱정하는 기색은 감추고 헤실헤실 웃으며 익살스러운 태도를 유지하라고 조언한다. 그러면 시술받는 환자의 불안이 가라앉는다는 것이었다. 물론 색색의 글과 그림으로 상세하게 표시한 의학 정보를 의사가 환자의 면전에서 찾아보거나 환자에게 보도록 제공한다면, 환자를 안심시키는 효과도 있었을 것이다. 환자는 책에 빼곡히 적힌 정보들을 읽다가 의사의 자격에 대한 신뢰가 높아졌을 테고, 더 나아가 이제 곧 자기 몸의 이곳저곳이 절개될 거라는 불안마저 까맣게 잊었을지도 모른다.

이러한 피 관련 치료법에서는 시술 시기 또한 치료의 성패를 가르는 결정적 요소로 여겨졌다. 인간의 몸은 자신보다 훨씬 더 광대한 우주의 중앙으로 여겨졌고, 이 때문에 주위의 천체들로부터 심원한 영향을 받을 가능성이 있었다. 이러한 발상은 천인조화설melosthesia이라는 개념으로 알려졌으며, 여기서 신체 각 부위의 건강 상태는 달과 별 같은 천체의 서로 다른 운동에 상응한다. 앞서 본 히브리어 인물도는 사혈 지점과 더불어 몸의 위쪽과 안쪽에 황도 십이궁의 상징을 표시해 이러한 천체신체 관계를 묘사한다. 예컨대 양자리의 숫양טלה은 남자의 정수리에 불쑥 솟아 있다. 궁수자리의 궁수קשת 둘과 산양자리의 일각수גדי 둘은 각각 남자의 허벅지 위쪽과 아래쪽에 자리 잡고 있다. 물병자리를 상징하는 물병דלי 한 쌍은 남자의 정강이 앞에 둥둥 뜬 상태로 물을 쏟아 낸다. 양팔에는 각각 쌍둥이자리를 상징하는 쌍둥이תאומים가 마치 팔꿈치에 붙박인 사람 모양 종양처럼 돋아 있다. 의료 전문가에게 신체와 천체의 상응 관계에 관한 이러한 지식은 진단 및 치료의 근본 교리였다. 당시 사람들은 점성술 도구 또는 의학서에 실린 달력으로 달의 위치와 시각을 계산해 황도 십이궁 가운데 특정한 별자리에 달이 머무는 시기가 되면, 마치 몸속에서 밀물이 일어나듯이, 천체의 통제력이 해당 별자리에 상응하는 신체 부위로 습한 성질의 체액을 끌어당긴다고 생각했다. 사혈을 시술하는 순간에 이러한 체액의 정확한 위치를 파악하는 것이 중요했던 까닭은 피가 많이 몰려 있어서 과다 출혈을 일으킬 위험이 있는 부위를 피하기 위해서였다.

종합해 보면, 이 사혈 인물도 속의 갖가지 요소들은 피에 관한 수많은 과학적 신체 개념들이 어떻게 협동해 한 개인의 건강을 좌우했는지를 보여 준다. 한편으로 이들은 중세 시대에 그러한 개념들이 다른 문화권까지 건너가기가 얼마나 쉬웠는지 또한 넌지시 보여 준다. 이 히브리어 책 속의 인물도는 유대인의 사고 체계를 재현하면서도 크리스트교 및 이슬람교 권역의 의사들 사이에서도 공유됐다. 이는 곧 민족과 권역 사이에 곧잘 우호적으로 전파된 다문화 의학에서 피를 중요하게 여겼다는 증거이기도 하다. 그러나 중세 문화의 다른 영역에서 피는 가장 지독한 형태의 사회적 분리와 차별을 상징하기에 이르렀고, 이러한 상황은 사소한 불평등을 넘어 혐오와 공포를 수반한 국제 분쟁으로까지 확대되기도 했다.

나쁜 피

중세 잉글랜드의 번화한 도시 노리치에서 동쪽으로 직진하면 소프 숲이라는 조그만 잡목림이 나왔다. 삼림 관리원 헨리 드 스프로스턴은 말을 타고 이 숲을 지나다가 피투성이가 된 소년의 주검과 맞닥뜨렸다. 1144년 3월 무렵에 이 일대에서 그러한 광경을 목격하기란 드물기는 해도 아예 없는 일은 아니었다. 당시 잉글랜드는 이스트 앵글리아 지역을 둘러싸고 점점 심각해지는 골치 아픈 내전에 휘말린 상태였고, 이 때문에 희생자가 나오곤 했던 것이다. 다만 그 시신은 상태가 너무나 기이했던 까닭에 발견자인 드 스프로스턴이 나서서 소년의 신원을 수소문하고 다녔다. 현지 주민 셋이 말하길 주검으로 발견된 소년은 윌리엄이라는 가죽 세공 수습공이고, 근처 마을에 부모가 산다고 했다. 드 스프로스턴은 윌리엄의 가족에게 비보를 전하고 시신을 발견 장소에 매장했다. 거창한 장례식 같은 것은 열리지 않았다.

수십 년이 흐른 후, 노리치 대성당 소속인 몬머스의 토머스라는 수도사가 끼어들지만 않았어도, 어린 윌리엄의 시신은 소프 숲에서 누구의 방해도 받지 않은 채 편히 쉬었을지도 모른다. 토머스는 드스프로스턴이 시신을 발견한 해로부터 몇 년 후에 비로소 노리치에 도착했는데도 불구하고 그때껏 미제로 남아 있던 윌리엄 살해 사건에 지대한 관심을 보였다. 1160년대에 토머스는 소년의 마지막 행적을 추측으로 재구성해 상세히 서술하는가 하면, 아예 자신이 살해범의 정체와 동기를 밝혔노라고 주장하기에 이른다. 토머스의 설명은 이렇다. 숨을 거두기 직전, 어린 윌리엄은 부엌일을 거들어 달라는 가짜 제안에 속아 넘어가 노리치에서 가장 부유한 유대인의 집으로 향한다. 그곳에서 며칠 동안 강제로 감금당한 윌리엄은 현지 유대인 남자 몇 명에 의해 입에 재갈이 물린 다음, 얼굴과 목에 밧줄이 친친 감긴 채 머리카락이 죄다 깎였고, 조그마한 몸 곳곳을 뾰족한 것으로 여러 차례 찔린 후에 말뚝에 매달린 채 피를 흘리다가 죽음을 맞았다. 토마스가 추리하기에 유대인들이 가장 탐낸 것은 다름 아닌 소년의 피였다. 이로써 토머스는 훗날 '피의 비방blood libel'이라는 이름으로 알려지는 유형의 사건을 최초로 만들어 냈다. 유대인들이 어린애 살해 의식을 벌인다는 이 악의적 비난은 이후 거의 1000년 동안 반反유대주의 구호에 단골로 등장했고, 심지어 일부 지역에서는 21세기인 지금도 눈에 띄곤 한다.

몬머스의 토머스가 그 이야기의 세부 사항을 어떻게 지어냈는지는 정확히 알려지지 않았다. 그의 글에는 크리스트교로 개종한 지 얼마 안 되는 현지 유대인 몇 명과 소년 윌리엄의 가족이 목격자로 등장하고, 범인으로 지목된 유대인 부자의 집을 그가 직접 찾아가 조사한 내용도 나온다. 그 집에 들어갈 방법을 찾은 토머스는 윌리엄이 손톱으로 바닥을 긁어 남긴 자국까지 발견하는데, 어찌된 영문인지 그 손톱자국은 수십 년이라는 세월이 흐른 후에도 변치 않고 남아 있다. 무엇보다 토머스는 노리치에서 점점 커지던 인종주의적 감정을 무기로 삼고 이를 부추기려 했다. 당시 잉글랜드 동부에 정착한 지 얼마 안 된 유대인들은 노리치의 크리스트교 인구에 비하면 고작 한 줌밖에 안 되는 소수였는데도 현지인들에게 백안시당하는 처지였다. 이는 그들이 노리치의 상인 계급 가운데 여럿에게 큰돈을 빌려 줬을 뿐 아니라, 당대의 지배 계층이었던 노르만족 귀족들하고도 끈끈한 유대 관계를 맺었기 때문이었다. 일찍이 윌리엄의 시신이 발견되고 얼마 지나지 않았을 때 아이의 삼촌인 고드윈 스터트는 노리치의 유대인들이 조카를 죽였다고 공개적으로 비난했다. 비록 정식 재판은 열리지 않았지만, 토머스가 보기에 그 정도면 끔찍한 악행에 대한 응징 이야기를 창작하기에 너끈한 소재였다. 이미 악마화된 소수 집단의 폭력 행위를 날조한 다음, 딱하고 무고한 윌리엄을 그 폭력의 희생자로 제시한 것이다.

몬머스의 토머스가 자신이 쓴 이야기를 이용해 노리치의 유대인들에게 부당한 누명을 씌우고, 죽은 소년을 종교적 순교자로 만들고, 노리치의 성직자 계급에 쏠쏠한 돈벌이가 될 만한 성스러운 명분을 제공한 것은 모두 용의주도한 계획의 성과였다. 악랄한 반反크리스트교적 사건, 유대인들이 무려 그리스도를 의도적으로 조롱한 이 사건에서 피살된 어린 크리스트교도 윌리엄은 토머스의 펜 끝에서 천국행이 확정된 성스러운 희생자로 묘사됐다. 소년의 이야기는 수도사 토머스가 온갖 절절한 문학적 미사여구를 덧붙이면서 점점 더 성스러워졌는데, 시신을 땅에 묻고 얼마 되지 않아 하늘에서 내려온 환한 빛이 무덤을 비췄다고 묘사하는 식이었다. 토머스는 사건 발생 시점부터 자신이 책을 쓴 시기까지 그 어린 순교자가 사후에 행한 것으로 보이는 기적들로 책 다섯 권을 통째로 채우기도 했다. 아니나 다를까, 이 감성적이고 기상천외한 선동은 세간의 이목을 확실히 끌었다. 윌리엄의 시신은 즉시 발굴되어 대성당의 부속 건물 한 곳에 이장됐다. 나중에 이곳이 성소로 인기를 끌면서 소년의 유골은 또 다시 파내져 이번에는 대성당의 중앙 제단 속으로 이장됐으며, 기록에 따르면 이후 더욱 많은 이적을 행했다고 전해진다.

토머스가 쓴 이야기는 나중에 『노리치의 성 윌리엄의 생애와 이적*The Life and Miracle of Saint William of Norwich*』이라는 제목으로 알려졌다. 여기에는 갓 생겨난 중세의 반유대주의 운동이 실감 나는 기원 설화에서 출발해 윌리엄이라는 이름을 받드는 열렬한 광신 집단으로 진화하는 과정이 연대순으로 살뜰하게 기록되어 있다. 이는 궁극적으로 그 이야기를 지은 사람이 바랐던 종교적 성공은 아니었다. 몇 세기가 흐른 후, 윌리엄에 대한 관심은 사실상 사라지고 말았던 것이다. 그러나 그 이야기가 유럽의 유대인들에게 미친 영향은 길고도 비극적이었다. 1168년 잉글랜드의 글로스터 인근 세번강에서 해럴드라는 어린 남자아이의 시신이 익사한 상태로 발견됐을 때, 아이의 살갗에 남은 흉터는 쇠꼬챙이에 꿰여 산 채로 불에 구워진 흔적이며 범인은 현지의 유대인들이라는 결론이 삽시간에 내려졌다. 1170년대가 되면 해협 너머 프랑스에서도 비슷한 살해 사건이 몇 건 보고된다. 그중 1171년에 블루아에서 일어난 사건의 경우에는 희생자가 발견되지 않았고 심지어 수색조차 실시하지 않았는데도 불구하고, 서른 명 남짓 되는 유대인이 산 채로 화형당하는 결과로 이어졌다. 화형당한 이들은 대부분 그 도시의 거주민이었다. 1181년 영국 서퍽주의 베리세인트에드먼즈에서 로버트라는 남자애가 사망하면서 유대인 혐오는 한층 더 커졌다. 폭도들이 거리를 누비며 보복 삼아 베리의 유대인 여럿을 살해했고, 끝내는 유대인 공동체를 도시에서 추방하기에 이르렀다. 또한 같은 해 파리에서도 앞선 사건들과 비슷하게 살해당했으리라 추정되는 젊은 남자들의 시체가 발견되었다. 이들의 시신에 하나같이 나타나는 감금과 십자가형의 수상쩍은 흔적은 이미 널리 보급된 『성 윌리엄의 생애』에 기록된 내용과 일치했다. 이에 프랑스 왕 필리프 2세는 프랑스 영토 전역에서 유대인을 추방했다. 한 세기 후인 1290년에는 잉글랜드가 프랑스의 선례를 따랐다. 몇 개월 사이에 수천 명이나 되는 유대인 인구가 모조리 추방당해 에스파냐와 독일, 이탈리아를 비롯한 유럽 전역으로 뿔뿔이 흩어졌다. 놀랍게도 이 추방령은 약 400년 동안 효력을 유지했고, 유대인들은 청교도 혁명으로 정권을 쥔 올리버 크롬웰이 재정착을 허락한 1656년에야 비로소 정식으로 잉글랜드에 돌아왔다.

이렇게 널리 퍼진 이야기와 정치적 행동에는 유대인을 향한 피의 비방을 더없이 노골적으로 퍼뜨리기 위한 강렬한 시각 언어가 수반됐다. 1493년 독일에서 초기 목판 인쇄술로 찍어낸 어느 책에는 또 다른 남자애의 죽음에 관한 날조된 이야기가 실려 있다. 이 책의 지은이는 하르트만 셰델, 즉 그리스도의 절개된 심장 판화를 자기 수첩에 꼼꼼히 붙여 놓은 바로 그 역사가였다. 이 책에서 살해당한 두 살 배

50. 트렌타의 유대인들이 어린 시몬을 살해하는 의식을 묘사한 판화.
1493년 뉘른베르크에서 인쇄한 하르트만 셰델의 책 『뉘른베르크 연대기』에 실려 있다.

기 남자애 시몬은 1475년 이탈리아 남부의 트렌타에서 노리치의 윌리엄과 비슷한 최후를 맞았으리라 추정된다. 이 책의 삽화는 차마 똑바로 보기조차 힘들 만큼 끔찍하다. 그림 속의 유대인 몇 명은 머리 위에 유대식 이름이 적힌 네모 상자가 둥둥 떠 있지만, 이들의 정체성은 어차피 불쾌한 형상으로 묘사된 유대인 특유의 옷과 모자, 턱수염을 통해서도 드러난다. 시몬의 벌거벗은 몸을 둘러싸고 모여 선 유대인들은 아이의 살갗에 기다란 바늘을 쑤셔대고, 그중 이름이 '모세'인 남자는 칼로 시몬의 사타구니를 공격하는 모습이 마치 유대 민족의 할례 의식을 일부러 잘못 묘사한 것처럼 보인다.

노리치에서 벌어진 사건으로부터 거의 400년이 흐른 후에 제작된 이러한 이미지는 유럽에서 이런 식의 아동 살해 의식을 규탄하는 분위기가 얼마나 만연했는지 분명하게 보여 준다. 더 나아가 피에 집중된 관심이 얼마나 집요했는지도 함께 드러난다. 예로 든 판본의 삽화를 보면, 어린 시몬의 상처와 아이의 발치에서 피가 점점 차오르는 그릇을 각별히 신경 써서 선홍색 물감으로 칠해 놓았다. 이 그림과 함께 실린 글에는 사건에 관련된 유대인 여덟 명이 고문당한 끝에 털어놓은 증언이 마치 쌤통이라는 듯이 포함되어 있다. 설명에 따르면 이 유대인들은 나중에 크리스트교도의 희생이 필요한 의식, 특히 유월절에 먹는 누룩 없는 빵인 무교병을 만들 때 시몬의 피를 사용할 작정이었다. 또한 오래된 유대 민족 예언에 이르길, 크리스트교도 소년들의 피가 흐를 만큼 흐르면 유대 민족이 성지 예루살렘으로 돌아가리라고 했다는 식의 한층 더 심각한 음모론도 함께 유포됐다. 이 문제에서 중세의 피가 지닌 생명력은 유럽 각지에서 점점 커진 공포에 의해 극단적으로 변형됐다. 즉, 몸속을 순환하는 생명의 질료에서 전 대륙을 불태우는 인종적 증오와 분열의 연료로 왜곡된 것이다.

선한 피

이런 식의 반유대주의 박해에 나타나는 가장 큰 아이러니는 중세 크리스트교도들 스스로가 성혈聖血에 대한 신실하고 뿌리 깊은 종교적 숭앙을 몇 세기 전에 유대 민족으로부터 이어받았다는 점이다. 피는 중세 크리스트교 전례에 필수적인 요소였다. 사제가 미사를 집전하는 동안 성변화聖變化, transubstantiation라는 신학적 과정에 따라 빵과 와인이 그리스도의 몸과 피로 변해 신자의 양식이 되고, 이로써 신과 신도가 영적으로 단단히 결합하기 때문이다. 크리스트교에서는 예배의 이 순간을 유카리스트Eucharist, 즉 '성체 성사'로 일컫는다. 원래는 '감사드리다'를 의미하는 그리스어 에우카리스테오εὐχαριστέω에서 유래한 말로서, 사제의 축성을 통해 이루어지는 일상적인 신성의 증명을 가리킨다. 게다가 이는 단지 형이상학적 행위, 즉 붉은빛을 띤 액체를 단순히 호의적으로 비유하는 행위에 머물지 않았다. 고위 성직자들의 국제회의, 그중에서도 1215년 로마의 라테라노궁에서 열린 제4차 라테란 공의회에서는 성변화의 교리를 문자 그대로 해석해 성체 성사를 직접적인 변화가 일어나는 기적의 행사로 받아들여야 한다고 명확히 공표했다. 사제가 빵과 와인 위에 적절한 기도를 외우면 성스러운 질료가 근본적인 구조 변경을 일으키고, 이로써 세속의 물질인 포도와 곡식이 순식간에 그리스도가 실제로 머물렀던 육신의 정수精髓로 변한다는 것이다.

이를 뒷받침하는 논리는 신약 성서에 기록된 일화에서 비롯됐다. 여기서 그리스도는 사도들 앞에서 유대교 축일인 유월절의 두 가지 요소를 자기 몸의 양대 상징으로 몸소 변화시킨다. 「마가복음」 14장 22절부터 24절에 기록된 이 일화의 내용은 다음과 같다.

> 그들이 먹고 있을 때에, 예수께서 빵을 들어서 축복하신 다음에, 떼어서 그들에게 주시고 말씀하셨다. "받아라. 이것은 내 몸이다." 또 잔을 들어서 감사를 드리신 다음에, 그들에게 주시니, 그들은 모두 그 잔을 마셨다. 그리고 예수께서 말씀하셨다. "이것은 많은 사람을 위하여 흘리는 냐의 피, 곧 언약의 피다."

초기 크리스트교도들은 이 상징을 종교 의식의 중심으로 채택했지만, 중세 교회는 실제로 빵과 와인을 먹어도 되는 사람은 미사를 집전하는 사제뿐이라고 명확히 규정했다. 교회에 모인 평신도들은 신도석에 앉아 사제의 성체 성사를 지켜보는 것으로 만족했을 테고, 사제에게서 빵과 와인을 직접 받아먹는 영성체는 아마도 한 해에 단 한 차례, 다름 아닌 부활절에만 행했을 것이다. 13세기에 이르면 미사를 집전하는 사제가 성변화의 순간에 제단 위의 기도서로부터 고개를 든 다음, 성체인 빵을 모두에게 보이도록 높이 쳐드는 것이 흔한 일이었다. 일반 신도들에게 이 순간은 곧장 예배의 절정이 됐다. 아득히 먼 역사였던 그리스도의 삶과 죽음이 현재의 유형물로 생생하게 소환되어 다 함께 공유하는 시각 체험을 빚어내고, 이로써 평신도 공동체를 하나로 묶었기 때문이다. 이러한 미사를 직접 목격한 당사자에게는 온갖 기적적인 힘이 한가득 깃든다고 여겨졌고, 이 때문에 14세기 무렵에는 사업 성공과 세례 축하, 죽은 친척의 추모 등 갖가지 경우에 성체 성사를 보여 달라고 요구하는 사람들이 등장했다.

이처럼 성체 성사는 성혈의 물화物化를 가장 일상적으로 되풀이해 나타내는 상징이었지만, 그리스도의 피가 반드시 그 방식을 통해서만

신실한 성도들 앞에 모습을 드러냈던 것은 아니다. 비록 성서에는 그리스도의 몸이 놀랍게도 사후에 온전한 형태를 유지한 채 천국으로 올라갔다고 적혀 있으나, 중세 신학자들은 이론상 그리스도가 인간의 몸으로 살아가는 동안 피를 흘릴 수밖에 없었던 순간이 몇 차례 있었다는 점을 재빨리 눈치챘다. 예컨대 할례를 받았을 때나 십자가에 못 박혀 손발과 옆구리를 창에 찔렸을 때처럼 말이다. 이 성스러운 허점을 노리고서, 피와 관련된 몇 가지 성유물이 중세 시대 내내 불쑥불쑥 등장했다. 그중 벨기에의 브루게에 위치한 성 바실리크 교회의 성혈은 12세기의 제2차 십자군 원정 당시 성지 예루살렘에서 가져왔다고 여겨진다. 그 반면에 에스파냐의 오비에도에 있는 성 구세주 대성당은 그리스도의 시신에서 거둔 피 묻은 옷을 보관하고 있다고 주장했다. 또 한 가지 유명한 성혈 유물은 런던에 있었는데, 연대기 작가 매슈 패리스에 따르면 이 유물을 영국에 가져온 사람은 국왕 헨리 3세였다. 그의 기록을 보면 1247년 10월 13일에 왕이 직접 봉헌 행렬을 이끌고 세인트 폴 교회를 출발해 웨스트민스터 사원에 도착했다. 행진하는 동안 내내 맨발이었던 왕은 천국을 향해 머리를 꼿꼿이 들고서 결코 숙이지 않았고, 손에는 그리스도의 피로 가득 찬 값진 수정병을 들고 있었다. 이는 예루살렘의 고위 성직자들을 통해 손에 넣은 성유물로서, 십자군 원정에 참여한 기사 무리의 힘을 빌려 은밀한 경로로 빼돌린 것이었다.

헨리 3세의 호화로운 수정 병이 보여 주듯이, 사람들은 성혈을 담는 그릇에 결코 돈을 아끼지 않았다. 독일 북부 슈베린의 수도원이 보유한 비슷한 성유물은 성혈을 벽옥 속에 보관한 형태를 띠었는데,

이 귀한 돌은 나중에 조그마한 금속 그리스도상의 옆구리에 박혔다. 이곳에서 북해 연안을 따라 그리 멀지 않은 치스마르르의 수도원에 있는 성유물 또한 그리스도상 속에 보관되어 있지만, 이 조각상의 가슴에는 경첩이 달린 조그마한 문이 있어서 축일이면 그 문을 열고 속에 들어 있는 성혈을 전시한다. 이처럼 호화로움을 중시하는 경향은 성변화한 와인을 담는 술잔에도 드러난다. 중세 시대 초기에는 이러한 잔을 만들 때 세공하기는 까다로워도 값은 그리 비싸지 않은 재료, 즉 나무나 구리, 도자기, 유리, 동물 뿔 등을 사용했다. 그러나 800년경부터 교회는 성변화한 성혈에 닿는 그릇을 만들 때 가장 고급스러운 금

51. 바이에른 대공 타실로 3세의 아내인 리우트페르가를 위해 만든 '타실로 성배.' 오늘날에도 남아 있는 크렘스뮌스터 수도원의 건립을 축하할 목적으로 제작했으리라 추정된다.

속류만 사용하도록 규제를 강화했다. 은보다 덜 값진 금속은 결코 허용되지 않았기 때문에 오늘날 남아 있는 예배용 술잔들은 값나가는 돌이나 황금을 입힌 금속으로 만들어 보석과 카메오를 박아 장식한 것들이다. 이들은 아마도 중세 교회의 금고 안에서 가장 화려하고 값비싼 물품이었을 텐데, 사치스러운 재료는 그 물건이 상징성 및 영성의 측면에서 지닌 중요성에 걸맞게 의도적으로 고른 것이었다.

그리스도의 피라는 성스러운 존재는 앞과 같은 종교 제도의 맥락 바깥에서 더 사적인 형태로 포착되기도 했다. 1480년대 또는 1490년대에 런던 서남부의 서리에 살던 독실한 크리스트교도 여성을 위해 만들었으리라 추정되는 조그마한 기도서를 보면, 성서 구절이 적힌 본문 앞에 그리스도의 피에 헌정하는 페이지 몇 쪽이 서문처럼 실려 있다. 그런데 압권은, 이 서문의 낱장 하나하나가 붉은 빛으로 칠해져 있다는 사실이다. 그중 가장 생생하게 채색한 양쪽 펼친 면은 위부터 아래까지 온통 진홍색으로 물들어 있으며, 찔린 상처와 피가 흐르는 상처를 바탕색보다 더 짙은 붉은색 물감으로 조금씩 다르게 그려 만든 무늬가 페이지를 온통 뒤덮고 있다. 세로 길이는 고작 12센티미터이고 가로 폭은 9센티미터밖에 안 되는 이 조그마한 기도서의 책장을 넘기다가 피로 가득 찬 작은 직사각형과 마주쳤을 때, 읽는 이는 책 속의 붉은 색채와 경건한 신앙심에 똑같이 가슴이 철렁해져서 눈을 떼지 못했을 것이다. 이 책은 그리스도의 상처 입은 피부 표면을 더없이 가까이서 보여 줌으로써 그리스도가 겪은 가혹한 고통의 감각을 무한히 일깨운다. 그 느낌은 마치 책 속의 상처들이 끝없이 구불구불 이어진 붉은 강으로 변해 책 바깥으로 계속 이어져 흐르는 듯하다.

52. 1480년대에 신원을 알 수 없는 영국인 여성을 위해 만든 기도서의 펼친 면. 그리스도의 피와 몸에 새겨진 각각의 상처가 잔뜩 그려져 있다.

이 피는 어쩌면 특정한 목적을 띠고서 그리스도가 겪은 고통의 근원을 열거하는지도 모른다. 독실한 크리스트교도들 사이에서는 그리스도의 몸에 생긴 피 흐르는 상처의 개수를 세는 것이 그가 겪은 종교적 수난의 강도와 성질을 수량화하는 방법으로 널리 쓰였기 때문이다. 문헌들 중에는 아예 상처에서 흐른 핏방울 하나하나의 정확한 개수까지 셀 정도로 극단적인 것도 있었다. 이 주제를 다룬 중세 영어 시 한 편은 다음과 같이 알쏭달쏭한 내용을 담고 있다.

핏방울 개수 얼마인가

예수 그리스도께서 인류를 위해 흘리신 피.
세어 보면 50만 방울.
거기에 더해 8000방울과 4만 방울,
크고 작은 것들을 합쳐 5000방울,
여기 적은 숫자 모두가 그 핏방울.

총 개수가 5000방울에서 50만 방울에 이르는, 사실상 무한한 그리스도의 상처를 세는 행위에는 신도들에게 명상과 비슷한 느낌을 불러일으킬 의도가 있었을 것이다. 읽는 이는 이러한 페이지를 가만히 들여다보며 상처를 한 개 또 한 개 세어 봤을 테고, 그러다 보면 그리스도의 고뇌를 더욱더 깊고 크게 느꼈을 것이다. 마치 핏방울로 이루어진 주판 위로 몸을 숙인 독실한 회계사처럼 말이다.

생명의 피

이러한 피는 중세 종교 생활의 핵심에 자리한 일종의 모순을 드러낸다. 수많은 개개인이 방대한 양의 성스러운 피와 신학적 의미의 관계를 맺는 일에는 기꺼이, 심지어는 열렬히 나섰던 반면에, 현실에서 실제 피를 대할 경우에는 대번에 질색했기 때문이다. 14세기 프랑스의 한 여성은 교회에서 성체가 눈에 띄면 몹시 불쾌하다고 말하며 자신은 성변화에 종교적 매력을 거의 느끼지 않는다고 인정했다. 그러면서 성혈을 보면 다음과 같은 것이 떠오른다는 말도 했다.

> 여자가 아기를 낳고 나서 배출하는 역겨운 태반. 나는 제단 위로 높이 받든 주님의 몸을 볼 때면 어김없이 그 역겨운 태반이 떠오르는 바람에, 어째선지 성체가 오염됐다는 생각에 사로잡히고 만다. 그래서 더는 성체가 그리스도의 몸이라고 믿지 못하는 것이다.

여기서 이 여성이 제기하는 문제는 의심 같은 것이 아니다. 비록 와인에 담근 빵이라는 결과물이 추해 보이지 않느냐는 의문으로 말을 끝맺기는 하지만, 이 여성은 성체에서 성변화의 결과인 실제 피를 떠올리는 데에는 아무 문제도 없어 보이기 때문이다. 오히려 이 여성에게는 성혈이 지나치게 사실적이라는 점, 곧 본인의 몸속에 살아 흐르는 물질과 지나치게 비슷하다는 점이 종교적 장애물인 것처럼 보인다.

성체가 지나치게 생생해 보인다는 견해 앞에서 어떤 이들은 피와 '살아 있다'라는 개념 자체가 철학적으로 뿌리 깊게 연관됐다는 점을 떠올린다. 모든 신체의 생물학적 엔진 오일인 피는 의학적으로나 종교적으로나 사람 또는 짐승에 생명력이 있음을 나타내는 가장 순수한 징표였고, 이는 죽었다가 다시 살아난 경우도 마찬가지였다. 12세기 후반의 법률 문헌을 보면 '사후 출혈cruentation'이라는 속설이 몇 군데 언급되어 있다. 이는 며칠이나 몇 주, 심지어 몇 년 동안이나 꼼짝도 않던 시체가 자신을 죽인 살인자가 나타나면 새롭게 피를 흘린다는 미신이었다. 이러한 관념의 토대에는 살인 같은 중죄를 저지른 범인은 범행 당시에 결코 지워지지 않을 만큼 강하게 희생자와 생기를 교환했으리라는 생각, 또한 살인자의 사악한 의도와 극악한 범죄에 깃든 잔혹성은 어떤 식으로든 살해 흉기를 통해 희생자의 시신에 스며들리라는 생각이 있었다. 이런 식으로 억울하고 부당한 최후를 맞은 사람의 시신은 설령 싸늘하게 죽은 상태라 해도 잠시 되살아나 상처에서 피를 뿜곤 했다. 신비한 형태의 원시적인 법의학 증거를 통해 원수의 정체를 밝혀 사후에라도 복수하려 한 것이다.

출혈은 이런 식으로 온갖 종류의 기상천외한 감각을 표현하곤 했다. 이르게는 7세기에 이미 비잔틴 제국 성인들의 성화가 손상을 입고 진짜 피를 흘렸다는 기록이 남아 있다. 성모자의 모습을 묘사한 9세기 키프로스의 모자이크는 숭배자들이 오랜 세월 주장한 바에 따르면 화살을 맞고 무릎 부위에서 피를 흘린 적이 있다고 한다. 그런가 하면 중세 후기에 콘스탄티노플에서 그린 성모자 초상화 한 점은 성난 사제에게 습격당했을 때 진짜 피를 흘렸다고 전해진다. 이와 동일하게 종교적 생명력의 징표로서 나타난 피는 다른 갖가지 종교 관련 물품들, 즉 조각상부터 성수반과 성해함, 심지어 성유물 자체에서도 진짜로 여겨졌다. 14세기 프랑스의 성녀인 잔마리 드 마유의 시성 문서에는 이 성인이 그리스도가 매달렸던 성聖십자가의 일부를 소지했으며, 이 성유물은 반으로 나누면 피가 흘렀다는 내용이 있다. 나무 조각의 조그맣게 금간 자리에 나타난 핏빛은 잔마리가 성스러움을 타고났을 뿐 아니라 그 유물 또한 진품이라는, 즉 일찍이 그리스도의 피투성이 몸을 떠받친 물건이라는 증거로 받아들여졌다. 심지어는 가장 일상적인 종교 물품도 기적의 피를 통해 생명을 얻곤 했다. 14세기에 독일 북부의 빌스나크에서는 하인리히 폰 뷜로프라는 기사가 현지의 주교와 불화를 빚고 격분한 끝에 교회를 불태웠다. 그런데 불탄 교회의 잔해 속에서 조그마한 성찬용 제병 세 개가 멀쩡한 상태로 발견됐다. 그러한 재난 속에서 제병이 온전히 살아남은 것 자체가 놀라운 일이었다. 밀랍을 바른 금속 틀로 바삭하게 구운 납작한 제병이 건물을 집어삼킬 정도로 거대한 불길을 버티기란 사실상 불가능했기 때문이다. 그런데 알고 보니 이 자그마한 제병 세 조각은 그 과정에서 인간에게 고유한 방식의 고난을 겪었다. 각각의 제병 중앙부에 진짜 피 한 방울이 자그맣게 떨어져 있었던 것이다. 이렇게 피를 흘리는 제병은 독일에서 유독 흔하게 일어나는 이적으로서, 순례자들을 끌어들이는 중요한 구경거리였다. 각각의 사례에서 완전한 무생물인 제병에 깃든 피라는 생명력은 그리스도가 그 속에 내재한다는 확고한 증거로

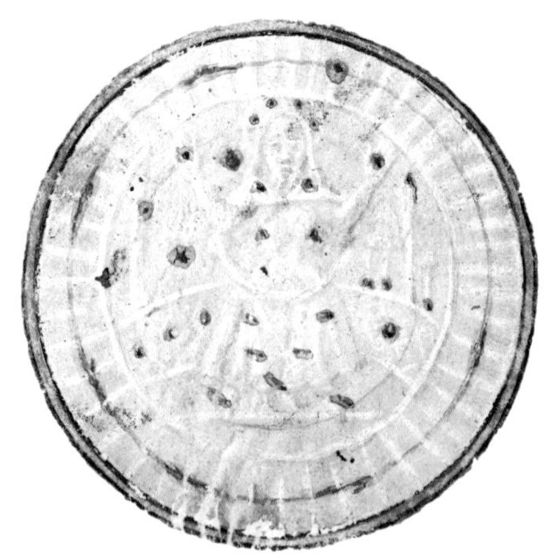

53. 프랑스의 푸아티에에서 1475년경에 제작한 기도서에 그려진 신비한 '디종의 피 흘리는 성체.' 그림에 묘사된 얄따란 성체 성사용 제병에는 그리스도의 모습이 돋을새김되어 있고 그 위에 신비한 피가 점점이 뿌려져 있다.

받아들여졌다. 독일 남부의 발뒤른 및 바인가르텐과 이탈리아의 오르비에토, 프랑스의 디종 등지에서는 피 흘리는 제병을 화려한 금속 용기인 성광聖光, monstrance에 모셔 놓고 반복적으로 일어나는 이적을 자세히 관찰했는데, 경우에 따라서는 피가 흐르는 이적이 날마다 목격되기도 했다.

현대에 일어난 이 같은 현상의 사례들은 오래전의 물건에서 출혈이 일어난 까닭을 명쾌하게 설명하는 근거가 됐다. 2015년에 미국의 유타주에서 목격된 피 흘리는 제병은 정밀하게 조사해 보니 피가 아니라 표면에 미세하게 자란 붉은색 곰팡이인 것이 밝혀졌다. 2001년에는 그리스의 아테네 근교에서 성모자 초상화가 피를 흘리는 이적이 일어나 언론의 큰 관심을 끌었지만, 성화에서 흐른 '피'를 검사해 보니 단순한 체리 주스였다. 이 같은 현대의 사기 행각이 쓸모가 있는 까닭은 과거에 부과할 과학적 진실을 우리 앞에 밝혀 주기 때문이 아니다. 그보다는 오히려 눈 밝은 중세 사람들이 피 흘리는 물건을 몹시 소중히 떠받들기는 했어도, 그러한 현상을 한 치의 의심도 없이 신봉하지는 않았다는 점을 우리에게 일깨워 주기 때문이다. 중세 시대에는 가짜 성유물과 이적, 예컨대 초서의 『캔터베리 이야기』에 나오는 부정직하고 머리숱이 적은 면벌부 판매인이 지니고 다니던 돼지 뼈 같은 것이 흔하게 적발됐고, 교회는 이러한 고발이 들어오면 예외 없이 체계적이고 신중하게 검증했다. 피 흘리는 제병 같은 이적은 진실로 선포하기에 앞서 고위 성직자들로 이루어진 합의 기구가 해당 이적이 일어난 장소를 면밀히 조사하고 목격자들을 면담했으며, 영적 증거까지 검증했다. 평신도들 또한 진짜 피와 가짜 피의 차이를 아주 매섭게 분간했다. 제목이 〈성스러운 부활*La Seinte Resureccion*〉인 앵글로노르만어 연극은 그리스도의 삶을 재현한 성극으로서 오늘날에도 극본의 일부가 남아 있는데, 여기에는 피가 흐르는 소도구를 이용하면 극적 효과가 더 강화된다는 언급이 있다. 희곡의 본문 옆에 적힌 당대의 지문에는 롱기누스가 그리스도의 옆구리를 창으로 찌르는 장면에서 무대 위의 커다란 목각 예수상을 찌르라고 적혀 있다. 이 조각상 안에는 동물의 피를 가득 채운 자루가 들어 있어서, 창으로 찌르면 조각상에서 실제로 피가 나는 것처럼 보였다. 이런 식의 창의적인 속임수는 중세 관객들에게 깊은 인상을 남겼을 테고, 빌스나크의 피 흘리는 제병처럼 도무지 설명할 길이 없는 성스러운 이적을 떠올리게 했을 것이다. 그러나 관객들은 그러한 장치가 기적이 아니라 영리한 소도구인 것을 속속들이 꿰뚫어봤다.

지혈과 봉합

피가 생기를 부여하는 활력의 원천으로서 독창성과 세련미를 띠고 중세 문화의 여러 분야로 퍼져 나가는 경향은 앞서 살펴본 신비로운 사건들에서 비롯됐다. 피가 흐르기 시작하면 신학자와 성직자, 법학자, 의학자 같은 전문직 종사자들은 손이 바빠지기 시작했다. 그런데 한 무리의 사람들은 이 붉은 물결이 퍼져 나가지 못하도록 최대한 빠르게 막는 데에 전념했다. 현실의 일상에서 피투성이 몸뚱이를 자주 마주해야 했던 외과의가 바로 그들이다. 이 장 맨 앞에 나온 히브리어 의학서의 사혈 인물도를 토대로 추측하면, 가장 숙련된 외과의조차도 피가 철철 나는 환자 앞에서는 딱히 뾰족한 수가 없었을 것이다. 그러한 환자는 생명 유지에 필수적인 체액을 빠른 속도로 잃었을 테고, 따라서 틀림없이 이승에 오래 머물지 못했을 것이다. 다만 이 사혈 인물도와 당대의 다른 필사본에 실린 비슷한 삽화를 비교해 보면, 후자의 경우는 출혈이 아무리 심각한 환자라도 뭔가 살릴 방법이 있으리라는 희망이 조금은 담긴 것처럼 보인다.

이러한 유형의 그림을 가리키는 용어인 분덴만*Wundenmann*은 독일어로 '다친 남자'라는 뜻이다. 그림 속의 남자는 사혈 인물도 속의 혼종 인간 동료와 마찬가지로 페이지 바깥을 멍하니 응시하고 있다. 그러나 남자의 몸은 기묘하게 생긴 천체 상징으로 가득한 것이 아니라, 생생하게 묘사된 상처를 잔뜩 품고 있다. 그의 살갗은 피가 나는 상처와 병변으로 뒤덮여 있다. 이는 칼과 창, 크기가 다양한 검 등으로 찌르고 벤 자국으로서, 상처를 낸 흉기는 대부분 남자의 몸에 고슴도치 가시처럼 박혀 있다. 옆구리에는 단검이 박혀 있는데 기이하게 투명한 가슴 덕분에 단검 끄트머리가 심장에 낸 구멍이 보인다. 설상가상으로 남자의 목과 겨드랑이와 사타구니에 불룩하게 돋은 청록색 가래톳과 부어 오른 림프샘은 갖가지 질병에 걸렸을 가능성을 시사한다. 정강이와 발에는 가시에 긁힌 자국이 여럿 있고 발목은 미친개와 뱀, 전갈에게 물렸으며, 팔꿈치는 벌이 달라붙어 침으로 쏘고 배 속의 빈 구멍에는 아예 두꺼비가 들어앉아 괴롭히고 있다. 그러나 이렇게 끔찍한 파상 공세에도 불구하고 그는 아주 멀쩡하게 살아 있다. 몸 주위로 깨알 같이 적혀 있는 글이 바로 수많은 상처에 시급히 필요한 각각의 치료법들이기 때문이다.

알려진 자료 중에서 '다친 남자' 그림이 등장하는 최초의 책은 14세기 후반 독일에서 만들어졌다. 이 책에는 바이에른 지방의 외과 관련 논문, 그중에서도 뷔르츠부르크의 저명한 외과의 오르톨프 폰 바이에를란트의 논문들이 실려 있다. 오르톨프 같은 경험주의자들은 피를 유독 중요하게 여겼다. 그 또한 논문에서 학술적 사혈 요법의 토대가 된 사상, 즉 체액 과잉 상태가 몸 전체의 건강에 갖가지 유해한 영향을 미친다는 학설을 인정했다. 그러나 그림 속 다친 남자의 모습에 오싹할 정도로 분명히 나타나듯이, 사고나 전투 때문에 발생한 외상外傷 환자를 자주 치료했던 오르톨프 같은 외과의에게 출혈은 신학적 관심사가 아니라 현실의 시급한 문제였다. 이러한 유형의 부상 가운데 다수를 몸에 빽빽하게 수록한 다친 남자 그림은 외과의를 위한 '인간 찾아보기'로서 단단히 한몫했다. 남자 옆에 적힌 숫자와 구절이 곧 의사가 특정한 부상의 치료법을 찾고자 할 때 뒤에 나오는 책의 어느 부분을 펼쳐야 하는지 알려 주는 단서였기 때문이다. 남자의 허벅지를 기어오르는 거미 옆에 짤막하게 적힌 '거미에게 물린 경우, 20*Wo eine spynne gesticht, 20*'은 독자에게 책의 20번 항목에서 적절한 치료법을 얻으라고 지시하는 글이다. 남자의 오른손 위쪽에는 '10. 상한 손톱*Boss negeli*'이라고, 왼쪽 허벅지 안쪽에는 '38. 화살에 맞았는데 화살대를 뽑지 못한 경우*Ein phil do der schaft notch ynne stecket*'라고 적혀 있다. 개중에는 처음부터 피에 집중한 치료법도 있다. 남자의 왼쪽 옆구리를 뚫고 위장까지 찌르는 커다란 창 아래에는 다음과 같은 유명한 문구가 나란히 적혀 있다. '대장을 다친 경우, 14*So der gross viscus wund wirt, 14.*' 지시에 따라 14번 치료법을

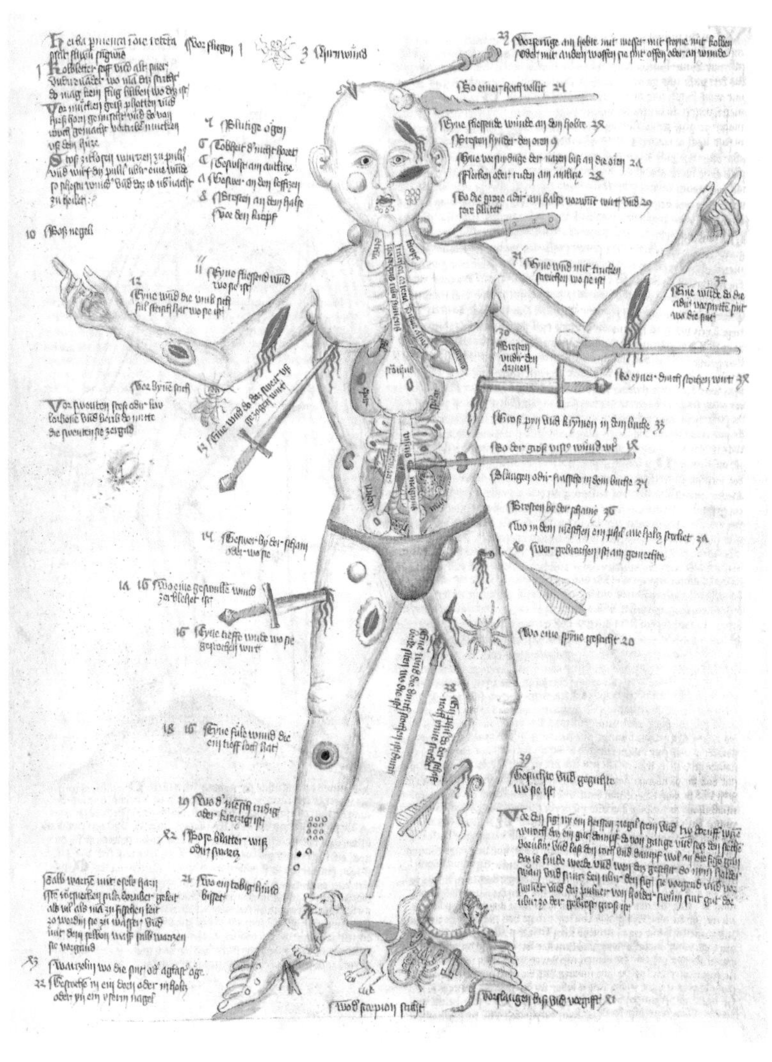

54. 1420년경 독일 바이에른에서 만든 필사본에 실린 '다친 남자.'
온몸에 갖가지 부상과 그 치료법을 빼곡히 표시했다.

펼쳐 보면 다음의 내용이 나온다.

> 14. 부상 부위: 대장*groze darm*이나 위장*magen*, 그 밖의 내장*gederme*을 다쳤을 경우의 치료법은 다음과 같다. 가느다란 실로 꿰매고 그 자리에 '붉은 가루*rot puluer*'를 뿌린다. 이 가루는 모든 상처에 효과가 있으며, 효험이 가장 좋은 가루의 재료 비율은 다음과 같다. 붉은빛이 매우 강한 검은 와인*swartz win* 9, 적철석 1, 육두구와 백유향 각각 1, 아라비아고무 3, '용의 피*sanguinem draconis*'로 알려진 용혈수의 수액과 미라 가루*mumie* 각각 1. 모든 재료를 함께 빻아 가루로 만들어 보관하고, 필요한 경우에 사용하라.

위의 글은 지혈제를 만드는 방법이다. 외과의는 상처에서 피가 유독 많이 나는 경우에 이 분말 형태의 지혈제를 사용해 출혈을 멈추고 실로 상처를 단단히 꿰매어 아물도록 했다.

중세 후기의 이 같은 외과 수술 기법은 몇 세기에 걸쳐 전문 지식을 받아들인 결과였다. 이 책의 앞쪽에서 치과 관련 지식의 제공자로 만난 적이 있는 10세기 아랍의 저술가 알자흐라위는 8자 봉합부터 까다로운 이중 봉합까지, 피가 나는 상처의 봉합법 몇 가지를 목록으로 만들어 정리했다. 7세기 비잔틴 제국의 외과의였던 아이기나의 바울Paul of Aegina은 수술에서 사용하는 봉합용 실은 고급 양모에서 뽑아야 하고, 찢어진 피부를 봉합해 닫으려 하는 의사는 인체의 층층 구조, 즉 연골과 근육, 피부의 차이를 속속들이 이해해야 한다고 상세히 설명했다. 그러나 다친 남자 그림에 나오는 분말형 지혈제의 재료들을 보면 중세 약학의 핵심에 자주 드러나는 특징, 즉 과거의 미신에 동조하는 경향이 떠오르기도 한다. 때로는 재료의 모양과 질감 자체가 희소성이나 가격, 체액과 호응하는 천연 특성 등의 가치만큼이나 귀하게 여겨졌기 때문이다. 피가 흐르지 않게 막는다는 분말의 조제법에 현저히 붉은 재료들이 들어가는 것은 결코 우연이 아니다. 예컨대 '붉은빛이 매우 강한' 검은 와인, 붉은색 염료를 만드는 주성분인 적철석 또는 산화철, 너무나 짙은 핏빛이라서 용의 피와 관련된 신비한 라틴어 이름*sanguinem draconis*을 지니게 된 용혈수龍血樹의 수액 같은 것들 말이다.

그러므로 비록 '다친 남자'는 영원히 피 흘리며 고통받는 상태로 고정됐을지라도, 만신창이가 된 그의 몸은 궁극적으로 상상 속의 매력적인 전령이었다. 그리고 중세의 외과의는 그 전령에게서 전해 받은 다양한 유형의 강력한 지식을 널리 전파하고 보급했다. 사실, 성혈의 비현실적인 힘은 더없이 실용적인 이러한 필사본에서조차도 실천적 조언들 사이에서 눈에 띄는 자리를 차지한다. 다친 남자 옆에 적힌 치료법을 보면 환자 곁에서 온갖 종류의 주문을 외우라는, 또한 동방박사 세 사람이나 성모 마리아 또는 그리스도에게 직접 기도를 드리라는 지시가 적혀 있다. 실은 그림 속 남자의 자세에서도 미묘한 종교적 영향이 드러나는 듯하다. 한 남자가 쓸쓸하게 서서 두 팔을 옆으로 쭉 펴고 온몸에 피를 흘리는 그림을 보았을 때, 중세의 독자들 다수는 그리스도의 고통스럽고 성스러운 수난을 비슷하게 묘사한 여러 그림이 머릿속에 단박에 떠올랐을 것이다. 어차피 당대의 많은 저술가들은 예수를 '치유사인 동시에 치료약*ipse medicus, ipsa medicina*'으로 묘사했다. 어쩌면 다친 남자의 베이고 멍든 상처에서 흐른 핏방울은 기도서의 책장을 물들인 붉은빛이나 신비한 제병에서 배어난 붉은빛과 하나가 되게끔 의도한 것인지도 모른다. 여기서도 피는 중세 유대인들을 지독하게 모함한 '피의 비방'과 똑같은 방식으로 다시금 의학적 사고와 종교적 사고를 깊숙이 얽어맨다. 즉, 더 세속적인 일상생활의 면면으로부터 순수한 종교적 정체성을 추출함으로써 몹시 강력하고 때로는 엽기적이기까지 한 하나의 비약秘藥을 만들어 내는 것이다.

55. 눈을 가리고 자신을 때린 사람이 누군지 맞히는 '장님 놀이'를 묘사한 소형 상아 부조. 14세기 프랑스에서 제작한 필기용 서판의 반쪽으로 추정된다.

손

대영 박물관의 지하에는 14세기에 프랑스에서 만든 조그마한 상아 조각판이 소장되어 있다. 크기가 가로 5센티미터에 세로 8센티미터밖에 안 되는 이 소장품은 손바닥에 쏙 들어올 정도로 조그맣다. 원래는 필기용 서판으로 쓰였으리라 추정된다. 똑같은 크기의 다른 소형 조각판과 앞뒤 쌍을 이뤄 자그마한 책처럼 여닫는 구조이며, 돋을새김으로 조각한 면은 바깥쪽 표지로 삼고 뒤편에 오목하게 팬 공간에는 밀랍을 얇게 채웠을 것이다. 서판의 주인은 이 딱딱하게 굳은 밀랍 면에 짧은 메모나 간단한 계산을 끄적거려 생각을 기록하거나 셈을 했을 테고, 나중에는 서판을 촛불 위에 통과시켜 밀랍을 녹여서 백지 상태로 되돌렸을 것이다. 마치 중세식 자석 칠판 장난감처럼, 한번 슥 휘두르기만 해도 필기 내용이 다 지워졌다는 뜻이다.

정교하게 만든 서판 앞면의 돋을새김 이미지는 뒷면의 밀랍보다 더 오랜 세월을 버텼다. 여기에는 건물의 벽감 세 개 속에 옹기종기 모여 있는 남녀 여럿이 묘사되어 있다. 궁정 귀족들로 보이는 이들은 몇몇은 서 있고, 한 명은 앉아 있고, 두 명은 바닥에 무릎을 댄 채로, 다 함께 중세 시대에 '귀한 조개*Haute Coquille*' 또는 '뜨거운 조개*Hot Cockles*'라는 별명으로 불린 '장님 놀이'를 하는 중이다. 이 놀이는 성적 함의가 강한 유희인 점을 감추려고 '뜨거운 손*La Main Chaude*'이라는 익살스러운 이름으로 불리기도 했다. 놀이를 하려면 먼저 눈을 가리고 엉덩이를 맞을 술래가 필요했다. 대영 박물관에 소장된 상아판을 보면 젊은 남성이 일행 한복판에 무릎을 꿇고 앉아 있고, 남성의 머리는 뒤를 돌아보지 못하도록 의자에 앉은 여성의 치마 주름 속에 파묻혀 있다. 크기가 조그마한 조각판인데도 불구하고 치마의 천에 덮인 남성의 윤곽은 마치 유령 같은 모습으로 세밀하게 새겨져 있는데, 여성의 왼쪽 허벅지를 슬금슬금 올라가는 남성의 손 윤곽을 보면 이 놀이의 성적인 속성이 이해가 간다. 엉덩이를 후려치는 동작 자체는 남성 뒤편에서 오른팔을 치켜든 두 여성의 모습이 예고하고 있다. 여성들의 커다랗게 과장된 손은 금방이라도 활짝 펼친 손바닥을 매섭게 휘둘러 남자의 엉덩이를 때릴 것처럼 보인다. 놀이가 끝나려면 눈을 가린 술래는 오로지 후려치는 손길이 얼마나 따끔한지를 단서로 자기 볼기를 때린 사람이 누구인지 알아맞혀야 한다. 만약 제대로 맞히면 술래는 상으로 입맞춤을 받는다. 조각판의 오른쪽 위, 놀이에서 이긴 후 아치 아래에서 남몰래 키스를 나누는 한 쌍처럼 말이다.

이 작품 속의 손은 노골적이다. 여기서 손은 건드리고, 뺨을 치고, 다독이고, 옷을 들추고, 가리키고, 더듬고, 어루만지고, 볼기를 갈긴다. 더 자세히 볼수록 더 많은 것들이 보인다. 치맛단으로 남성을 덮은 여성은 왼손으로 남성의 머리를 짚었고, 이와 동시에 오른손은 손가락을 묘하게 길게 뻗어 다른 사람들 쪽을 가리킨다. 볼기를 갈기는 두 사람은 다른 손으로 자신의 치마를 움켜쥐어 들추고 있다. 왼쪽 아래의 턱수염 난 인물은 아마도 두 여성 옆에 서 있거나 무릎을 꿇고 있었던 것으로 보이며, 두 손으로 사람들 사이를 헤치고 움직이다가 손을 활짝 펼친 채 여성들 사이로 슬금슬금 나오는 중이다. 심지어 조각의 왼편 끄트머리에 있는 여성, 하도 변두리에 있다 보니 무리에서 따돌림당하는 것처럼 보이는 이 인물조차도, 상아 부조의 전체 구도에서 중간 높이에 큼지막하게 펼친 손을 끼워 넣도록 허락받았다. 서판이 으레 그렇듯이 이 상아판 또한 손바닥에 올려놓고 사용했을 테고, 그러다 보면 앞서 설명한 세부 묘사들은 사용자의 손에 닿아 감각의 공명을 일으켰을 것이다. 즉, 이 상아 조각은 단순히 촉각을 지닌 신체 말단부의 형상만 전달한 것이 아니라, 만지기라는 행위가 한창 일어날 때의 감각 자체까지 전달했던 것이다.

중세의 촉각이라는 관념을 파악하기 힘든 까닭은 그 속에 수수께끼와 모순이 가득하기 때문이다. 투명한 광선과 진동하는 공기를 통해 전해지기 때문에 더 신비롭고 비현실적인 느낌이 나는 시각 및 청각과 비교하면, 심지어 더 구체적인 느낌이 나는 미각 및 후각과 비교하더라도, 촉각은 중세 시대의 오감 가운데 가장 천한 감각으로서 감각군의 가장 아래쪽 자리를 차지했다. 이는 어쩌면 촉각이 혼란스러울 정도로 동시적인 감각, 즉 철저히 능동적이지도, 철저히 수용적이지도 않은 감각이기 때문인지도 모른다. 우리가 무언가 만지려고 손을 뻗으면 이와 동시에 그 대상 또한 필연적으로 우리를 만지기 때문이다. 여기서 일어나는 일은 무엇일까? 우리는 만지는 걸까, 아니면 만짐을 당하는 걸까? 그도 아니면 둘 다일까? 촉각의 이 같은 조야한 성질은 달콤하게 귀를 파고드는 노래나 포근하게 코에 스며드는 천상의 향기, 서서히 색조가 변해 가는 아름다운 풍경처럼 다른 감각이 일으키는 환상적인 체험에 비하면 분명 천박해 보인다.

그러나 한편으로, 촉각에 명백히 수반하는 육체적인 직접성은 촉각 또한 가끔은 중세의 감각 가운데 없어서는 안 될 구성원으로 대접받았으리라는 증거이다. 중세에는 후각과 미각, 청각, 시각과 마찬가지로 촉각 또한 생기를 띠고 몸속을 순환하는 스피리투스를 통해 기능한다고 여겨졌다. 즉, 스피리투스가 피부 표면의 감각 정보를 뇌까지 전달해 인지시킨다는 것이었다. 그러나 다른 감각과 달리 촉각은 단호하고, 확고하며, 확정적이었다. 촉각은 우리를 둘러싼 세상을 직접 만져지는 존재로 바꿨다. 물론, 먼 곳의 소리를 듣는 청각이나 지평선 위의 형상까지 보는 시각에 비해 촉각은 대상과 거리를 두고 작동하지 못한다는 사실 때문에 모종의 아슬아슬한 근접성을 암시하기도 했다. 심지어 촉각을 가장 중요한 감각으로 여기는 경우도 있었다. 학자들은 촉각이야말로 삶에 반드시 필요한 단 한 가지 감각이라는 아리스토텔레스 같은 철학자들의 주장을 줄곧 인정했다. 그러니까 유기체는 다른 감각이 없어도, 즉 소리가 안 들리거나 눈이 안 보이거나, 냄새를 못 맡거나 맛을 못 봐도 살아갈 수 있지만, 촉각을 전혀 지니지 못한 생물은 근본적으로 생명이 없는 죽은 상태로 봐야 한다는 것이었다. 이러한 의미에서 촉각은 중세 시대에 생사를 판정하는 근본 기준으로 쓰였으며, 그 자체로 환자를 진단하는 수단이기도 했다. 환자의 몸을 여러 각도로 굽혀 통증의 강도를 알아내는가 하면, 몸 이곳저곳을 가볍게 두드리면서 특정한 울림이나 소리가 들리는지 귀를 기울이는 방법 또한 권장됐다. 이는 오늘날에도 의사들이 가슴 부위의 건강 상태를 가늠하고자 사용하는 방법이다. 의학의 권위자들은 손을 인체의 일꾼으로 묘사했고, 손을 사용해 몸의 특정 부위에서 붓기나 질감, 습도 등을 파악한 까닭은 오로지 환자의 상태를 이해하기 위해서였다. 병은 의사의 손끝을 통해 예리하게 감지되기도 했던 것이다.

촉각의 도구들

이처럼 치유력을 지닌 촉각이 중세 의학과 만나 중요하게 대접받으면서 한 가지 문제가 생겨났다. 만약 의사가 반드시 손이 아니라 도구로 진료를 해야 한다면? 환자의 피부를 가르고, 꿰매고, 이어 붙여야 한다면? 만약 촉각이 직접 만져서 진단한다는 특징 때문에 귀한 대접을 받는다면, 촉각이 제거된 상태로 환자를 대하는 것은 문제가 있지 않을까?

이러한 의문에 답하기 위해 중세의 외과의들은 의료 도구와 자신들의 몸을 관념적으로 합쳐서 생각하는 사고방식을 서서히 계발했다. 특히 의학 저술가들은 탐침과 가위, 수술칼 같은 여러 도구를 사용자의 손이 직접 연장된 것으로 보았다. 이처럼 떼려야 뗄 수 없는 유대관계는 애초에 '수술surgery'이라는 말의 어원이 된 그리스어와 라틴어 의학 용어 모두에 어느 정도 깃들어 있다. 그 말의 뿌리에 해당하는 그리스어 케이루르고스*χειρουργός*와 라틴어 키루르기아*chirurgia*는 둘 다 '손'과 '일'을 가리키는 단어의 결합형이기 때문이다. 중세 초기의 고영어Old English 문헌에는 외과의와 외과 수술용 도구를 가리키는 용어를 서로 바꾸어 사용한 경우가 적지 않은데, 이는 의료 도구와 그 도구를 사용하는 사람들이 직접적으로 결합됐다는 뜻이다. 또한 중세 후기의 영어 문헌에서도 의학 전문 용어와 몸을 가리키는 일상 용어를 섞어 쓰는 경우가 눈에 띈다. 반지를 끼는 넷째 손가락은 곧잘 약손가락*leche fingir*으로 일컬어졌는데 이는 의사*læce*를 가리키는 고영어에서 비롯된 말이었다. 넷째 손가락이 약과 연관된 까닭은 약을 섞어서 바를 때 흔히 이 손가락을 사용했기 때문이고, 반지와 연관된 까닭은 이 손가락의 핏줄이 심장으로 곧장 이어졌다고 믿었기 때문이다. 앙리 드 몽드빌, 즉 이 책의 앞부분에서 피부가 벗겨진 남자의 생생한 그림을 통해 피부 관련 저작의 내용을 설명한 프랑스의 외과의는, 아예 한 술 더 떠 쇠로 만든 자기 수술칼의 축나사와 칼날을 외과의의 실제 손톱과 손가락으로 묘사했다. 이탈리아의 의사였던 밀라노의 란프랑코Lanfranco da Milano(약 1245-1306)는 외과의에게는 모양이 잘 잡힌 손이 중요하며 손가락이 기다랗고 가느다래야 한다고 강조한 반면, 동시대 플랑드르 지방의 의학 저술가였던 얀 이페르만(약 1260-1330)은 외과의에게 필요한 손을 다음과 같이 서술했다. "손가락이 기다랗게 뻗어 있어야 하고 덜덜 떨지 않아야 한다."

이 외과의들이 수술할 때 사용했을 정교한 도구를 가만히 살펴보면 그들의 말이 무슨 뜻인지 차츰 이해가 간다. 현존하는 중세 시대

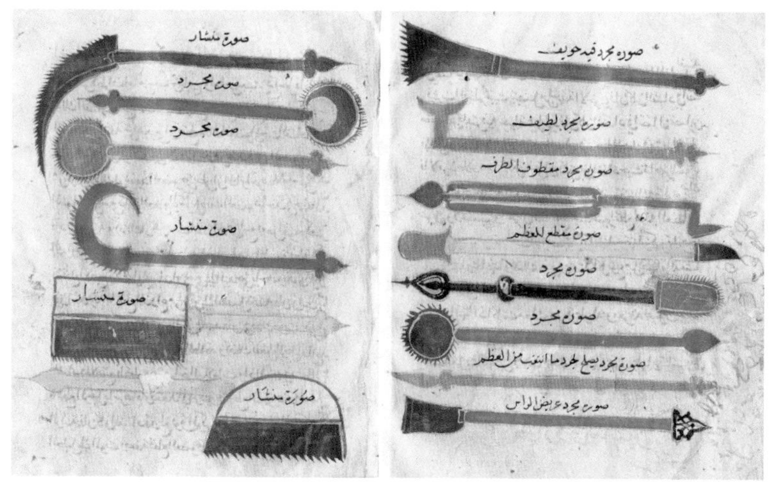

56. 13세기의 저술가 알자흐라위의 『의료 방법론』에 묘사된 수술 도구들.

의 도구는 그 수가 극히 드물뿐더러, 귀중품 컬렉션에 포함되어 말끔한 상태로 현대까지 전해진 경우 또한 많지 않다. 그럼에도 불구하고 의학 필사본 속에는 공들여 그린 삽화들이 엄연히 남아 있고, 이는 적게나마 중세의 수술 도구를 이해할 단서가 된다. 그중 가장 널리 알려진 사례는 알자흐라위가 쓴 영향력 있는 일련의 논문으로서, 그는 전 30권짜리 저작인 '키타브 알타스리프كتاب التصريف لمن عجز عن التأليف', 즉 『의료 방법론』의 마지막 권에서 수술에 관해 다뤘다. 이 책에는 수술 도구 약 200점의 그림이 실려 있는데, 모양이 기다란 도구 사이사이에 설명문이 한 줄씩 끼어 있는 식이다. 페르시아의 외과의 만수르의 책에서 골격 삽화에 묘사된 뼈들이 실제 형태가 아니라 간략하게 왜곡된 형태로 그려졌듯이, 알자흐라위의 책에 실린 수술 도구 삽화 또한 독자에게 정확한 모양과 크기를 전해 줄 목적으로 만들어지지 않았다. 아랍어 필사본 원본이든 라틴어 번역본이든, 아니면 나중에 인쇄된 판본이든 간에, 알자흐라위의 수술 도구들은 대개 길이가 기다랗고 색깔이 현란했으며, 커다랗게 과장해서 그린 톱날이 붙었거나 깃털처럼 부드러워 보이는 신기한 모습으로 묘사되어 있다. 그럼에도, 이렇게 호화로운 그림 자료는 이러한 책을 집필하고 펴낸 외과의들에게 위의 도구들이 얼마나 중요했는지를 명백히 보여 준다. 수술 도구 손잡이의 화려한 세공과 날 끄트머리의 미세한 장식까지 오랜 시간 공들여 표현한 점에서 전문가의 손으로 만든 값비싼 물건이라는 사실이 드러나는 것이다.

이런 식으로 수술 도구를 전시한 것은 곧 직업상 사용하는 도구들이 병원의 대외적 위신에서 중요한 부분을 차지했다는 방증이기도 하다. 직업에 필요한 도구를 적절히 갖춘 의사는 자신이 숙련도와 전문성을 겸비했다고 선전하는 셈이었는데, 이는 오늘날의 의사가 환자에게 숙련되고 출세한 전문의의 손길 안에 있다는 느낌을 주려고 진료실 내부를 잘 꾸며 놓거나, 멋지게 생긴 최신 진단 장치 등을 갖추는 것과 마찬가지이다. 중세의 외과의에게 질 좋은 수술 도구는 몹시 중요했기 때문에 의사의 유언장에는 주요한 유산으로 흔히 수술 도구가 등장했다. 중세 후기 런던에 살았던 외과의 앤터니 코퍼지는 강철로 만든 수술 도구 전체를 자기 하인 조지에게 물려주며 자신과 '똑같은 진로를 선택할 것'을 상속 조건으로 걸었다. 코퍼지가 자신이 소유한 희귀 서적과 가장 값진 옷들, 심지어 아내 앞으로 남기는 사적인 유품까지 적어 놓은 유언장에 나란히 명시한 수술 도구들은 분명 그의 재산 가운데 으뜸가는 귀중품이었다. 한편 외과의 길드는 수술 도구의 보유 여부를 명분으로 개업을 승인함으로써 업계를 규제하기도 했다. 공공 단체였던 이들 길드는 규모와 명성이 상당히 커지는 경우도 있었다. 예컨대 중세 후기 잉글랜드의 요크주에서는 이발사 겸 외과의barber-surgeon 길드가 의료계의 영향력 있는 세력이었다. 이 길드의 회원들은 해마다 열리는 성극 공연 준비부터 신입 회원 등록까지 다양한 활동을 도맡았다. 일부 아마추어 의료인들은 제도의 빈틈을 이용하곤 했다. 런던에 있는 성 바살러뮤 병원의 기록을 보면 톱으로 사지를 절단해야 하는 환자에게 '수술을 실행'하기 위해 이름이 갤럽인 목수를 불렀다고 적혀 있다. 이는 명백히 갤럽이 해부학의 전문가이기 때문이 아니라, 단순히 그가 수술에 알맞아 보이는 도구를 소유했기 때문이다. 그럼에도, 공인받은 전문의의 처지에서 자신이 속한 직업 공동체로부터 수술 도구를 사용해도 좋다는 승인을 받는 것은 높은 숙련도와 사회적 지위를 동시에 인정받는 일이었다. 실제로 길드의 승인은 내려질 때뿐 아니라 취소될 때에도 중요했다. 만약 회원이 회비를 미납하거나 기술 및 도덕성 면에서 일정 기준에 못 미치는 등 길드의 규정을 어겼다가 적발되면, 진료를 금지당하고 수술 도구까지 압수당할 위험이 있었다. 외과의에게서 수술 도구를 빼앗는 것은 일할 때 사용하는 손을 빼앗는 것과 마찬가지였다.

중세의 수술 도구는 심지어 그 자체에 타고난 동력이 있다고 여겨지기도 했다. 이는 아리스토텔레스의 철저한 추종자들, 즉 촉각이라는 능력을 산 자와 죽은 자를 가르는 차이로 여긴 사람들에게는 얼토당토않은 생각이었다. 차갑고 단단한 금속으로 이루어진 수술칼이나 톱에는 생명력이 아예 없어야 마땅하기 때문이다. 그러나 이 묵직하고 생기 없는 도구들은 창의적이고 상상력이 풍부한 중세 사람의 손에서 생명을 부여받곤 했다. 오늘날 남아 있는 중세 수술 도구의 형태는 대부분 유기적이고 매우 역동적이다. 도구 표면의 무늬는 나뭇잎 모양을 채택한 경우가 많고, 은은하게 빛나는 꽃잎 모양 금박 장식이나 덩굴 모양 상감 세공 장식을 덧붙이기도 했다. 다른 도구 중에는 활동적인 동물의 모양을 띤 것도 있는데 손잡이를 매의 대가리 모양으로 만들거나, 본체에서 비죽 삔은 부분을 주름진 코끼리의 코 모양으로 만들어 활기를 더하는 식이었다. 사람의 얼굴과 입 모양 또한 손잡이나 결합부 같은 곳에 금세라도 튀어나올 것처럼 묘사해 장식한 경우가 많았다. 당대의 의학 문헌이 외과 수술을 마치 입으로 물어뜯는 기술처럼 과장되게 묘사한 점을 감안하면, 이처럼 구강 고착적인 생생한 표현은 수술 도구와 특히 잘 어울린다. 당대의 저술가들은 글 속에서 질병이 전파되는 양상이나 수술 도구가 몸을 파고들며 움직이는 광경을 묘사할 때 '씹다'나 '베어 물다' 또는 '갉아먹다' 같은 동사를 거듭 되풀이해 사용했다.

당대의 문학 작품에 나타난 수술 도구 묘사 또한 이렇게 활기찬 디자인과 맥을 함께한다. 문학이라는 허구의 영역에서 도구는 훨씬 더 생생하게 살아 움직였다. 톱은 푸주한이나 나무꾼에 더해 외과의까지, 몇 가지 상이한 전문직의 종사자들이 공통적으로 사용하는 도구였다. 중세 영어 시에서 톱은 단순히 톱날 끄트머리에 장식된 동물 머리를 통해 세상을 구경하고 톱니 모양 이빨이 달린 날로 눈앞에 있는 것은 뭐든지 파먹어 들어가는 데 그친 것이 아니라, 아예 말

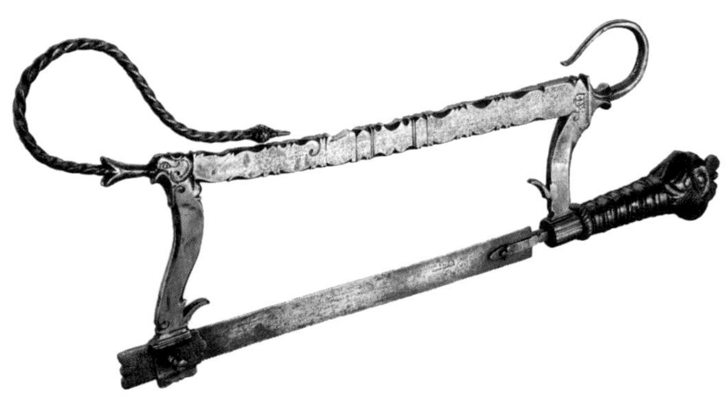

57. 16세기 초 서유럽에서 만들었으리라 추정되는 수술용 톱.
중세 초기의 특징을 여럿 지니고 있다.

까지 했다. 잉글랜드의 레스터셔주에서 15세기에 만든 필사본에 수록된 『목수 연장 회의록*The Debate of the Carpenter's*』이라는 제목의 시를 보면, 살아 있는 연장들이 목공 장인의 작업대 위에서 시끌벅적하게 토론을 벌인다. 토론의 주제는 주인의 생업이 번창하게 하는 가장 좋은 방법은 무엇인가이지만 그보다 더 시급한 문제는, 술이라면 사족을 못 쓰는 주인의 몫까지 대신하려면 자신들이 얼마나 열심히 일해야 하는가이다. 도끼와 죔쇠 같은 연장들이 한바탕 불만을 쏟아내고, 나중에 등장한 톱은 그들에게 열심히 장단을 맞춘다. 바로 앞의 발언자인 컴퍼스를 주정뱅이 주인의 옹호자로 몰아 질책하면서 말이다.

네가 떠벌리는 말은 호언장담일 뿐이야
왜냐면 네가 아무리 낮밤으로 일한들

우리 주인은 부자가 되지 못할 테니까.
술집 아낙한테 아주 딱 붙어서 살거든.

목수의 톱은 외과의의 톱이나 수술칼과 마찬가지로 고된 업무와 숙련된 기술을 상징하며, 굳건한 충절과 장인 특유의 건전한 상식을 구현한다. 지각을 갖추고 말하는 존재로서 환자의 온몸을 만지는 수술 도구들은 때때로 자신이 활약하며 목격한 수술의 세계에 관해 유창하게 발언하는 논평가로 변신하기도 한다. 훗날 독일에서 만들어져 지금은 비엔나에 소장된 수술용 톱을 보면 등 부분에 짤막한 시가 새겨져 있다. 이 시는 '톱'과 '격언'이라는 두 가지 뜻을 지닌 독일어 단어 *spruch*를 이용해 보는 이에게 이러한 도구가 불러일으키는 두려움과 희망을 동시에 연상시킨다.

톱/ 격언:
여기 놓인 내 모습 서슬 퍼렇고
두려움과 약점, 큰 고통이 떠오르지만
맡은 바 할 일을 다 마치고 나면
나 고통을 지나 기쁨에 이르렀으리.

손이라는 편리한 장치

중세의 필사본 책은 의학서, 이야기책, 시집 등 분야를 막론하고 본문 가장자리 여백에 손을 묘사한 그림이 어마어마하게 많이 그려져 있다. 사실, 인체의 다른 어떤 부위보다 더 많이 그려진 것이 바로 손이었다. 오늘날 손가락표manicule, ☞로 알려진 이 그림은 가느다란 손에 몹시 긴 손가락들이 달려 있고, 그중 한 개가 쭉 뻗어나가 책 본문의 특정 부분을 가리킨다. 중세 독자들의 유산인 이 조그만 손 그림은 읽는 이의 시선을 잡아끌기 위해 일부러 만든 것으로서, 지시하는 대상은 중요한 구절 또는 유독 결정적인 내용이 담긴 장의 첫머리, 아니면 아예 책 주인이 지금은 알 수 없는 이유 때문에 나중에 다시 펼쳐보고 싶었던 본문 속의 한 대목이었다. 하나의 표시물로서 이 그림은 페이지 가장자리에 적어 놓은 사적인 메모를 가리키는 경우도 적지 않다. 또한 필사본 책이 지닌 긴 역사의 이런저런 순간에 여러 사람이 덧붙여 놓았을 가능성도 있어서, 책의 사용 방식에 다층적인 의미를 더하는 면도 있다.

이러한 페이지 가장자리의 손 그림은 중세의 독서 행위를 보여주는 한 가지 감질 나는 퇴적물에 지나지 않는다. 그리고 이와 비슷한 퇴적물 가운데 중세의 책 읽기 경험이 오늘날과 꽤 달랐으리라고 암시하는 것은 적지 않다. 중세의 기록을 보면 당시에는 편지를 비롯한 교신용 문서를 수신인이 혼자 읽고 마음에 담아 두기보다, 곁에 누가 있든 아랑곳없이 전령이 큰소리로 낭독했다는 묘사가 반복적으로 나타난다. 또한 당시 일상적인 독서가 개인의 머릿속에서 소리 없이 이루어지는 묵독이었는지, 아니면 독서하는 동안 소리 내어 책의 내용을 읽었는지는 아직도 결론이 나지 않은 논쟁거리이다. 그러나 무엇보다도, 오늘날 남아 있는 손가락표는 중세의 독서가 촉각에 얼마나 크게 의지하는 일이었는지를 단적으로 보여 준다. 당대의 독자들은 본문의 한 줄 한 줄을 손끝으로 짚으며 차근차근 읽어 나갔고 책장을 넘길 때에는 엄지손가락으로 귀퉁이를 눌렀기 때문에, 양피지 책 중에는 반복적으로 손때가 묻은 탓에 거의 새까매진 것도 있다. 그 정도가 하도 심하다 보니 오늘날의 보존 전문가는 농도계 같은 장비를 이용해 책의 페이지가 얼마나 지저분한지 측정하고 특정한 글에서 가장 때가 많이 묻은, 따라서 가장 인기가 좋았던 단락을 찾아내기도 한다. 여기가 바로 책 주인이 여러 번 되풀이해 들춰 본 곳이기 때문이다. 중세 독자들이 값비싼 책을 이렇게 험하게 다루지 말라는 경고를 받지 않은 것은 아니다. 10세기 에스파냐의 필경사였던 플로렌시오 데 발레라니카Florentius de Valeranica는 독자에게 아래와 같이 글쓰기의 괴로움과 어려움을 상기시켰다.

> 글쓰기가 얼마나 고된 일인지 궁금하다면, 보라. 글을 쓰는 사람은 눈이 침침해지고, 허리가 굽고, 배와 갈비뼈가 끊어질 듯이 쑤시고, 콩팥이 고통으로 가득 차며, 몸에 온갖 병이 자리를 잡는다. 그러므로 독자여, 책장을 넘길 때에는 천천히 넘기고, 손은 책에서 먼 곳에 둘지어다. 우박 섞인 돌풍이 작물을 망치듯이, 부주의한 독자는 책과 글을 모두 망가뜨리나니. 항구가 뱃사람을 포근히 품듯이, 책의 마지막 행 또한 글쓴이를 포근히 맞이하리라.

그러나 어떤 독자들은 참는 법을 알지 못했다. 독서하는 동안 책에 손을 대는 것은 일상적인 행위였을뿐더러, 책장에는 자연스레 나날의 때가 묻게 마련이었다. 이는 또한 정서적으로 고조된 순간을 드러내는 지표이기도 하다. 악당과 악마의 이름이나 삽화는 지워지거나, 긁히거나, 날카로운 것에 찔리거나, 잉크로 덧칠된 흔적이 눈에 띈다. 개중에는 사랑받은 탓에 망각 속으로 사라진 이미지도 있다. 특히 성인들의 이미지는 독자가 손으로 너무 많이 어루만진 탓에 닳아서 아무것도 남지 않은 경우가 많다. 성스러운 경전을 이런 식으로 의도치 않게 훼손하는 일을 막으려고 유대인들은 야드י를 사용했다. 히브리어 문자 그대로 '손'을 뜻하는 이 짤따란 금속 지시봉은 경건한 거리를 두고 경전을 읽어 나가도록 봉 끄트머리에 실제 손의 축소 모형을 단 경우가 많았다.

손가락은 필사본 책에 흠집을 내고 더럽힐 때뿐 아니라 책에 적힌 정보를 암기할 때에도 유용한 도구였다. 이탈리아의 음악 이론가였던 귀도 다레초Guido d'Arezzo(약 991-1033)는 손을 이용해 혁신적인 가창 학습법의 얼개를 세웠다. 그는 그리스 로마 시대부터 중세 초기까지 다양하게 반복되며 발달한 음악 기록 방식인 6음 음계를 문서화한 다음, 이 6부 체계의 각 음에 이름을 붙였다. 이때 붙인 이름인 우트*ut*, 레*re*, 미*mi*, 파*fa*, 솔*sol*, 라*la*는 오늘날의 솔페주*solfège* 학습법에도 남아 있다. 뒤이어 그는 이 각각의 음을 손가락 관절 주위에 분포한 열아홉 개 지점에 하나씩 배정했다. 원래 중세 이탈리아의 몬테카시노 수도원에서 만들어져 오늘날에도 그곳에 소장된 이탈리아어 필사본을 보면 손 여기저기에 음의 이름이 흩어져 있는 그림이 실려 있다. 이 음들을 연결하면 소용돌이 모양이 만들어지는데 먼저 엄지손가락 끄트머리의 우트G에서 시작해 레A와 미B를 따라 손바닥으로 내려갔다가, 손가락 뿌리 부근의 파C와 솔D, 라E, 우트F를 지난 후에 새끼손가락을 따라 올라가 다시 레G, 미A, 파B를 반복한 다음, 손가락 네 개의 끄트머리 지점을 빙 돌아 중심부로 돌아가는 식이다. 이러한 체계는 개별 음계에 주의하며 복잡한 곡을 암기할 때 유용했다. 어쩌면 음악 교사들은 학생에게 새 노래를 가르칠 때 이 방법을 이용해 멀찍이 떨어진 곳에서 학생에게 어떤 음을 잘못 냈는지 눈으로 확인시켜 주고 바로잡았을지도 모른다.

이처럼 귀도의 손이 가창자에게 과거의 악곡 또는 성가를 상기시키거나 그 곡을 현재 시점에서 악보로 기록하는 데에 도움이 됐다면, 미래의 일을 직감으로 내다보는 분야에서도 이와 비슷한 방식으로 손이 유용하게 쓰였다. 수상술chiromancy, 즉 사람의 손금을 보고 앞날의 일을 예측하는 행위는 고대 세계에 널리 알려진 신비한 기술이었으며, 여러 귀중한 의학 문헌과 마찬가지로 상세한 아랍어 원전의 번역을 통해 중세 서유럽으로 전해졌다. 그러나 체액의 분포 상태 및 신체 부위 전반의 질병을 폭넓게 이해하라고 장려하는 보건 관련 저작들과 다르게, 수상술 책은 오로지 손바닥 및 손가락의 여러 부위에 있는 손금과 무늬의 미세하고 사소한 차이에만 관심을 집중시켰다. 13세기의 한 영어 필사본에 수록된 마법 의식용 손의 삽화는 손금 읽기에서 가장 중요한 지점들을 쉽게 찾도록 손 이곳저곳에 온통 글씨가 적혀 있다. 손바닥에 나 있는 큰 선 또는 주름 세 줄은 손 한복판에서 삼각형 비슷한 모양을 형성하는데 사람들은 이 모양을 보고 손 주인이 오래 살지 일찍 죽을지, 전쟁에 나가 명예롭게 싸울지 아니면 비겁하게 숨을지, 만약 죽는다면 물에 빠져 죽을지 아니면 불에 타서 죽

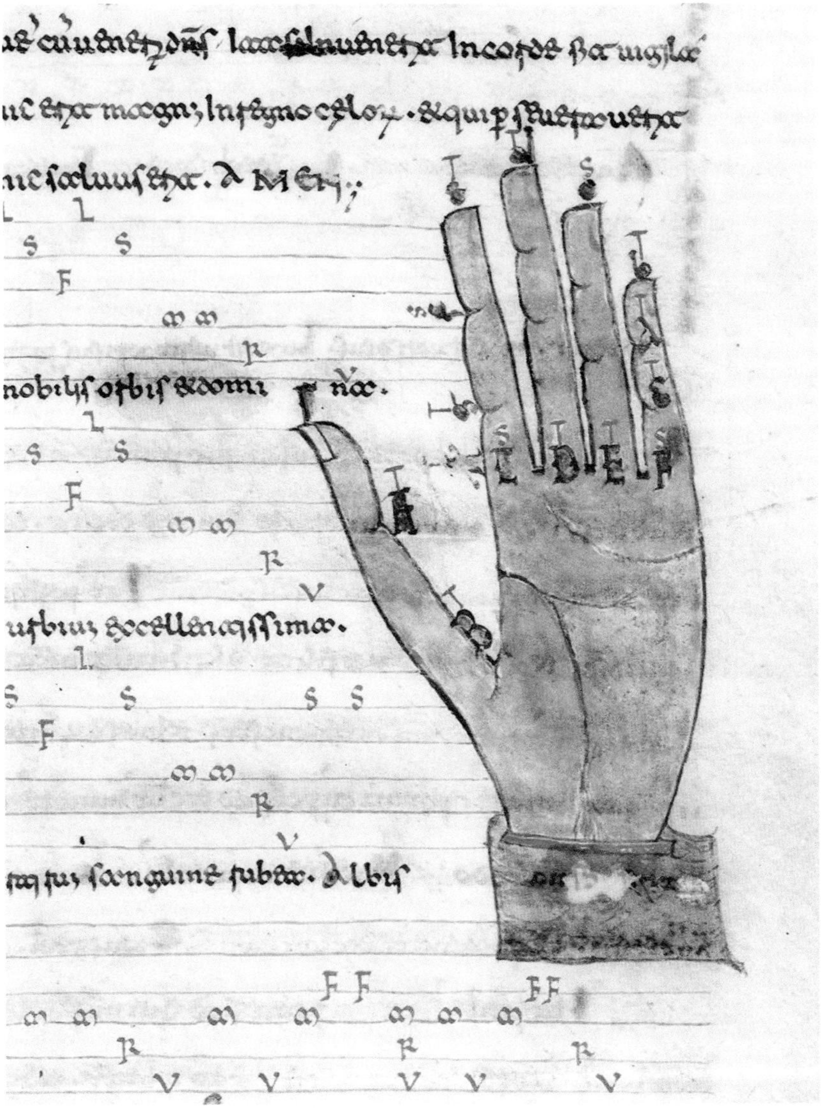

58. 11세기 말경 이탈리아에서 만든 음악 문헌에 수록된 귀도의 손.

을지 등을 점쳤다. 한편 손가락 관절 안쪽의 접히는 부분에 조그마한 둔덕처럼 다닥다닥 붙은 살은 손 주인이 자식을 여럿 낳고 병에 걸려도 거뜬히 낫는다는 점을 넌지시 알렸다. 또한 손가락 길이나 흰 손톱 모양도 갖가지 특질의 단서가 되곤 했는데 여기에는 다리를 다치기 쉬운 체질과 만개하는 지적 능력, 막대한 수입, 심지어 살인자가 될 기질까지 포함됐다.

이처럼 중세의 손에는 미세하면서도 복잡한 기호들로 이루어진 점술 체계가 화려한 꽃을 피웠다. 손가락 뿌리 근처에 생긴 십자가 모양은 예기치 못한 파멸을 부르는 저주의 상징이었다. 중간에 선을 그은 문자 'C'처럼 생긴 모양은 주교의 지위에 오르리라는 예언이었던 반면, 원 두 개가 중복된 'oo' 모양은 손 주인이나 주인의 남동생이 머잖아 고환을 잃으리라는 예언이었다. 물론 이런 식의 근거 없는 점술을 얼마나 진지하게 받아들일지는 오늘날과 마찬가지로 중세에도 사람에 따라 천차만별이었다. 당대의 일부 자료는 수상술을 단순히 실없는 소일거리이자 사람을 미혹에 빠뜨리는 요술로 묘사한다. 그러나 수상술에서 중요하게 보는 지점 가운데 참모의 도덕성이나 아내가 될 사람의 정절과 순결을 가늠하는 지점이 포함된 것을 보면, 진지한 해석이 필요한 경우에는 손금도 어느 정도는 진지하게 받아들여졌으리라 추정된다. 중세 사람들은 더 자세히 볼 마음만 먹었다면 자신들의 양팔 끄트머리에 책을 읽고 노래할 때 사용하는 도구가 달려 있을 뿐 아니라, 앞으로 펼쳐질 인생 전체의 지도마저 그려져 있다는 것을 알아차렸을지도 모른다.

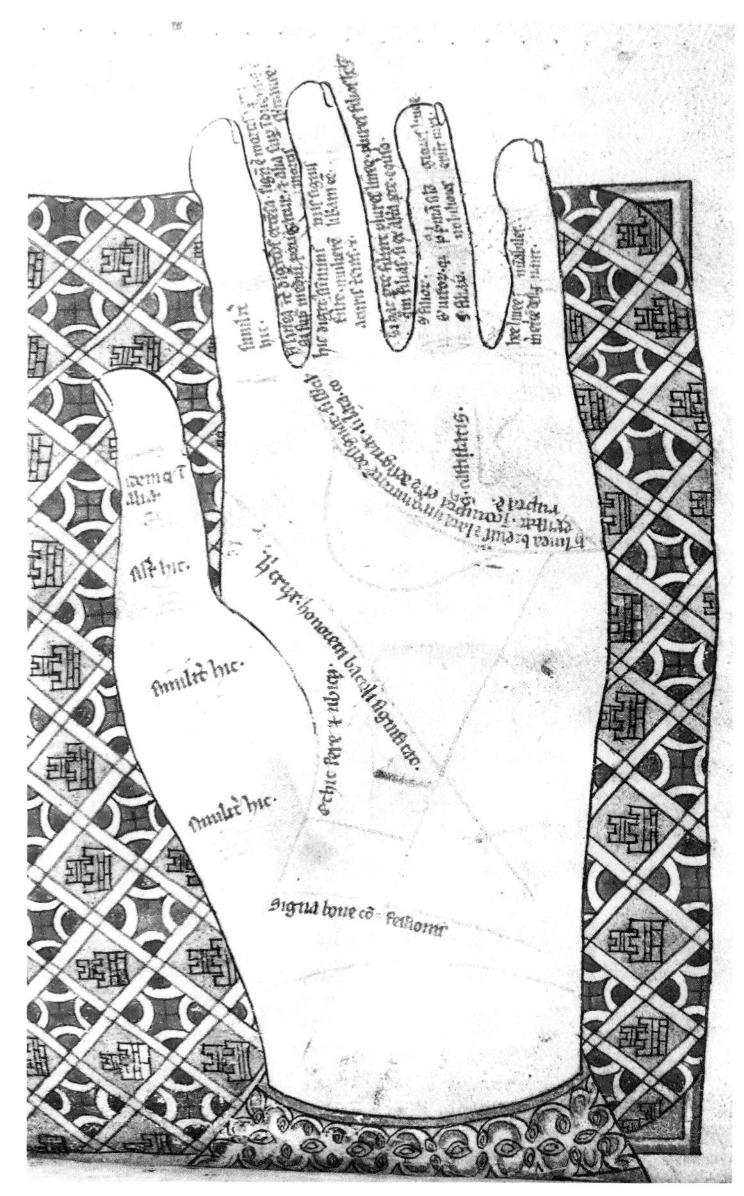

59. 1290년대 잉글랜드에서 만든 의학 서적에 실린 손 그림.
수상술에 따른 해석이 적혀 있다.

수신호와 손잡기

소용돌이 모양으로 노래하는 법을 가르치는 귀도의 손이나 손금 읽는 법을 가르치는 그림은 중세의 복잡한 사고 체계를 보여 준다는 점에서는 중요하지만, 그러한 인식 틀이 존재한다는 사실은 흥미로운 동시에 안타깝기도 하다. 왜냐하면 이들은 수없이 많은 신호와 상징이 사회적 관습으로서 중세 시대에 분명히 존재했다고 증명하는 한편으로, 이 세련된 손짓 언어가 지금은 완전히 사라져 버렸음을 우리에게 일깨우기 때문이다.

이 사라진 관습 가운데 일부는 문서상의 짤막한 기록을 통해 어렴풋하게 암시된다. 예컨대 노섬브리아 왕국의 권위 있는 저술가였던 베다 베네라빌리스Beda Venerabilis(약 673-735)는 720년대에 쓴 글에서 손가락으로 숫자를 세는 정교한 방법에 관해 적었다. 이에 따르면 두 손의 여러 손가락을 각각 접고 오므리고 굽혀서 서로 다른 여러 가지 조합을 만들어 0부터 9,999까지 모든 개별 숫자를 표시하는 일이 가능했다. 오늘날 이런 식의 수신호는 바쁜 시장의 양쪽 끄트머리에서 서로 가격을 알려 주는 상인과 경매사, 또는 항해 중인 배에서 갑판을 사이에 두고 수신호를 주고받는 선원들의 모습으로 머릿속에 떠오른다. 수도사였던 베다가 그런 방식의 신호를 알았던 것 또한 놀랄 일은 아니다. 수도 생활을 하는 일부 종교 시설에서 묵언 규칙을 엄격하게 적용한 점을 감안할 때, 수도원 같은 곳이 원활하게 돌아가려면 수신호 체계가 반드시 필요했을 것이기 때문이다. 10세기 무렵 클뤼니 수도원에 살던 수도사들의 사례를 살펴보도록 하자. 프랑스 동부의 명망 있는 종교 기관인 이 수도원은 알렉상드르 뒤 소메라르가 훗날 중세 박물관이 된 저택의 이름을 따온 곳이기도 하다. 이곳의 수도사들은 신앙생활 속에서 몰아의 경지에 이르는 것을 매우 중시한 나머지, 인간이 하는 대부분의 활동보다 기도를 우선시하는 새롭고 몰입적인 수도 생활을 제창했다. 금식과 금욕, 또 극히 오랜 시간 동안 계속하는 성가 제창과 마찬가지로, 기도에 뒤이은 철저한 침묵 또한 프랑스식 전통 수도 생활의 특징이었다. 묵언은 말로 저지르는 죄를 방지하는 목적뿐 아니라 천사를 흉내 냄으로써 수도사의 기도를 천국에 더 철저히 전하려는 목적도 있었다. 클뤼니파 수도사들은 천사의 입에서 나오는 것은 오직 노래뿐이라고 믿었기 때문이다. 그러나 이는 말처럼 쉬운 일이 아니다. 설령 수도원 거주자들이 천사에게 걸맞지 않은 행위인 대화에 자신들도 관여하지 않겠다고 한들, 요리와 글쓰기, 밭 가꾸기 같은 활동을 하루아침에 그만둘 수는 없는 노릇이기 때문이다. 따라서 묵언 수행이 자리를 잡기가 무섭게 곧바로 신호 체계가 생겨났고, 그 덕분에 수도사들은 일상생활에 꼭 필요한 활동을 하기가 수월해졌다. 이러한 수도원식 손가락 수다가 실생활에서 어떻게 쓰였는지 다시 구현하기란 쉽지 않다. 그러나 당대에 만들어진 몇 안 되는 필사본에 수록된 희귀한 수신호 목록을 보면 수도사들이 익혀야 했을 장소와 사람, 사물 등을 의미하는 신호 118가지가 기록되어 있다. 그중에는 다음과 같은 내용도 포함된다.

> 채소로 만든 요리를 뜻하는 신호는 한 손가락 위로 다른 손가락을 끄는 것이다. 채소를 요리하기 전에 칼로 썰 때처럼.

오징어를 뜻하는 신호는 양손의 손가락을 모두 따로따로 벌린 채 한꺼번에 움직이는 것이다. 오징어는 몸이 여러 부분으로 이뤄졌으므로.

바늘을 뜻하는 신호는 다음과 같다. 먼저 양 주먹을 맞부딪혀 금속인 것을 밝히고, 뒤이어 한 손에는 실을 들고 다른 손에는 바늘을 든 시늉을 한 다음, 실을 바늘귀에 끼우는 몸짓을 한다.

성모 마리아를 뜻하는 신호는 한쪽 눈썹 끝에서 반대쪽 눈썹 끝까지 이마를 따라 손가락으로 훑는 것이다. 이는 여성을 뜻하는 신호이므로.

좋은 것을 뜻하는 신호는, 그것이 무엇이든 간에, 턱 한쪽 옆에 엄지를 붙이고 다른 손가락들은 반대쪽 옆에 붙인 다음 턱 끝으로 손을 천천히 내리는 것이다.

나쁜 것을 뜻하는 신호는 얼굴 위로 손가락을 펼친 다음, 뭔가 붙잡아 찢어발기려는 새의 발톱 모양을 따라 하는 것이다.

이러한 과거의 서술 증거가 더 나오면 나올수록 몸짓과 손동작이 중세 신앙생활의 본질적 일면이었다는 점이 밝혀지는데, 이는 항구적인 침묵을 맹세한 공동체의 구성원이 아닌 사람들도 마찬가지였다. 당대의 이슬람교 학자들은 성직자가 설교를 할 때 손을 움직이면 설교의 의미가 더 명확해지는 현상에 관해 논했으며, 크리스트교 사제들은 미사를 올리는 동안 의도적으로 두 팔을 높이 들어 넓게 벌려서 양팔을 활짝 편 십자가 위의 그리스도를 흉내 내도록 교육받았다. 가슴 앞에서 양손을 모으는 손동작은 여러 종교의 교리에서 신앙과 힘을 함께 지닌 상징으로서, 소망과 기도의 의미를 동반한다. 또한 이 손동작은 신자로 하여금 자신의 영혼을 개방하는 동시에 신을 심장 가까이 받아들이도록 장려하는 의도로 고안된 것이기도 하다.

이 같은 상징은 대중적인 종교 문화 관련 물품에서도 나타난다. 성해함을 손으로 만지는 것은 성지를 방문했다는 분명한 표지일 뿐 아니라, 성인의 유해를 직접 만나서 얻은 영적이고 육체적인 은혜를 물리적으로 흡수하는 확실한 방법이기도 했다. 그러나 어떤 의미에서는 성해함도 순례자를 만지는 셈이었다. 성해함 중에는 공들여 장식한 상자 모양만 있는 것이 아니라 실제 팔뚝과 똑같은 모양으로 만든 것도 있었으며, 이러한 성해함은 축복을 상징하는 자세로 고정된 손도 함께 만들어 완성도를 높였다. 그렇다고 해서 그 속에 성인의 손가락이나 팔, 또는 성인의 팔뚝에서 나온 자뼈나 위팔뼈가 반드시 들어 있었던 것은 아니다. 손 모양 성해함 속에는 어떠한 유골이 들어 있어도 무방했다. 사실, 중요하게 여겨진 것은 손 모양 자체에 깃든 잠재력이었다. 이들 성해함은 그 손 모양 때문에 마치 축복을 내리는 실제 성인의 손인 것처럼 신도들을 향해 흔드는 일이 허용되곤 했고, 이로써 성해함의 핵심부에 들어 있는 신성성을 겹겹이 늘어선 신도들에게 퍼뜨렸던 것이다. 손동작은 교회뿐 아니라 세속의 공동체 또한 이와 거의 비슷한 방식으로 단결시켰다. 법조계에서 증인이 양손을 높이 들거나 성서에 올려놓는 행위는 오늘날의 법정에서와 마찬가지로 중세에도 증언에 앞서 구두로 하는 선서와 똑같은 효력을 지녔다. 혼인 계약 또한 연인 간의 '손잡기handfasting'로 결정됐는데, 두 사람이 손을 단단히 잡는 행위가 곧 약혼을 공표한다는 뜻이었다. 이 손동작은 사랑의 상징으로서 너무나 큰 인기를 끌었기 때문에 맞잡은 손은 심장과 마찬가지로 정표情表와 유품, 반지 등의 단골 도안이 됐다. 잉글랜드 체셔주의 원윅에 있는 세인트오즈윌드 교회에서 2006년에 발굴된 중세 후기의 브로치는 보존 상태가 하도 훌륭해서, 원형 테두리에 새겨진 맞잡은 손 한 쌍의 형태가 지금도 또렷하다. 뒷면에 가슴 아프게도 물망초일지도 모르는 꽃들이 조그맣게 새겨진 이 브로치를 왜 만들었는지는, 브로치 앞면의 동그란 테두리를 따라 꼭 두 연인의 옷소매를 따라 적은 것처럼 영국식 프랑스어로 새긴 다음의 문구에 분명히 드러난다. "나를 생각해 줘요*pensez de moy*."

60. 원윅 브로치.
15세기에 황금으로 만든 이 조그마한 정표는 원형 핀에 맞잡은 손 한 쌍을 새긴 형태이다.

손을 통한 접촉은 이보다 덜 성애적인 충성 서약에서도 중요한 구실을 했다. 개인은 자신이 섬기는 왕이나 칼리프에게 복종의 서약을 암송함으로써 충성을 맹세했는데, 이 맹세는 양편이 손을 맞잡아야 비로소 공식적으로 확정됐다. 왕실 관습에서 특히 중요한 임무를 수행했던 이러한 종류의 몸짓은 이전의 고전 고대에서 중세 시대까지 계속 이어져 내려온 것으로 보인다. 군주는 신이 지상에 내린 대리자의 자격으로 여러 복잡한 예식을 치르며 남의 손에 만져지기도 하고, 거꾸로 남을 만지기도 했다. 나크셰 로스탐نقش رستم은 이란의 고대 도시인 페르세폴리스의 인근에 위치한 공동묘지로서, 이곳에 남아 있는 3세기의 돌을새김 조각상에는 사산조 페르시아의 왕 아르다시르 1세가 조로아스터교의 신 아후라 마즈다에게서 군주의 상징인 반지를 건

61. 사산조 페르시아의 왕 아르다시르 1세가 왕권의 상징인 반지를 쥔 모습으로 묘사된 3세기의 돌을새김 조각. 이란의 나크셰 로스탐에 위치한 고대 묘지에 남아 있다.

네받아 힘껏 쥐고 있는 모습이 커다랗게 새겨져 있다. 훗날 맘루크 왕조의 술탄이나 아바스 왕조의 칼리프가 치른 아랍풍의 왕권 수여식에서는 군주가 날이 휜 베두인족 검을 손에 들거나 허리에 찬 모습이 눈에 띄었다. 유럽의 군주들 역시 대관식에서 대주교나 다른 고위 성직자의 손을 통해 이마에 성유聖油를 바르는 의식을 치렀다. 이 의식은 구약 성서에서 선지자 사무엘이 몹시 존경받는 전사이자 왕이었던 다윗에게 행한 예법을 연상시킨다. 그리고 중세 시대 후기에 이르면 거꾸로 군주 본인의 손길이 존귀한 존재로 변신하는데, 이 현상은 대관 예식이 끝난 직후에 특히 두드러졌다. 이 시기 군주의 손길은 너무나 카리스마가 넘쳐서 가끔은 왕이 만져 주는 행위를 통해 온갖 질병이 낫는다고까지 여겨졌다. 림프샘에 결핵성 부종이 생겨 목 주위가 붓고 커다란 부스럼이 생기는 연주창은 이처럼 제왕의 손길에 닿아야 낫는다는 인식이 너무나 강했던 탓에 라틴어로 '제왕의 병' 또는 '왕의 병폐'를 뜻하는 모르부스 레기우스*morbus regius*가 병명이 됐다. 11세기 이후 프랑스와 영국의 연주창 환자들은 자기 나라 군주를 알현하고 기적 같이 치유받을 기회를 특별히 허락받았다. 그 치유의 손길이 정확히 어떤 방식으로 내려졌는지는 두루뭉술하게 기록되어 있다. 어떤 군주는 아픈 백성의 얼굴과 목을 한참 동안 쓰다듬어 줬을지도 모르지만, 다른 이들은 그저 머리만 살짝 다독였을지도 모른다. 어느 쪽이든 왕의 손에는 위중한 병을 씻은 듯이 치유하는 강력한 힘이 있었다.

이 같은 군주의 손은 씻는 일 자체가 몹시 까다롭기도 했다. 중세 이슬람교 세계에서는 일찍부터 손과 보건 사이에 확고한 연관 관계가 있다고 여겨졌다. 기도를 올리려면 반드시 먼저 몸을 정결히 해야 한다는 『쿠란』의 가르침에 따라 몸 씻기는 정기적인 의식이 됐으며, 여기에는 손과 발, 얼굴, 때로는 몸 전체가 포함됐다. 어떤 이들은 목욕재계를 예법의 사소한 부분쯤으로 여겼을지도 모르지만, 어떤 이들에게는 손 씻기가 진정한 창의성의 산실이 되기도 했다. 1206년경 아랍의 학자이자 기술자였던 이스마일 알자자리Ismail al-Jazari (1136–1206)는 저서인 『기발한 기계 장치 지식서الجامع بين العلم والعمل النافع في صناعة الحيل』의 집필을 마쳤다. 9세기 바그다드에서 하나둘 등장한 일련의 기술 교범 가운데 가장 공들여 만든 이 책에는 다양한 자동 기계의 제작법이 간략히 수록됐다. 여기 실린 기능적인 장치 중에는 움직이는 짐승이나 사람의 모습을 한 것도 적지 않다. 삽화가 실린 판본 가운데 일부는 알자자리의 꼼꼼한 설명과 색색의 그림이 함께 어우러져 기계 장치에 생기를 더하고, 삽화 속의 기호들은 각각 저자가 제작 방법을 길게 적어 놓은 각주와 연결된다. 이러한 필사본에는 코끼리 모양 시계, 부력을 이용해 연주하는 사중주단 인형, 자동으로 닫히는 성문, 기계를 이용한 사혈 장치 같은 여러 발명품과 함께 알자자리가 자기 후원자였던 아르투크 왕조의 군주 살리흐에게 의뢰받아 만든 기계 한 점이 실려 있다. 알자자리는 책에 이렇게 적었다. "왕께서는 손 씻기 의식을 행할 때 하인이나 여종이 부어 드리는 물을 손에 받기 싫어하신다." 이 문제를 해결하고자 발명가는 커다란 정자처럼 생긴 정교한 장치를 고안했다. 왕이 지렛대를 당기면 장치 위쪽의 물통에 저장된 물의 수압 때문에 장치 꼭대기에 있는 새가 지저귄다. 뒤이어 주전자에서 대야로 물이 쏟아지는데 이 주전자를 받쳐 든 기계 하인은 속이 비어 있는 구리 모형으로서, 왕이 세수할 때 사용할 거울과 빗도 함께 들고 있다. 또 다른 모형 새가 손 씻은 물을 배출하고 나면 마침내 기계 하인이 자동으로 왼손을 내려 왕에게 손 닦을 수건을 제공함으로써 멋들어진 마지막 동작을 수행한다.

군주의 손에 그토록 꼼꼼한 관심을 쏟아 부은 것은 사리에 맞는 일이었다. 미사를 집전하는 동안 두 팔을 활짝 벌려 회중에게 축복을 내리는 사제, 그리고 자신의 손가락이나 마찬가지인 도구로 환자의 온몸을 만지며 치료하는 의사와 더불어, 왕은 상태 변화를 일으키는 멋진 힘을 사지 말단부에 타고난 극소수의 중세인 반열에 들었기 때문이다. 중세 시대의 손은 세계를 자기 안으로 불러들였다. 손길은 경험과 사물, 사람, 장소에 형상을 부여했고, 장님 놀이의 장난스러운 볼기 치기부터 혼인을 의미하는 굳건한 손잡기까지 온갖 일을 실행시켰다. 5세기의 신학자 성 아우구스티누스는 사람들의 손 자체가 그의 표현에 따르면 '보이는 말*verba visibilia*'로 기능한다는 가설을 세웠다. 비록 그 손짓 언어로 우리에게 말을 걸 중세의 손은 오늘날 한 짝도 남아 있지 않지만, 다행히도 그 언어는 예술 작품과 이제는 희미해진 관습에 여전히 남아 있다. 악수로 계약을 확정하거나, 기도로 악마를 퇴치하거나, 손으로 음악을 가르치거나, 손금을 읽어 생사를 좌우하는 식으로 말이다.

62. 필경사 아브드 알라티프가 필사한 이스마일 알자자리의 책 『기발한 기계 장치 지식서』. 1315년 시리아에서 필사한 판본으로 추정된다. 왕의 손을 씻어 주는 기계 장치에 지저귀는 새 모형과 손을 다 씻으면 수건을 건네주는 하인 모양의 자동인형이 갖춰져 있다.

배

투파일리طفيلي는 남들에게 빌붙어 사는 되바라진 먹보였다. 중세의 여러 아랍어 문학 작품에 등장하는 이 전형적인 인물은 탁월한 불청객이었다. 온갖 교활하고 우스꽝스러운 꾀를 구사하며 어떠한 연회나 잔치에도 초대장 없이 알아서 들어가곤 했기 때문이다. 그의 수법은 손님 행세로 문지기를 속이거나, 가까운 이웃집 발코니에서 훌쩍 뛰어 대문을 넘거나, 잔치에 가는 손님들에게 신사다운 온정을 베풀어 자신도 몰래 데리고 들어가 달라고 부탁하는 식이었다. 연회 주최자의 주머니를 가능한 한 많이 터는 것, 이를 위해 연회의 술을 진탕 마시고 요리를 잔뜩 먹어치우는 것 또한 투파일리의 목적이었다. 때로는 정체를 들켜서 쫓겨나기도 하고 때로는 대담한 재치를 발휘한 덕분에 계속 머물러도 좋다는 승낙을 받기도 하며, 투파일리는 배가 목구멍까지 꽉 차기 전에는 결코 연회를 떠나는 법이 없었다.

이런 유의 익살맞게 과장된 식탐은 중세 시대 지중해 연안 전역에서 되풀이해 나타나는 문학적 비유이다. 아마도 14세기 초 아일랜드에서 씌었으리라 추정되는 시 「풍요의 나라*The Land of Cokaygne*」에는 성적으로 방종한 수도사들이 사는 수도원이 나오는데, 이 수도원 일대는 먹거리가 어찌나 풍족한지 아예 건물 자체가 먹어도 되는 맛난 간식거리로 만들어졌을 정도이다.

개인 방과 커다란 홀이 있으니
벽이 모조리 파이와 빵으로,
값진 음식과 생선으로, 고기로,
사람 입에 가장 흐뭇한 것들로 지어졌도다.
지붕 기와는 하나같이 케이크로 얹어,
예배당과 회랑, 기도실, 홀을 덮었도다.
나무 기둥인 양 서 있는 굵다란 푸딩,
군주와 왕에게 걸맞은 푸짐한 요리로다.

비슷한 시기에 고古프랑스어로 쓴 파블리오*fabliau*, 즉 외설적이고 속된 대중적 형식의 시 중에도 이와 비슷하게 식탐을 다룬 이야기가 있다. 제목이 〈파리의 세 귀부인*Les Trois Dames de Paris*〉인 이 이야기시에는 마르그 클루에와 마루아 클리페, 그리고 둘의 친구인 티페뉴 부인이 등장한다. 1320년의 운명적인 밤, 동방 박사들이 아기 예수 탄생을 축하하러 온 일을 기리는 공현 축일의 축제에서, 세 여성은 술집을 찾아 마음껏 즐긴다. 음식을 실컷 먹고 술도 진탕 퍼마신 후에 흥에 겨워

거리로 몰려나간 세 사람은 옷을 죄다 벗고 춤을 추다가, 이내 길에 털썩 쓰러져 정신을 잃는다. 시체로 오인당한 삼인조는 인근의 레지노상 공동묘지로 질질 끌려가 묻힐 뻔했지만, 이내 과음으로 인한 혼수상태에서 간신히 깨어나 먹을 것을 더 내놓으라고 조른다. 근처에서 일하던 사토장이들은 납골당의 해골 더미 앞에 있는 세 사람을 발견하고 깜짝 놀라 겁에 질렸을 테고, 이들의 부활은 틀림없이 '디아블*dyable*', 즉 악마의 소행이라고 욕을 퍼부었을 것이다.

여기서 식탐은 단순히 추잡하고 상스러운 짓이 아니라, 더 사악한 악마의 소행과 궤를 같이한다. 어쨌거나 식탐은 크리스트교의 일곱 대죄大罪 가운데 하나였기 때문이다. 〈파리의 세 귀부인〉 같은 경우는 구약 성서의 「창세기」 이후 흔히 나타나는 서술 기법에 의지하는데, 다름 아닌 음식에 대한 걷잡을 수 없는 열정과 모든 것을 차지하고 싶은 포악한 욕망, 그중에서도 특히 채워지지 않는 성욕을 하나로 결합하는 것이었다. 14세기 시인 단테 알리기에리는 장대한 서사시 『신곡』의 첫 권에서 지옥을 묘사하며 모든 유형의 식탐을 위해 따로 마련된 심판의 원을 이야기한다. 이 악취가 진동하는 진흙탕은 타고난 욕심쟁이들이 스스로 지은 죄 때문에 더러운 비와 우박에 끊임없이 두드려 맞으며 영원토록 벌을 받는 곳으로서, 죄인들은 저마다 비와 우박에 젖지 않으려고 쉬지 않고 몸을 비틀며 꿈틀대지만 헛수고일 뿐이다. 이곳에서는 단테가 '거대한 벌레*il gran vermo*'로 칭한 괴물 케르베로스가 그들을 감시한다. 대가리가 세 개이고 진흙을 먹는 이 무시무시한 짐승은 배가 어마어마하게 크고 식욕도 끝이 없다.

식탐을 뜻하는 라틴어 굴라*gula*는 식도gullet를 가리키는 해부학 용어이기도 했다. 식도는 중세에 위장 및 창자와 함께 소화계를 이루는 기본 요소였다. 중세 사람들이 생각하기에 일단 목구멍을 넘어간 음식물은 식도를 띠처럼 둘러싼 근육인 빌루스*villus*의 운동 덕분에 아래쪽으로 내려갔다. 그렇게 내려가서 도착하는 곳은 오스 스토마키*os stomachi*, 즉 문자 그대로 '위장의 입'에 해당하는 부위였다. 음식물은 여기서부터 위장 내부에 축적됐으며, 일부 저술가들은 위장이 안쪽으로 가해지는 압박과 부담을 견디도록 공 모양으로 만들어졌으리라 추측했다.

하나의 일관된 과정으로서, 소화는 몸속의 제각각 떨어진 세 지점에서 일어나는 세 가지 활동을 통해 이루어진다고 여겨졌다. 그중 첫째는 배에서 시작됐다. 음식물은 위장과 창자를 지나는 동안 몸의 소화 능력에 의해 정제되는데 이때 제거된 배설물은 나중에 용변을 통해 몸 바깥으로 배출되고, 정제 과정이 끝나면 암죽chyle이라는 희끄무레한 액상 물질이 남는다. 뒤이어 이 액체를 대상으로 소화의 둘째 단계가 일어나는데 그 장소는 바로 간이다. 갈레노스는 암죽이 따뜻한 내장 속에서 데워지는 과정을 가리켜 빵 굽기나 술 발효시키기와 비슷하다고 묘사했다. 암죽을 데우면 피를 비롯한 체액이 만들어지고, 이렇게 만들어진 체액을 심장이 펌프질해 몸의 말단부까지 흘려보내는 과정이 곧 소화의 셋째이자 마지막 단계였다. 몸의 말단부에 이른 체액은 핏줄로부터 몸의 다른 부위로 동화됐다. 씹어서 삼킨 음식물이 습기와 열을 지닌 채 바깥쪽을 향해 쉬지 않고 흘러가는 물질로 변형되고, 이로써 한층 더 커다란 인간의 몸에 연료가 되어 준 것이다.

중세 시대 의사에게 소화란 음식물에서 영양분을 흡수하는 자연 과정인 동시에 시술과 치유의 중요한 경로였다. 무엇을 먹었느냐에 따라 소화 과정에서 생성되는 체액 자체의 분량과 조합이 달라지는 점을 감안하면, 입으로 먹는 약은 환자의 몸속 균형을 확실히 조절하는 수단이기 때문이다. 이는 중세 시대의 대다수 일반인이 이용할 수 있었던 몇 안 되는 질병 치료법 가운데 하나로서, 당대인들은 기록에 남아 있지 않은 현지 치유사들(의학 교육을 받았든 받지 않았든)의 지시에 따라 체액별로 유용한 혼합물을 매우 다양하게 복용했으리라 추정된다. 물론, 문서화가 더 잘 이루어진 전문 의료 영역에서는 숙련된 내과의 및 외과의들이 많은 문헌을 쓰고 또 읽으며 내복약으로 처방되는 갖가지 약재의 다양한 치료 효과에 관해 상세히 논했다. 이러한 성격의 책은 보통 본초서本草書, herbal로 알려졌는데 이는 약용 식물을 정리한 문헌의 통칭으로, 거슬러 올라가면 고전 시대 의학 선구자들의 저작까지 포함한다. 현존하는 가장 오래된 본초서는 6세기에 만들어진 필사본으로서, 기원후 70년 무렵 그리스의 외과의 디오스코리데스가 처음 집필해 훗날 『약물학*materia medica*』이라는 제목으로 알려진 저작이 바로 이 필사본을 통해 오늘날까지 전해진다. 이 책에는 무려 수백 종이나 되는 식물의 상세한 특징이 개별 표본을 묘사한 작은 삽화 수백 점과 함께 기록되어 있다. 이러한 그림들이 디오스코리데스의 1세기 저작에 처음부터 실려 있었는지, 아니면 더 나중에 등장한 중세의 회화 기법으로 약재 및 식물을 묘사했는지는 분명치 않다. 어느 쪽이 진실이든 간에, 장식적인 표현법이 특히 흥미로운 이러한 책들은 중세 초기에 특별한 대우를 받았다. 이는 단조로운 묘사가 특징이던 당대 의학 문헌들 속에서 그러한 표현법이 적잖은 가치를 지녔다는 의미이다.

한 덩어리로 묶여 『가짜 아풀레이우스 문헌집*PseudoApuleius Complex*』이라는 공통의 제목이 붙은 일련의 글들을 보면, 이처럼 느슨하게 묶인 필사 원고들이 광범위한 주제를 다룰 뿐 아니라 언뜻 절충주의로 보이는 경향을 띠는 점이 잘 드러난다. 그러한 글들의 중심은 문헌집 제목과 이름이 같은 로마의 저술가 '가짜 아풀레이우스PseudoApuleius'의 본초서로서, 이 책은 디오스코리데스의 책과 마찬가지로 갖가지 식물의 이름 및 의학적 활용법을 하나하나 소개한다. 그러나 위의 문헌집에는 몹시 이질적인 동시에 궁금증을 자아내는 소재도 종종 포함됐다. '베토니'라는 이름의 식물(오늘날의 석잠풀stachys officinalis)에 관한 글이나 뽕나무(이질과 치통, 생리통의 특효약으로 여겨졌다)에 관한 글, 오소리(신비한 성질을 두루 지닌 짐승이었기에 말려서 가루를 내면 강력한 만병통치약이 된다고 여겨졌다)를 약재로 활용하는 방법에 관한 논문 등이 그러했다.

그 문헌집의 중세 초기 사본 가운데 12세기에 만들어진 책을 보면, 이처럼 매우 이질적인 주제들이 책 속에 묘사되면서 얼마나 쉽게 서로 섞이는지가 드러난다. 책의 각 장에는 약초와 땅속 및 땅 위에 자라는 식물의 삽화뿐 아니라 포유류와 곤충, 환상 속의 동물 등을 조그맣게 묘사한 그림들이 함께 수록되어 있다. 책 속 한 면의 왼쪽 위에는 브라시카 실바티카*brassica silvatica*, 즉 야생 양배추 또는 유채에 관한 설명과 함께 해당 식물의 그림이 있다. 이 그림은 세밀하게 표현하기는 했으나 사진처럼 현실적으로 묘사하지는 않았기 때문에, 특정한 표본을 찾아 숲 바닥을 샅샅이 뒤질 때 참고삼아 꺼내어 볼 목적으로

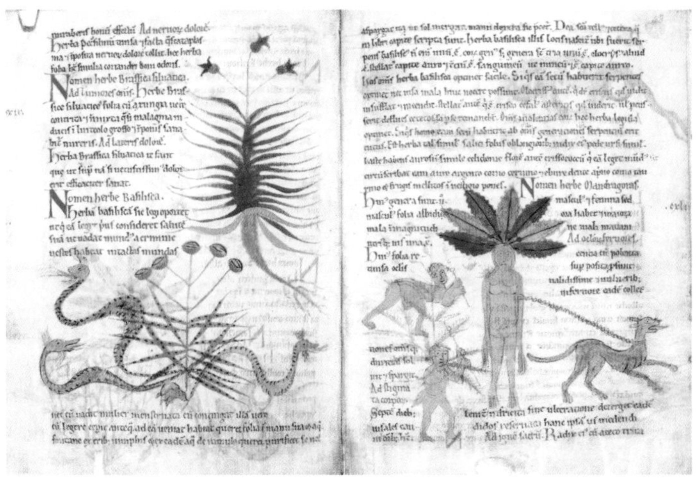

63. 약학 및 의학을 폭넓게 다룬 『가짜 아풀레이우스 문헌집』에 실린 브라시카 실바티카(야생 양배추 또는 유채)와 바실리스카(바질), 만드라고라(맨드레이크) 항목. 12세기 영국에서 제작한 사본이다.

그린 것은 결코 아니다. 무엇보다 이 책은 커다랗고 무지막지하게 비쌌기 때문에 그런 식으로 들고 다니기에는 너무 부피가 크고 귀한 물건이었다. 이 삽화에서는 오히려 도식적인 느낌이 난다. 그림 속 식물의 주요 특징들은 분류학적 효과를 내도록 과장되었다. 수평으로 자란 암녹색 이파리, 꽃잎이 세 장인 자주색 꽃, 노랗게 변해가는 뿌리와 그 아래쪽에서 굵다랗게 자라난 덩이뿌리 등이 모두 과장된 모습으로 그려졌다는 말이다. 이는 책 속에 빽빽이 실린 수많은 약초 가운데 브라시카를 찾을 때 눈에 잘 띄는 표지판이 되도록 의도한 결과이다.

그러나 실제 식물 또한 민담에 나올 법한 면모를 하고서 책의 지면을 빼곡히 차지한다. 브라시카 그림 아래에는 혀가 가시 모양이고 생김새는 뱀과 비슷한 가상의 동물인 바실리스크basilisk 세 마리가 자리 잡고 있다. 이들은 자기네 이름의 어원인 바실리스카*basilisca*, 즉 '바질'의 뿌리 속에 자리를 잡고 서로 얽혀 있는 모습으로 그려졌다. 그 오른편에 있는 치명적인 만드라고라*mandragora* 또는 맨드레이크는 살덩이처럼 생긴 구불구불하고 굵직한 뿌리 때문에 절반은 식물이고 절반은 사람이라는 허무맹랑한 이야기로 잘 알려졌다. 맨드레이크는 땅에서 뽑히는 순간 비명을 지르는데 그 소리가 너무나 커서, 들은 사람은 누구나 귀가 먹어버린다고 전해진다. 그래서 앞의 삽화에는 두 남자가 개에게 사슬을 묶어 맨드레이크를 땅에서 뽑도록 시키고 있다. 짐승은 귀를 찢을 듯한 맨드레이크의 비명에 영향을 받지 않기 때문이다.

이처럼 특이한 추가 항목들을 보면 중세 시대의 의학 및 신체 관념이 늘 실제와 환상 사이를 오갔다는 점이 새삼 떠오른다. 한편으로 이들은 본초서의 지면에 나란히 적힌 글 속에서 실제로 사용할 수 있는 재료로서 다루어졌으며, 갖가지 질병 치료에 거리낌 없이 권장됐다. 바질의 경우에는 세 가지 색을 띤 세 가지 변종을 열거하고 각각 신경통과 부종에 상이한 약효를 발휘한다고 적혀 있다. 맨드레이크 또한 여느 덩이뿌리 식물과 다를 바 없이 소개했는데 말린 껍질과 뿌리와 잎이 효과가 썩 괜찮은 두통약이며, 특히 수면제로 좋다는 식이었다. 그러나 한편으로 이처럼 가장 근본적인 원재료를 다루는 책에서조차도 중세의 의술은 우리 눈에 명확히 정의된 과학으로 보이는 것과 그보다 훨씬 더 추상적인 것 사이에 끼어 있는 것처럼 보인다. 중세의 의술은 철학과 종교의 영역에서 비롯된 사고에 예술적 상상을 주입하여 기꺼이 융합함으로써 우리가 사는 세계와 비교할 수 없이 창의적이고 유연한 보건의 세계를 만들어낸 것이다.

회식과 단식

식용 식물과 치료법을 전해 주는 의학 논문과 더불어 중세 시대의 요리책 또한 약 50종이 온전한 형태로 오늘날까지 남아 있다. 이러한 책들은 다양한 형태를 띤다. 호화로운 삽화가 가득한 본초서처럼 정성을 기울여 성대한 연회의 사치스러운 양상을 묘사하는 책이 있는가 하면, 단편적인 요리법 목록이나 귀족 가문의 기본적인 주방 기록만 제공하는 책도 있다. 두 가지 경우 모두 책의 내용이 흡사 암호처럼 파악하기 힘들 때가 있다. 14세기 초 나폴리에서 라틴어로 집필된 『요리의 책*Liber de coquina*』은 이탈리아 북부의 롬바르디아주에서 남부의 캄파니아주를 거쳐 시칠리아섬까지 다양한 향토 요리의 조리법을 망라할 뿐 아니라, '잉글랜드 방식으로*ad usum Anglie*'나 '프랑스 방식으로*ad usum Francie*' 같은 조리법도 포함하고 있다. 각 지역 요리의 경향은 분명 1300년대의 이 시점에 이미 확립된 지 오래인 것으로 보이지만, 조리법의 세부 사항은 지금도 여전히 모호한 상태로 남아 있다. 예컨대 레몬을 곁들인 닭 요리를 가리키는 리모니아*limonia*의 조리법은 다음과 같다.

> 리모니아를 만들려면 먼저 닭을 지방 및 양파와 함께 볶는다. 그런 다음 깨끗이 씻은 아몬드를 잘게 부수고 육수에 불려 체에 거른다. 이렇게 거른 아몬드 육수에 닭과 향신료를 넣고 조리한다. 아몬드가 없으면

육수에 달걀노른자를 풀어 되직하게 만든다. 식탁으로 내가기 직전에 레몬즙이나 라임즙 또는 오렌지즙을 뿌린다.

현대 요리책에 익숙한 오늘날의 요리사는 이 대목에서 낭패를 당할 만도 하다. 닭은 몇 마리일까? 지방은 어떤 고기에 붙은 것을 얼마만큼 써야 할까? '육수'는 무슨 고기로 만들어야 할까? 닭이 다 조리되려면 얼마나 걸릴까? 하지만 이러한 중세 조리법은 수량이나 단위, 기법, 시간 등을 밝히는 경우가 거의 없기 때문에, 대개는 당대 요리사들 사이에 이미 잘 알려진 조리법과 요리를 떠올리게 하는 정도였으리라 추정된다. 오랜 경험을 쌓은 끝에 부유한 영주에게 고용된 전문가이든, 조그만 농가의 주방을 책임지는 정도의 요리사이든, 이러한 조리법을 시도할 때에는 그야말로 최소한의 지시 사항에 의지해, 그것도 손에 넣을 수 있는 재료로, 임기응변하는 수밖에 없었다. 조리법의 결과물은 레몬 치킨이나 라임 치킨, 오렌지 치킨일 수도, 그렇지 않으면 마늘 치킨이나 양파 치킨일 수도 있었다. 이는 구할 수 있는 재료가 무엇인지에 달린 문제이자, 당연히 먹는 사람의 입맛이 어떠한지에 달린 문제이기도 했다.

어떤 경우에는 글의 행간에서 요리사가 지닌 기술 자체의 흔적이 희미하게 포착되기도 한다. 다음은 1393년에 만든 가사 지침서인 『파리 주부의 살림 비결*Le Ménagier de Paris*』에 실린 크레이프 조리법이다.

크레이프.

밀가루에 달걀을 흰자와 노른자 모두 넣고 섞은 다음, 소금과 와인을 더해 한참 동안 휘젓는다. 조그만 무쇠 팬에 약간의 기름을, 또는 기름과 신선한 버터를 같은 분량으로 넣고 지글거릴 때까지 달군다. 그런 다음 새끼손가락 굵기의 구멍이 뚫린 그릇을 준비하고 여기에 휘저은 반죽을 담아 팬 중앙부에서 시작해 전체에 고루 펴지도록 붓는다. 다 익은 크레이프를 접시에 담고 그 위에 고운 가루 설탕을 흩뿌린다. 무쇠 또는 놋쇠 팬은 지름이 손가락 세 개 길이이고 테두리 높이가 손가락 절반인 것을 사용한다.

오늘날의 프랑스식 크레이프와 마찬가지로 위의 조리법에도 밀가루와 달걀이 함께 들어가지만, 여기에는 와인도 들어 있다. 당시에는 와인이 오늘날보다 훨씬 더 묽었기 때문에 물이나 우유의 살균 처리된 대용품으로 쓰였다. 그런데 여기서 우리는 조리에 사용하는 화력의 다양한 세기와 용도별로 특화된 그릇 및 프라이팬 같은 단서를 통해 실제로 요리를 만들고 있는 중세 주방의 분위기 또한 포착할 수 있다. 더 나아가 조리 도구의 크기를 결정하는 단위로 손가락을 활용하고, 귀와 코를 이용해 조리용 버터가 지글거리는 순간을 정확히 파악하는 요리사의 모습까지 떠올리기에 이른다.

이러한 초창기 요리책은 대부분 특권층을 위한 요리를 소개했기 때문에, 기록으로 남아 있는 유럽 전역의 요리 스타일은 주로 상층 계급의 취향에 맞춘 것들이다. 그러한 요리법을 따르려면 결국 글을 읽을 줄 알아야 했는데 하층 계급 요리사는 애초에 가능성이 차단된 경우가 많았다. 게다가 그러한 요리를 조리법대로 재현하려면 적잖은 비용과 주방 일꾼 여러 명이 필요했을 것이다. 제목이 『요리의 서書』

A Boke of Kokery』인 영어 요리책에는 1443년 존 스태퍼드가 캔터베리 대주교에 서품된 일을 축하하는 성대한 연회의 내용이 열거되어 있다. 여기 등장하는 요리들은 그야말로 방대하다고 해도 과장이 아니다. 첫 번째 코스는 사슴 고기와 소고기, 거세한 수탉, 꿩, 고니, 왜가리, 도미와 커스터드이다. 이어지는 두 번째 코스는 다시 나온 거세한 수탉과 황새, 또다시 사슴 고기, 토끼 고기, 자고새, 도요새, 잉어와 튀김이다. 그리고 세 번째 코스는 향을 입힌 크림과 젤리, 수프, 멜론, 물떼새, 호박 케이크, 뜸부기, 메추라기, 비둘기, 다시 등장한 토끼 고기와 튀김이다. 여기에 더해 각각의 코스가 끝날 때마다 소텔테*sotelte*라는 이름으로 알려진 정교하게 조각한 설탕 장식이 식탁에 올랐다. 첫 번째 소텔테는 커다란 보좌에 앉은 성 안드레아의 모습을 본떠 만들었고 두 번째는 성삼위가 성 토마스와 성 아우구스티누스를 거느린 모습을, 그리고 마지막을 성대하게 장식하는 세 번째 소텔테는 목이 반쯤 잘린 성 토마스와 세례 요한과 이 둘을 둘러싼 천사 넷의 모습을 본떠 만들었다. 대주교의 하객들에게 연회는 여봐란 듯이 성대할 뿐 아니라 장식 또한 화려해야 했기 때문이다.

하층 계급의 식습관은 요리책 같은 공식적인 서술에서 완전히 생략되다시피 했기 때문에, 밝혀내기가 조금 더 어렵다. 고급 과일이나 값비싼 향신료, 설탕 같은 수입품은 대다수 하층민에게 그림의 떡이었을 테고, 따라서 이들의 식사는 한층 더 손쉽게 구할 수 있는 재료가 중심이었을 것이다. 주식이었던 곡물은 통째로 수프 재료가 되거나 알갱이 굵기가 제각각인 여러 종류의 가루로 가공되었다. 보존식품은 제철 식재료의 공급량 증감에 대응하는 경제적인 방법으로서,

기근이 들었을 때 특히 요긴했다. 고기와 생선은 훈제나 염장 처리를 했고 과일과 채소는 피클로 만들었다. 다만 『미식美食의 서書, *Das Buoch von guoter Spise*』에 수록된 1350년대의 독일식 피클 조리법, 즉 비트를 캐러웨이와 아니스, 식초, 꿀의 혼합물에 재우는 조리법에서 그 혼합물이 걸쭉하고 진한 담금액이었는지, 아니면 더 산뜻하고 부드러운 맛의 액체 양념이었는지는 분명치 않다. 결국 당대의 생활 수준은 매우 다양했을 테지만, 그럼에도 가끔은 농부들 또한 대주교 존의 식탁에서 눈에 띄었던 것과 똑같은 자고새를 배불리 먹는 일이 가능했을지도 모른다. 숲 가까이에 살면 신선한 들짐승 고기를 더 자주, 더 많이 손에 넣을 수 있었고, 바다 가까이에 살면 신선한 생선을 구하기가 더 쉬웠기 때문이다. 이와 마찬가지로 영주는 귀한 설탕을 듬뿍 넣고 건더기를 굵직하게 썰어 만든 처트니[과일이나 채소에 설탕과 향신료, 식초 등을 넣어 졸인 음식—옮긴이]를 마음껏 즐기는 일이 조금도 어렵지 않았겠지만, 그것도 처트니처럼 천한 음식을 식탁에 올릴 마음이 있을 때의 얘기였다.

다만 요리에 나타나는 계급의 경계를 이런 식으로 넘어서는 것은, 적어도 중세 의학의 관점에서는, 어느 정도 위험이 따를 수밖에 없는 행위였다. 음식물의 질은 오랜 세월에 걸쳐 이른바 여섯 가지 '비非자연 요소non-natural' 가운데 하나로 꼽혔다. 여섯 가지 비자연 요소란 인간의 건강을 좌우하는 외부 요인으로서 음식의 질 외에 공기와 환경, 운동과 휴식, 수면, 배설에 따른 체액의 배출 및 보존, 사람의 감정이나 정신 상태를 구성하는 영혼의 활동을 가리킨다. 11세기 이후 식이 습관에 관한 논문을 쓴 저자들은 이 같은 논지에 따라 건강한 삶에 관

64. 14세기의 에스파냐어 하가다(유대교 전례서)에 실린 이 삽화는 유월절의 중심 행사인 세데르 만찬의 모습을 묘사한 것이다. 그림 위쪽은 양을 잡아 굽는 한편으로 박하과 약초인 히솝에 양의 피를 찍어 집 안의 상인방에 상징적인 문양을 그리는 광경이다. 그림 아래쪽에는 만찬 장면이 묘사되어 있다.

하여, 특히 음식과 신체 전반의 체액 균형 사이에 어떤 연관이 있는지에 관하여 정보를 모으고 체계화하기 시작했다. 서로 다른 유형에 속하는 사람들은 체액의 함량 및 기질도 다르다고 간주되었고, 이 때문에 남자이든 여자이든 맛을 느끼는 능력과 체질이 태생적으로 모두 제각각이라고 여겨졌다. 이는 또한 개개인의 사회적 지위와도 연관되었다. 들에서 일하는 노동자들, 즉 땅에 매여 일하는 탓에 솔즈베리 대주교 존이 말한 '정치체'에서 발로 희화화되었던 이들은 체액의 성질상 차갑고 습한 식재료들이 더 균형 잡히고 적절한 식단을 이룬다고 여겨졌다. 바로 생선과 양배추, 장미수, 리크 같은 것들이었다. 그런 반면에 이들과 생리적으로 명확히 구분되는 다른 개개인들, 예컨대 노인이나 선천적인 겁쟁이, 그리고 용광로처럼 뜨거운 몸을 지닌 지체 높은 왕족 등은 몸을 덥혀 주는 음식이 필요했다. 몸에서 쉬지 않고 치솟는 열기가 이들의 높은 사회적 지위를 반영하는 동시에 유지시켜 줬기 때문이다. 이러한 사람들은 체액의 성질상 따뜻하고 건조한 음식으로 영양을 섭취해야 했는데, 여러 재료 가운데 육두구와 계피, 레몬, 사슴 고기와 레드 와인이 이에 해당했다.

이와 똑같이 중요한 문제가 종교의 관점에서 특히 두드러졌는데, 바로 무엇을 먹지 말아야 하느냐였다. 오늘날과 마찬가지로 과거에도 유대교와 이슬람교의 개별 종파들은 식사 관련 율법인 카슈루트כשרות나 먹어도 좋은 식재료를 지정한 율법인 할랄حلال 덕분에 같은 식단을 공유했고, 이로써 공동체 감각을 기르는 일이 가능했다. 단식이라는 행위 또한 신성神性과 직접 대면하는 수단으로 해석되었다. 13세기 에스파냐의 카발라[유대교의 신비주의교파 및 그 교파의 가르침을 일컫는 말—옮긴이] 학자이자 신비주의자인 모세 벤 셈토브는 단식을 가리켜 '스스로의 조물주를 아는' 궁극의 길이라고 했다. 단식은 특히 고행이나 추모에서 힘을 발휘한다고 여겨졌다. 또한 중세 시대에는 종교의 직분이 대부분 성별에 따라 엄격히 나뉘었기 때문에, 가부장제 성격이 강했던 여러 종교에서 단식은 드물게 여성도 누릴 수 있는 영성으로 이어지는 통로였다. 크리스트교에서 단식은 수도 생활의 요체로서, 수도사와 수녀 모두 정기적으로 식사를 중단하고 각자의 인간적 욕망을 속된 충만감이라는 관심사로부터 떼어내어 영적 사색으로 돌리곤 했다. 이러한 사회 환경은 여성을 억압했다. 비록 이 같은 공동체 출신인 여성 신비주의자들이 영적으로 상당히 높은 명성을 얻었고 이들을 배출한 수도원의 원장 수녀들 또한 실제 정치권력을 누리는 지위에까지 올랐지만, 수녀들은 여전히 남성 사제에 의지해 미사를 올렸고, 스스로는 그 미사에 참석하는 것만 가능했기 때문이다. 따라서 음식은 자신이 처한 조건을 더 직접적으로 통제할 귀중한 수단이었으며, 그러한 조건에 놓인 여성들은 특히 식욕을 완전히 부정함으로써 극단적인 영적 성찰을 추구했다.

이 경우에 원만한 건강과 균형 잡힌 식단이라는 의학적 개념은 강박적이고 극단적인 신앙생활을 위해 버려지곤 했다. 그러한 신앙생활의 가장 좋은 사례로서 다시금 등장한 것이 바로 성인들의 극적인 삶과 죽음이었다. 헝가리 왕 벨라 4세의 딸이었던 성 마르가리타(1242-1270)는 평생에 걸쳐 단식을 너무 심하게 한 탓에 처절할 정도로 마르고 창백해 보였다고 기록되어 있다. 그럼에도 그녀는 남들의 눈총을 받기는커녕, 습관이 된 이러한 종교적 헌신 덕분에 숨을 거두

65. 몹시 야윈 이집트의 성 마리아를 묘사한 벽화.
키프로스의 아시누에 있는 파나기아 포르비오티사 교회의 벽을 장식하기 위해
1100년대 초에 그린 것이다.

고 나서 거의 곧장 성인으로 공표됐다. 프랑스 여성이었던 코르비의 성 콜레타(1381-1447)도 이와 비슷하게 몹시 어린 나이에 단식을 시작했다. 식사하기보다 그리스도를 생각하며 황홀경에 빠진 채 열렬히 기도하기를 더 좋아했던 그녀는 입맞춤으로 병을 고치는 신비한 능력이 있었다고 전해진다. 신앙심이 낳은 단식 이야기 중에서도 가장 근본주의적이고 아마도 가장 극단적일 이야기는 크리스트교 초창기의 성인인 이집트의 성 마리아(약 344-421)의 사연이다. 성 마리아의 생애를 기록한 이야기에 따르면 그녀는 거의 20년 동안 알렉산드리아에서 매춘부로 살다가 여행을 떠나 예루살렘의 성묘聖墓 교회에 들렀는데, 이곳에서 자신이 저지른 부도덕을 깨닫고 크리스트교에 귀의했다. 지난날의 죄를 보속하고 싶었던 마리아는 오로지 하느님께 헌신하는 금욕적인 은둔자로 살아가고자 요단강을 건너 사막으로 향했다. 마리아는 오로지 빵 세 덩어리만 지닌 채 사막에 들어갔고, 성인전에 따르면 무려 47년 동안 그 식량만으로 버티며 고행을 계속한 끝에 뼈와 가죽만 남을 정도로 야위었다고 한다. 마리아의 이미지는 나무 조각상부터 교회 벽의 장식용 벽화까지 중세 시대 내내 만들어졌는데, 모두 길고 덥수룩한 머리를 한 사람으로 묘사됐다. 마리아의 자그마한 체구는 야위고 깡마른 모습으로 묘사된 경우가 많았고 가슴과 등, 뺨은 하나같이 홀쭉했으며, 비현실적으로 팽팽한 피부는 아래의 골격이 훤히 드러나서 거의 앨리스 초서의 설화 석고상이 살아난 것 같다는 느낌이 들 정도이다. 그럼에도 마리아에게 기도를 올리고자 찾아온 이들이 보기에 이는 광신이 아니라 헌신의 징표였다. 채워지지 않는 갈망을 안고 반세기에 걸쳐 레반트 지역을 떠돌았던 이 막대처럼 깡마른 몸의 주인에게는, 크리스천으로서 품은 선량한 생각 자체가 충분한 자양분이었던 것이다.

내장

1475년 1월, 파리 재판소의 서기관이었던 장 드 루아는 절도죄로 유죄 판결을 받은 궁수의 사연을 기록으로 남겼다. 그 남자는 구치소에 갇힌 후에 교수형을 선고받아 수도의 성벽 바깥에 세워진 커다란 교수대에서 목이 매달릴 처지였지만, 형 집행 당일에 파리 시내의 여러 내과의 및 외과의들이 국왕 루이 11세에게 그를 사면해 달라고 청원했다. 장의 증언에 따르면 이들 의학 전문가 집단은 그 사형수의 시신에 큰 쓸모가 있다고 믿었다. 이들은 방광 결석 및 배 속이 타들어가는 듯한 급경련통을 비롯해 여러 고통스러운 속병의 흔한 증상을 열거하며 이러한 질병이 형성되는 사람 몸속의 실제 부위를 눈으로 확인한다면 병을 진단할 때 큰 도움이 될 것이며, 이를 위한 최선의 방법은 살아 있는 사람의 몸을 절개하는 것이라고 주장했다. 청원은 받아들여졌고, 서기관 장이 빠짐없이 고스란히 기록한 바에 따르면 의사들은 그 사형수의 배를 절개하고, 배 속을 살펴보고, 그런 다음 놀랍게도 내장을 다시 배 속에 무사히 집어넣고 꿰매어 줬다. 장은 사형수가 왕이 부담한 비용 덕분에 최상의 치료를 받았고, 2주 만에 건강을 완전히 회복하고 나서는 사형을 면제받았으며, 그간 겪은 고난의 대가로 두둑한 보상까지 받았다고 적었다.

오늘날의 독자가 보기에 이 이야기는 적잖이 엽기적이다. 호기심으로 하나가 된 내과의와 외과의들이 국왕에게 청원을 제출하고, 사형수인 궁수는 목숨을 잃어도 전혀 이상하지 않을 복부 외상에서 너무도 빠르고 감쪽같이 회복하고, 무엇보다 살아 있는 인간을 공개적인 생체 해부의 대상으로 삼는 섬뜩한 일이 벌어졌으니 말이다. 사람의 몸을 이렇게 폭력적으로 침범하는 행위는 서기관 장이 살던 시대의 파리에서 일반적인 일은 결코 아니었다. 1316년경에 이미 몬디노가 인체 해부를 시작한 이탈리아와 달리 프랑스는 종교 및 사회 차원의 제약 때문에 해부학을 여전히 엄격하게 통제했고, 그렇다 보니 파리의 의과 대학에서는 1500년대에 들어선 후에야 비로소 관찰 목적의

인체 해부를 정기적으로 시행했다. 다만 장이 남긴 기묘한 이야기를 이해하고자 할 때 역사적 맥락에만 집중한다면, 아마도 절반의 해답밖에 얻지 못할 것이다. 중세의 몸이 들려주는 이야기는 표면 아래에서 온갖 의미와 비유가 작동하는 경우가 많다는 것을 이제는 우리도 알기 때문이다. 어쩌면 복부가 절개된 그 궁수는 무언가 다른 것을, 예컨대 프랑스인들이 신체 내부에 대해 품은 관심을 더 포괄적으로 표현하는 방법은 아니었을까?

오늘날에는 기술이 발전한 덕분에 전근대 사람들로서는 아예 가능하다는 상상조차 못했을 방법으로 우리 몸속 가장 깊은 곳의 내장까지 자세히 관찰할 수 있다. 중세 사람들 대부분에게 자기 배 속의

66. 커다란 내장 무더기를 관찰하는 의사들. 아리스토텔레스가 쓴 동물학 논문인 「동물학」의 주석서에 실린 그림으로서, 14세기 후반 파리에서 그려졌다.

내장이 눈에 보인다는 것은 무언가 굉장히 좋지 않은 일이 일어나서 죽음이 눈앞에 닥쳤다는 명백한 징후였다. 그러나 이 같은 두려움 앞에서도 그들은 사람의 몸속이 어떻게 생겼는지 상상하기를 멈추지 않았다. 14세기에 같은 파리에서 제작된 한 철학 필사본은 바로 그러한 상상으로 지면을 채운 것처럼 보인다. 이 필사본은 아리스토텔레스가 쓴 고전 동물학 논문인 「동물학*De Animalibus*」의 주석서로서, 인기 있는 글을 비교적 커다란 판형의 호화 장정본으로 만들 때 나타나는 전형적인 특징들을 갖추고 있다. 즉, 양피지 구석구석까지 장식체 글씨가 빼곡하고, 단락 시작 부분에는 화려한 머리글자가 있고, 여백에는 군데군데 작은 그림이 있으며, 꽃무늬 모티프가 본문 테두리를 빙 둘러 장식하는 한편으로 논문 제목에도 등장하는 동물들이 먹이를 먹거나 싸우거나 발정이 난 모습으로 여기저기 자리를 차지하고 있다. 그런데 이 책 속의 한 면, 그러니까 살아 있는 생물의 몸속 기관을 다루는 장의 서문 아래쪽을 보면, 커다란 내장을 한데 모아 마치 살아 있는 인간의 몸속 구조처럼 배치해 놓은 그림이 자리 잡고 있다. 기다란 숨통을 따라 아래쪽으로 내려가면 허파와 창자가 나오고, 그 위로 간과 위, 방광, 콩팥이 있으며, 전체 구조의 토대 부분에 있는 관처럼 생긴 잘록창자와 항문은 두 갈래로 나뉜 꽃 모양 장식으로 감쪽같이 변한다. 이 그림에서 그야말로 계시의 분위기가 느껴지는 까닭은, 장 드 루아의 묘사 속 궁수와 마찬가지로 피부가 사라지고 그 아래 도사린 것들이 고스란히 드러나 보이기 때문이다. 이 그림 속의 몸은 심지어 양쪽에 의사 여섯 명을 거느리고 있다. 정체를 알아보기 쉽게 의사 가운과 모자를 걸친 모습으로 그려진 이들은 하나같이 경외심에 들뜬 몸짓을 하며 거대한 내장들을 바라본다. 이 광경은 '중세'라는 용어의 창시자인 시인 프란체스코 페트라르카가 일찍이 했던 말, 즉 의사는 '보는 것에 집착하는 사람'이므로 언제나 '내장과 조직처럼 속에 도사린 것들을 보려고' 안달한다는 말이 어떤 의미인지 보여 주는 듯하다.

비슷한 시기에 파리 근교에서 일어난 사건을 보면 내장에 대한 이 같은 관심이 얼마나 큰 집착으로 발전하는지가 드러난다. 수도 북쪽, 자동차로 몇 시간 거리에 있는 모뷔송의 중세 수도원을 살펴보자. 이 지역은 13세기 무렵에 노상강도 무리의 은신처가 된 곳으로서, 이름 또한 뷔송 모디*buisson maudit*, 즉 '악당들의 덤불숲'에서 유래했다. 프랑스 왕비 블랑슈 드 카스티유(1188-1252)와 그 아들인 국왕 루이 9세(1214-1270)는 이곳에 카페 왕조의 전용 공동묘지를 마련하고자 널따란 왕궁을 짓고 이에 딸린 별궁과 수녀원, 커다란 교회까지 세웠다. 그러나 웨스트민스터 사원의 영국식 묘나 카이로의 칼리프 묘원과 달리 이곳은 프랑스 왕족의 유해를 온전한 상태로 매장하기 위한 공간이 아니었다. 시신 곁에서 올리는 기도가 연옥에서 겪는 고통을 끝내는 힘이라는 것은 잘 알려진 바였기에, 카페 왕조 사람들은 그 영적인 힘을 두 배로 부풀리려면 시신을 둘로 나누면 된다는 생각을 떠올렸던 것이다. 루이 9세의 동생인 푸아티에의 알퐁스는 1271년 십자군 원정에서 프랑스로 귀환하던 도중에 숨을 거두었는데, 이러한 사태가 일어날 경우에 자신의 내장을 적출해 모뷔송으로 보내어 따로 안치하도록 미리 단단히 일러두었다. 또 한 명의 명망 있는 왕족이었던 아르투아 백작 로베르 2세 역시 똑같은 상황에 처했다. 그는 자신이 사망하면 내장을 제거하여 모뷔송의 교회에 안치해 달라고 요청했고,

1302년 숨을 거둔 후 생전의 요청이 이뤄졌다. 그로부터 거의 30년 후, 블랑슈의 고손자이자 당시 프랑스 국왕이었던 샤를 4세(1294-1328)는 기도의 대상으로 삼기 편하도록 자신의 시신을 분할해도 좋다는 구체적인 허락을 교황에게서 받아냈고, 이로써 내장이 모뷔송으로 옮겨져 안치되었다. 그리고 이로부터 50년 후에는 샤를 4세의 아내이자 오랜 세월 과부로 살아온 잔 데브뢰가 1371년 숨을 거두면서 남편과 똑같이 처리해 달라는 청원을 제기했고, 이후 샤를 4세의 뒤를 이어 왕이 된 샤를 5세 역시 1380년에 숨을 거두며 똑같은 청원을 제기했다. 이렇게 한 세기가 흐르는 동안 모뷔송은 친친 감긴 창자 위에 세워진 왕실의 영묘靈廟가 되었다.

이런 식으로 안치된 프랑스 왕족의 내장은 사원에 마련된 왕족 전용 무덤에서 주연 자리를 차지했다. 잔 데브뢰는 죽음이 코앞에 닥쳤을 때 플랑드르의 유명한 조각가 장 드 리에주에게 자신과 남편인 샤를 4세의 내장을 함께 안치할 이인용 무덤을 만들어 달라고 주문했다. 이 무덤의 위쪽 부분은 지금도 온전한 모습으로 남아 있다. 실제 사람의 절반 크기인 이 대리석 조각상 한 쌍은 둘 다 보관을 쓰고 값진 옷을 입은 모습이 섬세한 조각으로 표현되어 있는데, 이들은 저마다 가슴에 품은 조그마한 가죽 자루만 아니었어도 더없이 평범해 보였을 것이다. 자루 표면의 부드러운 곡선이 실은 자루 속에 구불구불 감긴 사람의 창자가 담겨 있다는 것을 넌지시 알려 주는 증거이기 때문이다. 섬뜩할 정도로 세밀하게 조각한 이 창자는 마치 조각상의 배 속에 여전히 살아 있는 내장처럼 똘똘 감긴 모양으로, 또는 줄줄이 이어진 조그마한 소시지 한 묶음처럼 둥그렇게 뭉친 모양으로 묘사되

67. 본인의 내장이 든 자루를 품에 안고 있는 샤를 4세와 왕비 잔 데브뢰의 대리석 조각상. 1370년경 장 드 리에주가 만들었고, 모뷔송 수도원에 소장되어 있다.

어 있다. 샤를 5세는 그 조각상이 어찌나 마음에 들었던지 장 드 리에주에게 자신의 내장 무덤도 만들어 달라고 주문할 정도였고, 이로써 모뷔송에는 돌에 새긴 프랑스 왕족의 창자가 또 한 무더기 똬리를 틀게 되었다.

이렇게 안치된 내장은 모뷔송의 수녀들이 특히 소중히 보살폈다. 왕실이 수도원을 계속 중시하는 이유가 다름 아닌 왕족의 유해라고 생각했기 때문이다. 수녀들은 교회에 안치된 내장 곁에서 기도를 올리며 저세상에 있을 왕비와 왕자, 왕이 연옥에서 안전하고 편히 쉬기를 기원했다. 그렇게 시간이 흐르면서 왕족의 내장 또한 이따금 제 나름의 방식으로 성스러운 반응을 보여 주곤 했다. 1652년 5월의 수도원 기록에 따르면 모뷔송 교회를 대대적으로 수리하는 과정에서 인부들이 한쪽 벽을 부쉈는데, 뜻밖에도 그 벽 안쪽에서 상자 한 개가 나왔다고 한다. 상자 겉면에는 어떠한 표시도 없었고 안쪽에는 납이 덧대어져 있었다. 상자를 열어 보니 안에는 아르투아 백작 로베르 2세의 300년 묵은 내장이 들어 있었다. 목격자들은 그 내장이 특별한 보존 처리나 방부 처리를 한 흔적이 없는데도 불구하고 조금도 부패하지 않았으며, 마치 '피가 흐르는 것처럼 생생한 선홍색'이었다고 증언했다. 이 발견을 기념하기 위해 수도원 측은 10주에 걸쳐 백작의 내장을 상자 바깥에 내놓은 채 전시했다. 그러는 동안에도 그 내장은 조금도 색이 바래지 않았을뿐더러 교회 안에 달콤한 향기까지 은은하게 풍겼다고 하니, 그야말로 교회 벽에서 파낸 기적의 내장이었다.

예술로 승화된 항문

모뷔송의 사원에서 공경의 대상이 된 창자는 예외적인 경우였다. 의학 저술가들은 머리부터 발끝까지 이어지는 중세의 몸에 관한 서사에서 복부에 이를 때면 달콤한 향기나 성스러운 추모는커녕, 사실상 신체에서 가장 비천하고 불쾌한 부위와 마주할 순간이라는 생각을 떠올렸다. 으뜸가는 부위인 머리 및 둘째로 중요한 부위인 심장 주위의 장기들과 멀리 동떨어진 탓에, 위장과 창자가 있는 배는 불쾌한 3등급 부위로 자리매김됐다. 이처럼 천박한 위장은 이따금 만들어지는 유감스러운 부산물, 즉 저절로 울리는 꼬르륵 소리나 꿀렁거리는 소리, 딸꾹질, 트림 같은 것들 때문에 더욱 께름칙했다. 소화라는 과정은 약물 복용 및 식생활, 영적 양식의 섭취 등과 관련이 있었는데도 불구하고, 일단 기능 부전이 발생하면 골치 아프게도 역방향 운동을 일으키는 경향이 있었다. 구토는 몸속 체액의 균형이 맞도록 설사약을 함께 복용하며 의사의 지시에 따라 실행해야 하는 일이었다. 그렇지 않은 경우는 복부에 중대한 문제가 있다는 증거이거나, 지적인 면 또는 도덕적인 면의 혐오감이 일으킨 신체 반응으로 여겨졌다. 10세기 스칸디나비아에서 창작된 가장 오래된 중세 서사시의 주인공 에길의 예를 살펴보자. 에길은 여행 도중에 만난 아르모드르가 자신을 소홀히 대접하자 마음 깊이 혐오감을 느낀다. 혐오감이 어찌나 심했던지, 에길은 아르모드르에게 감사의 말을 건네기는커녕 그의 어깨를 붙잡고 얼굴에 격하게 구토해 버린다.

> 대량의 토사물이 아르모드르의 얼굴에 퍼부어져 눈에, 콧구멍에, 입속에까지 들어갔다. 토사물이 가슴까지 흘러내릴 만큼 많이 쏟아진 탓에 아르모드르는 그만 질식할 지경에 빠졌다.

이 같은 복부의 본능을 억누르기란 때로 쉬운 일이 아니었다. 어쩌면 그렇기 때문에 중세의 주요 문헌에서 악역으로 등장하는 몇몇 인물이 복부에 무언가 문제가 있는 상태로 그려졌는지도 모른다. 원죄의 전령인 하와는 아담으로 하여금 먹는 행위를 저지르도록 유혹했고, 이로써 전 인류를 영원토록 회개해야 하는 운명 속으로 몰아넣었다. 중세 프랑스어 시에 등장하는 늑대 이센그리무스는 숙적인 교활한 여우 르나르에게 늘 골탕을 먹으면서도 지칠 줄 모르는 식욕과 게걸스러운 위장에 이끌려 악행을 일삼는데, 이 점은 중세 아랍 문학에 자주 등장하는 무뢰한 투파일리와 다르지 않다. 더 진지한 예로는 그리스도에 대한 배신이라는 궁극의 죄를 저지른 유다 이스카리옷이 있다. 유다는 수치심에 사로잡힌 나머지 크리스트교에서 중대한 죄악으로 여기는 자살을 저질렀을 뿐 아니라, 성서에 따르면[신약 성서의 「사도행전」 1장 18절에 나오는 내용이다—옮긴이] 목을 맨 상태에서 몸이 떨어질 때 배가 갈라져 창자가 땅에 온통 쏟아졌다고 한다.

이처럼 위험한 3등급 부위보다 더 열등한 곳은 다름 아닌 복부 다음의 목적지, 즉 신체의 4개 등급 체계에서 넷째이자 가장 열등한, 생식기와 항문으로 이루어진 엉덩이였다. 오늘날의 고정관념 속에서 중세는 분뇨로 얼룩진 시대로 묘사되는 경우가 매우 흔하다. 그 시대 사람들은 오물 속에서 살아갔고, 웃음거리의 유일한 소재 또한 그 오물이었다는 식으로 말이다. 이는 아마도 엉덩이를 소재로 삼은 오래된 유머가 시간을 뛰어넘어 오늘날 우리에게 유독 쉽게 반향을 일으키기 때문일 것이다. 중세 시대의 한층 더 복잡한 풍자 문학이나 정치적 희화, 지역색이 강한 해학 등은 모두 당대의 미묘한 맥락에 근거하는데, 오늘날 그러한 근거는 아쉽게도 대부분 사라지는 운명을 피하지 못했다. 다만 이와 같은 이유 때문에 중세의 유머가 하나같이 엉덩이를 중심으로 형성되었다거나, 그러한 유머 자체가 실제로 세련미를 갖추지 못했다고 보는 것 또한 그 시대에 대한 부당한 대접이다. 예컨대 앵글로색슨족이 만든 다음의 수수께끼는 언뜻 보면 엉덩이에 집중한 것처럼 보인다.

문: 엉덩이의 구멍이 뭘 보도록 하려면 어떻게 해야 할까?

답: 구멍o을 한 개 더한다.

그러나 자세히 살펴보면 이는 단순히 괄약근에 관한 외설적인 농담이 아니라 언어유희인 것을 알 수 있다. 항문을 뜻하는 라틴어 쿨루스*culus*에 알파벳 오o를 더하면 라틴어로 '눈'을 뜻하는 오쿨루스*oculus*가 되기 때문이다. 엉덩이뿐만 아니라 언어 또한 농담을 떠받치는 토대인 것이다.

이는 중세의 공연 예술에서도 사실로 나타난다. 때로는 엉덩이가 당돌하게 '목소리를 높이는' 경우도 있었던 것이다. 잉글랜드 왕 헨리 2세는 '방귀꾼 롤랜드'라는 인물을 궁정의 자랑거리로 삼았는데, 그는 뛰어오르기와 휘파람 불기와 방귀 뀌기를 동시에 하는 재주가 포함된 춤을 추어 귀족들을 즐겁게 함으로써 두둑한 보수를 받았다. 아바스 왕조의 칼리프들 또한 가수 및 투견꾼과 함께 이 같은 방귀 기술자를 측근에 두었다. 그러나 귀족 계급이 지시에 따라 방귀를 뀌는 광대에게 돈을 줬다고 해서 이보다 더 복잡한 엉덩이 관련 풍자를 즐기지 않은 것은 아니다. 보통 「방귀 소극*Farce Nouvelle et Fort Joyeuse du Pect*」이라는 제목으로 번역되는 프랑스어 희곡은 원래 1476년에 어마어마한 부자였던 앙주 백작 르네를 위해 상연되었다. 주인공인 자네트는 집 안 어디에서나 걸핏하면 방귀를 뀌어대는 여성이다. 연극이 시작되는 장면에서 자네트가 빨래를 하는 도중에 방귀를 어찌나 요란스럽게 뀌는지, 남편인 위베르는 화가 난 나머지 자네트를 재판소에 고소하고 만다. 이때 방귀 소리는 무대 뒤편에서 커다랗게 강조한 음향 효과였다. 그러나 방귀쟁이라는 이유로 소송을 거는 것은 단지 항문을 조롱하는 행위가 아니라, 이 사건 전체를 몹시도 진지한 일로 받아들인 재판소를 통렬하게 풍자하는 장치이기도 하다. 이렇게 역겨운 소재가 주는 재미와 법정에 대한 풍자가 뒤섞인 이 연극에서는 부부를 설득하여 서로를 고소하도록 부추긴 거머리 같은 변호사도, 위베르에게 꾹 참고 방귀쟁이 아내와 함께 사는 수밖에 없다고 최종 판결을 내린 판사도 모두 자네트와 마찬가지로 조롱의 대상이다.

혐오의 대상인 동시에 재미의 대상이기도 했던 항문이 치료자들에게는 짭짤한 돈벌이의 경연장이기도 했다. 14세기 잉글랜드의 외과의였던 존 아던의 경우가 특히 그러했는데, 그는 1340년대에 윌트셔 및 노팅엄셔 지역에서 출세한 개업의로 활동하며 명성을 드높였다. 아던은 치료에 성공한 사례가 많았을뿐더러 본인 이름으로 쓴 인기 있는 외과 논문 여러 편이 오늘날까지 전해지는 등, 당대 잉글랜드의 여러 의사들 가운데 단연코 돋보이는 인물이다. 질병과 약학의 전체적인 개요에 관심이 많았던 동시대 의료인들과 달리, 아던은 단 한 종류의 혁신적인 외과 수술법을 책으로 펴냄으로써 상당한 명성을 얻었다. 그 처치법은 다름 아닌 항문 샛길(치루) 치료법이었다.

항문 샛길이란 제대로 치료하지 않은 농양 때문에 살이 기다란

68. 항문에 생긴 누관, 즉 항문 샛길의 봉합 수술을 보여 주는 이미지 네 개. 존 아던이 집필한 책『항문 샛길 치료법』의 필사본에 실려 있으며, 원전은 15세기 초 잉글랜드에서 제작됐다. 외과의가 항문 샛길 속을 헤집고, 절개하고, 봉합하는 모습이 차례대로 묘사되어 있다.

대롱 모양으로 뚫리는 이상 증세를 가리킨다. 이 때문에 두 장기 사이에 해로운 통로가 만들어지는가 하면, 단순히 피부 표면에 생긴 구멍이 몸속으로 점점 더 깊이 파고들기도 한다. 중세 문헌에는 항문 샛길이 신장 결석과 치핵만큼이나 자주 언급되는데, 말을 타고 다녔던 당대의 기사 및 귀족 계급에게는 흔한 고민거리였다. 그들은 젖은 안장에 걸터앉아 오랫동안 말을 타는 경우가 많았기 때문에 항문 주위에 걸핏하면 종기가 생겼던 것으로 보인다. 이렇게 해서 생긴 항문 샛길은 치료하기가 까다롭기로 악명 높았고, 비극적인 결과를 낳는 경우도 잦았다. 아던이 등장하기 전까지 이 질환 때문에 의사를 찾았던 환자들 가운데 절반 이상은 과감한 외과적 치료를 받는 도중에 사망했다. 당시에는 산성 물질로 환부를 부식시키는 처방이 자주 쓰였을뿐더러 수술 후의 요양 치료 또한 수준이 낮은 경우가 많았기 때문이다. 아던은 새 치료법으로 이러한 상황에 영영 작별을 고했다. 그는 종전의 치료법과 달리 항문 샛길을 절개한 후에 소독 및 붕대 교환을 반복적으로 실시할 것을 제안했다. 이 수술법은 효과가 상당히 좋아서 찾는 사람이 많았으며, 기술의 본질 자체는 오늘날에도 당시와 동일하게 남아 있다. 아던은 글에서 환자들의 높은 생존율과 함께 자신이 치료한 유명인들의 이름도 밝히고 있는데, 그 과정에서 틀림없이 자기 주머니 또한 두둑이 불렸을 것이다.

아던은 치질의 외과적 치료에서 혁신가였을 뿐 아니라, 항문에 대한 자기 나름의 접근법을 책으로 보여 주는 새로운 방법의 선구자이기도 했다. 아던의 저서는 외과 수술의 각 단계를 그림으로 묘사해 치료의 세부 사항에 관한 설명과 나란히 독자에게 보여 준 중세 최초의 문헌이었던 것이다. 그림을 이용하는 방식은 그야말로 참신한 시도였다. 작은 삽화 네 점을 차례로 살펴보는 사이에 독자는 수술에서 이루어지는 처치에 관한 설명을 이해하게 된다. 수술 광경을 정지된 장면으로 묘사한 각각의 삽화에서 의사는 몸 없이 손만 등장해 아던에게 명성을 안겨 준 수술의 주요 단계, 즉 항문 샛길을 검진하고, 절개하고, 봉합하는 모습을 보여 준다. 중세의 소화 기관이 모두 그러했듯이 항문 또한 그 자체로서 어느 정도 모순을 품은 것처럼 보인다. 항문은 한편으로는 매우 진지하고 심지어 역겨운 존재로서 노골적이고, 분변투성이이자, 통제 불능이며, 위험하고 창피하고 세밀한 수술의 대상이기도 하다. 그러나 다른 한편으로 앞서 살펴본 그림들은 극히 심각한 수술을 묘사한 것인데도 불구하고, 거기 묘사된 항문에는 어딘가 축제 같은 구석이 있다. 의사의 손에 농락당하는 하반신은 실로 장관이다. 아던에게 진료를 받으러 온 상류 계급 환자들이 긴 양말과 값비싼 구두를 신고 하반신을 드러낸 채로 책의 지면 위를 바퀴처럼 데굴데굴 굴러다니는 모습으로 그려져 있기 때문이다. 목에서 위장을 거쳐 창자와 엉덩이에 이르는 경로는 제아무리 지저분해 보일지라도 계급에 기반해 세심하게 균형을 맞춘 식생활의 거점이자, 신성한 자기희생의 현장이었으며, 존경받는 내장이 거하는 곳이기도 했다. 또한 위와 같은 외과 수술의 혁신적 순간을 목격하는 장소로서 귀하게 여겨지기도 했다. 중세의 몸에서 복부는 가장 혼란스러운, 양극단을 오가는 부위였다. 우리 앞에 펼쳐진 중세 사람의 복부는 시인 존 리드게이트가 일찍이 자신의 배 속을 묘사할 때 쓴 표현처럼, 그야말로 시원스럽게 '뒤집힌' 세상처럼 보인다.

69. 1300년경 독일의 라인강 유역에서 제작한 성모상.

생식기

왼편에 있는 목조 성모자상은 오늘날까지 남아 있는 중세 시대의 여느 작은 성물과 비교할 때 딱히 특출한 구석이 보이지 않는다. 양식화된 평온한 자세를 한 마리아는 회청색으로 칠한 눈을 들어 먼 곳을 무덤덤하게 응시하며 아기 예수에게 젖을 먹이는 중이다. 굳이 말하자면, 여기에는 매우 상징적인 모성의 포옹이 정적으로 묘사되어 있다. 앙증맞은 아기 예수는 거의 나중에야 생각나서 덧붙였나 싶은 느낌이 들 정도로 마리아의 왼팔 위에, 또한 어색한 위치에 만들어진 유방 옆에 자리 잡고 있다. 게다가 이 조각상은 보존 상태도 좋지 않다. 비록 마리아의 장밋빛 볼 주위에는 지금도 섬세한 음영이 드문드문 남아 있지만, 칠과 금박이 벗겨진 곳이 한두 군데가 아니다. 한때는 생생하고 세밀하게 장식됐을 마리아 머리 위의 보관이나 길게 뻗은 오른팔 같은 부위는 부러지거나 사라졌고, 이제는 갈색 밑동만 남아 속에 있는 생나무 본래의 거친 입자가 겉으로 드러난다.

그럼에도, 이 조각상에서는 한층 더 흥미로운 일이 벌어지는 중이다. 굵은 선 한 줄, 검은 틈새 하나가 마리아상의 목부터 가슴을 지나 치마 밑단까지 똑바로 이어지며 조각상을 둘로 가르고 있기 때문이다. 특이하게도 마리아가 앉은 옥좌의 측판 속에는 조그마한 경첩 여러 개가 숨겨져 있고, 이 경첩과 연결된 조각상 전면부가 양쪽으로 열리면 속에 있는 한층 더 호화로운 세계가 모습을 드러낸다. 마치 중세의 마트료시카 인형처럼, 성모의 침착하고 평온한 자태 속에 사실은 복잡한 시각적 설계물이 들어 있기 때문이다. 마리아의 몸속은 살아 움직이는 인물들 여럿이 북적대는 무대로서, 몸 중심부에 자리 잡은 성부聖父 조각상과 새로이 드러난 양쪽 문 안쪽에 그리스도와 마리아의 생애를 묘사한 그림들이 여기에 포함된다. 손만 까딱해도 조각상의 골격이 둘로 나뉘면서 뜻밖의 성스러운 내부를 드러내어 보여주는 것이다.

이처럼 표면이 열리는 중세의 소형 조각상은 '제실祭室 성모상Shrine Madonna'이라는 이름으로 알려졌다. 이 보기 드문 조각상들은 오늘날 소수만 남아 있지만, 현존하는 작품의 시각적 화려함과 세밀한 세부 장식을 보면 제작을 주문한 공동체에게 이들 조각상이 중요한 의미를 지녔다는 것을 알 수 있다. 무엇보다 첫째로 이 조각상은 개인과 지역사회가 기도를 올릴 때 사용한 도구로서, 사람들을 주위에 끌어 모으는 인간형 제단 조각상의 기능을 수행했다. 프랑스 북부에 있는 어느 종교 시설의 기록에 따르면 그곳에는 실제 사람 크기의 대형 제실 성모상이 있었다고 한다. 안타깝게도 지금은 사라졌지만, 이 성모상은 그곳 교회의 중앙 제단에 놓여 평상시 기도 시간에 으뜸가는 경배의 대상이었다. 같은 지역 출신인 캉디드라는 수녀는 일기장에 기록하기를 이 성모상은 위기가 닥쳤을 때, 특히 가뭄이 들었을 때 몸을 열어 놓았다고 한다. 당대 사람들은 성모의 몸 안쪽에 빼곡히 그려진 그림을 신도들이 보면 더욱 소리 높여 기도를 올릴 테고, 그러면 비가 내려 작물들이 목을 축이리라고 믿었던 것이다. 이렇게 성모상의 몸이 열리는 경우는 캉디드 수녀 같은 이들에게 그야말로 경이로운 행사였다. 캉디드 수녀는 이렇게 적었다.

> 몸이 열렸을 때 성모상은 성모를 넘어 하나의 세계이자 세계 이상의 존재로서…… 이 어마어마한 조각상의 몸속에는 조그마한 세계들이 감추어져 있습니다.

일련의 자기 완결적 세계들을 몸속에 품고 있는 마리아의 이미지는 신학자들이 자주 언급하는 소재였다. 그들은 처녀 수태의 미덕을 칭송하며 성스러운 자궁을 묘사할 때 '격리된 장소'라는 정교한 은유를 곧잘 사용했다. 그곳은 그리스도를 품고 기른 성스러운 자궁, 귀중한 화물을 보호하는 상자, 또는 그리스도가 이 세상에 들어서는 통로였다. 경첩으로 움직이는 제실 성모상의 날개 모양 전면부를 양옆으로 벌림으로써 신도들은 그리스도의 구원이라는 근원적 순간을 일상적으로 재현했다. 그들은 동정녀 마리아의 성스러운 몸을 열고 하느님의 경이로운 명령에 따라 그 몸속에서 자라고 있는 구세주 그리스도를 보았던 것이다.

물론 마리아는 신의 축복이라는 몹시도 복잡한 수단을 통해 수태했다는 점에서 독특한 존재이다. 그러나 중세 사람들은 평범한 사람의 임신조차도 매우 복잡한 해부학적 과정을 거쳐 이루어진다고 여겼다. 의학의 권위자들은 출산에 관해 저마다 다른 의견을 밝혔고 때로는 그러한 의견이 상충하는 경우도 있었지만, 자궁이 여성의 몸속에서 작동하는 커다란 생식 체계의 중심이라는 점에는 모두가 동의했다. 여기에는 자궁목과 질, 난소, 음핵이 모두 포함되지만, 중세 문헌에 음핵이 언급되는 경우는 거의 없었다. 고대 사상가들의 전례를 따라 중세 사람들은 남성과 여성의 생식 기관을 서로의 거울상 같은 것으로 묘사했다. 이때 몸의 표면에 있는 비슷한 생식 기관이 제각각 반전된 형태를 띤 점은 성별을 뛰어넘어 어떤 유사성이 존재할 가능성을, 적어도 용어상으로나마 그러할 가능성을 시사했다. 난소는 여성이 지닌 고환 한 쌍으로 논의되었으며, 거기서 방출되는 것은 남성의 정자와 마찬가지로 임신에 반드시 필요한 물질로 여겨졌다. 그러나 필연적으로 남성뿐이었던 당시 의학계의 거의 모든 권위자는 음경 및 고환의 두드러지는 외면성과 자신들이 인식한 질 및 자궁의 공허한 내면성이 얼마나 다른지 강조하는 용도로 이 거울상을 이용하기도 했다. 즉, 남성 신체의 존재감과 여성 신체의 부재감을 대비한 것이다. 그 둘 가운데 체계적 이해 면에서 확연히 차이가 날 만큼 커다란 관심을 받은 쪽은 여성의 몸이었다. 남성인 의학계 권위자들의 눈에 월경을 하고 임신을 하는 능력이 몹시도 흥미롭게 보였기 때문이다. 그럼에도 그들의 저작물은 하나같이 남성 우위 생식 개념, 즉 여성은 활기찬 남성의 씨를 받는 그릇으로서 기능한다는 개념을 명확히 신봉했다.

이러한 성적 결합의 세부 사항은 비교적 잘 구분된 편이었다. 고대인은 남성의 정액이 뇌에서 만들어져 척추를 타고 내려와 방출된다고 상상했다. 그러나 중세 시대에 이르러 대다수 이론가들은 정액이 고환에서 만들어지며, 고환 표면의 구불구불한 혈관이 혈액 속의 성분을 혼합하거나 가열해 정액의 구성 물질을 형성한다고 여겼다. 이렇게 만들어진 남성의 정자는 성교 도중에 질을 거쳐 자궁에 도착하고, 그곳에서 난소로부터 배출되어 가느다란 줄 모양 관 두 줄기를 타고 자궁으로 배출된 '여성 정자'와 결합한다. 두 정자는 함께 덩어리를 이루고, 이 덩어리는 자궁이 가하는 열과 압력을 받으며 서서히 굳어서 배아의 초기 형태가 된다. 이때 성질이 변한 정액의 일부는 따로 자궁과 결합해 태반이 된다. 정맥과 동맥이 그물 모양으로 뭉쳐진 태반은 탯줄로 태아를 매단 채 생명 유지에 반드시 필요한 정기를 어머니로부터 끌어내어 태아에게 공급한다. 태아는 맨 먼저 간부터 형성해 자기 몸에 피가 흐르도록 한 후에 영혼을 부여받는다. 중세 성직자들은 영혼을 부여받는 시기가 남성은 수태 후 40일, 여성은 80일이라고 구체적으로 밝혔다. 아기는 세상에 나온 후에는 모유에서 영양을 섭취하며 계속 성장한다. 모유는 일찍이 자궁 속의 태아가 양식으로 삼았던 것과 동일한 모체의 혈액이 유방에서 혼합되어 만들어지는 물질로 여겨졌다.

당대의 의학 저술가들은 임신 과정 전반을 설명하고자 재빨리 은유라는 수법을 동원했지만, 처녀 수태라는 개념을 만들어낸 신학자들에 비하면 상상력이 부족한 편이었다. 13세기 이탈리아의 저술가 아에기디우스 로마누스는 오히려 소탈하고 평범한 비유를 택해 글로 적기를, 정자는 월경혈을 목재로 삼아 태아를 조각하는 목수와 같다고 했다. 이븐시나는 저서 『의학 정전Canon of Medicine』에서 생식을 치즈 만들기에 비유함으로써 훨씬 덜 낭만적으로 묘사했다. 즉, 남성 정액 속의 응고 인자가 우유에 해당하는 여성 정액 속에서 활동해 둘을 함께 응고시킴으로써 아기가 생긴다는 식이었다. 어쩌면 이보다는 제실 성모상의 내부 구조가 더 설득력이 있을 텐데, 왜냐하면 그 조각상은 여성의 신체 구조에 대한 당대의 이해 수준을 어느 정도 반영하고 있기 때문이다. 일곱 부분으로 나뉜 조각상의 내부 구조는 자궁 내부가 일곱 칸의 방으로 나뉘어 있고 각각의 방이 아기를 기른다고 보았던 중세의 일반적인 서술을 반영하는 것처럼 보인다. 그 방들 가운데 특정한 세 칸에서 생겨난 태아는 남자아이가 되고 다른 세 칸에서 생겨난 태아는 여자아이가 되며, 마지막 한 칸에서 생겨난 아기는 양성구유로 태어났다. 제실 성모상은 이러한 실제 인간의 몸을 나무 조각상에 거울상처럼 교묘하게 반영함으로써 당대 부인과학의 세부 지식을 끌어들여 그리스도의 탄생이 얼마나 예외적인지 넌지시 드러냈다. 마리아는 고작 천사가 전해준 기적 같은 말 한마디 덕분에 앞서와 같이 복잡한 생식 체계를 통째로 우회했으리라 추정됐던 것이다.

여성의 신비

성 의학에 관한 이 같은 중세의 개념에는 성별 사이의 불균형이 버젓이 드러난다. 그리고 이 불균형은 중세 시대 내내, 더 나아가 그 이후에도 여성의 삶에 나타나는 속성과 특징에 커다란 영향을 미쳤다. 근본적인 차원에서 여성의 몸은 생물학적으로 남성에게 종속된다고 여겨졌다. 이러한 믿음은 부분적으로 성별에 따라 기본 체액이 다르게 분포하는 데서 비롯됐다. 남성은 인류의 진정한 이상형이었는데, 이는 해부학 연구의 핵심 주제로 지나치게 중요시됐던 체온의 관점에서 특히 그러했다. 남성의 몸은 생명 유지 및 영양 공급에 반드시 필요한 온기를 쉽게, 그것도 잔뜩 생산한다고 여겨졌다. 그 덕분에 체격이 여성보다 더 크게 성장하고 털도 더 많이 날뿐더러, 뜨거운 몸의 내부에 자연히 쌓이는 여분의 체액 또한 정액이나 땀을 통해 조금도 힘들이지 않고 배출할 수 있다는 것이었다. 그런 반면에 여성은 남성보다 훨씬 더 차가운 몸에 터를 잡고 살아갔고, 어떤 경우에는 아예 완전히 성숙한 남성의 열기 넘치는 몸보다는 어린아이의 몸에 더 가깝다고 묘사되기도 했다. 이러한 논리에 따라 여성은 어쩔 수 없이 남성보다 더 느리게 성장하고, 대개는 체격도 더 작고 피부도 더 매끈하며, 체력이 약하고, 비활동적이고 허약한 체질이 되는 경향이 있다고 간주됐다. 이처럼 열등한 신체, 지나치게 냉랭해서 땀이나 다른 화합물을 통해 체액을 배출하지 못하는 신체가 몸속에 쌓인 잔여물을 배출할 유일한 대안은, 월경이었다.

남자로 가득했던 중세 의학계가 여성의 생리 기능 및 정신 활동을 해석하고자 거듭 살펴본 것이 바로 여성의 몸이 지닌 이 월경이라는 독특한 기능이었다. 월경혈에 나타나는 질감과 색, 월경의 빈도 등은 모두 여성의 기질을 사려 깊다거나, 짜증을 잘 낸다거나, 고집이 세다거나, 반골이라는 식으로 다양하게 판단하는 근거로 쓰였다. 머리 색깔 및 피부색과 함께 코나 이마, 턱, 귀의 크기 및 모양 등이 모두 체액의 영향이 외모에 반영된 결과로 여겨졌듯이, 월경혈의 세부 사항에도 성격이나 기질의 내적 진실이 어느 정도 드러난다는 의학 이론이 형성됐다. 게다가 혈액의 흐름을 토대로 정신 상태나 도덕성을 판단하는 행위 또한 매우 뿌리 깊게 정착해 논리적으로 여겨졌기 때문에, 심지어는 여성 저술가들조차도 드물게 자신들의 몸에 관해 글을 쓸 기회를 얻으면 그러한 이론을 지지하곤 했다. 12세기에 빙겐의 힐데가르트는 저서 『병인과 치료법*Causae et curae*』에서 남녀의 다양한 기질을 대략적인 네 가지 유형으로 뭉뚱그려 묘사했다. 여기서 남성은 피부가 붉고 피가 뜨거워 튼튼하고 이상적인 신체부터 혈액 순환이 좋지 않고 낯빛이 파리해서 한결 맥이 없고 정력도 약해 보이는 신체까지, 활력과 생식 능력, 인격의 우열 등에 따라 줄 세워졌다. 이와 대조적으로 힐데가르트가 네 가지 여성 유형을 분류한 기준은 월경혈의 흐름이었다. 덩치 큰 여성이 양이 많고 붉은빛이 선명한 월경혈을 보이는 경우는 성격이 신중하고 소박하다는 증거였고, 푸르스름한 피가 많이 섞인 월경혈을 배출하는 여성은 변덕이 심하므로 결혼하지 않는 편이 더 행복하다고 여겨졌다. 한편 월경혈의 양상이 이와 다른 나머지 유형들은 기억력이 좋다고, 또는 머리 회전이 둔하고 반응도 굼뜨다고 여겨졌다.

이 같은 정식 의학 이론의 고정 관념이 체액을 둘러싼 생물학적 개념과 조화를 이루는 점은 받아들이기가 꽤 거북하지만, 그래도 여기에는 조금이나마 내적 논리가 존재하기는 한다. 그러나 생물학을 제외한 다른 영역에서는 그런 식의 논리적 추론조차 거의 제기되지 않았고, 이 때문에 사상가들은 체액의 열세와 월경의 양상에 관한 일반론을 무기처럼 휘두르며 막무가내 식의 노골적인 여성 혐오를 자행했다. 예컨대 가톨릭 신학자들은 출산을 원죄의 대가로 치러야 하는 여성 몸의 형벌로 보았고, 피를 불결함과 동일시하는 유대교 및 이슬람교의 공통된 종교적 담론 또한 월경 중인 여성의 악마화에 복잡하고 미신적인 근거를 제공했다. 그 밖의 학문 분야에서도, 심지어 박식한 저자의 글로 추정되는 논문에서조차도 월경혈은 청동제 물건을 시커멓게 변색시키거나 작물을 시들게 하고 가축을 미치게 한다고 서술됐고, 월경 중인 여성은 마녀처럼 사악한 곁눈질로 자신의 골치 아픈 여성적 기질을 무고한 남성에게 전염시킨다고 여겨졌다. 13세기에 라틴어로 저술된 「여성의 신비에 관하여*De secretis mulierum*」는 원래 성직자에게 생식 원리에 관해 가르치는 교본이었으나 오래지 않아 대중에게 인기를 끌면서 중세 및 근대 초기 여성 혐오의 철학적 토대가 됐다. 여기에는 아예 다음과 같은 내용이 실려 있다.

> 월경 중인 여성의 몸에서 뽑은 털을 겨울철에 비료를 뿌린 비옥한 땅에 묻어라. 봄 또는 여름이 되어 땅이 볕을 받아 따뜻해지면, 기다랗고 굵다란 뱀이 자라날 것이다.

오늘날 남아 있는 중세의 이미지 가운데 자궁이 음경보다 훨씬 많다는 사실 역시 남성 사상가들이 월경과 출산에 매료됐음을 보여 주는 또 한 가지 또렷한 증거이다. 그러한 이미지들은 대부분 오랜 세월에 걸쳐 만들어진 전통의 일부로서 부인과학이나 산과학의 논문에 첨부된 도해라는 형태로 남아 있다. 그중에서도 「부인병학*Gynaikeia*」이라는 제목으로 알려진 논문은 영향력이 적지 않았다. 1세기 또는 2세기에 활동한 그리스인 외과의 에페수스의 소라누스가 남긴 글에 기초한 이 논문은 3, 4세기 후 라틴어로 번역되어 유럽에서도 알려졌다. 번역을 맡은 이는 무스키오Muscio라는 이름만 알려졌을 뿐, 북아프리카 출신으로 추정되는 것을 빼면 알려진 바가 거의 없다. 이 논문의 사본들은 자궁 속 태아의 위치를 보여 주는 삽화를 많게는 17점까지 수록하고 최선의 분만법도 함께 소개하고 있다. 이러한 삽화에서 태아는 조그맣기는 해도 완벽한 비율로 축소된 사람의 모습을 하고 있으며, 보통은 자궁을 표현하는 정형화된 원형 테두리 속에 둥둥 떠 있는 상태로 묘사된다. 이러한 삽화 가운데 우리에게 알려진 가장 오래된 그림은 브뤼셀의 벨기에 왕립 도서관에 소장된 9세기 필사본에 수록되어 있다. 이 일련의 삽화 속에서 태아는 갖가지 조합과 자세로 그려져 있다. 그중에는 쌍둥이나 세쌍둥이, 네쌍둥이, 또는 그보다 더 다양한 비정상적 조건 및 복잡한 출산 양상도 보이는데, 심지어는 태아 11명을 품은 거대한 자궁도 있다. 모든 삽화에서 자궁이라는 장기는 아래쪽이 트인 둥그런 깔때기처럼 묘사됐으며, 위쪽에는 난소의 방향을 보여 주는 것으로 추측되는 뿔 두 개가 분명하게 달려 있다. 이러한 그림 속의 자궁은 전체적으로 담홍색을 칠해 얇은 막처럼 반투명한 느낌이 나도록 처리한 탓에 마치 불어서 만든 유리 세공 작품처럼 연약한 느낌이 난다.

화려한 삽화가 들어 있는 다른 의학서들, 즉 호화롭게 장정한 본초서나 수술 교본과 마찬가지로, 이러한 고가의 서적 또한 중세의 치료자가 실제로 이용했다고 보기는 힘들다. 적어도 진통을 시작한 임신부의 침대 옆에서 분만법을 찾아보려고 뒤적이는 식의 일상적인 용도로는 사용하지 않았다. 본모습을 도형에 가까울 만큼 심하게 변형시켜 그린 삽화이다 보니 막상 실제로 참고하기 어렵다는 점은 제쳐 놓더라도, 고작 몇 줄뿐인 설명 또한 시술자에게 두루뭉술한 조언을 제공하는 데 그쳤다. 예컨대 '양발이 모두 나온 경우*Si ambos pedes foris eiecerit*'나 '무릎이 먼저 나온 경우*Si genua ostenderit*' 또는 '태아가 둘 이상인 경우*Si plures*

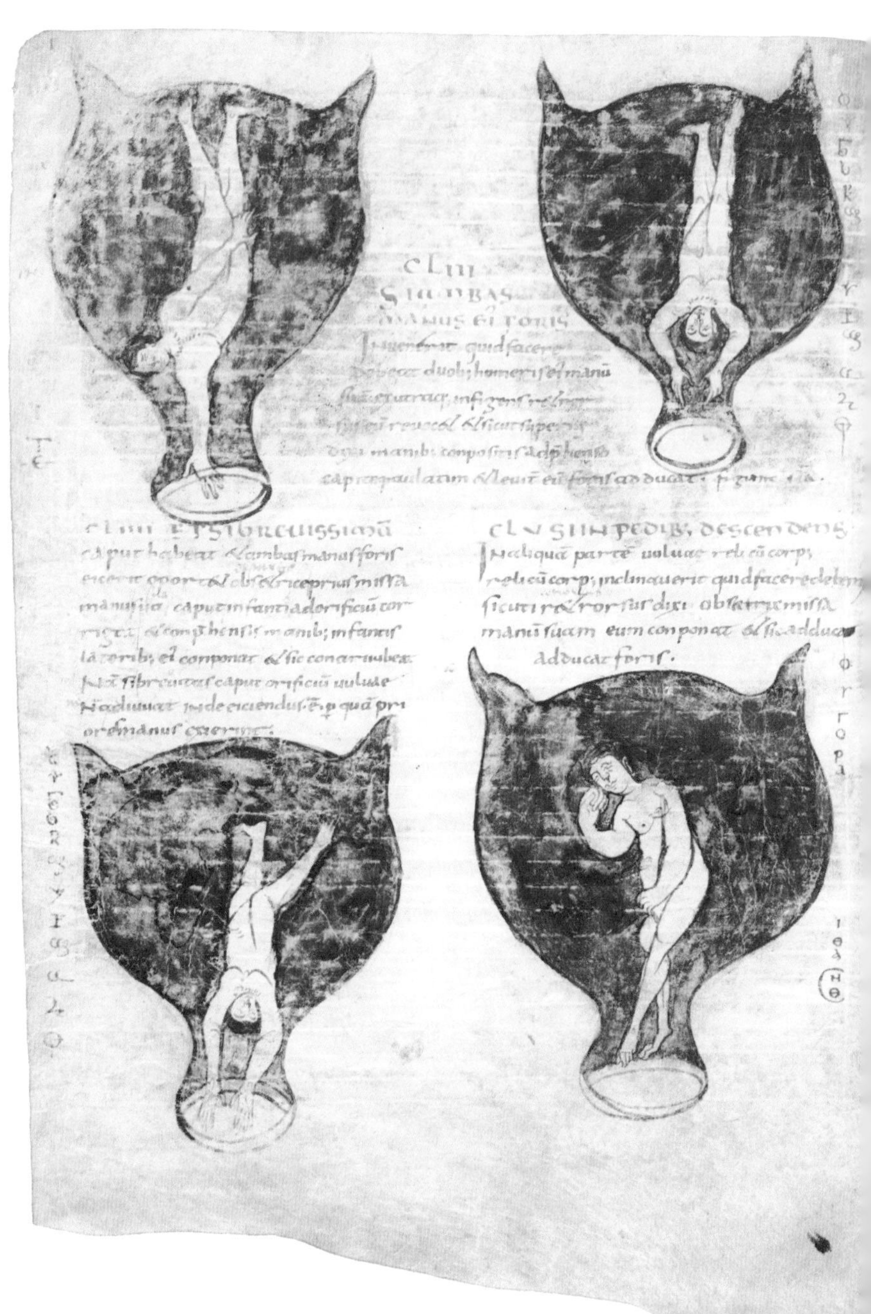

71. 자궁 속의 태아를 묘사한 삽화 여덟 점. 9세기의 부인과학 필사본에 실려 있다.

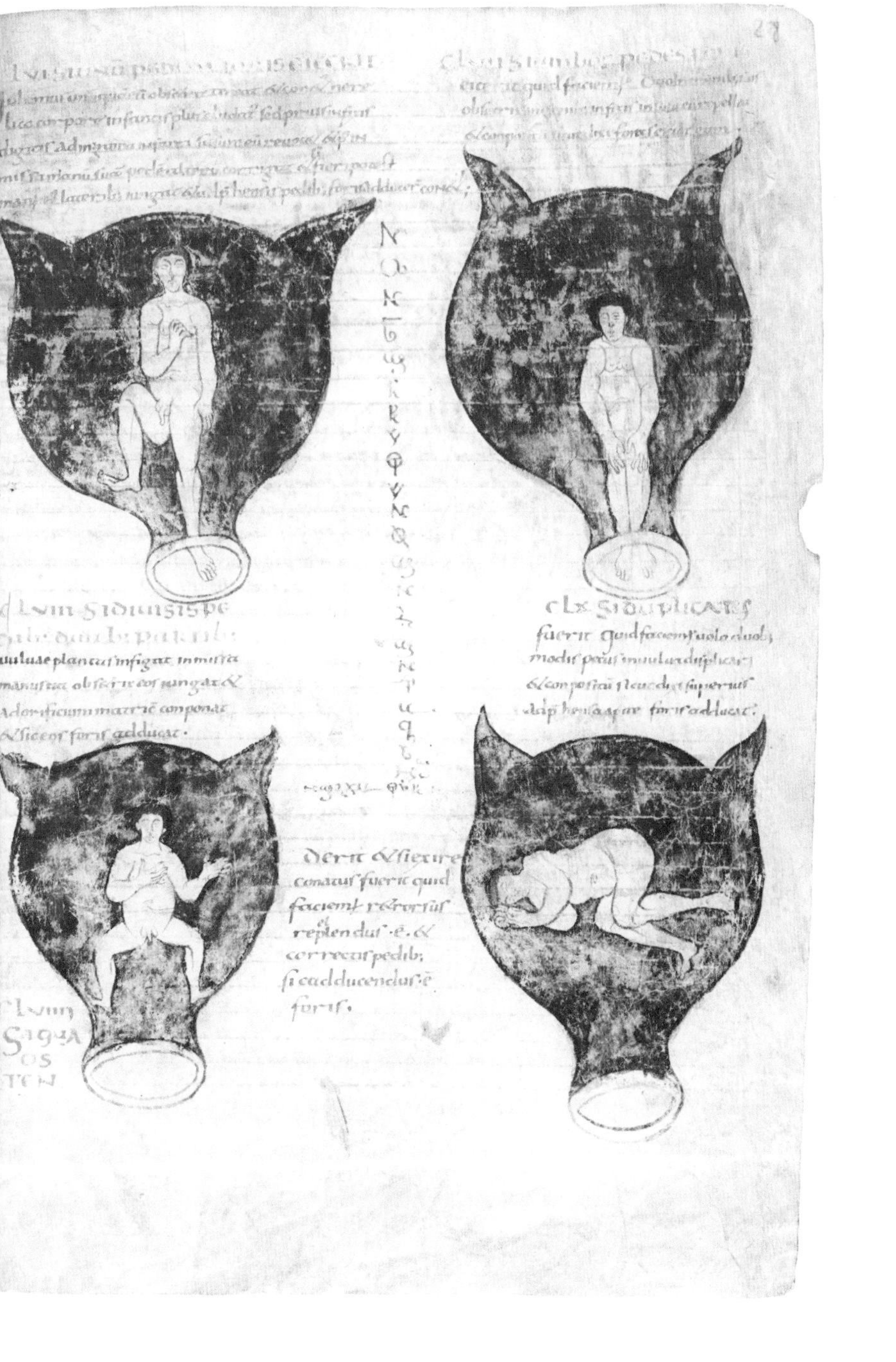
CLX SI DUPLICATUS
fuerit quid faciemus uolo duob;
modis prius inuolucra duplicari
& composita sicut dixi superius
deinde caput foris adducat.
dere & si exire
conatus fuerit quid
faciemus retrorsus
repelendus .e. &
correctus pedib;
sic adducendus e
foris.

ab uno fuerint' 같은 식이었다. 그러나 개중에는 이보다 더 직방으로 효과를 내는 조언, 즉 해산을 눈앞에 둔 여성은 목욕을 자주 하라거나, 갖가지 기름을 배에 바르라거나, 소화가 잘되는 음식만 먹으라고 조언하는 글도 있었다. 어떤 이는 체액설을 근거로 삼아 해산을 앞둔 시기에는 식생활을 더 엄격하게 조정하라고 제안하기도 했다. 이탈리아의 인문학자이자 외과의였던 미켈레 사보나롤라(1385-1468)는 『임신부의 식이 요법*De regimine pregnantium*』에서 임신한 여성은 튀긴 생선과 차가운 물을 입에 대지 말고 그 대신 통밀빵과 과일을 먹고 (오늘날의 관점에서 보면 우려스럽지만) 레드 와인만 마시라고 적었다. 다른 분야의 치료와 마찬가지로 부인과학에서도 이론적으로 적절한 처치법과 민간요법에 매우 가까운 조언이 한데 뒤섞여 있었다. 이는 애초에 임신을 원치 않는 여성들에 대한 조언에서 특히 두드러졌다. 피임 기구는 미신적 성격을 띠는 경우가 많았는데, 살레르노에서 만들어진 의학서 『트로툴라』에는 아래의 네 가지 사례가 실려 있다.

> 임신을 원치 않는 여성이 있거든, 새끼를 낳은 적이 없는 양의 자궁을 맨살에 닿게끔 지니고 다니도록 하라.
>
> 흑요석이라는 돌을 구할 수 있거든 그 여성에게 지니도록 하라. 핥아서 맛만 보도록 해도 임신을 막을 수 있다.
>
> 그렇지 않으면 수컷 족제비를 잡아 고환을 제거한 다음, 산 채로 놓아주도록 하라. 임신을 원치 않는 여성에게 족제비 고환을 주고 거위 가

죽이나 다른 짐승의 가죽으로 싸서 품에 넣고 다니도록 하면, 아기가 생기지 않을 것이다.

만약 아기를 낳다가 몸이 크게 상하는 바람에 죽을까 봐 두려워 더는 임신을 원치 않는 여성이 있다면, 아기에 뒤이어 나온 태반 속에 등대풀 열매 또는 보리알을 넣되, 피임 상태로 남고 싶은 햇수만큼 개수를 세어 넣도록 하라. 만약 영영 피임 상태를 유지하고 싶다면 한 줌을 넣도록 하라.

『트로툴라』에는 자궁을 돌보는 법에 관한 조언도 실려 있다. 의학계의 권위자들은 대부분 히포크라테스 같은 고대 이론가들에게 동의하며 말하기를, 매우 민감한 장기인 자궁은 성교나 월경을 함으로써 틈틈이 정화하지 않으면 유독한 가스를 내뿜거나, 몸속에서 가슴 및 머리가 있는 위쪽을 향해 올라간다고 여겼다. 자궁이 위쪽으로 올라가는 증상은 '자궁 질식'으로 알려졌으며 환자는 기절 또는 졸도를 하거나, 악취로 숨이 막히는 느낌이 들거나, 목의 안팎이 붓거나, 극단적인 경우에는 아예 죽기도 한다고 여겨졌다. 자궁을 붙잡아 원래 위치로 되돌리는 것은 의사의 실력에 달린 일이었다. 현실적인 치료자는 실용적인 치료법으로 눈을 돌렸다. 코밑에서 깃털이나 양모, 아마포 등을 태워 자궁을 머리가 있는 위쪽에서 아래쪽으로 쫓아 보내거나, 아니면 질 앞에서 향기로운 향료나 약초를 태워 자궁을 올바른 위치로 유인했던 것이다. 치료자들은 이 심각한 증상을 다스리고자 한층 더 미신적인 수단으로 눈을 돌리기도 했다. 개중에는 그러한 증상이 악마에 씐 탓에 일어난다고 믿는 이도 있었기 때문이다. 이들은 구마 의식의 일환으로 고안한 주문을 여성 환자를 향해 암송하기도 했다. 아래에 예로 든 주문은 오늘날의 스위스에 해당하는 지역에서 10세기에 만들어진 것으로서, 'N'이라는 머리글자로만 알려진 여성 하인을 구할 목적으로 암송했다.

> 자궁 속의 통증에게 이르노니…… 아아, 자궁, 자궁, 자궁이여, 원통 모양 자궁, 붉은 자궁, 하얀 자궁, 통통한 자궁, 피 흘리는 자궁, 커다란 자궁, 까탈스러운 자궁, 변덕스러운 자궁, 아아, 악마 같은 자궁이여!

> 아버지 하느님의 이름으로…… 여종인 그대 N의 자궁은 격렬한 움직임을 멈추고 고통을 삭일지어다…… 아아, 자궁이여, 우리 주 예수 그리스도의 힘으로 나 그대를 소환하니…… N의 머리와 목구멍, 목, 가슴, 귀, 이, 눈, 콧구멍, 어깻죽지, 팔, 손, 심장, 위, 비장, 콩팥, 등, 옆구리, 관절, 배꼽, 창자, 방광, 허벅지, 정강이, 발꿈치, 발톱 등은 건드리지 말고 하느님께서 그대를 위하여 마련하신 자리에 조용히 거할지니, 이로써 하느님의 여종 N은 건강을 되찾을지어다.

오늘날 이러한 이론은 당연히 허튼소리로 간주되지만, 전문가들이 사용하는 현대 정신 병리학 교본에서 '히스테리'라는 병명이 정식으로 삭제된 것은 무려 1950년대의 일이었다. 여성 특유의 질환이었던 히스테리는 원래 자궁을 가리키는 고대 그리스어 이스테라ὑστέρα에서 유래한 용어로서, '돌아다니는 자궁'이라는 개념 또한 고대 그리스의학에서 만들어졌다.

이처럼 출산이라는 주제를 겹겹이 둘러싼 여러 의학적 조언을 이해하고자 할 때 길잡이로 삼기 위해, 어떤 임신부들은 조산사를 찾아가기도 했다. 조산사는 명확히 정의하기 힘든 전문가 집단이다. 이는 분만이라는 행위가 학술 논문이나 마술을 다루는 단편적인 자료에 드물게 남아 있을 뿐, 정식 자료에 상세히 기록된 적이 거의 없기 때문이다. 중세가 시작될 무렵에 그 수가 크게 줄었던 것으로 보이는 전문 조산사는 일찍이 고대 로마 시대 후기까지는 영예로운 지위를 누리며 임신부를 돌보고 분만을 도왔는데, 임신부의 생식기를 면밀히 살피고 배를 마사지하거나 올바른 호흡법을 조언하는 식의 일을 했다. 그러나 중세 초기가 되면 조산사가 하는 일은 소송 문서나 허구의 이야기 속에 이따금 지나가는 말로 언급될 뿐이다. 이 시기에는 주로 마을의 치유사나 집안의 여성 어른이 분만을 감독했으며, 이들이 지닌 전문 기술의 토대는 학술 지식이 아니라 실제 경험이었다. 그러나 조산술은 12세기에 이르러 다시금 직업으로서 각광을 받았다. 이 무렵 이슬람교 문화권의 의학 저술가들은 출산의 극심한 고통과 어려움에 관한 글을 쓰면서 산모의 산후조리 및 신생아 돌보기 같은 산과의 몇 가지 전문 영역에 관해서도 언급하기 시작했다. 한편 유럽에서는 조산사의 수가 늘어나자 이들에 맞서 대학 출신 의사들과 국가, 크리스트교 교회가 조산술을 더욱 엄격하게 통제하고자 했다. 의학계의 남성 인사들이 부인과학을 주제로 이론적인 글을 쓰는 목적에는, 적어도 부분적으로는, 이전까지 여성이 주로 활약하던 직업의 주도권을 빼앗는 것, 그리하여 지적으로 더 우월하다고 자부하는 자신들의 신체 관련 지식 속에 조산사의 일을 종속시키는 것도 포함됐다. 그 반면에 지방 정부는 공중 보건이 폭넓게 발전하는 쪽에 더욱 관심을 뒀고, 이 때문에 궁극적으로는 어느 정도 합리적인 평등주의적 조치가 포함된 일련의 법을 시행했다. 예컨대 조산사들은 지역 당국으로부터 일단 면허를 받으면 가난한 사람과 부유한 사람을 동등하게 대할 의무가 부과됐다.

이 문제에 대하여 크리스트교 교회는 조금 덜 관료주의적으로 접근했다. 오히려 교회는 살아서 태어나지 못한 수많은 아기들의 영혼의 건강을 더 깊이 우려했다. 출산 도중에 사망한 산모의 수를 정확히 알기란 불가능하지는 않더라도 힘든 일로서, 지중해 연안 지역을 통틀어 그 수를 파악하기란 당연히 더욱 힘든 일이다. 다만 오늘날 남아 있는 기록을 근거로 추정하면 중세 여성 다섯 명 가운데 한 명은 출산 도중이나 산후에 합병증으로 사망했고, 당시 여성들은 평균적으로 자녀를 대여섯 명씩 낳았으므로, 많은 여성들에게 출산이 얼마나 위험하고 걱정스러운 경험이었는지 상상하기란 그리 어렵지 않다. 13세기의 독일어 시가집 『카르미나 부라나Carmina Burana』에 실린 시를 보면 임신부가 길을 걷다가 주위의 소곤거리는 소리를 듣는 장면이 다음과 같이 생생하게 묘사되어 있다. "나의 이 배를 보면/ 사람들은 서로 쿡쿡 찔러 내 쪽을 손가락질하고 지나가네, 입을 꾹 다물고서." 성직자들은 만에 하나 이러한 불안이 현실이 됐을 경우에는 조산사가 분만에 개입해 중세판 제왕 절개술을 실행해야 한다는 것을 똑똑히 이해했다. 근대 이전에 제왕 절개술은 산모가 분만 도중에 숨을 거둔 경우에만 실행하는 조치로서 섹티오 인 모르투아*Sectio in mortua*, 즉 '죽은 여성 절개술'로 불렸다. 그 수술의 진짜 목적은 태아의 목숨을 구하는 것이 아니라 태아가 어머니를 따라 숨을 거두기 전에 긴급히 세례를 베푸는 것이었다.

어쩌면 이처럼 극단적인 위험이 존재했기 때문인지, 무탈한 출산은 그야말로 열정적으로 축하할 일이었다. 이러한 열정은 갓 어머니가 된 여성에게 갖가지 호화로운 선물을 주는 방식으로 표현되는 경우가 잦았다. 이때 선물은 산모와 아기가 모두 건강하기를 바라는 마음이 담긴 물건이 많았는데, 채색 도자기나 식사 도구, 과자, 값진 옷 따위였다. 이탈리아에서는 1300년경부터 전통적인 출산 선물 목록에 호화롭게 세공한 '출산 쟁반'이 줄곧 포함되었다. 이 쟁반에 세심하게 고른 음식을 담아 출산 직전 또는 직후의 여성에게 제공했던 것이다. 이른바 '데스키 다 파르토deschi da parto'라는 이름으로 알려진 이러한 쟁반은 실제 출산 광경을 그대로 묘사한 이미지가 쟁반의 앞면 또는 뒷면에 주로 채색화로 그려진 점이 특히 흥미롭다. 1428년에 피렌체의 화가 바르톨로메오 디 프루오시노(1366-1441)가 장식한 쟁반을 보면, 이제 막 어머니가 된 여성이 상반신을 세우고 침대에 앉아 있는 모습이 세밀하게 묘사되어 있다. 이는 아마도 '산욕기'로 알려진 기간, 즉 분만을 마친 산모가 건강을 회복할 목적으로 비교적 호젓한 상태로 보내는 4주에서 6주 정도 되는 기간에 포착한 모습으로 보인다. 산모는 아마도 분만을 위한 특별한 옷으로 보이는 챙 없는 모자와 붉은 망토 차림이고, 그 곁에는 시중을 드는 여성들이 보인다. 침대 옆에 앉아 갓 난아기를 목욕시키며 돌보는 이들 가운데 한 여성은 아마도 발리아balia, 즉 유모로 보인다. 그리고 그 왼쪽, 방 바깥에서 안으로 들어오려

72. 1428년 피렌체에서 제작한 출산 쟁반.
그림은 바르톨로메오 디 프루오시노가 맡았다.

고 줄을 선 조그마한 인물들은 손에 출산 축하 선물을 들고 있다. 산모의 시선이 향하는 다른 여성은 마침 이 모든 광경이 그려진 출산 쟁반과 비슷하게 생긴 쟁반을 선물로 내밀고 있다.

프루오시노의 쟁반 뒷면에 새겨진 다음의 명문을 보면 이 선물에 담긴 선의가 명확히 드러난다. "아기를 낳는 모든 여성에게 하느님께서 건강을 내려 주시기를…… 아기가 고생이나 위험을 겪지 않고 태어나기를." 어쩌면 분위기를 한결 더 누그러뜨릴 의도에서였는지, 프루오시노는 장난기 가득한 남자애의 이미지를 덧붙이고는 아이가 이렇게 외치는 것처럼 적어 놓았다. "나는 바위 위에서 사는 아기, 은과 금을 오줌으로 싼다네!" 이러한 쟁반에 그려진 출산은 말할 것도 없이 값비싼 선물과 하인이 잔뜩 있는 저택에서 살아가는 특권 계급의 행사로서, 중세의 대다수 여성이 실제 일상에서 경험한 출산과 조금은 동떨어진 것이었다. 그럼에도 출산 쟁반은 거의 기록되지 않은 세계를 살짝 들여다볼 기회를 제공한다. 우선 남성 의사가 한 명도 없다는 점이 눈에 띈다. 이곳은 여성들만의 영역으로서, 이곳에서 여성들은 선물을 주고받고, 음악을 연주하고, 활기차게 대화와 몸짓을 주고받는다.

제2의 성

임신과 출산, 월경, 열등한 체액 등에 관한 이 같은 여러 개념들은 중세 여성의 실생활에 어떠한 영향을 미쳤을까? 그들의 삶이 여러 면에서 암담했던 것만은 분명하다. 중세의 여성은 존재하는 거의 모든 제도적 맥락에서 부차적 지위에 머물렀고, 당시에는 어떠한 제도이든 근본적으로는 해당 영역을 몇 세기 동안 지배한 남성들을 위해 작동했다. 성직자 제도 역시 적어도 정치권력을 쥔 주요 지위가 포함된 상위 계급은 순전히 남성들이 차지했다. 대학에서는 여성 관련 신학 및 철학, 그리고 당연히 생물학까지도 오로지 남성들만 연구하도록 허락된 영역이었다. 오늘날 남아 있는 중세 법률 또한 대부분 남성을 뜻하는 대명사만 매우 자주 등장하는데, 이는 특정한 법체계에서 여성이 사실상 자율적 지위를 누리지 못했다는 방증이다. 재판소 기록에 여성이 등장하는 경우는 주로 남편과 아버지의 소유물처럼 불쾌하게 소개된 사례가 대부분이었다. 해부학상의 이유 때문에 인구의 절반을 거의 열등한 형태의 인간으로 묘사한 것을 보면, 중세는 여러 가지 의미에서 매우 골치 아픈 시대였다고 할 만하다.

이상은 모두 엄연한 사실이다. 다만 세상 일이 다 그렇듯이, 이러한 상황들도 자세히 들여다보면 미묘한 구석이 곳곳에 존재했다. 예컨대 중세 유럽의 여성들은 생물학적 요인만큼이나 지리적 환경에 따라 삶의 윤곽이 결정되는 경우가 많았다. 유럽의 양쪽 끄트머리를 예로 들어 결혼 통계를 비교해 보자. 오늘날 남아 있는 자투리 증거들을 토대로 추측하자면 이탈리아나 에스파냐, 남프랑스 같은 유럽 대륙 남부에서는 대다수 여성이 꽤 어린 나이에 결혼했던 것으로 보인다. 당시 여성들은 십대 후반에 평균 열 살 많은 남성을 남편으로 맞는 경우가 많았지만, 드물게 보이는 상류층 가문의 정략결혼에서는 신부의 나이가 그보다 더 어린 경우도 있었다. 프랑스의 모뷔송 수도원 및 부속 납골당을 설립한 블랑슈 드 카스티유는 오래지 않아 프랑스 국왕 루이 8세가 될 남자와 결혼할 당시에 겨우 열두 살이었고, 남편 또한 그녀와 같은 열두 살이었다. 그러나 유럽 대륙 북부, 즉 런던 또는 겐트나 브뤼셀 같은 플랑드르 지역의 도시에서는 여성이 시집을 가는 시기가 조금 더 늦었던 것으로 보인다. 이 지역의 여성들은 대개 이십대 초반이 되어서야 비로소 결혼을 했는데, 아마도 고용된 상태에서 자기 힘으로 임금을 버는 기간을 얼마간 거쳤던 것으로 보인다. 마흔이나 쉰을 넘긴 나이에 결혼하는 여성, 즉 서둘러 아이를 가지려는 목적이 아니라 편안함을 공유하는 동반자 관계를 이루고자 뒤늦게 결혼하는 여성은 남부와 북부 모두에서 소수에 지나지 않았다. 이로써 결혼 방식이 여러 문화권에 걸쳐 다양하게 존재했다는 사실이 드러나는데, 각각의 방식은 매우 상이한 형태로 여성의 삶의 질에 영향을 미쳤다. 스스로 선택하지 않은 남자와 부부가 되고 더 나아가 잠재적 위험이 도사린 출산이라는 과정에 자신도 모르게 휘말리는 여성이 있는가 하면, 직업의 세계에 들어서서 남들보다 더 독립적인 길을 개척함으로써 매우 다른 삶을 산 여성도 있었다. 심지어 웬만해선 변하지 않을 것처럼 보였던 혼인 상태의 보편성 자체도 빠르게 변화하곤 했다. 남편과 사별한 여성은 혼인 상태인 자기 딸에 비하면 재정상 꽤 윤택한 자립 생활을 누리는 것도 가능했다. 고대에 만들어진 카이로의 구시가지에 자리 잡은 벤 에즈라 시너고그는 중세 유대인 관련 정보를 가장 방대하게 보유한 곳으로서, 짤막한 문헌 자료가 무려 30만 건 넘게 보관되어 있다. 이곳에 부분적으로 남아 있는 어떤 기록을 보면 유대인 사회는 크리스트교 공동체보다 이혼이 훨씬 더 흔했던 것으로 추측된다. 크리스트교 공동체에서는 교회가 혼인의 해체를 거의 불가능한 일로 만들었기 때문이다. 그 반면에 유대인 여성들은 남편에게 허락받지 않고도 스스로 이혼 절차를 밟는 일이 가능했고, 이혼 후에 본인이 희망할 경우에는 재혼하여 개인적으로 또는 사회적으로 전보다 더 유리한 동반자 관계를 쌓는 것도 허용됐다.

이슬람교권인 중동과 북아프리카의 상황은 위와 또 달랐다. 중세의 하렘은 보통 일부다처제에 따라 여성 여러 명이 함께 모여 있는 공간으로 묘사되지만, 현실에서는 그보다 더 복합적으로 해석할 수도 있다. 이슬람 율법에서 남성이 아내를 둘 이상 거느리는 일은 이론상으로는 용인되었으나 그다지 흔한 경우는 아니었다. 게다가 이슬람 사회의 결혼 구조 또한 유럽 사회와 마찬가지로 매우 억압적인 경우가 많았다. 아내들은 고분고분하고 얌전한 성격이 이상적이라고 묘사되었고, 평소에는 주택 내부의 특정한 장소에 갇혀 지냈으며, 공공장소에 나갈 때에는 천으로 온몸을 가려야 했다. 이러한 조건들은 터무니없이 답답한 한편으로, 역설적이게도 모종의 독특한 기회를 만들어냈다. 이슬람교도 여성들은 같은 처지의 유럽 여성들에게는 거의 허용되지 않았던 여성 전용 공간에서 여럿이 함께 지내는 일이 가능했던 것이다. 그 공간의 분위기는 13세기의 필사본에 실린 삽화에서 감지할 수 있다. 이 삽화에는 이라크 저술가 무함마드 알하리리(약 1054-1122)의 작품 속 주인공인 사루지의 아부 자이드와 그의 설교에 매료된 사람들의 모습이 묘사되어 있다. 그림 속에서 맨 위쪽에 묘사된 한 무리의 여성들은 아마도 발코니일 법한 곳에서 설교를 내려다보는 중이다. 이들은 몸에 색색의 천을 둘렀는데, 몸을 휘감듯이 꼭꼭 감싼 천에는 갖가지 무늬가 그려져 있다. 실제로 이 여성들은 베일까지 썼기 때문에 얼굴 위쪽 또는 아래쪽 말고는 사실상 몸이 조금도 겉으로 드러나지 않는다. 그러나 남성들로부터 떨어진 곳에서 서로에게 얼굴을 향하고 몸짓을 주고받는 이 여성들은 저 아래쪽에 말없이 꼼짝 않고 앉아 있는 남성들보다 훨씬 더 열띤 대화를 나누는 듯하다. 이 세계를 보고 있으면 프루오시노의 출산 쟁반에 그려진 부산한 분위기가 떠오르지만, 그렇다고 해서 오로지 여성들만 참여하는 드문 행사의 한 장면으로 비치지는 않는다. 이 그림 속의 이슬람 여성들에게는 남성의

73. 모여 있는 남녀 앞에서 사기꾼인 사루지의 아부 자이드가 이야기하는 광경.
이라크 저술가 무하마드 알하리리의 시와 산문을 수록한 책 『마카마트』의 삽화로서,
위의 판본은 야히아 알와시티라는 필경사가 1237년에 만들었다.

귀가 닿지 않는 곳에서 대화를 나누는 일이 더없이 일상적인 체험처럼 묘사되기 때문이다.

지리적 조건과 마찬가지로 계급이라는 문제 또한 성별 격차라는 생물학적 선입관을 강화하거나 약화했다. 사회적 이익을 노린 부유층의 중매결혼 중에는 부유한 여성이 스스로 택하지 않은 운명 속에 억지로 떠밀려 들어가는 사례가 많이 보이는데, 이는 사회적 지위가 낮은 계층에게는 훨씬 덜 절실하게 느껴지는 문제였다. 다만 이러한 여성들은 빈곤층 여성들과 달리 결혼 후에도 본인 또는 공동체의 이익을 위하여 남편과 대등하게 자기 가문의 재산을 사용하는 일이 가능했다. 이들은 특별한 재주를 지닌 장인에게 작품 제작을 의뢰하는 것부터 종교 시설 또는 시민을 위한 기관을 설립하는 것까지, 마음껏 지갑을 여는 경우가 많았다. 이 같은 사회 상층부에서는 여성도 가족의 인맥을 이용해 가장 높은 권좌에 오르는 일이 가능했다. 11세기 예멘의 여성 군주였던 아르와 알술라이히(약 1048-1138)가 조국을 위해 외국과 평화 조약을 맺는 등 갖가지 중요한 외교 임무를 수행하면서 여느 예멘 여성처럼 자신의 성별 때문에 제약을 받았으리라고는 상상하기조차 힘들다. 또한 아르와에 앞서 등장한 8세기 비잔틴 제국의 여성 황제 이리니(752-803)가 자신이 콘스탄티노플에서 지배했던 다른 여성들처럼 억압당하는 기분을 느꼈으리라고 가정하기도 힘들다. 애초에 이리니는 스물여섯 살 먹은 황제였던 자기 아들 콘스탄티노스 6세에게서 옥좌를 빼앗으려고 그를 붙잡아 잔인하게도 눈을 멀게 했다. 아들이 두 번 다시 권력을 쥐지 못하게 할 작정으로 한 짓이었다. 무시무시한 책략가였던 이리니는 통치 기간 동안 이단 종교를 분쇄하고

정예 근위 군단을 양성했으며, 과거의 남성 군주들과 똑같이 거대한 교회를 짓고 화려하게 장식하는 데에 국고를 소진했다. 사실, 가끔은 아예 바실레우스βασιλεύς라는 칭호까지 사용하곤 했다. '여제女帝'가 아니라 '황제'를 표방한 것이다.

엄격해 보이는 가부장제 사회의 족쇄를 피하고 싶었던 중세 여성이 그 소망을 이룰 기회는 매우 적었지만, 유럽의 일부 여성에게는 한 가지 선택지가 열려 있었다. 바로 남성이 아니라 그리스도와 결혼하는 것이었다. 세속을 떠나 교회 안에서 살아가는 수녀가 되어 오로지 신성한 존재에게 스스로를 바치는 삶을 순수한 해방으로 보기는 힘들다. 그러나 수도 생활의 본질인 금욕주의는 적어도 출산과 그에 따르는 위험이 없는 삶을 추구하는 여성에게는 매력적이었을 것이다. 그렇게 교회에서 보호받기를 원했던 이들 가운데 일부의 심정이 얼마나 간절했는지는 빌제포르타Wilgefortis라는 유별난 이름을 지닌 가톨릭 성녀의 성인전에 강렬하게 묘사되어 있다. 빌제포르타는 북유럽에서 9세기 이후에 유독 널리 숭배된 성인으로서, 이름 자체는 '힘센 처녀'를 의미하는 라틴어 비르고 포르티스*virgo fortis*가 변하여 만들어졌지만 때로는 '고난을 해소시켜 주는 이'라는 뜻의 영어 이름 언컴버Uncumber, '고민'이나 '근심'을 뜻하는 독일어 이름 퀴메르니스Kümmernis, '해방'을 뜻하는 포르투갈어 이름 리베르다데Liberdade, '다재다능'을 뜻하는 그리스어 이름 에우트로피아Eutropia 같은 인상적인 별칭으로 불리기도 했다. 전하는 이야기에 따르면 이교도 왕의 딸이었던 빌제포르타는 평화 조약을 맺는 조건으로 이웃 나라 군주의 아내가 될 예정이었다. 그러나 빌제포르타는 그 결혼을 한사코 거절했다. 빌제포르타가 마음속으로 애정을 바치고자 한 배우자는 십자가에 못 박힌 그리스도뿐이었고, 그 마음은 어떠한 강요 앞에서도 꺾이지 않았다. 끝끝내 결혼을 거부한 빌제포르타는 곧바로 투옥되었고, 감방에 갇힌 상태로 자신의 외모를 뭇 남성의 눈에 추하게 보이도록 변형시켜 달라고 하느님께 기도했다. 그렇게 되면 홀가분한 몸으로 수도원에 들어가 남은 삶을 정결하게 보내며 하느님을 섬길 수 있기 때문이었다. 아니나 다를까, 얼마 후 감방에서 끌려나온 그녀의 모습을 어떤 이는 이렇게 묘사했다. "미모는 간데없이 사라지고 얼굴에는 남자의 턱수염처럼 기다란 털이 수북하게 자라 있었다." 이제 빌제포르타는 이중의 의미로, 즉 개종한 크리스트교도이자 신기한 양성구유로서 아버지와 더욱 멀어졌고, 이 때문에 격분한 아버지는 딸을 고문하고 십자가에 매달았다. 여성 대다수가 이처럼 소름 끼치는 죽음을 결혼보다 더 선호했을 것 같지는 않지만, 이러한 성인들의 경건한 선례를 보면 많은 여성들이 수녀라는 종교인의 삶을 결혼의 대안으로 얼마나 진지하게 고려했는지가 잘 드러난다. 이러한 이야기들은 남성 중심의 현실 체제에 반발한 성스러운 여성들의 사례로서 이들이 보여 준 모범, 즉 '신앙에 힘입은 해방'은 신성한 개입이라는 형태로 하느님의 승인을 받았다.

빌제포르타의 사연 같은 이야기는 중세를 힘센 남성과 연약한 여성이라는 성별 이원론에 지배당한 시대로 인식해서는 안 된다는 점 또한 분명히 보여 준다. 당시 빌제포르타의 이미지는 조각상이나 그림으로 많이 만들어졌는데, 이는 언뜻 고정된 것처럼 보이는 각 성별의 속성이 때로는 뒤섞였을 가능성을 암시한다. 빌제포르타는 여성용 드레스를 입었으나 얼굴에는 남성처럼 턱수염이 난 식으로 '부자연스

74. 십자가에 못 박힌 성 빌제포르타.
1420년경 플랑드르의 겐트에서 제작한 기도서의 삽화.

러운' 이중 성별을 지닌 탓에 조금은 기묘해 보였지만, 그러면서도 십자가에 못 박힌 모습에서는 성스러움의 완벽한 전형으로서 숭배를 받았기 때문이다. 빌제포르타의 여성성은 전설로 전해 내려오다가 어느 시점에 갑자기 무기화된 것처럼 보이기까지 하는데, 이 같은 무기화는 중세 후기에 활동한 다른 여성 작가들의 작품에서도 눈에 띈다. 예컨대 15세기 웨일스의 여성 시인 궤르빌 메하인Gwerful Mechain은 자신감이 넘치다 못해 아예 남성 작가들의 기를 죽이려는 의도가 분명히 느껴진다. 메하인의 눈에는 남성 작가들이 성을 고급 예술의 주제로 삼지 않고 기피하는 것처럼 보였기 때문이다. 메하인에게 여성의 몸은 수치심의 현장이 아니라 도발적인 시 짓기의 연료였다. 그녀는 「질에 바치다I'r cedor」라는 시에서 이렇게 적었다.

> 궁지 높은 그대들 남성 시인이여, 감히 비웃지 마라.
> 시를 쓰려면 모름지기 음부까지 기세를 뻗어
> 걸맞은 보상을 얻고 살아남게 할지어다.
> 그곳은 비단처럼 매끈한, 지고의 찬가를 받을,
> 타고난 구멍 위의 자그마한 솔기이자, 장막이며,
> 만남의 장소를 가지런히 덮은 휘장,
> 새콤한 덤불, 환대의 원,
> 아늑한 숲, 조몰락거리기에 흠 잡을 데 없는 선물,
> 잘생긴 구슬 한 쌍을 굴릴 모피이자, 보드라운 상인방이라.
> 풀이 우거진 아가씨의 공터에는 사랑이 가득하니
> 그 멋진 덤불에 하느님의 축복 있으라.

성생활과 음경 나무

중세의 삶에서 한층 더 어두운 부분을 들여다보면, 여성은 남성에 의해 피해자가 되는 경우가 그 반대보다 압도적으로 많았다. 오늘날과 비교해 중세 시대에 성범죄가 더 자주 발생했는지 아니면 더 적게 발생했는지는 딱 잘라 말하기 힘들지만, 범죄에 책임을 묻는 구조는 분명 중세 시대 쪽이 오늘날보다 훨씬 더 믿고 의지하기가 힘들었다. 재판소 기록 및 지방 정부 보고서를 보면 강간은 특히 대도시에서 드물지 않게 일어났는데, 이는 전적으로 남성이 좌우하는 법률 제도에 따라 처벌되었기 때문에 최대한 무거운 형벌에 처해지는 경우가 드물었다. 형이 엄격하게 집행된 경우조차도 기소의 근거는 대개 남성들끼리 공유하는 행동 강령을 범인이 얼마나 심하게 위반했는가, 또 남성들이 정하는 피해 여성의 사회적 지위가 어느 정도인가 등이었다. 만약 처녀를 강간해 잠재적인 결혼 가능성을 없애 버렸다면 범인인 남성은 피해 여성과 결혼하거나, 적어도 아내를 부양하는 것과 맞먹는 재정적 지원을 계속 제공해야 했다. 피해자가 기혼자일 경우에는 범죄의 세부 사항과 피해자 남편의 집안 배경 같은 요소에 따라 처벌이 거액의 벌금에서 교수형까지, 훨씬 더 엄격해졌다. 그러나 피해를 입은 여성의 신체 및 정신 건강을 우려하는 목소리는 거의 없다시피 했다.

이와 대조적으로 창작 이야기와 민담의 세계에서는 성폭행에 따르는 책임이 반전되는 사례가 위의 경향과 맞먹을 만큼 많았다. 중세 유럽의 여성관에서 핵심을 차지하는 여러 모순 가운데 하나는 자궁이, 더 나아가 여성 자체가, 단지 채워지기를 기다릴 뿐인 극히 유순하고 단순한 그릇인 동시에, 위험스러울 만큼 공격적이고 세이렌처럼 탐욕스러운 공허이기도 하다는 관점이었다. 후자는 중세 유럽 남성들에게 심각한 거세 공포를 불러일으켜 중세 기사 문학에 자주 등장하는 소재가 되기도 했다. 그러한 작품에서 남성 작가들은 짓궂은 여성이 자신에게 구애하는 남성의 음경을 갖가지 방법으로 심하게 손상시키려 할지도 모른다는 공포를 표현했는데, 그 방법이란 질 속에 예리한 쇠붙이를 넣어 음경을 덫에 걸린 짐승처럼 붙잡거나 아예 뿌리까지 싹둑 잘라 버리는 식이었다. 이러한 사연은 순수하게 무서운 이야기부터 한결 더 장난스럽게 시각화한 사랑의 정표까지 다양한 형태로 나타났다. 후자의 경우는 다산을 기원하는 상징물로 주조하거나, 조그마한 보석함의 뚜껑에 자극적인 형상으로 새기거나, 중세 필사본 서적의 가장자리 여백에 그림으로 그리곤 했다. 그러한 삽화 가운데 하나는 13세기 프랑스의 유명한 서사시인 『장미 이야기』에 수록돼 있다. 이 삽화에는 수녀 둘이 나무에 무성하게 열린 커다란 음경을 따 자기네 주머니에 잔뜩 쑤셔 넣는 광경이 우스꽝스럽게 묘사되어 있다. 이는 궤르빌 메하인이 시에서 식물로 표현한 은유의 남성판에 해당한다. 이 삽화는 단순히 해학적인 장치이며, 이런 식의 장치는 중세의 여러 이야기에 등장한다. 세속으로부터 격리된 수녀의 금욕생활은 이론상으로는 그림에 묘사된 것 같은 호색적인 음경 따기와 까마득히 멀리 떨어져 있다. 그러나 여기에는 한층 더 반동적인 메시지 또한 작동하고 있다. 드물게도, 이 필사본은 남성들만 일하는 전형적인 삽화가 공방에서 만든 것이 아니다. 필사본을 제작한 장본인은

75. 두 수녀가 나무에서 음경을 따고 있는 모습을 묘사한 삽화.
14세기 중엽 파리에서 제작한 『장미 이야기』 필사본의 본문 여백에 수록.

당시 크게 호평받은 부부 삽화가인 리샤르 드 몽바스통과 잔 드 몽바스통 부부로서, 이들은 14세기 파리에 공방을 열고 이 책과 같은 호화 필사본을 여럿 제작했다. 심지어 이 삽화 자체는 아내인 잔 혼자서 그렸을 가능성도 있다. 남편 리샤르가 1350년대에 숨을 거둔 이후로 잔 혼자서 필사 및 삽화 작업을 계속했기 때문이다. 삽화에 그려진 수녀들이 단지 남성들의 고정관념대로 성적 공격성을 발휘해 왼쪽, 오른쪽, 가운데 할 것 없이 주머니란 주머니에 온통 음경을 가득 쑤셔 넣는 중인지, 아니면 그보다 한결 더 진지한 저항 정신을 품고 거의 원시적 여성주의의 노선에서 남근 중심주의 세계를 쓸어버리려 했는지는 그저 의문으로 남을 따름이다.

음경이라는 신체 기관은 결국 중세 남성의 정체성을 표현하는 중요한 임무를 수행하곤 했다. 예컨대 샅 주머니codpiece[유럽 남성들이 레깅스처럼 달라붙는 바지를 입던 과거에 음경 및 음낭을 둘 공간으로 사타구니에 불룩하게 만든 주머니—옮긴이]의 크기를 남성성과 동일시하는 판에 박힌 자기 과시는 중세 시대 내내 남성의 자기상自己像과 단단히 연결되어 있었다. 음경이 작은 남성이 공공연히 조롱당했다는 사실은 13세기 아이슬란드의 한 사가를 보면 알 수 있는데, 이 이야기에서 낭만화된 무법자인 주인공 그레티르 아스문다르손은 벌거벗은 상태로 한 아가씨와 마주친다. 그레티르는 무시무시한 인물로 알려졌지만 아가씨는 실망한 목소리로 자기 자매에게 이렇게 외친다.

> 어머나, 동생아, 저기 그레티르 아스문다르손이야, 체격이 정말로 우람하네, 벌거벗고 누워 있어. 그런데 아랫도리는 보기 드물게 조그만 것 같아. 다른 데는 다 큰데 저기만 예외라니.

그런가 하면 중세 유대교도의 브리트 밀라ברית מילה와 이슬람교도의 키탄ختان, 즉 할례 의식은 음경을 소속감의 상징물로 승격시킨다. 이슬람 학자들은 할례가 의무인지 아니면 단순한 전통인지를 놓고 논쟁을 벌인 반면에 유대인들에게 할례는 아브라함의 모범을 곧이곧대로 따르는 의식으로서, 유대 민족이 하느님과 맺은 언약의 증표이자 중요한 통과의례였다. 할례의 시간은 남자아이가 이름을 받는 순간이었고, 음경의 포피를 절제하는 과정에서 흐른 피는 '제멋대로'

흐르는 월경혈과 달리 공식적으로 용인받았다. 랍비는 그 피에 영적인 힘이 깃들어 있다는 교리를 세웠고, 때로는 시너고그에 보관된 법궤 앞의 땅바닥에 그 피를 뿌리기까지 했다. 일부 그리스도교도들은 그리스도가 유대인 가정에 태어났다는 이유로 다음과 같은 가설이 성립한다는 것을 알아차렸다. 즉, 그리스도의 육신은 기적처럼 천국으로 불려 올라갔지만, 그리스도의 음경 포피는 성유물로서 아직 지상에 남아 있으리라는 것이다. 신학자들은 이 논쟁적인 주장을 비판하고 반박했지만, 그럼에도 불구하고 이를 받아들인 사람들이 일부 있었다. 심지어 시에나의 성 카타리나는 자신이 그리스도와 맺은 영적 혼인의 증표인 반지가 다름 아닌 성스러운 포피로 이루어졌다고까지 말했다. 중세의 기록에는 성유물인 '성스러운 포피'가 몇 점 등장하는데, 진짜는 한 점일 수밖에 없다고 생각하면 이는 수상쩍게 많은 개수이다. 그중 하나는 오늘날 벨기에의 영토인 안트베르펜에서 숭배의 대상이 되었고, 에스파냐의 순례 중심지인 산티아고데콤포스텔라에도 하나가 있었으며, 프랑스 동북부의 메스에도, 그리고 신성 로마 제국의 카롤루스 대제에게도 한 점이 있었다. 카롤루스 대제가 소유한 성스러운 포피는 심지어 다른 사람도 아닌 성모 마리아에서부터 전해져 내려왔다는 복잡한 사연까지 딸려 있었다. 그리스도의 할례 의식 때 마리아가 포피를 챙겨 조그마한 쌈지에 보관하다가 훗날 세례 요한에게 건네줬다는 것이다. 이후 그 쌈지는 천사에게 전해진 것으로 보이는데, 그 천사가 쌈지를 맡긴 곳이 마침 오늘날의 독일 서부에 해당하는 아헨의 신성 로마 제국 황궁이었기 때문에 이후 이곳에서 자랑스레 전시되었다고 한다.

76. 자기 손으로 할례를 행하는 아브라함.
호화 장식 성서 필사본 삽화. 1355년경 프랑스에서 제작.

중세의 이러한 종교 전통 속에서 음경은 성적 기관이라는 본질로부터 벗어나 집단의식을 고취하거나 신성성을 숭배하는 용도의 공적이고 명백히 거세된 대상으로 변신하는 데 성공한다. 그러나 이와 정반대로 행동하도록 강요당한 집단도 존재했다. 성적 자극을 노골적으로 강조한 남성의 몸은 사회 일반에 드러나지 않도록 은근히 감추라는 요구를 받았던 것이다. 보수적인 중세 사회에서 두 남성 사이의 성애는 하느님이 부여한 성별 규범을 무너뜨리는 것으로 여겨졌기 때문이었다. 남성 동성애자는 도덕적으로 타락한 탓에 단숨에 멸망한 구약 성서 속의 도시 소돔의 주민이라는 뜻에서 '소도마이트sodomite'로 불렸으며, 처벌 기록을 제외하면 중세의 공식 문서에 거의 등장하지 않는다. 남색이라는 범죄의 처벌은 해당 남성이 언제, 어디에 살았느냐에 따라 크게 달랐다. 신성 로마 제국의 법전에는 동성애로 인식되는 비행이 거의 다루어지지 않았던 반면, 14세기 베네치아 공화국의 '야경대장Signori dei Notti'들은 남성 동성애자를 화형에 처하곤 했다. 규모가 작은 동성애 공동체는 중세 시대에도 존재했던 것으로 보이지만, 이러한 공동체들조차 몹시 경멸당한 기록밖에 남아 있지 않다. 디바이지스의 리처드Richard of Devizes는 리처드 1세가 다스리던 12세기 잉글랜드의 삶을 담은 연대기에서 중세 런던의 밤거리를 묘사하며 성적으로 일탈한 것처럼 보이는 여러 인물에 관해 언급한다. 바로 '마약상farmaco-polae'과 '매춘부crissariae', '가냘픈 소년들glabriones', '어린 남창pusiones', '마녀vultuariae', '남색가mascularii' 등이다.

이러한 남색 죄를 너그럽게 봐줄지 여부는 사실상 남성 동성애자가 일반적인 성 역할에서 얼마나 일탈했는지에 따라 좌우되곤 했다. 동성애에 대한 가장 불쾌한 혐오 표현은 '여성 노릇'을 하는 남성 동성애자에게 향했다. 삽입당하는 것은 곧 그 남성의 성 체험이 용인하기 힘들 만큼 여성적인 방식으로 변형된다는 의미였기 때문이다. 이에 비해 삽입하는 쪽인 남성은 도덕적으로는 비뚤어졌을지언정, 일반 남성의 성적 의무는 조금이나마 실천한다고 여겨졌다. 이와 비슷한 성별 구분 논리에 따라 중세 시대의 여성 동성애자는 남성 동성애자에 비해 기록에 훨씬 더 적게 등장한다. 레즈비언은 동성애라는 성적 지향과 여성이라는 부차적 성별 때문에 사회 구성원으로서 애초부터 이중으로 열등한 존재였다. 이들은 당대의 문학 작품에서도 극히 드물게 등장할 뿐이며, 등장하는 경우에조차도 대개는 비신체적 애정을 주고받았다. 잘 알려지지 않은 10세기 아랍의 저술가 알리 이븐 나스르 알카티브는 저서 『쾌락의 백과사전Jawami' alladhdha』에 힌드와 알자르카라는 두 왕녀의 이야기를 수록했는데, 이 둘은 사랑에 빠져서 함께 수도원을 세운다. 그러나 두 여성의 관계는 몹시 정결한 종류의 사랑이자 여성다운 성실성의 모범으로 그려질 뿐, 두 레즈비언의 공개적인 사랑으로 칭송받은 것은 아니었다.

오줌 속의 정보를 읽는 법

성기의 한 가지 특징 앞에서는 모든 사람, 즉 남성도 여성도, 유대인도 크리스트교도도, 동성애자도 양성애자도 예외가 아니다. 결국에는 누구나 오줌을 누지 않으면 안 되기 때문이다. 4대 체액설에 기반한 의학에서 지식이 풍부한 치료자는 땀과 토사물, 침, 배설물 등 몸에서 방출되는 모든 물질의 양과 질을 면밀히 관찰해 몸속에 도사린 불균형의 징후를 찾아내는 일이 가능했는데, 이때 오줌 역시 예외가 아니었다.

내과의를 위한 소변 검사 지침은 7세기의 문헌에 일찌감치 등장한다. 오늘날 오줌의 색은 몸속의 수분 함량을 나타낼 뿐 아니라 이런

저런 건강 정보도 함께 알려 주는 지표이지만, 중세 의학에서는 오줌을 점치기의 재료로 극단까지 활용했다. 일부 의사들은 오줌을 분석하는 일에 지나치게 몰두한 나머지 환자의 오줌이 든 둥그런 플라스크가 당대 시각 문화의 중요한 요소가 될 정도였다. 오늘날 하얀 가운을 입은 인물이 그러하듯이 중세 필사본의 삽화 속에서 둥그런 플라스크를 들여다보는 모습으로 묘사된 인물은 한눈에 봐도 의사이지만, 그러한 묘사가 반드시 존경심에서 우러난 것은 아니었다. 15세기에 제작한 요크 대성당의 스테인드글라스에는 사람이 아닌 원숭이가 오줌이 든 병을 꼼꼼히 살펴보는 장면이 묘사되어 있는데, 이는 그곳의 의학계에서 실제로 일어나는 일을 짓궂게 모방한 것이다. 연극에서도 실력이 부족한 의사는 방광을 소도구로 삼아 웃음을 자아내곤 했다. 이른바 「크록스턴 성체극*Croxton Play of the Sacrament*」이라는 제목으로 드물게 오늘날까지 전해지는 중세 잉글랜드의 종교극에는 브라반트의 브라운디치Brownditch 공公이라는 인물이 등장한다. 이름만 봐도 이미 분변에 대한 집작이 뚜렷이 느껴지는[브라운은 '갈색', 디치는 '배수로'를 뜻한다—옮긴이] 이 인물을 묘사하는 대목에는 유난히 오줌과 관련된 내용이 길게 나온다.

> 오줌을 들여다본 이들 가운데
> 가장 고명한 의사 나리!
> 낮과 밤을 가리지 않고 들여다보고,
> 가끔은 촛불 등잔 아래에서
> 진단도 내리지만

앞 못 보는 이의 말과 다를 바가 없네.

오줌은 브라운디치에게 명예의 상징이자 서툰 솜씨의 상징이기도 하다. 자신의 직업을 상징하는 긍지의 증표인 한편으로, 진단하는 실력이 맹인이나 다름없다고 비꼬는 근거이기 때문이다.

이러한 연극 속의 다채로운 등장인물은 그에 못지않게 다채로운 의학서 속의 이미지들과 쌍을 이뤘다. 오줌으로 화려한 원을 만들어 나무를 아름답게 장식한다고 하면 모순처럼 들리겠지만, 소변 검사를 다루는 중세의 몇몇 의학서는 바로 이러한 틀 속에서 내용을 설명했다. 1420년경 독일에서 제작한 필사본에는 오줌 표본 여러 개를 둥그렇게 배치해 만든 원 그림이 실려 있다. 이 삽화는 소변을 이용한 건강 진단법을 상세히 설명하는 동시에 배뇨에 관한 갖가지 이론까지 망라했다. 그림 한복판에는 가지가 일곱 개 달린 나무가 있고, 그 주위를 색으로 구분되는 플라스크 여러 개가 둥그렇게 감싸고 있다. 이 삽화의 양식은 미덕과 악덕을 보여 주는 당대 철학서의 설명용 그림 및 그리스도의 계보를 보여 주는 종교적 가계도와 비슷한 분위기를 풍기며, 어떤 의미에서는 『장미 이야기』에 나오는 음경 나무하고도 일맥상통하는 면이 있다. 나뭇가지들은 저마다 소화불량부터 임박한 죽음까지 두루뭉술한 진단 결과를 이것저것 제시하는 반면, 바깥쪽 원의 안쪽에는 해당 칸에 있는 소변 표본의 색조를 근거로 분석한 추상적인 설명이 적혀 있다. 그림 맨 아래쪽에 '흰색albus'이 보이고, 첨부된 설명에 따르면 이러한 오줌은 '우물물처럼 맑다.' 여기서 시작한 그림 속의 원은 다양한 농도의 황색, 즉 '낙타의 털 또는 가죽과 비슷한 색karopos'과 '졸이지 않은 육즙 같은 색subpallidus', '순금 또는 사프란 같은 색rufus'을 지나 이런저런 붉은색, 즉 '약한 불꽃 같은 색rubicundus'부터 '동물의 간 같은 색inops' 및 '검붉은 포도주 같은 색kyanos'까지 차례로 바뀌어 간다. 마침내 짙디짙은 초록색, 즉 '납과 비슷한 색plumbeus' 및 '양배추 같은 색viridis'을 거친 원은 마지막으로 두 가지 검은색을 띤다. 그중 하나는 잉크, 나머지 하나는 거뭇하게 변한 짐승 뿔 같다고 묘사되어 있다.

이처럼 오줌을 생생하게 묘사한 점을 보면 의사가 환자의 오줌 표본을 검사할 때 얼마만큼 감각에 의지했는지가 드러난다. 소변 검사를 설명하는 글에는 치료자에게 환자의 머리맡에서 여러 가지 활동을 하라고 권하는 내용이 있는데, 여기에는 오줌의 점도 및 부유물을 살펴보기, 냄새가 얼마나 심한지 점수 매겨 보기, 단맛 또는 쓴맛이 나는지 맛보기 등이 포함된다. 오줌은 흔들고, 젓고, 냄새 맡고, 심지어 맛보는 과정까지 거친 끝에 이 삽화처럼 잘 자란 나무로 구체화되고, 이로써 단순한 노폐물에서 신중한 진단을 내리기 위한 도구로 탈바꿈한다. 사실, 파악하기 힘들 만큼 뒤죽박죽인 중세 시대의 항문 개념과 마찬가지로, 무언가 저급한 것을 극히 민감한 것으로 승격시킨다는 발상은 중세 시대 사람들이 성기를 일반적으로 어떻게 인식했는지 파악하기에 좋은 사고 모형이다. 중세 사람의 성별 관념이나 성생활 관념은 으레 두 가지 방식만을 로봇처럼 둔감하게 오갔다고 여겨진다. 한쪽에는 수줍은 궁정풍 연애 또는 종교적 금욕 생활이 있었다. 이 같은 정결한 태도는 남녀 사이를 갈라놓고 성을 죄악으로 여기게끔, 따라서 피하거나 적어도 답답하게 억누르는 것이 최선이라고 여기게끔 했다. 다른 한쪽에는 잔 드 몽바스통의 음경 나무처럼 지나치게 과장

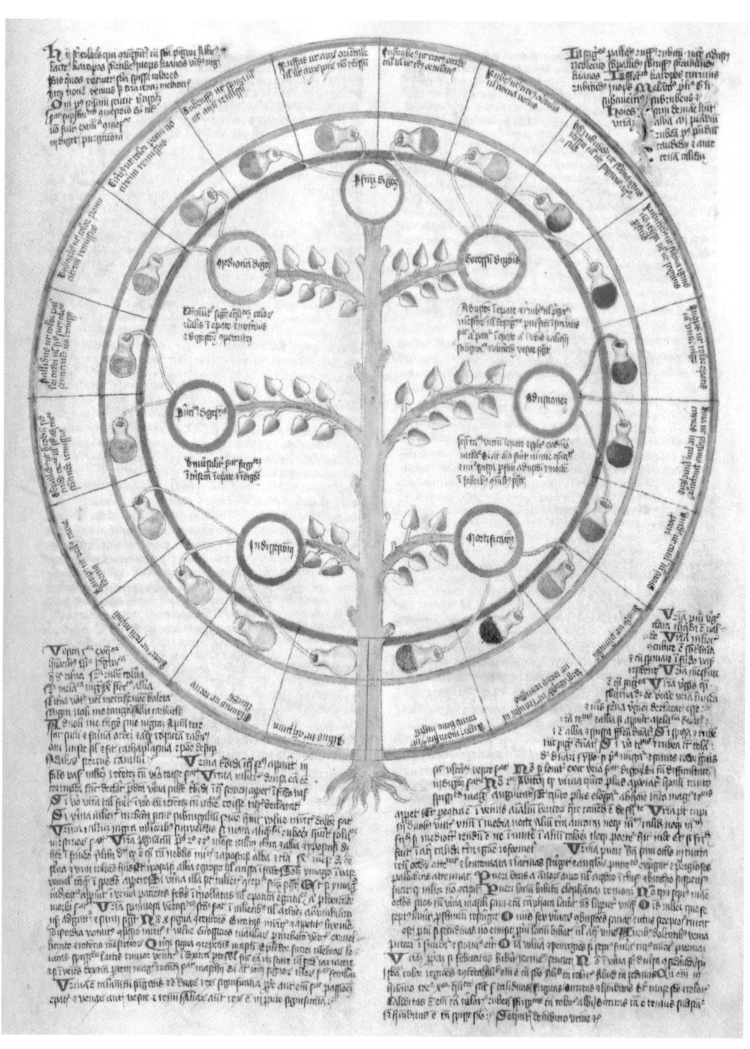

77. 나무에서 나오는 오줌으로 이루어진 바퀴.
1420년경 독일에서 제작한 의학 필사본의 삽화.

한 자극이 있었다. 이쪽의 노골적인 에로티시즘은 남녀를 똑같이 사악한 존재로 상정한 나머지 너무나 쉽게 성적 위험과 폭력으로 기울고 만다. 다만 당대의 저술가 및 장인이 남긴 작품들을 보면, 그 두 고정관념 가운데 어느 쪽도 절대적으로 고정불변하지는 않았다. 오늘날 우리가 성생활에 관해 큰 목소리로 이야기하지 않듯이, 중세 사람들도 성기에 관해 그리 열심히 이야기하지는 않았던 것으로 보인다. 그러나 그들에게 성기는 분명 오늘날보다 훨씬 더 중요한 기관이었다. 한 개인의 삶이 어디까지, 또 어떻게 펼쳐지는지 결정하는 데서 중세의 몸에 있는 다른 어떤 부위도 자궁이나 음경보다 더 결정적인 역할을 수행하지 않았기 때문이다.

78. 신성 로마 제국 황제 프리드리히 3세의 발 절단 수술을 묘사한 수채화.
내과의 및 외과의 여덟 명이 수술에 참여했다. 1493년경 제작.

발

1493년 중반 무렵, 신성 로마 제국 황제 프리드리히 3세는 왼쪽 발이 거의 시커멓게 변한 상태였다. 궁정 의사들은 몇 주 전부터, 즉 그 발이 건강한 분홍색에서 검푸른 색으로 차츰 변해 갈 때부터 이미 불안해했다. 중세 후기의 의사들이 길잡이 삼아 참고할 당대의 의학 편람에는 발이라는 신체 말단 부위의 치료법이 거의 없었기 때문이다. 실제로 발에 관한 내용은 종기나 물집, 부종처럼 피부 표면에 생기는 문제를 다룬 것뿐이었다. 이렇게 더 참고할 자료가 없는 상황에서 의사들은 직감을 따르는 수밖에 없었다. 일부 의사는 황제에게 따뜻한 체액이 부족하다며 상태를 호전시키려면 화기가 강한 약을 처방해야 한다고 주장했다. 한쪽에는 황제가 멜론을 지나치게 좋아한 나머지 거의 쉬지 않고 먹어 댄 탓에 병이 났다고 본 의사들도 있었다. 원인이야 어떻든 간에, 당장 치료를 시작해야 했다. 의사들이 멀리서부터 오스트리아의 린츠에 모여들었다. 황제가 자기 발을 물들이는 섬뜩한 검은색을 떨쳐 버리려고 요양차 머무는 곳이 바로 린츠였기 때문이다. 프리드리히 3세의 아들이자 황태자였던 막시밀리안은 자신의 주치의인 포르투갈 출신 내과의 마테오 루피를 이곳으로 파견했다. 황제의 동서이자 바이에른뮌헨 공국의 통치자인 알브레히트 4세는 유대인 외과의 한스 세이프를 보냈다. 린츠에 도착한 두 사람은 독일에서 불려 온 내과의 네 명과 합류했다. 다름 아닌 하인리히 폰 콜론, 하인츠 플라운도르퍼 폰 란츠후트, 에르하르트 폰 그라츠, 프리드리히 폰 올뮈츠였다. 황제의 용태를 신중히 살펴보고 나서, 이 박식한 의사들은 점점 더 악화되는 황제의 왼발을 낫게 할 방법은 중세 의학이 마지막에 기대는 처치법뿐이라는 사실을 마지못해 인정하는 수밖에 없었다. 다름 아닌 절단 수술이었다.

뒤이어 벌어진 일은 당연히 유쾌할 리가 없었다. 프리드리히 3세는 마비 효과나 진통 효과가 있는 식물, 즉 독미나리나 양귀비, 터리풀 따위의 즙을 해면에 발라 냄새 맡게 하거나 태워서 연기를 들이마시게 하는 식으로 약간의 마취제 정도는 투여받았을 것이다. 그러나 중세 시대의 진통제는 가짓수가 빈약하기 그지없었고 약효도 별로 좋지 않았다. 내과의 다섯 명이 환자를 진정시키는 동안 세이프와 다른 외과의, 즉 라리우스 폰 파사우는 환부의 위쪽에 해당하는 다리 부위를 절개했다. 두 외과의는 먼저 예리한 칼로 피부와 부드러운 살을 자른 다음, 남아 있는 뼈를 톱으로 썰어 발을 절단했다. 그러고 나서 출혈을 막는 가루약을 뿌리고 절단면이 최대한 깨끗이 유지되도록 붕대를 감았다. 환자의 처지를 생각하면 그저 빨리 끝나기만 바라게 되는 수술이었다. 비엔나에서 제작한 필사본의 삽화에는 황제가 위엄을 유지한 채로 그 수술을 견딘 것처럼 묘사되어 있지만, 실제로도 그랬으리라고는 믿기 힘들다. 그림 속의 프리드리히 3세는 멍한 표정을 하고 얌전히 축 늘어져 있는 것처럼 보이며, 황제가 마치 그리스도처럼 양팔을 쭉 뻗고 편안히 누워 있는 동안 외과의들은 시커멓게 변한 발을 처리하고 있다. 수술에 참여한 내과의들은 황제의 양팔을 뒤쪽에서 조심스레 받치고 있는 모습으로 그려졌지만, 그보다는 톱날이 피부와 근육을 지나 뼈를 파고드는 동안 고통에 몸부림치는 황제를 단단히 붙들어 고정시켰다고 보는 편이 실제에 훨씬 더 가까울 것이다.

이 발 절단 수술은 외과의 세이프가 사실을 토대로 남긴 기록 덕분에 보기 드물게 잘 알려졌다. 세이프가 어째서 그 기록을 남기려고 했는지는 확실치 않다. 어쩌면 황제의 몸을 대상으로 수술을 하느라 막대한 중압감을 느꼈기 때문인지도 모른다. 심지어 궁정 의사들뿐만 아니라 여러 신하와 기사, 영주들이 예리한 눈으로 주시하는 불안한 상황에서 말이다. 어쩌면 그 수술 기록은 세이프가 환자의 오락가락하는 상태를 보고 스스로의 안전을 보장할 목적으로 남긴 것인지도 모른다. 발 절단 수술은 정확히 계획한 대로 끝났지만(성공했지만), 프리드리히 3세는 몇 주 후에 숨을 거두었기(실패했기) 때문이다. 또는, 제국에서 가장 높이 추앙받는 신체와 만난 일을 영원토록 기념할 목적으로 기록할 마음을 먹었는지도 모른다. 중세의 다른 모든 군주와 마찬가지로, 황제라는 인물은 사회의 다른 누구보다도 더 위대한 존재였다. 그는 우뚝 솟은 정치체의 머리로서 살아 있는 동안에는 4대 체액설에 따라 특별히 준비한 식사를 제공받았고, 죽은 후에는 몸의 각 부위가 여기저기 뿔뿔이 흩어진 상태로도 존경을 받았다. 그러나 그 이상으로, 세이프가 자신도 모르는 사이에 손으로 잡고 있었던 시커멓게 변한 발은 황제의 몸에서 가장 중요한 부위였다. 다름 아닌 군주와 신민이 서로 접촉하는 결정적인 지점이었기 때문이다.

오래전부터 발은 왕에 대한 충성심을 정성스럽게 드러내는 표현의 장으로 인식되었다. 군주 앞에 무릎을 꿇고 신발이나 발가락에 입을 맞추는 행위는 충성과 경의의 궁극적인 증표로 여겨졌다. 당대의 이슬람 지도자들은 이러한 행위를 경박하고 저속한 짓으로 보고 멀리한 반면에, 서유럽의 군주들은 이를 유독 귀하게 여겼다. 전하는 바에 따르면 8세기에 교황 하드리아노 1세가 신성 로마 제국의 샤를마뉴 대제에게 충성심의 증거로 발에 입을 맞추는 시늉을 하도록 요구한 이후로 교황들은 이 행위를 관습으로 삼았다고 한다. 여기 등장하는 카롤루스 대제는 다름 아닌 발이 시커멓게 괴사한 프리드리히 3세의 몇 세기 전 선조이다. 12세기에 이르면 교황의 발에 입을 맞추는 의식은 황제의 대관식에서 명백히 빠지지 않는 일부였다. 황제가 경의를 표하는 뜻에서 교황 앞에 무릎을 꿇고 교황의 발을 품에 안으면, 교황은 답례 삼아 황제의 머리에 관을 씌워 주는 식이었다. 다른 문화권에서도 발에 입을 맞추는 의례적 인사법은 유럽과 마찬가지로 복잡한 의미를 띠었으며, 때로는 남들보다 한 수 앞서려는 교활한 정치적 의도가 첨부된 경우도 있었다. 11세기 노르만족의 연대기인 『노르만족 공적기Gesta Normanorum』에는 바이킹 지도자인 롤로(약 846-930)가 서프랑크 왕국의 군주인 '단순왕' 샤를 3세와 맞붙은 전투에서 패한 후에 왕의 발에 입을 맞추도록 명령받았다는 기록이 있다. 그러나 왕이 발을 내밀었을 때, 롤로는 머리 굽히기를 거부했다. 그는 스스로 머리를 숙이지 않고 오히려 일족의 부하를 시켜 왕의 발을 자기 입 높이까지 들도록 했는데, 이 과정에서 샤를 3세는 그만 왕좌에서 벌러덩 자빠지고 말았다. 롤로는 노련하게, 또한 어찌 보면 문자 그대로의 의미에서, 자신이 처한 상황의 상징적 권력 관계를 뒤엎었던 것이다.

다른 어떤 사례보다 더 수고롭고 정성스러웠던 것이 바로 비잔틴 제국 황제들의 발에 입 맞추기 전통으로서, 이들은 예법의 미세한 차이를 매우 면밀하게 설정했다. 콘스탄티노플이 제국의 수도로서 터를 닦은 이후, 궁정은 오래되고 복잡한 시중의 여러 예법을 하나둘 수집해 정비했다. 그중 몇 가지는 『관직과 성직에 관하여』라는 제목의 독특한 14세기 문헌에 남아 운 좋게도 오늘날까지 전해지고 있다. 이 책은 배궤προσκύνησις, 즉 황제 앞에서 고개를 숙여 입을 맞추고 존경을 표하는 인사법의 여러 가지 사례를 열거하는 한편으로, 이 행위가 다양한 성격을 띤다는 점도 함께 기록하고 있다. 배궤는 분명 복잡한 사교 예법을 포함한 행위였다. 군주 앞에 엎드릴 때 모자를 벗으라는 명령을 받은 신하들이 있었는가 하면, 모자를 쓴 채로 몸을 숙인 신하들도 있었다. 지위가 높은 이들은 황제의 오른뺨이나 손에 입을 맞춰도 좋다는 허락을 받은 반면, 그렇지 않은 이들은 기껏해야 발에 입 맞출 기회 정도만 허용될 뿐이었다. 예컨대 제국 수도에 있던 이탈리아인 거주지의 대표단은 부활절을 맞아 황제에게 경의를 표할 때 다음과 같이 행동했다.

만약 황제가 계시는 곳에 제노바 공화국 대표도 함께 있다면, 그도 일

> 행과 함께 안으로 들어와 앞서 살펴본 궁정 귀족의 예법을 따라야 한다. 즉, 황제의 발과 손, 뺨에 입을 맞추어야 한다. (중략) 베네치아 공화국 사람들은 황제께서 그들을 상대로 전쟁을 선포하고자 하셨으므로 (중략) 설령 그들의 대표가 부활제 첫날 도착하여 배궤를 행할지라도, 그와 일행들 모두 무릎만 꿇고 황제의 발에 입을 맞추는 행동은 절대 하지 말아야 한다.

여기서 제노바 사람들은 유독 우호적이고 황제에 대하여 조금은 알랑거리기까지 하는 모습으로 묘사되어 있는데, 이들은 황제에게 더없는 경의를 표하고 발에 입을 맞추도록 허락받았다는 것을 알 수 있다. 그 반면에 베네치아 사람들은 최근의 정치적 충돌 때문에 불신당하는 상태이고, 따라서 간단한 예의만 표하도록 허락받았다.

설령 예법의 문외한이라 하더라도 중세의 저술가나 화가가 힌트를 잔뜩 담아 만든 기도문이나 그림을 이용하면 이처럼 공경을 표하는 예법을 익힐 수 있었다. 그러한 상호 작용의 본질에 관해 창의적으로 사색한 여러 작가들 가운데 한 명이 바로 네덜란드의 저술가이자 성직자인 빌럼 요르단스(약 1321-1372)이다. 요르단스는 저서에서 비잔틴 제국 궁정의 예법만큼이나 고되고 까다로운 일련의 지시를 열거하며 독자를 향해 주장한다. 심원한 영성에 닿으려면, 당신의 머릿속에서 그리스도 앞에 몸을 던지라고 말이다.

> 그분의 발 앞에 배궤하라. 그대의 눈물과 탄식으로 진리의 왼발을 적셔라. (중략) 그 발을 그대의 머리카락으로, 다시 말해 그대 삶의 슬픔과

> 불만으로 닦아 말려라. 그 발에 그대 입을 맞춰라. 즉, 진리의 법을 따라 살아가겠노라고 진심으로 갈망하라. (중략) 그런 다음 자비로우신 하느님의 오른발을 그대 마음에서 우러나온 사랑의 눈물로 적셔라. 그리하면 하느님의 은총과 함께 진리를 따라 살고자 하는 복된 마음을 받을 것이다. (중략) 보라, 가엾은 영혼아, 그대는 우리 주님의 이 두 발에 겸손한 사랑의 마음으로 입 맞출지니, 한쪽에 입을 맞추면 다른 쪽에도 반드시 맞출지어다.

이탈리아에서는 시각 예술이 예법 교육을 책임졌다. 시에나의 예술가 두초 디 부오닌세냐는 앞서 소개한 것과 똑같은 종류의 발에 대한 갈망을 작지만 정교한 패널화에 담아 보여 준다. 부오닌세냐가 1280년대에 그린 이 성모 마리아 패널화는 〈프란체스코회 수도사의 성모Madonna dei francescani〉라는 제목으로 알려졌다. 그림에는 그리스도를 안고 있는 성모 마리아의 이미지가 기다랗고 치렁치렁하게 그려져 있다. 진한 남색 로브 차림인 마리아의 양편에는 천사들이 둘러서서 널따란 옥좌 뒤편으로 무늬가 가득 그려진 천을 널따랗게 펴 들고 있다. 크기가 하도 작다 보니 못 알아채고 넘어갈 만도 하지만, 그림 아래쪽 왼편에는 성모 앞에 배궤하는 프란체스코회 수도사들이 그려져 있다. 마치 동일 인물이 몸을 숙이는 과정의 정지 이미지를 아래쪽으로 펼쳐놓은 것처럼 보이는 이 인물들 가운데 맨 아래 사람은 성모의 슬리퍼 위로 고개를 들고서, 이제 곧 성스러운 발에 입을 맞출 생각에 입술을 오므린 채로, 눈을 크게 뜨고 빙그레 웃고 있다.

79. 두초 디 부오닌세냐의 〈프란체스코회 수도사의 성모〉.
1280년대에 그렸으리라 추정.

독수리 발톱 같은 신발 앞코와 맨발바닥

만약 두초 디 부오닌세냐의 그림 속 수도사를 흉내 내어 성모가 신은 것처럼 부드러운 슬리퍼를 손에 쥐는 데 성공한다면, 이는 곧 우리가 현존하는 진귀한 중세 유물을 손에 넣었다는 뜻이다. 왜냐하면 신발은 중세 사람들이 후대를 위해 귀하게 보존해 놓지 않은 수많은 일상용품 가운데 하나이기 때문이다. 이는 당연하지만 그래도 아쉬운 일이다. 직물과 마찬가지로 신발 또한 날마다 착용하면서 닳다 보면 어쩔 수 없이 분해되게 마련이다. 따라서 역사적 의미가 있는 신발이 오늘날까지 보존되려면 매우 특별한 고고학적 조건이 필요했다. 과거에는 신발의 소재가 가죽, 그것도 오늘날의 화학 물질이 아니라 유기 재료와 광물을 사용해 무두질한 가죽인 경우가 압도적으로 많았고, 그렇다 보니 시간이 흐르면 자연히 말라비틀어지거나, 줄어들거나, 부스러지는 식으로 쉽사리 파손됐다. 강기슭이나 늪지, 후대에 발굴한 야외 변소처럼 습기가 많은 환경에서 발견된 신발만이 심한 부패를 간신히 모면했고, 이로써 과거에 유행한 신발의 모습을 조금이나마 우리에게 보여 줬다.

오늘날 남아 있는 유물을 보면 중세 시대의 신발은 비교적 단순한 방식으로 제조하는 경우가 대부분이었으리라 추정된다. 앞의 그림에서 성스러운 분위기를 띠도록 미화되어 세 수도사를 단단히 매료한 성모 마리아의 신발조차도 단순하고 질박한 검은색 모카신이다. 중세 초기에는 남성용 신발과 여성용 신발의 모양이 거의 다르지 않았고, 오히려 용도나 기후에 맞추어 만드는 것이 더 일반적이었다. 남유럽이나 북아프리카, 중동처럼 온화한 지역에서는 가죽이나 삼끈으로 만든 단순한 모양에 밑창이 평평한 샌들을 신어도 거의 모든 활동에서 불편함을 겪지 않았을 테고, 개중에는 금붙이나 장식용 끈으로 멋을 낸 신발도 있었을 것이다. 그보다 더 추운 지역에서 들에 나가 비와 눈을 견디며 일하던 노동자는 실용성을 중요하게 여겼을 테고, 따라서 나무로 밑창을 댄 튼튼한 나막신이 발을 보호하기에 더 편리하다는 사실을 깨달았을 것이다. 신발 장인이 가장 흔하게 사용한 기법은 이름만 봐도 뜻을 알 만한 '신발 뒤집기'였다. 이 방법은 먼저 위창에 해당하는 부드러운 가죽을 겉면이 아래쪽으로 향한 상태로 발 모양 틀 위에 덮는다. 뒤이어 똑같이 부드러운 가죽으로 만든 밑창을 바깥쪽이 위로 향한 상태로 위창에 대고 꿰맨 다음, 위아래가 붙은 가죽을 통째로 뒤집으면 솔기가 가지런히 이어진 양말 모양 신발이 된다. 이 연약한 신발은 덧신 속에 신는 경우가 많았다. 덧신은 두꺼운 나무 밑창이나 단단하게 가공한 가죽 밑창을 끈으로 묶어 고정한 것으로서, 야외에서 걸을 때 신발의 내구성을 보강해 줬다.

12세기 중반에 이르러 장인들은 신발 이곳저곳에 가죽을 여러 겹 덧붙이는 기술을 확립해 방수 밑창을 만들기에 이르렀고, 이런 식의 창의적인 변화 덕분에 중세 후기의 신발은 이전보다 훨씬 더 개성적이고 독특한 물건으로 변모했다. 신발의 모양은 지역별 유행에 따라 일관성을 띠는 한편으로 더욱 정교해졌다. 신발 관련 용어만 봐도 발목 위까지 끈을 묶도록 만든 편상화buskin, 앵클부츠, 장딴지 중간 높이까지 오는 반장화boteaux, 신발 위에 겹쳐 신는 덧신galoche, 나무로 밑창을 댄 나막신trippe 등, 쓰임새의 범위가 넓어진 것이 눈에 띈다. 이렇게

80. 중세의 가죽신 세 점.
맨 위의 앞코가 기다란 풀랭은 14세기 잉글랜드에서 특히 유행했으리라 추정된다.

다양한 신발들은 가죽에 선이나 무늬 새기기, 자수 덧대기, 끈이나 죔쇠 달기 같은 기법으로 장식을 더했으리라 여겨진다. 이러한 다양성은 당대의 일상 기록에서도 증명된다. 13세기 파리에서 활동한 저술가인 갈란디아의 요하네스Johannes de Garlandia는 거리에서 신발을 파는 이웃집 사람의 이야기에서 앞코가 뾰족하고 끈을 묶어 조이게끔 만든 신발부터 죔쇠가 달린 신발, 목이 기다란 장화, 감질나게도 "여성과 수도사가 신는"이라고만 묘사된 신발까지, 갖가지 다양한 신발을 열거하고 있다. 비슷한 시기 지중해 교역권에서는 신발을 전문적으로 취급하는 시장이 발달했고, 이 때문에 제작자들은 앞다투어 점점 더 진귀한 소재로 신발을 만들었다. 예컨대 1272년 설립된 런던의 코드웨이너스 제화 조합London Company of Cordwainers의 이름은 원래 앵글로노르만어 단어인 'cordewan'이 변형된 것으로서, 이는 에스파냐 남부가 원산지인 귀하고 값비싼 수입산 코도반 가죽을 가리키는 말이었다. 런던의 제화공들은 그 가죽으로 고객이 신을 최신 유행 신발을 만들었던 것이다.

13세기 런던 중심부에 있던 왕궁인 베이나드성의 유적에서 출토된 신발을 보면 당대의 이러한 유행은 그야말로 기이한 수준까지 이르렀다. 굵은 선과 오밀조밀한 격자무늬로 단순하게 장식한 이 가죽 신발의 가장 두드러진 특징은 극도로 뾰족하게 강조한 앞코로서, 앞코 길이만 발 길이의 거의 두 배에 이른다. 이렇게 길이가 기다란 신발은 계급의 상징이었는데, 특히 국왕 리처드 2세의 아내이자 젊은 멋쟁이였던 보헤미아의 앤(1366-1394)의 차림새를 추종한 귀족 집단에서 인기를 끌었다. 앤의 어머니 쪽이 폴란드계였던 까닭에 앞코가 기다란 이 신발에는 풀랭poulaine 또는 크라쿠프crakow라는 별명이 붙었다. 개중에는 길디긴 앞코의 모양을 유지하려고 머리카락이나 이끼를 뭉쳐 속에 넣는 경우도 있었다. 유독 기다란 신발들은 일부러 불편하게 만든 결과물이었다. 신발을 신은 사람이 딱히 고되게 일하거나 오래 걸을 필요가 없는 계급에 속한다는 것을 똑똑히 보여 주기 위해서였다. 뒤꿈치 쪽과 신발 앞쪽을 연결하는 허리 부분이 낮게 팬 것 또한 속에 신은 양말의 화려한 색깔을 자랑할 목적에서였다. 이는 당시에 차츰 유행하기 시작한 풍조, 즉 의복 전체를 멋스럽게 조화시키려는 움직임의 일환이었다. 이처럼 사치스러운 옷맵시는 곧바로 전통주의

자들의 관심과 조롱을 불러일으켰다. 특히 성직자들이 보기에 멋들어진 신발은 도덕적 타락을 노골적으로 전시한 것에 지나지 않았다. 1360년대 초에 어느 연대기 작가는 이렇게 기다란 신발 앞코는 "인간의 장식품보다 악마의 발톱"에 더 가깝다고 적었고, 이러한 신발을 신을 만큼 교만으로 가득한 사람은 그야말로 얄팍한 허영 덩어리라며 다음과 같은 의견을 밝혔다. "그들은 집 안에서는 사자 같지만 들에 나가면 토끼 같다." 어떤 이들은 앞코가 뭉툭해서 '소 주둥이'라는 뜻의 쿠마울kuhmaul이라는 이름이 붙은 신발을 신느니 차라리 발톱이 뾰족한 토끼가 되는 편이 낫다고 응수했다. 15세기 들어 쿠마울이 풀랭의 뒤를 이어 유행하면서 신발 앞코가 다시금 평평한 모양으로 돌아갔던 것이다.

악마의 발톱 같은 앞코는 지나치게 화려했고 소 주둥이 같은 앞코는 조금 밋밋했지만, 그럼에도 신발을 아예 안 신은 것보다는 나았다. 이는 중세 시대에 맨발과 범죄가 연관되는 일이 흔했다는 점을 생각하면 더더욱 그렇다. 죄수가 족쇄를 풀고 달아날 경우에 빨리 뛰지 못하도록 미리 신발을 벗겨 두는 것은 관리들이 흔히 쓰는 요령이었다. 더 나아가 맨발은 죄인에게 가하는 형벌의 중요한 일부이기도 했다. 죄인은 남자든 여자든 맨발로 외진 시골의 머나먼 길을 걷는 형벌에 처해지곤 했는데, 그중 무거운 물건을 들고 걸으라는 명령을 받은 이들은 맨발이 닳아서 피투성이가 되기도 했다. 유대인은 맨발이라는 수모의 표적이 되는 경우가 유독 잦았다. 특히 독일 북부의 경우, 유대인은 법정에서 선서를 할 때조차도 신발을 벗고 바닥에 펼쳐 놓은 돼지가죽 위에 올라서야 했다는 언급이 재판 기록에 남아 있다. 이러한 모욕 탓에 유대인이 전반적으로 불결한 생활과 동일시되기는 했지만, 사실 맨발인 사람은 누구나 비난의 대상이었다. 이집트의 신학자이자 법학자였던 이븐 알하지(약 1250-1336)는 고향인 카이로에서 본 음식 행상들의 더러운 발에 관해 진저리가 난다는 듯이 적은 바 있다. 중세 시대에 대도시의 길거리는 대부분 우리가 상상하는 것보다 더 자주 청소하는 장소였지만, 그럼에도 가끔은 쓰레기나 지나가던 말수레에서 떨어진 말똥 탓에 대단히 불쾌한 공간으로 변하곤 했다. 맘루크 왕조가 다스리던 당시 카이로의 제빵사들은 조금의 거리낌도 없이 맨발로 출퇴근했던 것으로 보인다. 때가 덕지덕지 묻어 더러워진 발을 씻지도 않고 빵 굽는 가마로 들어갔다면 판매용 빵도 틀림없이 오염됐을 테니, 알하지로서는 경악할 일이었다.

다른 맥락에서 보면 맨발이 지닌 잠재적 치욕은 오히려 꽤 유용했다. 이는 곧 속죄를 매우 중요시하는 사고방식의 징표이기 때문이었다. 앞코를 기다랗게 늘인 호화로운 신발이 어떤 비판자들에게는 명확한 도덕적 방종의 지표였듯이, 신발을 벗기는 행위가 때로는 도덕적 진정성을 상징하기도 했던 것이다. 발에 입 맞추는 의례를 매우 중요하게 여긴 중세의 군주가 그 답례 삼아 신민들에게 자신의 깊은 신앙심을 공공연히 보여 주고자 할 때, 성서 속의 맨발 이야기 몇 가지는 좋은 참고 자료였다. 유럽의 몇몇 왕은 그리스도가 최후의 만찬 때 제자들의 발을 손수 씻어 줬다는 복음서의 일화를 참고하여 해마다 한 번씩 그리스도적 겸손의 모범을 재현하고자 했다. 이들 군주는 부활절을 앞둔 성목요일에 걸인의 발을 손수 씻어 줬는데, 이는 왕이 병자의 몸에 손을 댐으로써 연주창을 치료하는 신비로운 의식과 다를 바 없었다. 어떤 이들에게는 군주가 귀한 옷을 벗고 빈자의 발을 씻어 주는 광경이 참된 속죄의 행위로 보였을 것이다. 그러나 어떤 이들에게는 진실한 믿음이 아니라 속이 훤히 보이는 시늉일 뿐이었다. 의식을 위해 가장 멀끔한 걸인들만 고른 다음, 반쯤 신성불가침인 왕의 손이 닿기 전에 미리 발을 꼼꼼히 씻도록 시켰기 때문이다.

이처럼 고귀한 행동은 수도원과 수녀원에서도 한결 더 겸손한 형태로 똑같이 이루어졌다. 수도사와 수녀가 빈자 및 동료 수도자의 발을 씻어 줬던 것이다. 이는 수도 생활을 함께하는 이들 사이의 영적 평등성을 보여 주는 행위였다. 1415년 런던 서쪽 근교에 세워진 사이언 수도원의 기록에는 이곳의 수도 생활 공동체가 중요한 종교적 기념일에 한자리에 모여 성가를 부르며 수도원장이 수녀들의 발을 씻는 광경을 지켜보았다는 내용이 있다. 기록에 따르면 수녀들은 이 행위를 “영원한 추억으로 간직”했다고 한다. 하기야 다름 아닌 그리스도부터가 십자가를 지고 골고다 언덕을 오를 때 맨발이었고, 성인들의 선례에서도 맨발인 상태는 오래전부터 신성한 진리를 좇아 세속의 물질을 벗어던진 상태와 동일시되었다. 두초 디 부오닌세냐의 성모 그림에 그려진 수도사들과 마찬가지로 프란체스코회 수도사들 역시 자기네 수도회의 창시자인 아시시의 성 프란체스코(1181 또는 1182-1226)를 본받는 뜻에서 맨발로 걷는 전통이 있었고, 이 때문에 독일어권에서는 구어로 바르퓌서Barfüßer, 즉 ‘맨발인 사람’으로 불렸다. 평소에는 맨발이라는 고행으로부터 자유로웠던 이들조차도 신성한 힘에게 도움을 청하고 그 답례로 맨발이 되겠노라 약속하는 경우가 있었다. 13세기에 인기를 끈 앵글로노르만어 기사도 서사시의 영웅적인 주인공인 앙통의 뵈브Beuve de Hantone는 파란만장한 모험을 겪다가 무자비한 적들에게 사로잡혀 사슬에 묶이는 신세가 된다. 그는 하느님께 기도드리는 와중에 만약 사슬에서 풀려나는 기적을 베풀어 준다면 자유를 얻는 대가로 성지 예루살렘에 순례를 다녀오겠노라고 울부짖으며 맹세한다.

> 아아, 하느님! (중략) 아무쪼록 선하신 힘과,
> 선하신 마음으로, 영광의 주님, 저를 구원하소서!
> 주님을 모신 성스러운 묘에
> 이 몸이 신발 없이 맨발로 찾아가겠나이다.

사슬은 당연히 풀어졌다. 맨발이 되겠다는 간단한 약속만으로도 신성한 힘이 존재한다는 구체적 증거를 만들어내는 일이 가능했던 것이다.

걸어서, 말을 타고, 바닷길을 따라

앙통의 뵈브가 등장하는 서사시에는 주인공인 그가 거인을 처치하고, 해적을 피해 달아나고, 애마인 아론델을 찾아다니는 등의 모험을 잠시 멈추고 예루살렘의 성묘 교회에 들러 성지 순례를 시작했는지 어땠는지까지는 밝혀져 있지 않다. 공정하게 따져보는 의미에서 실제 중세 사람들의 기록을 토대로 추정하자면, 그러한 여행은 상당히 힘든 과업이었을 것이다. 당시에 경이로운 명소들을 구경할 목적으로 예루살렘까지 가기란 몹시 오래 걸리고, 비싸고, 위험한 일이었기 때문이다. 서유럽의 주요 항구, 예컨대 베네치아 같은 곳에서 출발해 2주에서 몇 달 사이의 시간을 항해하면 레반트 지역 어느 곳에나 도착할 수 있었다. 성지를 여행하는 순례자들은 이 방법으로 아크레, 카이사레아, 야파 같은 지중해 동부의 항구 도시에 발을 디뎠다. 그리고 그곳에서 예루살렘까지는 12세기에 대주교를 지낸 기욤 드 티레가 말한 것처럼 어림잡아 “내륙으로 약 40마일 더”, 그것도 구불구불 이어진 높다란 구릉 지대를 한참 올라가야 했다.

기욤 드 티레가 예루살렘을 바다로부터 꽤 먼 곳으로 추측했다는 점은 분명하지만, 그가 ‘마일’로 표시한 거리가 오늘날의 단위로 정확히 얼마나 되는지는 알기 힘들다. 중세 시대에는 거리를 재는 단위가 큰 것, 작은 것 모두 표준화되지 않아서 지역에 따라 상당히 차이가 났기 때문이다. 스위스의 투아즈toise는 덴마크의 로데rode와 거의 비슷했지만 똑같지는 않았다. 아랍의 밀الميل은 거리를 재는 단위였으나 페르시아의 파르상فرسنگ은 이동한 시간을 재는 단위였다. 포르투갈의 레고아legoa는 에스파냐로 넘어가면 어느 지역에서 사용하느냐에 따라 에스파냐 단위인 레구아legua보다 약 500미터 더 길거나 짧았다. 그나마 대부분의 측정 단위가 보편적인 신체 부위, 특히 발을 기준으로 삼는 경향이 있기는 했다. 11세기 무렵에 등장한 라틴어 기하학 입문서에는 데미페스demi-pes(발의 절반 길이)와 페스pes(발 길이), 파수스passus(걸음 또는 보폭) 등을 비롯해 신체 부위에서 유래한 길이 단위가 여럿 실려 있다. 1마일은 1000걸음이었고, 1육상 리그land league는 남자가 평균 속도로 쉬지 않고 1시간 동안 걸어서 이동하는 거리를 그대로 단위로 삼은 것이었다. 이러한 단위는 고대 그리스와 로마의 길이 단위와도 잘 일치했지만, 그보다는 중세 시대의 가장 일반적인 여행 방식과 연관됐다는 사실이 더 중요하다. 말 한 마리를 구해 꼴과 물을 먹이고, 사륜마차를 한 대 구입하고, 말이 모는 그 마차를 타고 험한 길을 덜컹덜컹 이동한 후에 한바탕 정비까지 마치는 식의 여행은 가장 부유한 계층이 아니면 엄두도 못 낼 일이었다. 그러기는커녕, 대다수 사람들은 걸어서 여행을 했다.

로마가 지배한 고대 세계에서는 연속적으로 펼쳐진 넓은 육지를 동일한 제국이 지배함으로써 생기는 안정성과 견고한 사회 간접 자본이 하나로 결합했다. 그 덕분에 지중해 연안 지대에는 걷거나 말을 타고 이동하기에 안전한 도로망이 탄탄하게 건설되었다. 그랬던 제국이 붕괴하면서 그때까지보다 더 단절되고 소박한 생활 방식이 되살아났고, 그 결과 간선 도로를 정비하는 일과 그 길에서 법질서를 유지하는 일 모두 자연스레 여기저기 회색 지대가 생겨났다. 중세 시대 여행자의 기록을 보면 제대로 정비되지 않은 노면의 홈 때문에 수레바퀴나 차축이 망가지기 쉽다는 경고가 곳곳에서 눈에 띈다. 또 말을 타거나 도보로 여행하다 보면 노상강도를 당할 위험이 있다고 탄식하는 내용도 있다. 각 지방을 다스리던 영주와 귀족이 받은 편지에는 칼을 든 강도에게 협박당해 소지품을 빼앗겼다는 신고문이 분노 어린 필치로 적혀 있었고, 간선도로 노변의 나무와 덤불은 도적 떼가 매복하기 좋은 은신처로 사용하지 못하게끔 도로에서 멀찍이 떨어진 곳까지 가지치기를 하도록 현지 법으로 규정한 경우도 있었다.

강이나 바다를 이용하면 더 먼 거리를 더 빨리 이동할 수 있는 경우가 많았지만, 그렇다고 해서 딱히 더 안전하지는 않았다. 이는 거친 파도와 폭풍, 난파 같은 잠재적 위험을 생각하면 더욱 그러했다. 대륙간 해운업으로 번영을 누린 베네치아 공화국이 유럽에서 가장 커다란 조선소와 가장 먼저 세워진 은행들을 보유한 것은 우연이 아니었다. 보험과 신용 거래는 세계를 누비는 무역상들의 극히 위험한 사업을 지원하기 위해 이들 은행이 최초로 도입한 혁신적인 금융 제도였다. 선원들은 대자연의 가장 사나운 힘에 목숨이 좌우되는 여행자였다. 아일랜드해에서 절체절명의 순간을 맞은 선원들의 심정을 격한 언어로 묘사한 고대 게일어 시를 한번 살펴보자. 어쩌면 이 시는 8세기에 얼스터에서 활동한 시인 루먼 맥 콜메인의 작품인지도 모른다.

거친 폭풍우가 대양을 덮쳐,
높은 해안 절벽을 넘어 날뛴다.
바람이 일고,
모진 겨울이 우리를 짓찢는다.
겨울은 바다를 건너왔나니.

북에서 불어온 바람에
시커멓고 거친 파도가
남쪽 세계를 향하여,
하얀 하늘을 등지고 앞다퉈 몰려드니
그 노래에 귀 기울일지라.

파도는 강대한 기세를 띠고 무너져 내려
널따란 강어귀마다 검은 빛으로 물들인다.
바람과 더불어, 하얀 겨울이 우리를 덮치고,
캔타이어를, 스코틀랜드의 대지를 에워싼다.
실랍드레먼산의 개울이 한꺼번에 범람한다.

아버지 하느님의 아들, 만군의 주님이시여,
무서운 폭풍우로부터 저희를 구하소서!
축제를 주관하는 의로우신 주님,
저 무서운 강풍으로부터,
지옥처럼 거센 폭풍우로부터 다만 저희를 구하소서!

위험을 무릅쓰고 장거리 이동에 나서야 했던 이들에게는 그나마 오래전부터 전해 내려온 항해 기술 몇 가지가 쏠쏠한 도움이 되었다. 나침반은 13세기 이후 유럽에서 신뢰할 만한 수준으로 만들어지기 시작했고, 육지 및 바다의 전통적인 이동 경로는 각 지방의 산사람과 뱃사람을 거쳐 대대로 활발하게 계승되었다. 그보다 더 오래되기는 했어도 여전히 정확한 기계적 수단 또한 거의 1000년 전부터 이 무렵까지 사용되었는데, 이는 고전적인 아스트롤라베의 형태를 띠었다. 원반 모양의 경사도 측정 장치인 아스트롤라베는 특히 중세 시대에 지중해 연안 지대 전역에서 널리 쓰였다. 장치의 구조를 보면 평평한 원반 또는 얄따란 판에 고도를 나타내는 동심원이 그려져 있고, 그 위에 레테rete라는 한층 더 정교한 회전 틀이 얹혀 있으며, 이 틀 위에 바늘 모양 지침들이 자리 잡고 있다. 여행자는 이 작은 장치를 눈앞에 들고 여러 부속품을 조정해 천체의 위치를 계산했고, 해당 지역의 시각과 위도를 이용해 삼각 측정을 함으로써 자신이 있는 위치 또한 비교적 정확하게 알아냈다. 이처럼 편리한 도구는 종이나 양피지로 쉽게 만들기도 했다. 작가 제프리 초서가 자신의 아들 또는 대자代子로 추정되는 루이스라는 소년에게 보낸 짧은 글을 보면 아스트롤라베를 만드는 방법이 상세히 적혀 있다. 그러나 오늘날까지 남아 있는 아스트롤라베는 대부분 이보다 훨씬 더 수준 높은 전문 지식과 기술로 만들어졌다. 정교하게 장식한 금속판으로 만든 아스트롤라베는 단순히 여행자의 보조 기구가 아니라, 그 자체로서 정밀 기술의 표상이었다. 오늘

81. 1000년경 페르시아에서 제작한 아스트롤라베.
뒷면에 제작자의 이름인 '아흐마드'와 '무함마드'가 새겨져 있다.

날 남아 있는 것들 중에서도 1000년경에 만들어진 페르시아의 아스트롤라베는 특히 정밀하다. 놋쇠로 만든 이 장치는 조개껍질 문양 손잡이부터 정교한 레테까지 물결치듯 우아한 무늬가 새겨져 있고, 장치 뒷면에는 일찍이 전문 기기 제작자들의 공동체가 번창했다는 사실을 알려 주는 서명이 다음과 같이 새겨져 있다. '이브라힘의 아들 아흐마드와 무함마드, 이스파한 출신 아스트롤라베 제작자.' 이렇게 커다랗고 값비싼 장치는 손쉽게 이동할 수 있는 지배 계층의 여유를 과시하는 동시에 고도로 발달한 당대의 천문학 및 지리학 지식을 가장 화려한 방식으로 표현했다.

다만 가난한 중세 사람이라고 해서 반드시 평생 한곳에 붙박여 살았던 것은 아니다. 분명 당대의 평범한 남녀는 고향 마을이나 도시의 근교 바깥으로 나갈 기회가 아주 드물기는 했다. 그럼에도 그들이 더 넓은 세상을 둘러볼 기회는 여전히 존재했다. 군대에 몸담은 직업군인의 경우에는 터무니없이 먼 거리를 행군으로 이동하곤 했기 때문이다. 그러나 장거리 여행의 가장 중요한 동기는 특권이나 정치 행동이 아니라 경건한 신앙이었다. 앙통의 뵈브가 맹세한 것과 같은 성지 순례는 부자와 빈자 모두에게 강렬한 유혹이었다. 오늘날 남아 있는 당대의 여행기를 보면, 문명 세계의 맨 끄트머리에 사는 이들조차 신앙심에 가슴이 부푼 경건한 여행자가 되어 중동 지역의 성지로 모여들었다는 사실이 드러난다. 12세기의 크리스트교도 순례자 세울프Sæwulf는 앵글로색슨식 이름으로 보아 잉글랜드 혈통으로 추정되는데, 유럽의 서북쪽 끝자락에서 예루살렘에 이르는 자신의 여정을 글로 남겼다. 또한 모로코의 탐험가 무함마드 이븐바투타(1304-1368 또는 1369)

나 중국 명나라 때의 외교관 정화鄭和(1371-1433) 같은 이슬람교도 여행자들 역시 아프리카 서북부와 동북아시아처럼 훨씬 더 먼 곳에서 여행에 나선 이들이 있음을 증명했다.

다만 이렇게 문서로 남은 기록은 극히 드물기 때문에, 걸어서 레반트 지역까지 내려간 순례자 무리에 관해 알아보려면 그들이 후세에 남기기로 마음먹은 물질적 증거를 따라 탐색을 시작하는 수밖에 없다. 베들레헴의 예수 탄생 교회가 그러한 증거에 속한다. 이 교회는 가장 먼저 지은 거대한 바실리카basilica, 즉 크리스트교 대성당 가운데 하나로서, 콘스탄티누스 1세 황제가 다스리던 326년에 일찍이 그리스도가 태어났다고 추정되는 자리에 세워졌다. 중세 시대를 거치는 동안 자주 개축되었던 점으로 미루어 보아 이 교회는 순례 행렬이 끊임없이 찾아왔으리라 추정된다. 530년경 황제 유스티니아누스 1세가 재건한 이후 12세기에 다시 보수 공사를 했고, 15세기에는 지붕을 새로 얹었다. 개축 공사는 심지어 오늘날에도 계속된다. 건물은 크리스트교의 여러 교파, 즉 로마 가톨릭교회와 아르메니아 교회, 그리스 정교회 등이 공동으로 관리한다. 각 교파는 서로 미묘하게 다른 자기네 나름의 방식에 따라 교회를 운영하고, 청소하고, 예배 공간으로 삼는다. 때로는 자잘한 차이 때문에 교파 사이에 심각한 불화가 촉발되기도 했고, 아예 수도사 수십 명이 패싸움을 벌인 적도 있었다. 그러나 이처럼 일상적인 긴장 관계와 2000년에 걸친 개보수 및 폭력에도 불구하고, 이 교회는 성지를 방문한 중세 사람들의 다양성을 보여 주는 오래된 증거로서 지금도 보존되어 있다.

높다란 창문에서 비쳐드는 눈부신 빛과 겹겹이 쌓인 세월의 더

82. 1930년대에 베들레헴에 있는 예수 탄생 교회의 내부를 촬영한 사진의 원판.
사진 속의 둥근기둥에 순례자를 묘사한 그림들이 부분적으로 남아 있다.

께 때문에 또렷이 확인하기는 힘들지만, 교회 내부의 둥근기둥 스물 두 개 가운데 약 절반은 꼭대기 부분에 그림이 빼곡히 그려져 있다. 이 신성한 장소에 걸맞게끔 기둥마다 성인 또는 성모 마리아의 정면 초상이 자리 잡고 있는 것이다. 저마다 다른 순례자의 기부금으로 그려진 이 그림들은 모두 베들레헴이 십자군에 지배당하던 시기의 작품으로 추정된다. 예루살렘 왕국으로 알려진 이 십자군 국가는 1099년 제1차 십자군 원정이 승리를 거둔 후에 세워졌으나 그리 긴 수명을 누리지는 못했다. 한때는 지중해 동부 연안 전역을 포함했던 영토가 한 세기 후에는 고작 도시 몇 군데로 줄어들었고, 1300년 무렵에는 사실상 아무것도 남지 않았던 것이다. 그러나 베들레헴 교회의 기둥처럼 오늘날 남아 있는 유적들은 유럽의 침략자들에게 이 영토가 얼마나 소중했는지 입증한다. 기둥의 그림들 중에는 십자군이 탈환하고자 애쓴 '성스러운 땅'과 깊이 연관된 인물들을 그린 것도 있기 때문이다. 서방에서 전해진 양식으로 그린 소묘 중에는 이곳에서 가까운 요르단강에서 그리스도에게 세례를 베푼 세례 요한, 5세기에 레반트 지역에서 수도원을 몇 군데나 설립한 성 사바, 가까운 이집트의 사막에서 단식하며 영적 수행에 일생을 바친 은둔자 성 오누프리오 같은 이들의 모습이 눈에 띈다. 그러나 개중에는 마리아와 아기 예수가 다정하게 안고 있는 모습을 묘사해 글리코필루사Γλυκοφιλούσα, 즉 '다정한 입맞춤의 성모'로 불리는 그림부터 마리아가 아기 예수를 자기 손으로 가리키며 인류의 구세주임을 넌지시 알려 주는 씁쓸한 아이러니가 묘사된 호데게트리아Ὁδηγήτρια, 즉 '길을 인도하는 성모'로 불리는 그림까지, 멀리 떨어진 비잔틴 문화권을 대표하는 그림들도 있다. 두 개의 기둥에는 성 올라보와 성 가누토의 모습도 보이는데, 각각 10세기 노르웨이와 11세기 덴마크의 왕이었던 이들 성인의 초상은 스칸디나비아처럼 멀리 떨어진 곳에서 베들레헴까지 찾아온 크리스트교의 수호자들이 있었다는 증거이다. 이처럼 다양한 사람들이 이곳에 모여 자신들의 영성을 바쳐가며 교회 건물을 장식했다는 사실, 또한 그 과정에서 멀리 떨어진 고국을 그리워했다는 사실은, 단 한 곳의 성스러운 땅에 모이기 위해 마음을 단단히 먹고 아득히 멀리서부터 비바람을 견디며 찾아온 순례자들에게 이 교회가 가슴 벅찬 추억의 장소였다는 사실을 우리에게 생생한 이야기처럼 들려준다.

반대쪽 발

성스러운 공간의 영적 기운을 흡수하고자 대륙을 건너는 성지 순례 여행은 대다수 사람에게 평생 한 번뿐인 큰일이자, 중세 유럽 사람에게는 자기 발로 걸어서 갈 수 있는 가장 먼 길이기도 했다. 다만 개중에는 모험심을 발휘하는 것을 직업상의 의무로 받아들인 여행자도 있었다. 이렇게 탐험가와 저술가를 겸한 이들이 남달리 흥미진진했던 여정 가운데 일부를 기록으로 남긴 여러 빼어난 여행기는 오늘날에도 다양한 판본으로 전해지고 있다. 이러한 책에서 지은이는 자신이 목격한 특이한 문화와 방문한 도시의 신비한 건축물에 관해 경탄 섞인 어조로 이야기한다. 심지어 어떤 이는 몹시 멀리 있는 땅을 가리켜 안티포데스antipodes로 부르기도 했다. 라틴어로 '반대쪽 발'을 가리키는 이 말은 대척지對蹠地, 즉 멀리 떨어지다 못해 아예 지구 정반대편에서 살아가는 이방인들의 세계를 가리킨다.

에스파냐 북부 출신인 투델라의 벤야민(약 1130-1173) 같은 유대인 저자의 글을 보면 오늘날까지 전해지는 중세 여행기의 내용이 얼마나 풍부한지 실감하게 된다. 그의 책 『벤야민의 여행מסעות בנימין』에는 엄청나게 다양한 지역을 돌아다닌 기록이 남아 있다. 에스파냐에서 출발한 그는 프랑스 남부를 거쳐 동북쪽으로 이동한 다음, 이탈리아 반도의 서해안을 따라 내려오다가 로마를 통과한 후에 그리스를 지나 콘스탄티노플에 이르렀고, 그러는 동안 내내 유럽 각지의 사람과 풍경을 스냅 사진처럼 간략하게 기록했다. 독자는 작은 탑을 여럿 거느린 이탈리아 피사의 저택과 그리스의 황궁, 비잔틴 제국 수도의 빛나는 보도 판석 등에 관한 풍부한 서술을 만끽할 수 있다. 이 책은 산악지대와 하천부터 섬 및 널따란 해변까지, 각지의 지리적 특징도 생생하게 묘사한다. 지은이 벤야민은 갖가지 문화 체험 또한 빠뜨리지 않고 들려준다. 로마 사람들이 노새와 새를 치열하게 싸움 붙인 일, 병자에게 식사를 제공하는 몽펠리에 사람들의 공동체 활동, 여행 도중에 만난 랍비와 법률가, 의사 같은 지식인 수백 명의 이야기 등이 이에 해당한다. 그러나 벤야민의 여행은 콘스탄티노플에서 끝나지 않았다. 성지 예루살렘을 지나 남쪽으로 계속 나아간 후에 동쪽으로 방향을 튼 그는 모술과 바그다드에 이르렀고, 거기서 다시 남쪽의 사막으로 더 깊이 여행한 후에 북쪽으로 방향을 돌려 바스라에 도착했다. 티그리스강가에 자리 잡은 도시 우크바라에 이르러서는 이곳에 유대인이 1만 명이나 사는 것을 알고서 마르세유 같은 서유럽의 대도시에 유대인이 고작 300명밖에 안 사는 것과 비교하며 감탄하기도 했다. 그렇게 거의 8년에 걸쳐 온 세상을 돌아다닌 끝에, 벤야민은 배를 한 척 세내어 아라비아반도를 빙 돌아 이집트를 관광한 다음, 마침내 서쪽으로 뱃머리를 돌려 시실리에 도착한 후에 고향인 이베리아반도로 돌아와 여행기를 펴냈다. 유대인 공동체를 찾아 드넓은 세상을 누비고 다녔던 노련한 여행가답게, 벤야민은 구약 성서의 「신명기」 30장 1절을 인용해 다음과 같이 하느님께 탄원하며 여행기를 끝맺는다. "부디 이스라엘 백성을 쫓아내신 모든 나라로 돌아가시어 그들을 다시 모으소서. 아멘. 아멘. 아멘."

다른 여행가들, 예컨대 13세기 베네치아의 니콜로 폴로와 마르코 폴로 부자, 또는 모험심이 강했던 무함마드 알마크디시(약 946-991)를 비롯한 초창기 아랍권의 탐험가들 같은 경우는, 중세 시대의 지중해 연안 지역을 넘어 훨씬 더 먼 곳까지 종횡무진으로 누비는 여러 경로를 더욱 적극적으로 개척했다. 무엇보다 그들은 황당할 정도로 다양한 문화 교류의 경험담을 들려준다. 사실상 외부인의 자격으로 그때껏 전혀 알지 못했던 세계와 맞닥뜨린 그들은 세속적인 대척지 사람들의 낯설기 그지없는 문물 앞에서 당연하게도 경이감을 감추지 못했다. 이렇게 진솔한 감상은 몹시도 생생한 매력을 지녔기 때문에, 여기서 영감을 받아 공상 이야기를 조금 더 노골적으로 쓴 여행기들이 시장을 이룰 정도로 많아졌다. 당대에 인기를 끈 『맨더빌 여행기』 같은 책은 제목에도 이름이 나오는 14세기 잉글랜드의 기사 존 맨더빌이 지은 것이다. 지은이 맨더빌은 유럽에서 중동을 지나 중국과 아프리카에 이르는 넓은 지역에서 자신이 직접 보고 겪은 "각양각색의 수

83. 13세기에 샤리프 알딘 알이드리시가 저술한 『세계 전도』에 수록된 색색의 지도.

많은 민족과 습속, 생물"에 관해 이야기한다. 그러나 지은이 맨더빌이 아무리 책 속의 내용을 사실로서 제시할지라도, 거기 실린 이야기들은 대부분 명백한 상상의 산물이다. 우선 존 맨더빌이라는 역사적 인물 자체가 당대의 어떠한 기록에도 등장하지 않는다. 더욱 수상쩍게도, 그는 먼 땅의 문화와 더불어 각양각색의 신비로운 동물들도 함께 기록했다. 사실 존 맨더빌이 선택한 경로와 그 경로를 따라가며 본 풍경은 오로지 선배 탐험가들이 남긴 기록과 고전 문헌을 참고한 것들, 때로는 아예 글자 그대로 베껴 적은 것들이었다. 이제 우리 앞에는 지리학 지식에 대한 중세의 두 가지 상이한 접근법이 존재한다. 한쪽에는 벤야민처럼 정확성을 공들여 추구한 사람이 있었다. 그의 책에 붙은 히브리어 서문에는 다음과 같이 명확히 적혀 있다. "엄정히 조사한 결과 벤야민의 이야기는 사실과 어긋나지 않았음이 밝혀졌고, 따라서 그는 정직한 사람이다." 다른 한쪽에는 『맨더빌 여행기』 같은 이야기를 지어내는 안락의자형 여행가가 있었다. 그를 자기 발로 직접 돌아다니지 않고 상상력만 발휘한 사기꾼으로 볼지, 아니면 그저 여행소설이라는 새로운 문학 형식 안에서 장난기를 발휘해 창의적으로 글을 쓴 작가로 볼지는, 중세의 독자가 결정할 문제였다.

이와 같은 두 가지 범주, 즉 현실의 여행과 상상 속 여행 사이의 어디쯤에 존재하는 중세의 지도는 고증하기 까다로운 물건이다. 중세 시대에 지도는 길을 떠나는 순례자나 여행가가 경로를 선택할 때 참고하려고, 또는 멋지게 장식한 표면에 페스나 파수스 같은 거리 단위로 장차 나아갈 거리를 말끔하게 적어 놓으려고 쓰는 물건이 아니었다. 당대의 지도는 실용적인 용도보다 오히려 자연 법칙을 파악하는 용도와 더 관련이 깊었다. 아랍권에서는 중세 초창기부터 지도 제작법의 이론이 크게 발달했는데, 그 토대는 중앙아시아 출신 작가 아부 자이드 알발키(약 850-934)나 페르시아의 지리학자 무함마드 알이스타크리(?-957) 같은 선각가들의 업적이었다. 오늘날에는 중세 시대 사람들이 지구를 평평한 곳으로 믿었다는 선입관이 널리 퍼져 있지만, 이는 사실이 아니다. 고대 그리스의 지리학자들은 지구가 완전한 구체일 뿐 아니라 유럽과 아프리카와 아시아로 이루어진 지역, 즉 그들 말로 '인간 세상'을 뜻하는 오이쿠메네οἰκουμένη라는 권역이 지구 전체 표면적의 고작 4분의 1에 지나지 않는다는 것을 이미 오래전에 증명했다. 이러한 이론을 토대 삼아 알발키와 알이스타크리 같은 초창기 아랍 사상가들이 상세히 집필한 일련의 논문은 하나의 전통을 이루어 전해지다가 나중에 키타브 알마살리크 와알마말리크كتاب المسالك والممالك, 즉 『여러 도로와 여러 왕국의 서書』라는 책으로 알려졌다. 이 필사본 책은 세계의 넓이와 모양을 함께 논할 뿐 아니라, 지구상의 여러 지역을 추상적으로 시각화해 스물한 장이나 되는 상세 지도에 담아 보여 주기까지 한다. 여기에는 아라비아반도와 인도양, 북아프리카, 당대 이란의 여러 지역을 비롯해 세계 곳곳의 바다와 하천 등을 보여 주는 평면도가 실려 있으며, 이미 알려진 세계의 모습을 하나의 세밀한 원형 전체상으로 구성하고 다채롭게 색칠한 장대한 그림도 함께 수록되어 있다.

이처럼 발달한 지리학 지식은 오래잖아 아랍권 바깥으로 퍼져 나갔고, 이후 분야를 막론하고 중세의 모든 엘리트들에게서 인기를 끌었다. 그 주제 자체가 전통적으로 엄격히 지켜졌던 문화 및 종교의 경계를 넘어서는 지적 관심사이기 때문이었다. 이슬람교 권역인 모로코의 지리학자 샤리프 알딘 알이드리시(약 1100-1165)는 1150년대에 시칠리아 왕 루지에로 2세에게서 그때껏 알려진 세계의 전체상이 담긴 지도책을 제작해 달라는 의뢰를 받았다. 이 책의 사본 또한 오늘날까지 전해지지만, 알이드리시가 남긴 글의 첫머리를 장식하는 이미지는 우리가 지도로 부르는 것과 닮은 구석이 전혀 없다. 오늘날 카이로에 남아 있는 사본은 1348년에 채색한 것으로서, 지도보다는 오히려 추상적인 형상과 무늬를 어지럽게 늘어놓은 구성파 화가의 그림에 더 가까워 보인다. 둥그런 세계는 띠처럼 기다랗고 파란 물로 둘러싸여 있고, 색을 칠하지 않은 육지 부분에는 색색의 곡선으로 표시한 산맥과 호수, 가느다란 강줄기 등이 점점이 그려져 있기 때문이다. 그러나 이러한 세부 요소들은 결코 아무렇게나 배치되지 않았다. 북쪽을 지도 위쪽에 둬야 한다는 현대적 규칙은 사실 철저히 우연적인 역사적 합의의 산물로서, 초기 이슬람교 문화권의 지도는 오히려 남쪽이 위쪽을 향하도록 만들어졌다. 이들 지도는 마치 당대의 여행기에 표현된 대척지의 경이로움을 시각적으로 고스란히 반영한 것처럼 보인다. 지도 전체를 180도 회전시켜 다시 보면 점점이 그려진 영국 제도와 서유럽, 널따란 유라시아 대륙, 실제보다 더 커다랗게 묘사되어 인도양과 합쳐진 아라비아해, 그리고 유별나게 둥그런 선으로 이 세계의 경계를 이루는 아프리카의 해안선 따위가 금세 눈에 들어오기 때문이다. 우주에서 직접 지구를 내려다보거나 정밀 위성을 이용한 기술로 지도와 실제 지형을 비교 검증하는 시대가 오기 전까지, 중세 이론가들이 만들어낸 이 같은 이미지들은 무려 1000년이 넘는 세월 동안 놀랍도록 정확한 동시에 유쾌하고 흥미진진하게, 또한 익숙한 동시에 낯설게 지리학적 세계상을 표현했다.

이러한 아랍권의 지도는 거의 비슷한 시기에 카이로에서 만든 화려한 채색 지도책과 비교해 보면 흥미로운 점이 눈에 띈다. 오늘날 『카탈루냐 지도책』으로 알려진 이 지도책은 1375년 마요르카섬 출신 지도 제작자인 아브라함 크레스케스가 그리고 채색했다. 여기서도 당대의 지도 제작 관행은 문화적 경계를 가뿐히 뛰어넘는다. 아브라함은 유대인이었던 반면, 제작을 의뢰한 아라곤 왕국의 왕 페드로 4세와 그 지도를 받을 프랑스 왕 샤를 5세는 둘 다 크리스트교도 군주였던 것이다. 다만 투델라의 벤야민과 존 맨더빌이 쓴 여행기의 스타일

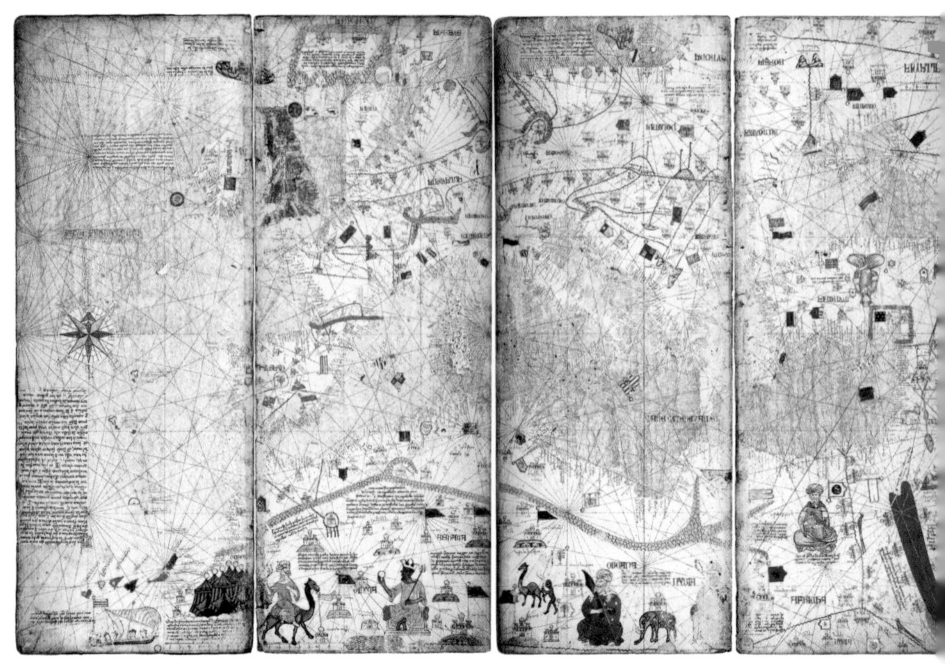

84. 아브라함 크레스케스가 1375년에 제작한 『카탈루냐 지도책』의 8폭 지도.

이 서로 대조적이었듯이, 이 책의 지도 또한 알이드리시 및 그의 아랍권 선배 지리학자들이 남긴 지도와 관심사가 조금 달랐던 것으로 보인다. 분명 정확한 지도이기는 하다. 북쪽이 위로 가도록 만들어진 여덟 장짜리 지도에는 유럽과 북아프리카, 아시아 대륙이 통째로 펼쳐져 있고, 각 대륙의 해안선 또한 지도 위에 검은 실선으로 거미줄처럼 촘촘하게 표시된 나침 방위에 따라 정확하게 그려져 있다. 그런 한편으로 아브라함은 이보다 훨씬 더 공상적인 세계관 또한 의연히 제시하고 있다. 홍해紅海는 글자 그대로 붉은색으로 표시하고 북아프리카를 가로지르는 아틀라스산맥은 높은 능선을 가느다란 선으로 이어 거대한 닭발 모양으로 구현했을 뿐 아니라, 여러 시공간에 분포하는 동

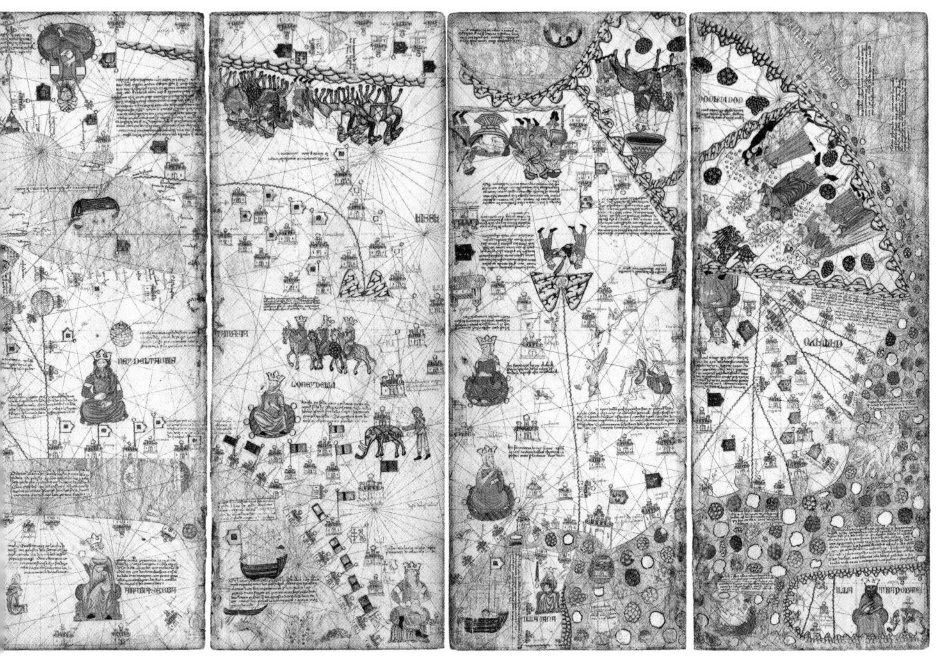

물과 사람, 역사적 사건까지 지도 위에 가득 그려 놓은 것이다. 동방박사 세 사람은 그리스도 탄생을 축하하러 가는 길에 운 좋게도 코끼리를 피해 스쳐 지나간다. 중세 시대 후기에 말리 제국의 지배자였던 만사 무사는 커다란 금화를 들고 아프리카 한복판에 앉아 있는데, 이는 그의 재산이 헤아리기 힘들 만큼 막대하다는 허황된 전설을 암시한다. 또한 머나먼 동아시아 쪽에 붉은색과 초록색, 파란색, 황금색으로 반짝이는 여러 섬 사이에는 물고기를 잡아먹는 벌거벗은 사람과 꼬리가 두 갈래인 인어가 여기저기 그려져 있는데, 이들은 세상의 끄트머리에 천국처럼 달콤한 보상과 무시무시한 괴물이 함께 숨겨져 있음을 상징한다.

아브라함이 그려 넣은 이 변형된 신체들을 보다 보면 이 책의 서두에 등장한 머리 없는 괴물 블레미아이에게로 다시금 눈길이 향한다. 그들 역시 부자연스러운 형상을 하고서, 마치 상상 속에서 튀어나온 듯한 괴물 종족들과 함께 이들 지도 속 아프리카의 해안을 오가고 있기 때문이다. 그중 한 종족은 '대척지'의 삶이 얼마나 황당무계한지 노골적으로 밝히는 듯하다. 이들은 아바리몬이라는 가상의 나라에 사는 사람들로서, 발이 엉뚱한 방향을 향해 자란 모습으로 그려져 있다. 장딴지에서 튀어나온 발이 뒤쪽을 향해 자란 탓에 걸을 때면 사실상 뒤쪽을 향해 나아가는 이들의 모습은 자신들이 걷는 땅이 거꾸로 뒤집혀 있음을 의미하는 것처럼 보인다. 그러나 이러한 지도책은 독자로 하여금 중세 세계의 끄트머리에 있는 기괴한 존재들을 마음껏 즐기도록 하는 동시에, 지구상에 존재하는 찬란한 풍요로움을 손에 쥐어지는 크기로 축소시킴으로써 작게나마 영감을 불러일으키도록 만들어졌다. 운 좋게도 이처럼 화려하게 채색한 지도책을 읽을 기회가 있었던 사람들은 아마 당장이라도 여행을 떠나고 싶어 안달했을 것이다. 군주는 발에 입을 맞추는 정치적 구경거리를 제쳐 두고 새로운 영토를 정복하는 원정에 나서려 했을 테고, 순례자는 아득히 먼 성지에 도착할 희박한 가능성을 믿고 가죽신을 신었을 것이며, 탐험가는 누구도 본 적 없는 경이를 찾아 펜을 쥐고 몇 년에 걸친 여행길에 올랐을 것이다.

85. 16세기 크레타섬에서 제작한 성화.
에페수스의 잠자는 일곱 성인을 묘사하고 배경에는 번쩍이는 금칠을 했다.

미래의 몸

중세의 몸에 관해 이야기할 거리가 떨어질 날은 영영 오지 않을 것이다. 오늘날의 몸과 마찬가지로 더 자세히 들여다보면 들여다볼수록 온갖 관찰 방식이 우리 눈앞에 떠오르기 때문이다. 이 책은 과거 사람들이 스스로를 바라본 이런저런 방식들을 그저 겉핥기식으로 살펴본 시도에 지나지 않는다. 그들에게 인체는 고대의 복잡한 이론을 논의하고 발전시킨 공간이자, 감각을 이용해 주위 세계와 접촉하는 매개체였고, 성과 종교와 인종이라는 상이한 정체성들이 불협화음을 빚는 무대였으며, 추악함과 고통부터 가장 황홀한 아름다움까지 여러 미학적 관념을 표현하는 화폭이기도 했다. 몸은 곧 모든 이에게 모든 것을 의미했다.

중세 시대 내내 사람들은 장차 자기 몸에 무슨 일이 일어날지 예측하려 애썼다. 그들은 위험하고 불확실한 미래에 대비할 갖가지 해법을 종교적 사고에서 찾고자 했다. 종말론적 예언은 성서 시대에도 중세에도 똑같이 벼락같은 계시와 도덕적 심판, 그리고 영원토록 이어질 메시아 시대의 무시무시한 형벌 또는 구원을 위한 시체들의 부활을 약속했다. 통속 문학도 이와 비슷한 미래를 상상했다. 판타지를 넘어 SF에 가까운 '에페수스의 잠자는 일곱 성인' 이야기는 6세기 이후 유럽 전역과 중동 지역에서 꾸준히 재창작되었다. 이 이야기에 나오는 남자들은 제 발로 동굴에 들어가 하룻밤을 보내는데, 아침에 깨어 보니 어째선지 그만 300년 동안이나 잠들어 있었던 것을 알아차린다. 중세 철학자들 또한 다가올 세상이 던지는 추상적 질문과 씨름했다. 변화의 본질을 진정으로 파악하기란 과연 가능할까? 미래는 신성한 힘에 의해서든 아니면 다른 어떤 힘에 의해서든, 운명적으로 우리 손에 쥐어지는 것일까? 만약 그렇다면 우리가 하는 행동에 진정한 자유나 선택이 과연 존재할까? 아니면 이미 정해진 참된 길을 우리가 어떻게 해서든 원하는 방향으로 틀 수도 있을까?

이러한 중세 세계는 16세기 초에 이르러 급격한 변화를 눈앞에 두고 있었다. 몇 세기에 걸쳐 끄떡도 하지 않던 수많은 관념들은 전환점에 서 있었다. 1492년에 대서양을 건너갔던 에스파냐 선단이 그때껏 아무도 몰랐던 새 대륙이 있다는 소식과 함께 돌아왔던 것이다. 1497년부터 1499년 사이에는 포르투갈 선원들이 배를 몰고 아프리카 대륙 남단을 돌아 항해함으로써 수백 년 동안 사용하던 지도를 다시 그렸고, 더 나아가 동아시아로 이어지는 중요한 새 항로를 확보했다. 또한 1522년에는 최초의 세계 일주 항해가 성공함으로써 고대 그리스인들이 약 2000년 전에 처음 제시한 개념, 즉 지구는 평면이 아니라 구체라는 설이 비로소 사실로 입증되었다. 변치 않을 거라 여겨졌던 다른 온갖 관념들도 이와 마찬가지로 뒤집히고 무너졌다. 1512년 이후 셀림 1세와 그 아들 술레이만 1세가 다스리는 동안에 오스만 제국은 빠르게 팽창하며 몇 세기 만에 처음으로 동유럽과 아나톨리아, 중동, 북아프리카에 이를 만큼 드넓은 영토를 차지했다. 한편 서유럽에서는 1517년에 마르틴 루터가 「95개조의 의견서」를 발표해 사실상 종교 개혁 운동을 촉발하고 가톨릭교회를 분열의 길로 내몰았고, 이로써 종교 및 정치에 대한 신념들이 완전히 재편되었다. 이 새 지평의 시대에는 의학의 시야도 함께 넓어졌다. 신세계에서 구한 약재와 스위스의 의학자 파라셀수스(약 1493-1541)가 제창한 새로운 형태의 실험 화학이 결합하면서 고전적인 4대 체액설에서 벗어나 더 폭넓은 의약 치료를 지향하는 쪽으로 바뀐 것이다. 또한 이탈리아의 야코포 베렌가리오 다 카르피(1466-1530)와 프랑스의 샤를 에스티엔(약 1505-1564), 오늘날의 벨기에에 해당하는 합스부르크 네덜란드의 안드레아스 베살리우스(1514-1564)를 비롯한 실험적 해부학의 선구자들이 다시금 열의를 지니고 인간의 몸을 열어 보기 시작했다. 그들은 피부 밑에서 실제로 보이는 것을 새로운 관점에서 관찰하는 데 집중했다.

그러나 장차 이러한 일들이 벌어지리라 내다본 중세 사상가는 거의 없었다. 16세기에 일어난 극적인 변화를 이야기할 때 중세 사상가들의 존재가 깨끗이 지워지는 경우가 잦은 것도 어쩌면 그 이유 때문일 것이다. 나는 이 책의 서두에서 우리가 중세 시대 같은 역사 시기를 보는 관점이 과거뿐 아니라 현재에 관해서도 많은 것을 알려준다고 말한 바 있는데, 이는 뒤이어 등장한 근세 초기에도 똑같이 적용되는 사실이다. 오늘날 '중세'라는 용어는 모종의 혼탁함이나 후진적인 사고방식과 융합되는 경향이 있다. 이와 마찬가지로 '르네상스'는 오로지 빛나는 성취와 함께 쓰일 뿐이다. 르네상스라는 말 자체는 재생, 부활, 죽음의 시기에 뒤따르는 삶의 시기 등을 뜻하며, 프란체스코 페트라르카의 표현에 따르면 '어둠이 걷힌' 순간을 가리킨다. 우리가 이 시대 사람들의 신속한 사상적 전향을 높이 사는 까닭은, 적어도 지난 한 세기 남짓 동안에는, 변화를 중시하는 현대 사회에서 살아온 우리가 스스로를 평가할 때 바로 그러한 전향을 가장 높이 샀기 때문이다. 르네상스 시기 사람들은 우리가 던졌을 법한 질문을 던지고, 경계를 더 넓히고, 새로움과 혁신을 추구했던 것처럼 보인다. 반면에 중세 시대를 긍정하는 주장의 논거는 훨씬 덜 매력적인 기준들, 즉 연속성, 일관성, 성찰, 상황이 좋든 나쁘든 간에 어떤 관념이 계속 생명을 유지하게 하는 능력 같은 것들이다. 그러나 우리는 미래를 내다보는 일과 과거를 돌아보는 일이 서로를 보완한다는 사실을 잊어서는 안 된다. 중세 시대 사람들이 고전을 직접 필사본으로 만들고 여러 고전의 주석서를 바그다드에서 콘스탄티노플로, 그곳에서 다시 살레르노로, 다시 파리로 옮겨 보존하지 않았다면, 근세 초기의 사람들에게는 사고방식을 근본부터 뒤집는 데 필요한 재료가 거의 남아 있지 않았을 것이다.

그렇다면 중세의 몸에 관한 우리의 이해는 앞으로 어떻게 변할까? 내 생각에는 이 또한 과거와 미래를 동시에 보는 일에 달려 있는 듯싶다. 한쪽 눈은 이제까지 밟아 온 길을 되돌아보고, 한쪽 눈은 앞으로 일어날 일들 쪽을 유심히 바라보는 것이다. 우리가 사는 세계는 역

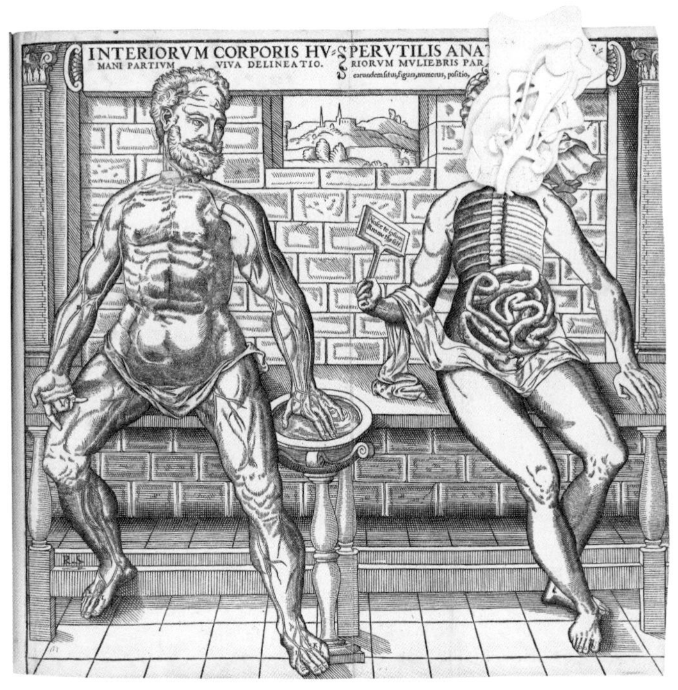

86. 1559년 런던에서 인쇄했으리라 추정되는 남성과 여성의 해부도.
해부학적 세부 사항을 묘사한 종이를 한 장씩 들추면 몸속 구조를 층층이 관찰할 수 있다.
여성이 든 작은 팻말에는 라틴어로 '너 자신을 알라Nosce te ipsum'라고 적혀 있다.

사상의 어느 시대보다 더 급격히 진화하는 중이다. 이는 심지어 정신없이 빠르게 변한 것처럼 보이는 16세기와 견줘 봐도 마찬가지이다. 또한 과거를 느리지만 꼼꼼히 조사하는 과정, 즉 예술품과 시, 종교 문헌, 민담, 의학적 치료법 등을 세심하게 독해하는 과정에 첨단 기술을 결합하는 일이 이제는 가능해졌고, 이로써 전에는 생각지도 못했던 온갖 분야에서 발견을 추구하는 일 또한 가능해졌다.

게다가 우리 손에 들어오는 중세의 몸 또한 점점 더 그 수가 늘어간다. 런던 박물관의 인류 생물고고학 센터에는 수도 중심부에서 출토된 여러 시대 인류의 부분 골격이 무려 2만 명분 넘게 보존되어 있으며, 이와 비슷한 발굴 성과가 으스스하기 짝이 없는 여러 장소에서 끊임없이 나오는 중이다. 2015년에는 프랑스 파리의 어느 슈퍼마켓 지하실이 과거의 병원 터로 밝혀졌고, 이 발굴 현장에서 중세 시대의 유해가 약 200구 발견되었다. 2016년에는 스코틀랜드에 있는 애버딘 박물관의 확장 공사 현장에서 인골이 최소 92구 발견됐는데, 아마도 그곳에 수도원이 있었던 13세기에 매장된 시신들로 추측된다. 2017년 로마에서 발굴이 완료된 집단 무덤 38기는 조그마한 중세 유대인 묘지의 일부로서, 보험 회사 본부를 개축하는 도중에 발견됐다. 이런 일은 도심이 아닌 곳에서도 일어난다. 아일랜드의 슬라이고 카운티에 위치한 콜루니라는 마을에서는 사나운 눈보라가 몰아치자 215년 묵은 너도밤나무가 바람을 못 이기고 그만 뿌리가 뽑혀 쓰러지고 말았는데, 이때 11세기 또는 12세기에 살았으리라 추정되는 남자아이의 유골이 땅속으로 뻗은 나무뿌리에 친친 감겨 있었던 것이다.

이러한 중세의 유골은 제대로 정리하고 깨끗이 닦으면 그저 보기만 해도 막대한 정보를 얻을 수 있다. 무엇보다 분명한 점은, 비정상적인 유골이 들려주는 이야기일수록 내용이 풍부하다는 사실이다. 석연치 않은 골절이나 금이 간 자국처럼 뼈에 남은 손상은 심각한 부상을 암시하며, 특정한 형태의 폭력을 사인으로 제시하는 경우가 많다. 부러졌다가 다시 붙었거나 마모된 뼈처럼 온순한 방식으로 변형된 흔적은 유골의 주인이 한동안 특정한 범주의 관절 질환을 앓았거나, 선

87. 영국 런던에서 중세에 페스트 사망자를 매장했던 구덩이를 발굴하는 현장. 크로스레일 노선의 신설 공사를 위해 땅을 파다가 발견됐다.

천성 장애를 타고났기 때문에 뼈가 변형되었음을 뜻한다. 우리는 이러한 흔적을 근거로 그 사람이 살아생전 어떤 식으로 즐겁게 또는 힘들게 살았을지 추정한다. 그러나 최근 들어 정밀한 분석 기술이 점점 더 발전한 덕분에 중세라는 과거에 살았던 이들의 삶을 훨씬 더 세밀한 부분까지 알아내는 일이 가능해졌다. 1980년대 이후 생물고고학자들은 고대의 DNA 표본을 찾기 위해 치수[치아 속을 채운 혈관과 신경 같은 조직—옮긴이]나 귀 뒤쪽에 위치한 관자뼈처럼 사람 골격 가운데 가장 치밀하고 가장 잘 보존되는 부위를 발굴하는 기술을 점점 더 발전시켰다. 이렇게 얻은 이른바 고古DNA aDNA는 추출하고, 증폭하고, 올바른 순서로 배열해 과거 및 현재의 다른 사례와 비교하면, 표본으로 삼은 유골의 고유한 특징들이 드러난다. 이제는 지극히 단편적인 유골에서도 성별이나 대략적인 출신지, 인종적 배경, 낭포성 섬유증이나 빈혈 같은 특정 유전 질환의 유무 등을 밝혀낼 수 있다. 심지어는 이러한 과거 유골의 섬유 세포에 붙어살던 미세 박테리아의 고DNA를 비슷한 방식으로 검사하고, 이로써 페스트부터 결핵과 나병에 이르는 다양한 역사적 질병 유형을 밝혀내는 일도 가능하다.

그토록 획기적인 기술을 오로지 해골을 다룰 때만 쓰지는 않는다. 이러한 방법을 이용하면 이 책의 각 장에 소개한 모든 유형의 물건으로부터 새로운 이야기를 더 쉽게 끌어낼 수 있다. 필사본의 양피지 낱장이나 오래된 신발의 가죽을 검사하면 어떤 동물의 가죽인지, 또 그 동물을 키운 곳이 어디인지 등이 밝혀진다. 고대 직물로 지은 옷이나 나무로 만든 성유물은 염료나 원재료인 나무를 단서로 추적하면 시대를 특정하거나 중세 세계의 어느 지역에서 만들었는지 알아낼 수 있다. 이런 식의 연구에서는 물건을 아예 사람의 몸과 똑같이 다루기도 한다. 7세기에 마스트리흐트의 주교였던 성 아만도의 유해를 보존한 대형 성해함은 오늘날 미국 볼티모어의 월터스 미술관이 소장하고 있는데, 2007년에 해당 미술관의 기술 분과에서 이 성해함을 조사한 적이 있다. 복원 전문가들은 유물에 관해 더 조사하기 위해 장갑 낀 손에 끌과 수술칼을 쥐고 나무로 된 성해함의 본체에서 구리 표면을 조그맣게 떼어냈다. 이렇게 얻은 금속편은 피부나 혈액 표본과 마찬가지로 현미경을 이용해 세밀하게 조사했다. 그러고는 성해함을 통째로 가까운 메릴랜드 대학교 부속 병원으로 옮긴 다음, 컴퓨터 단층CT 촬영기 안에 넣었다. 이 장치는 평소 살아 있는 볼티모어

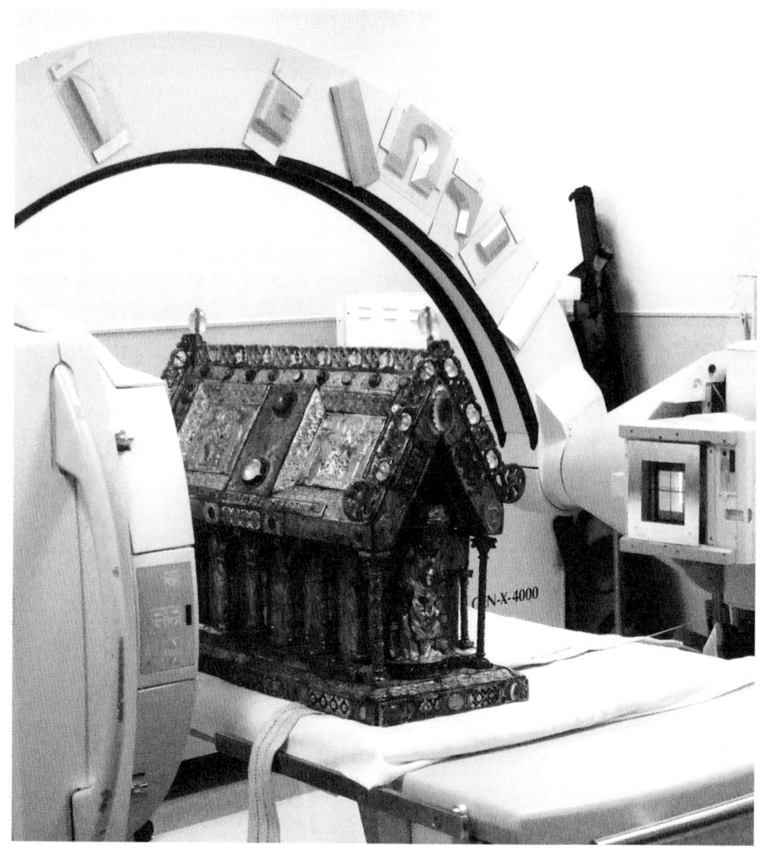

88. 볼티모어의 메릴랜드 대학교 부속 병원에서 성 아만도의 유해가 보존된 12세기 성해함을 컴퓨터 단층 촬영기에 넣어 촬영하는 광경.

시민들을 위해서만 사용하는 의료 기기였다. 이렇게 얻은 검사 결과는 성해함 연구의 단서를 찾기 위해 월터스 미술관의 복원 전문가들과 대학 병원의 영상 의학과 의사들이 함께 분석했다. 의사와 역사가 사이에 대화가 이뤄졌던 셈이다.

이것이 중세의 몸이 맞이할 미래이다. 우리는 유물과 유골 모두를 마치 수백 살 먹은 환자를 다루듯이 조심스럽게 검사한다. 또한 환자의 이전 병력을 조사하듯이, 기록 보관소를 샅샅이 뒤져 아무리 작은 정보라도 찾아내서 검사 대상이 과거에 어떻게 살았는지 상상 속에 그려 본다. 표본을 연구실로 보내어 분석하고, 엄밀한 과정을 거쳐 상상의 범위를 더욱 좁힌다. 그런 다음 이런저런 전문 기술을 모두 동원해 진단을 내린다. 6세기, 아랍 출신, 여성, 은제, 채색 장식, 독일, 13세기, 이집트인, 설화석고, 대략 이런 식으로 말이다. 에페수스의 잠자는 일곱 성인처럼, 이들은 몇 백 년 동안이나 잠들어 있었다. 이제는 잠에서 깨어 그 어느 때보다도 활기차게 떠들 시간이다.

감사의 말

마땅히 감사드려야 할 분들의 이름을 여기에 적어 둔다. 세심하고 더없이 너그러운 편집자 세실리 게이퍼드와 커티 토피왈라. 이 책의 원고 전체 또는 일부를 전문가의 눈으로 검토해 준 테일러 매콜과 조슬린 앤더슨, 제시카 바커. 프로파일 북스 출판사와 웰컴 퍼블리싱 출판사의 제작 및 디자인 담당자들. 유나이티드 에이전츠의 소피 스카드와 리사 투굿, 캐롤라인 도네이. 자료 번역을 도와준 라니아 제이버와 롤랜드 베턴코트, 매기 브라이든샐. 내게 용기와 자극을 주는 코톨드 예술 대학과 컬럼비아 대학교, 이스트 앵글리아 대학교의 여러 동료들. 그리고 마지막으로 가족과 친구들, 특히 늘 사랑하고 지지해 주는 앤 슈멜레프스키에게. 앤의 사랑과 지지가 없었다면 이 책은 쓸 수 없었을 것이므로.

참고 문헌

이 책에서 탐구한 발상들은 여러 상이한 학술 분야에서 활동하는 연구자들의 업적에 영향을 받았다. 그들은 중세 문화 안에서 여러 주제와 지역과 시기에 초점을 맞춰 갖가지 언어로 저술 활동을 한다. 이 목록은 이처럼 다채로운 학술 업적에서 더 읽어볼 만한 저작을 선별한 것으로서, 모두 영문 자료다. 먼저 중세 역사 및 의학, 미술의 전반적인 주제에서 출발한 다음, 각 장에서 다룬 신체 부위와 관련해 더 구체적인 참고 자료를 차례로 제시할 것이다. 일부는 전문 지식에 치우치는 느낌이 들 테지만 일반 독자를 위해 되도록 개론서를 소개했으며, 각 책의 자체 참고 문헌 또한 방대하다.

그저 피상적 소개일지도 모르나, 독자 여러분이 미술사의 역동성을 음미하고 더 나아가 중세의 몸을 몇 가지 상이한 관점에서 한층 더 상세히 알아가는 기회를 얻기 바란다.

중세 시대 전반에 관하여

여명기부터 르네상스 시대까지 중세 시대의 윤곽을 쉽게 파악할 수 있는 책이 몇 권 있다. 넓은 영역을 포괄하는 핸드북이나 백과사전 같은 형태로 제각각 수많은 주제를 개별 항목으로 다루는 책들의 목록은 다음과 같다.

A. Classen (ed.), *Handbook of Medieval Culture* (2015). R. A. Johnston, *All Things Medieval: An Encyclopedia of the Medieval World* (2011). R. E. Bjork (ed.), *The Oxford Dictionary of the Middle Ages* (2010). J. W. Meri (ed.), *Medieval Islamic Civilization: An Encyclopedia* (2005). N. Roth (ed.), *Medieval Jewish Civilization: An Encyclopedia* (2003). A. Vauchez (ed.), *Encyclopedia of the Middle Ages* (2000).

서사적 성격이 더 짙은 역사서를 찾는다면 다음을 참조하라.

M. Rubin, *The Middle Ages: A Very Short Introduction* (2014).《한국어판》 미리 루빈, 이종인 옮김, 『중세』(연암서가 펴냄, 2016). C. W. Hollister and J. M. Bennett, *Medieval Europe: A Short History* (2005). R. W. Southern, *The Making of the Middle Ages* (1993).《한국어판》 R. W. 서던, 이길상 옮김, 『중세의 형성』(현대지성사 펴냄, 1999).

중세 유럽의 일상생활을 훑어보고자 한다면 다음을 참조하라.

R. Gilchrist, *Medieval Life: Archaeology and the Life Course* (2012). J. Gies and F. Gies, *Daily Life in Medieval Times* (1999). J. Le Goff, *The Medieval World*, trans. L. G. Cochrane (1997).

현대인의 관점에서 중세를 파악하는 일이 어째서 위험한지 알려면 다음을 참조하라.

S. Harris and B. L. Grigsby (eds), *Misconceptions about the Middle Ages* (2007).

중세 의학 또한 몇몇 개론서에 개요가 정리되어 있다. 각각의 책은 중세 의학 사상의 대략적인 내용을 흥미롭게 소개한다. 고대부터 시작하는 길고 폭넓은 의학사는 다음을 참조하라.

M. D. Grmek (ed.), *Western Medical Thought from Antiquity to the Middle Ages* (1999). L. I. Conrad et al., *The Western Medical Tradition: 800 BC to AD 1800* (1995).

중세 시대의 의학을 더 집중적으로 다룬 책은 다음을 참조하라.

L. Kalof (ed.), *A Cultural History of the Human Body in the Medieval Age* (2014). L. Demaitre, *Medieval Medicine: The Art of Healing, from Head to Toe* (2013). P. E. Pormann and E. Savage-Smith, *Medieval Islamic Medicine* (2007). T. F. Glick, S. J. Livesey and F. Wallis (eds), *Medieval Science, Technology, and Medicine: An Encyclopedia* (2005). N. Siraisi, *Medieval and Early Renaissance Medicine: An Introduction to Knowledge and Practice* (1990).

여러 중세 의학 문헌의 원전을 영어로 번역한 글을 모은 책은 다음을 참조하라.
F. Wallis, *Medieval Medicine: A Reader* (2010).
중세 시대의 미술 및 건축 또한 예외가 아니어서, 당대 시각 문화의 상이한 면면을 상세히 살펴보는 저작이 여럿 있다. 개괄적인 입문서는 다음을 참조하라.
R. Ettinghausen, O. Grabar and M. Jenkins-Madina, *Islamic Art and Architecture 650–1250* (2003). L. Nees, *Early Medieval Art* (2002). N. Coldstream, *Medieval Architecture* (2002). V. Sekules, *Medieval Art* (2001). R. Stalley, *Early Medieval Architecture* (1999). J. Lowden, *Early Christian and Byzantine Art* (1997). and M. Camille, *Gothic Art: Glorious Visions* (1996).
중세 미술, 특히 당대 미술과 의학의 상관관계에 관해서는 다음을 참조하라.
J. A. Givens, K. M. Reeds and A. Touwaide (eds), *Visualizing Medieval Medicine and Natural History, 1200–1550* (2006). P. M. Jones, *Medieval Medicine in Illuminated Manuscripts* (1998). J. Murdoch, *Album of Science: Antiquity and the Middle Ages* (1984).

중세 시대의 몸

프랑스의 '반쪽 인간' 미라	P. Charlier et al., 'A Glimpse into the Early Origins of Medieval Anatomy through the Oldest Conserved Human Dissection', *Archives of Medical Science 10:2* (2014), 366–73.
"중세 방식으로"	K. Biddick, *The Shock of Medievalism* (1998).
중세관	D. Matthews, *Medievalism: A Critical History* (2015).
프란체스코 페트라르카	V. Kirkham and A. Maggi (eds), *Petrarch: A Critical Guide to the Complete Works* (2009).
동시대 다른 지역의 역사	C. Benn, *China's Golden Age: Everyday Life in the Tang Dynasty* (2002). T. de Bary et al., *Sources of Japanese Tradition, Volume One: From Earliest Times to 1600* (2001). P. Frankopan, *The Silk Roads: A New History of the World* (2015). B Avari, *India: The Ancient Past* (2007). R. Pankhurst, *The Ethiopians: A History (2001). N. Levtzion, Ancient Ghana and Mali* (1973). A. Kehoe, *America*

before the European Invasions (2002). J. Lee, *The Allure of Nezahualcoyotl: Pre-Hispanic History, Religion and Nahua Poetics* (2008).

로마를 계승한 이들 — C. Wickham, *The Inheritance of Rome: A History of Europe from 400 to 1000* (2009). B. Ward-Perkins, *The Fall of Rome and the End of Civilization* (2005).

비잔틴 제국 — J. Herrin, Byzantium: The Surprising Life of a Medieval Empire (2007). 《한국어판》 주디스 헤린, 이순호 옮김, 『비잔티움—어느 중세 제국의 경이로운 이야기』(글항아리 펴냄, 2007). C. Mango (ed.), The Oxford History of Byzantium (2002).

중세 시대 초기의 유럽 — R. Collins, *Early Medieval Europe, 300–1000* (2010). M. Innes, *Introduction to Early Medieval Western Europe, 300–900: The Sword, the Plough and the Book* (2007). J. M. H. Smith, *Europe after Rome: A New Cultural History, 500–1000* (2005).

이슬람 세계 — V. O. Egger, *A History of the Muslim World to 1405: The Making of a Civilization* (2004). I. M. Lapidus, *A History of Islamic Societies* (2002). 《한국어판》 아이라 M. 라피두스, 신연성 옮김, 『이슬람의 세계사 1, 2』(이산 펴냄, 2008).

인구 통계 — M. Kowaleski, 'Medieval People in Town and Country: New Perspectives from Demography and Bioarchaeology', *Speculum* 89 (2014), 573-600쪽. D. A. Hinton, 'Demography: From Domesday and Beyond', *Journal of Medieval History* 39 (2013), 146-178쪽.

기후 — B. M. S. Campbell, *The Great Transition: Climate, Disease and Society in the Late-Medieval World* (2016).

존 리드게이트 — D. Pearsall, *John Lydgate (1371–1449): A Bio-Bibliography* (1997).

링컨셔에서 발굴된 현지 주민들의 유골 — T. Waldron, *St Peter's, Barton-upon-Humber, Lincolnshire: A Parish Church and its Community, Volume 2,*

	The Human Remains (2007).
흑사병	M. H. Green (ed.), *Pandemic Disease in the Medieval World: Rethinking the Black Death* (2014).
고전적 4대 체액설	V. Nutton, *Ancient Medicine* (2013).
체액 균형	Joel Kaye, *A History of Balance, 1250–1375: The Emergence of a New Model of Equilibrium and its Impact on Thought* (2014).
인체와 우주	A. Akasoy, C. Burnett and R. Yoeli-Tlalim (eds), *Astro-Medicine: Astrology and Medicine, East and West* (2008).
이슬람교 초창기의 바그다드	A. K. Bennison, *The Great Caliphs: The Golden Age of the Abbasid Empire* (2009). D. Gutas, *Greek Thought, Arabic Culture: The Graeco-Arabic Translation Movement in Baghdad and Early Abbasaid Society* (1998). 《한국어판》 드미트리 구타스, 정영목 옮김, 『그리스 사상과 아랍 문명—번역 운동과 이슬람의 지적 혁신』(글항아리 펴냄, 2013).
비마리스탄과 병원	A. Ragab, *The Medieval Islamic Hospital: Medicine, Religion, and Charity* (2015). B. S. Bowers (ed.), *The Medieval Hospital and Medical Practice* (2007).
대학	H. De Ridder-Symoens (ed.), *A History of the University in Europe: Universities in the Middle Ages* (1992). W. J. Courtenay and J. Miethke (eds), *Universities and Schooling in Medieval Society* (2000).
외과의	M. R. McVaugh, *The Rational Surgery of the Middle Ages* (2006). E. Savage-Smith, 'The Practice of Surgery in Islamic Lands: Myth and Reality', *Social History of Medicine* 13 (2000), 307-321쪽.
길드	G. Rosser, *The Art of Solidarity in the Middle Ages: Guilds in England 1250–1550* (2015). G. C. Maniatis, Guilds, *Price Formation, and Market Structures in Byzantium* (2009). A. Cohen, *The Guilds of Ottoman Jerusa-*

lem (2001).

공중 보건 C. Rawcliffe, *Urban Bodies: Communal Health in Late Medieval English Towns and Cities* (2013).

종교 D. Nirenberg, *Neighboring Faiths: Christianity, Islam, and Judaism in the Middle Ages and Today* (2014). J. H. Arnold (ed.), *The Oxford Handbook of Medieval Christianity* (2014). K. Armstrong, *Islam: A Short History* (2000). T. L. Steinberg, *Jews and Judaism in the Middle Ages* (2007).

마법 D. Collins (ed.), *The Cambridge History of Magic and Witchcraft in the West* (2015). S. Page, *Magic in the Cloister: Pious Motives, Illicit Interests and Occult Approaches to the Medieval Universe* (2013).

머리

여러 괴물 종족 J. B. Friedman, *The Monstrous Races in Medieval Art and Thought* (2000). A. Bovey, *Monsters and Grotesques in Medieval Manuscripts* (2002). L. Daston and K. Park, *Wonders and the Order of Nature: 1150–1750* (1998). J. J. Cohen, *Monster Theory: Reading Culture* (1996).

갈레노스 C. Gill, T. Whitmarsh and J. Wilkins (eds), *Galen and the World of Knowledge* (2009). R. J. Hankinson (ed.), *The Cambridge Companion to Galen* (2008).

이븐시나 L. E. Goodman, *Avicenna* (1992).

뇌 E. Clark, K. E. Dewhurst and M. J. Aminov, *An Illustrated History of Brain Function* (1996).

정신 장애 I. Metzler, *Fools and Idiots?: Intellectual Disability in the Middle Ages* (2016). S. Katajala-Peltomaa and S. Niiranen, *Mental (Dis)Order in Later Medieval Europe* (2014). W. J. Turner, *Care and Custody of the Mentally*

	Ill, Incompetent and Disabled in Medieval England (2013).
프랑스 왕 샤를 6세	R. C. Famiglietti, *The Madness of Kings: Personal Trauma and the Fate of the Nations* (1995). V. Green, *Royal Intrigue: Crisis at the Court of Charles VI, 1392–1420* (1986).
레일리와 메즈눈	M. W. Dols, *Majnun: The Madman In Medieval Islamic Society* (1992). R. Gelpke (ed.), *Nizami Ganjavi's Layla and Majnun* (1966).
털	L. Demaitre, *Medieval Medicine: The Art of Healing, From Head to Toe* (2013). R. Milliken, *Ambiguous Locks: An Iconology of Hair in Medieval Art and Literature* (2012).
제프리 초서	D. Gray (ed.), *The Oxford Companion to Chaucer* (2003).
참수형	G. Geltner, *Flogging Others: Corporal Punishment and Cultural Identity from Antiquity to the Present* (2014). A. Traninger, B. Baert and C. Santing (eds), *Disembodied Heads in Medieval and Early Modern Culture* (2013). D. Westerhoff, *Death and the Noble Body in Medieval England* (2008).
솔즈베리의 존	C. Grellard and F. Lachaud (eds), *A Companion to John of Salisbury* (2015).
허웰린 압 그리피드	J. Smith, *Llywelyn ap Gruffudd: Prince of Wales* (2014). H. Fulton (ed.), *Urban Culture in Medieval Wales* (2012).
장 프루아사르	P. F. Ainsworth, *Jean Froissart and the Fabric of History: Truth, Myth, and Fiction in the Chroniques* (1990). G. Brereton (ed.), *Froissart's Chronicles* (1978).
성인	R. Bartlett, *Why Can the Dead Do Such Great Things? Saints and Worshippers from the Martyrs to the Reformation* (2015). P. Brown, *The Cult of the Saints: Its Rise and Function in Latin Christianity* (1981). 《한국어판》 피터 브라운, 정기문 옮김, 『성인 숭배』(새물결 펴냄, 2002).

성유물과 성해 — C. Hahn, *Strange Beauty: Issues in the Making and Meaning of Reliquaries, 400–c.1204* (2012). C. Freeman, *Holy Bones, Holy Dust: How Relics Shaped the History of Medieval Europe* (2011). P. Geary, *Furta Sacra: Thefts of Relics in the Central Middle Ages* (1990).

극장과 공연 — J. Enders (ed.), *A Cultural History of Theatre in the Middle Ages (1000–1400)* (2017).

요하니스쉬셀 — B. Baert, *Caput Johannis in Disco: Essay on a Man's Head* (2012).

감각 기관

클뤼니 태피스트리 — E. Taburet-Delahaye, *The Lady and the Unicorn* (2007).

감각 기관 — M. Bagnoli (ed.), *A Feast for the Senses: Art and Experience in Medieval Europe* (2016). R. G. Newhauser, *A Cultural History of the Senses in the Middle Ages, 500–1450* (2016). C. M. Woolgar, *The Senses in Late Medieval England* (2006). G. Rudy, *Mystical Language of Sensation in the Late Middle Ages* (2002). W. F. Bynum and R. Porter (eds), *Medicine and the Five Senses* (1993).

감각 고고학 — J. Day (ed.), *Making Senses of the Past: Toward a Sensory Archaeology* (2013).

시각 — M. A. Smith, *From Sight to Light: The Passage from Ancient to Modern Optics* (2014). R. S. Nelson, *Visuality before and beyond the Renaissance: Seeing as Others Saw* (2000). D. C. Lindberg, *Theories of Vision from Al-Kindi to Kepler* (1976).

로저 베이컨 — B. Clegg, *The First Scientist: A Life of Roger Bacon* (2003). J. Hackett (ed.), *Roger Bacon and the Sciences* (1997).

눈의 구조 — F. Salmón, 'The Body Inferred: Knowing the Body

through the Dissection of Texts', in *A Cultural History of the Human Body in the Medieval Age*, ed. L. Kalof (2014), 77-98쪽. L. Demaitre, *Medieval Medicine: The Art of Healing, from Head to Toe* (2013).

실명 E. Wheatley, *Stumbling Blocks before the Blind: Medieval Constructions of a Disability* (2010). M. Barach, *Blindness: The History of a Mental Image in Western Thought* (2001). F. Malti-Douglas, 'Mentalités and Marginality: Blindness and Mamluk Civilization', in *The Islamic World from Classical to Modern Times*, ed. C. E. Bosworth et al. (1989), 211-237쪽.

캥즈뱅 M. P. O'Tool, 'The Povres Avugles of the Hôpital des Quinze-Vingts: Disability and Community in Medieval Paris', in *Difference and Identity in Francia and Medieval France*, M. Cohen and J. Firnhaber-Baker (eds) (2010), 157-174쪽.

장애인 박해 I. Metzler, *A Social History of Disability in the Middle Ages: Cultural Considerations of Physical Impairment* (2013). J. R. Eyler (ed.), *Disability in the Middle Ages: Reconsiderations and Reverberations* (2010).

마저리 켐프 B. A. Windeatt (ed.), *The Book of Margery Kempe* (2004). J. H. Arnold and K. J. Lewis (eds), *A Companion to The Book of Margery Kempe* (2004).

후각 S. A. Harvey, *Scenting Salvation: Ancient Christianity and the Olfactory Imagination* (2006). J. Drobnick, *The Smell Culture Reader* (2006). C. Classen, D. Howes and A. Synnott, *Aroma: The Cultural History of Smell* (1994). 《한국어판》 콘스탄스 클라센, 데이비드 하위즈, 앤소니 시노트, 김진옥 옮김, 『아로마—냄새의 문화사』(현실문화 펴냄, 2002).

금속 공예품 J. Cherry, *Medieval Goldsmiths* (2011). R. Ward, *Islamic Metalwork* (1993).

크리소발란톤의 성 이레네 J. O. Rosenqvist, *The Life of Saint Irene Abbess of Chrysobalanton: A Critical Edition* (1986).

향기로운 낙원 A. H. King, *Scent from the Garden of Paradise: Musk and the Medieval Islamic World* (2017).

점성술 S. Page, *Astrology in Medieval Manuscripts* (2002). R. Rashed (ed.), *Encyclopedia of the History of Arabic Science* (1996). R. French, 'Astrology in Medical Practice ', in *Practical Medicine from Salerno to the Black Death*, (eds) L. García-Ballester et al. (1994), 30-59쪽.

카르타헤나의 테레사 D. Seidenspinner-Núñez, *The Writings of Teresa de Cartagena* (1998).

청각 장애 I. Metzler, 'Perceptions of Deafness in the Central Middle Ages', in *Homo debilis Behinderte–Kranke–Versehrte in der Gesellschaft des Mittelalters*, ed. C. Nolte (2009), 79-98쪽. A. de Saint-Loupe, 'Images of the Deaf in Medieval Western Europe', in *Looking Back: A Reader on the History of Deaf Communities and their Sign Languages*, (eds) R. Fischer and H. Lane (1993), 379-402쪽.

음악과 소리 E. Dillon, *The Sense of Sound: Musical Meaning in France, 1260–1330* (2012). M. Everist (ed.), *The Cambridge Companion to Medieval Music* (2011). T. Christensen (ed.), *The Cambridge History of Western Music Theory* (2002). R. Strohm and B. J. Blackburn (eds), *Music as Concept and Practice in the Late Middle Ages* (2001). F. Shehadi, *Philosophies of Music in Medieval Islam* (1995).

보에티우스 J. Marenbon (ed.), *The Cambridge Companion to Boethius* (2009).

성 소피아 대성당 R. Mark and A. S¸. Çakmak (eds), *Hagia Sophia from the Age of Justinian to the Present* (1992).

반향과 잔향 B. Blesser and L.-R. Salter, *Spaces Speak, Are You Listening?: Experiencing Aural Architecture* (2006). M. Bull

	and L. Back (eds), *The Auditory Culture Reader* (2003).
빙겐의 힐데가르트	B. M. Kienzle, D. L. Stoudt and G. Ferzoco (eds), *A Companion to Hildegard of Bingen* (2014).
성당의 종	J. H. Arnold and C. Goodson, 'Resounding Community: The History and Meaning of Medieval Church Bells', *Viator 43:1* (2012), 99-130쪽.
부활 찬송 두루마리	T. F. Kelly, *The Exultet in Southern Italy* (1996).
설교	I. R. Kleiman (ed.), *Voice and Voicelessness in Medieval Europe* (2015). K. Reichl (ed.), *Medieval Oral Literature* (2011).
기욤 드 뤼브룩	W. W. Rockhill (ed.), *The Journey of William of Rubruck to the Eastern Parts of the World, 1253–55* (1900).
파도바의 성 안토니오	F. Lucchini, 'The Making of a Legend: The Reliquary of the Tongue and the Representation of St. Anthony of Padua as a Preacher', in *Franciscans and Preaching*, ed. T. J. Johnson (2012), 451-484쪽.
책에 입 맞추기	K. M. Rudy, 'Kissing Images, Unfurling Rolls, Measuring Wounds, Sewing Badges and Carrying Talismans', *The Electronic British Library Journal* (2011).
미각	P. H. Freedman (ed.), *Food: The History of Taste* (2007). 《한국어판》 폴 프리드먼, 주민아 옮김, 『미각의 역사』 (21세기북스 펴냄, 2009). C. Korsmeyer (ed.), *The Taste Culture Reader: Experiencing Food and Drink* (2005).
제임스 르 파머의 백과사전	L. F. Sandler, *'Omne Bonum': A Fourteenth-Century Encyclopedia of Universal Knowledge* (1996).
알자흐라위	M. M. Spink and G. L. Lewis, *Al-Zahrawi's On Surgery and Instruments: A Definitive Edition of the Arabic Text with English Translation and Commentary* (1973).

피부

앙리 드 몽드빌 — M.-C. Pouchelle, *The Body and Surgery in the Middle Ages, trans. R. Morris* (1990).

피부를 벗기는 형벌 — L. Tracy (ed.), *Flaying in the Pre-Modern World: Practice and Representation* (2017).

해부와 검시 — K. Park, *The Secrets of Women: Gender, Generation and the Origins of Human Dissection* (2006). E. Savage-Smith, 'Attitudes toward Dissection in Medieval Islam', in *Islamic Medical and Scientific Tradition*, ed. P. Pormann (2010), 299-342쪽.

『의학 자료집』 — J. J. Bylebyl, 'Interpreting The Fasciculo Anatomy Scene', *Journal of the History of Medicine and Allied Sciences 45:3* (1990), 285-316쪽.

피부 — K. L. Walter (ed.), *Reading Skin in Medieval Literature and Culture* (2013). A. Paravicini Bagliani (ed.), *La Pelle Umana/The Human Skin* (2005). S. Connor, *The Book of Skin* (2004). C. Benthien, *Skin: On the Cultural Border Between Self and the World*, trans. T. Dunlop (2004).

성형 수술 — S. L. Gilman, *Making the Body Beautiful: A Cultural History of Aesthetic Surgery* (1999). 《한국어판》 샌더 L. 길먼, 곽재은 옮김, 『성형 수술의 문화사』(이소출판사 펴냄, 2003).

나병 — E. Brenner, *Leprosy and Charity in Medieval Rouen* (2015). T. S. Miller and J. W. Nesbitt, *Walking Corpses: Leprosy in Byzantium and the Medieval West* (2014). L. Demaitre, *Leprosy in Premodern Medicine: A Malady of the Whole Body* (2007). C. Rawcliffe, *Leprosy in Medieval England* (2006).

인종과 인종주의 — D. Nirenberg, *Communities of Violence: Persecution of Minorities in the Middle Ages* (2015). L. T. Ramey, *Black Legacies: Race and the European Middle Ages* (2014). S.

C. Akbari, *Idols in the East: European Representations of Islam and the Orient, 1100–1450* (2009). D. Strickland, *Saracens, Demons and Jews: Making Monsters in Medieval Art* (2003). J. Devisse and M. Mollat (eds), *The Image of the Black in Western Art* (1979).

성 고스마와 성 다미아노 K. Zimmerman (ed.), *One Leg in the Grave Revisited: The Miracle of the Transplantation of the Black Leg by the Saints Cosmas and Damian* (2013).

십자군 N. Morton, *Encountering Islam on the First Crusade* (2016). A. V. Murray (ed.), *The Crusades: An Encyclopedia* (2006). C. Hillenbrand, *The Crusades: Islamic Perspectives* (1999).

러트럴 시편집 M. Camille, *Mirror in Parchment: The Luttrell Psalter and the Making of Medieval England* (1998).

종이 J. M. Bloom, *Paper before Print: The History and Impact of Paper in the Islamic World* (2001).

필사본 V. Tsamakda (ed.), *A Companion to Byzantine Illustrated Manuscripts* (2017). M. Epstein (ed.), *Skies of Parchment, Seas of Ink: Jewish Illuminated Manuscripts* (2015). G. N. Atiyeh (ed.), *The Book in the Islamic World: The Written Word and Communication in the Middle East* (1995). J. J. G. Alexander, *Medieval Illuminators and Their Methods of Work* (1994).

법률 E. Conte and L. Mayali (eds), *A Cultural History of Law in the Middle Ages (500–1500)* (2018). J. A. Brundage, *The Medieval Origins of the Legal Profession: Canonists, Civilians and Courts* (2008).

직물 S.-G. Heller, *A Cultural History of Dress and Fashion in the Medieval Age* (2016). C. Browne, *G. Davies and M. A. Michael, English Medieval Embroidery: Opus Anglicanum* (2016). F. Pritchard, *Clothing Culture: Dress in Egypt in the First Millennium AD* (2006). T. Ewing,

Viking Clothing (2006). G. R. Owen-Crocker, *Dress in Anglo-Saxon England* (2004).

사치 금지법 C. K. Killerby, *Sumptuary Law in Italy 1200–1500* (2002).

매춘 G. Leiser, *Prostitution in the Eastern Mediterranean World: The Economics of Sex in the Late Antique and Medieval Middle East* (2016). J. Rossiaud, *Medieval Prostitution, trans. L. G. Cochrane* (1988).

나체 S. C. M. Lindquist (ed.), *The Meanings of Nudity in Medieval Art* (2012).

전례용 예복 M. C. Miller, *Clothing the Clergy: Virtue and Power in Medieval Europe, c.800–1200* (2014). W. T. Woodfin, *The Embodied Icon: Liturgical Vestments and Sacramental Power in Byzantium* (2012).

뼈

골격 F. Wallis, 'Counting all the Bones: Measure, Number and Weight in Early Medieval Texts about the Body', in *Was zählt: Ordnungsangebote, Gebrauchsformen und Erfahrungsmodalitäten des 'numerus' im Mittelalter*, ed. M. Wedell (2012), 185-207쪽.

목욕 C. Kosso and R. M. Taylor (eds), *The Nature and Function of Water, Baths, Bathing and Hygiene from Antiquity through the Renaissance* (2009).

수의사 H. A. Shehada, *Mamluks and Animals: Veterinary Medicine in Medieval Islam* (2013). L. H. Curth, *The Care of Brute Beasts: A Social and Cultural Study of Veterinary Medicine in Early Modern England* (2010).

동물 C. Heck and R. Cordonnier, *The Grand Medieval Bestiary: Animals in Illuminated Manuscripts* (2012). J. E. Salisbury, *The Beast Within: Animals in the Middle Ages*

(2010). B. Resl (ed.), *A Cultural History of Animals in the Medieval Age* (2009). D. Salter, *Holy and Noble Beasts: Encounters with Animals in Medieval Literature* (2001).

사냥 R. Almond, *Medieval Hunting* (2003).

죽음 J. Rollo-Koster (ed.), *Death in Medieval Europe: Death Scripted and Death Choreographed* (2017). S. M. Butler, *Forensic Medicine and Death Investigation in Medieval England* (2015). P. Binski, *Medieval Death: Ritual and Representation* (1996).

매장 S. C. Reif, A. Lehnardt and A. Bar-Levov (eds), *Death in Jewish Life: Burial and Mourning Customs among Jews of Europe and Nearby Communities* (2014). L. N. Stutz and S. Tarlow (eds), *The Oxford Handbook of the Archaeology of Death and Burial* (2013). P. Geary, *Living With the Dead in the Middle Ages* (1994). F. S. Paxton, *Christianizing Death: The Creation of a Ritual Process in Early Medieval Europe* (1996). J. I. Smith and Y. Y. Haddad, *The Islamic Understanding of Death and Resurrection* (1981).

세상의 종말 M. A. Ryan (ed.), *A Companion to the Premodern Apocalypse* (2016).

연옥 J. Le Goff, *The Birth of Purgatory*, trans. A. Goldhammer (1984). 《한국어판》 자크 르 고프, 최애리 옮김, 『연옥의 탄생』(문학과지성사 펴냄, 2000).

토마스 아퀴나스 J.-P. Torrell, *Saint Thomas Aquinas: The Person and His Work, trans. R. Royal* (2005).

시칠리아 S. Davis-Secord, *Where Three Worlds Met: Sicily in the Early Medieval Mediterranean* (2017).

앨리스 초서 J. A. A. Goodall, *God's House at Ewelme: Life, Devotion and Architecture in a Fifteenth-Century Almshouse* (2001).

죽음의 춤 E. Gertsman, *The Dance of Death in the Middle Ages: Image, Text, Performance* (2010).

상아 S. M. Guérin, 'Meaningful Spectacles: Gothic Ivories Staging the Divine', *The Art Bulletin* 95 (2013), 53-77쪽. P. Williamson, *An Introduction to Medieval Ivory Carvings* (1982).

심장

몬테팔코의 성 키아라 K. Park, 'The Criminal and the Saintly Body: Autopsy and Dissection in Renaissance Italy', *Renaissance Quarterly 47:1* (1994), 1-33쪽.

심장 L. Demaitre, *Medieval Medicine: The Art of Healing from Head to Toe* (2013). S. Amidon and T. Amidon, *The Sublime Engine: A Biography of the Human Heart* (2012). H. Webb, *The Medieval Heart* (2010). E. Jaeger, *The Book of the Heart* (2000).

윌리엄 하비 J. Shackelford, *William Harvey and the Mechanics of the Heart* (2003).

감정 상태 S. Broomhall and A. Lynch (eds), *A Cultural History of the Emotions in the Late-Medieval, Reformation and Renaissance Age (1300–1600)* (2017). P. King, 'Emotions in Medieval Thought', in *The Oxford Handbook of Philosophy of Emotion*, ed. P. Goldie (2009), 1-23쪽.

모제스 벤 아브라함 다리 J. J. M. S. Yeshaya, *Medieval Hebrew Poetry in Muslim Egypt: The Secular Poetry of the Karaite Poet Moses ben Abraham Dar'i* (2011).

음유 시인의 노래 W. D. Paden and F. F. Paden, *Troubadour Poems from the South of France* (2007). E. Aubrey, *The Music of the Troubadours* (2000) .

궁정풍 연애 P. J. Porter, *Courtly Love in Medieval Manuscripts* (2003).

조반니 보카치오 T. G. Bergin, *Boccaccio* (1981).

하트 모양 P. J. Vinken, *The Shape of the Heart: A Contribution to*

	the Iconology of the Heart (2000). D. Bietenholz, *How Come This ♥ Means Love? A Study of the Origin of the ♥ Symbol of Love* (1995).
사랑의 정표	M. Camille, *The Medieval Art of Love: Objects and Subjects of Desire* (1998). 《한국어판》 마이클 카밀, 김수경 옮김, 『중세의 사랑과 미술』(애경 펴냄, 2001).
초기 인쇄술	D. S. Areford, *The Viewer and the Printed Image in Late Medieval Europe* (2010).
마이모니데스	K. Seeskin (ed.), *The Cambridge Companion to Maimonides* (2005).
클레르보의 베르나르	J. Leclercq, *Bernard of Clairvaux and the Cistercian Spirit, trans. C. Lavoie* (1976).
뉘른베르크	S. Brockmann, *Nuremberg: The Imaginary Capital* (2006).

피

유대인의 의학	L. García-Ballester, *Medicine in a Multicultural Society: Christian, Jewish and Muslim Practitioners in the Spanish Kingdoms, 1222–1610* (2001). J. Shatzmiller, *Jews, Medicine and Medieval Society* (1994).
사혈	P. Gil-Sotres, 'Derivation and Revulsion: The Theory and Practice of Medieval Bloodletting', in *Practical Medicine from Salerno to the Black Death*, (eds) L. García-Ballester et al., (1994), 110-156쪽.
노리치의 윌리엄	E. M. Rose, *The Murder of William of Norwich: The Origins of the Blood Libel in Medieval Europe* (2015).
반유대주의	S. Lipton, *Dark Mirror: The Medieval Origins of Anti-Jewish Iconography* (2014). I. M. Resnick, *Marks of Distinction: Christian Perceptions of Jews in the High Middle Ages* (2012). M. Merback (ed.), *Beyond the Yellow*

	Badge: Anti-Judaism and Antisemitism in Medieval and Early Modern Visual Culture (2008). R. Chazan, *Medieval Stereotypes and Modern Antisemitism* (1997).
셰델의 『세계사 연대기』	A. Wilson, *The Making of the Nuremberg Chronicle* (1976).
성체 성사	A. W. Astell, *Eating Beauty: The Eucharist and the Spiritual Arts of the Middle Ages* (2006). M. Rubin, *Corpus Christi: The Eucharist in Late Medieval Culture* (1991).
제4차 라테란 공의회	J. C. Moore, *Pope Innocent III (1160/61–1216): To Root Up and to Plant* (2009).
성혈 관련 성유물	N. Vincent, *The Holy Blood: King Henry III and the Westminster Blood Relic* (2001).
그리스도의 성혈 계산하기	L. H. Cooper and A. Denny-Brown (eds), *The Arma Christi in Medieval and Early Modern Material Culture* (2014). A. A. MacDonald et al. (eds), *The Broken Body: Passion Devotion in Late-Medieval Culture* (1998).
생명의 피	B. Bildhauer, *Medieval Blood* (2006).
사후 출혈	S. M. Butler, *Forensic Medicine and Death Investigation in Medieval England* (2015).
피와 관련된 이적	C. W. Bynum, *Wonderful Blood: Theology and Practice in Late Medieval Northern Germany and Beyond* (2007).
피흘리는 아이콘	M. Vassilaki, 'Bleeding Icons', in *Icon and Word: The Power of Images in Byzantium*, A. Eastmond and L. James (eds) (2003), 121–129쪽.
거짓 이적	K. Brewer, *Wonder and Skepticism in the Middle Ages* (2016). M. E. Goodich, *Miracles and Wonders: The Development of the Concept of Miracle, 1150–1350* (2007).
〈성스러운 부활〉	K. Kopania, *Animated Sculptures of the Crucified Christ in the Religious Culture of the Latin Middle Ages* (2010). D. M. Bevington (ed.), *Medieval Drama* (1975).
〈다친 남자〉 그림	J. Hartnell, 'Wording the Wound Man', *British Art Studies* 6 (2017).

외과 수술 기법	P. D. Mitchell, *Medicine in the Crusades: Warfare, Wounds and the Medieval Surgeon* (2004). M. McVaugh, 'Therapeutic Strategies: Surgery', in *Western Medical Thought from Antiquity to the Middle Ages*, ed. M. D. Grmek (1998), 273–290쪽. M.-C. Pouchelle, *The Body and Surgery in the Middle Ages, trans. R. Morris* (1990).

손

놀이	S. Patterson (ed.), *Games and Gaming in Medieval Literature* (2015). C. Reeves, *Pleasures and Pastimes in Medieval England* (1995). J. M. Carter, *Medieval Games: Sports and Recreations in Feudal Society* (1992).
촉각	C. M. Woolgar, *The Senses in Late Medieval England* (2006). C. Classen (ed.), *The Book of Touch* (2005). F. Salmón, 'A Medieval Territory for Touch', *Studies in Medieval and Renaissance History 3:2* (2005), 59–81쪽.
수술 도구	J. Hartnell, 'Tools of the Puncture: Skin, Knife, Bone, Hand', in *Flaying in the Pre-Modern World: Practice and Representation*, ed. L. Tracy (2017), 1–50쪽. J. Kirkup, *The Evolution of Surgical Instruments: An Illustrated History from Ancient Times to the Twentieth Century* (2006). M. M. Spink and G. L. Lewis, *Al-Zahrawi's On Surgery and Instruments: A Definitive Edition of the Arabic Text with English Translation and Commentary* (1973).
독서	S. Reynolds, *Medieval Reading: Grammar, Rhetoric and the Classical Text* (2004). P. Saenger, Space Between Words: The Origins of Silent Reading (1997).
농도계	K. M. Rudy, 'Dirty Books: Quantifying Patterns of Use in Medieval Manuscripts Using a Densitometer', *Journal of Historians of Netherlandish Art 2:1/2* (2010).

플로렌시오 데 발레라니카	C. Brown, 'Remember the Hand: Bodies and Bookmaking in *Early Medieval Spain', Word & Image 27:3* (2011), 262-278쪽.
귀도의 손	A. M. B. Berger, Medieval Music and the Art of Memory *(2005). C. Berger, 'The Hand and the Art of Memory',* Musica Disciplina 35 (1981), 87-120쪽.
기억술	M. Carruthers, *The Book of Memory: A Study of Memory in Medieval Culture* (2008).
손금 보기(수상술)	C. Burnett, 'The Earliest Chiromancy in the West', *Journal of the Warburg and Courtauld Institutes 50* (1987), 189-195쪽.
베다 베네라빌리스	G. H. Brown, *A Companion to Bede* (2009). P. H. Blair, *The World of Bede* (1990).
클뤼니 수도회의 수신호	S. G. Bruce, *Silence and Sign Language in Medieval Monasticism: The Cluniac Tradition, c.900–1200* (2007).
손을 닮은 성유물함	C. Hahn, 'The Voices of the Saints: Speaking Reliquaries', *Gesta 36:1* (1997), 20-31쪽.
보석류	C. Entwistle and N. Adams (eds), *Intelligible Beauty: Recent Research on Byzantine Jewellery* (2010). M. Campbell, *Medieval Jewellery: In Europe 1100–1500* (2009). M. Jenkins and M. Keene, *Islamic Jewelry in The Metropolitan Museum of Art* (1983).
사산조 페르시아	T. Daryaee, *Sasanian Persia: The Rise and Fall of an Empire* (2009).
제왕의 병	M. Bloch, *The Royal Touch: Sacred Monarchy and Scrofula in France and England* (1973).
이스마일 알자자리	D. R. Hill, *The Book of Knowledge of Ingenious Mechanical Devices by Ibn al-Razzaz al-Jazari* (1974).

배

아랍 문학	G. Schoeler, *The Genesis of Literature in Islam: From the Aural to the Read, trans. S. M. Toorawa* (2009). *Cambridge History of Arabic Literature*, various volumes (1983-2006). R. Irwin (ed.), *Night and Horses and the Desert: An Anthology of Classical Arabic Literature* (1999).
식탐	S. E. Hill, 'The Ooze of Gluttony: Attitudes towards Food, Eating and Excess in the Middle Ages', in *The Seven Deadly Sins: From Communities to Individuals*, ed. R. Newhauser (2007), 57-72쪽.
「풍요의 나라」	H. Pleij, *Dreaming of Cockaigne: Medieval Fantasies of the Perfect Life, trans. D. Webb* (2003). G. Claeys and L. T. Sargent (eds), *The Utopia Reader* (1999).
고古프랑스어로 쓴 파블리오	*The Fabliaux*, trans. N. E. Dubin (2013).
단테 알리기에리	R. Kirkpatrick (ed.), *Dante's The Divine Comedy* (2013): R. Jacoff (ed.), *Cambridge Companion to Dante* (2007).
소화 작용	L. Demaitre, *Medieval Medicine: The Art of Healing, from Head to Toe* (2013).
약학과 본초학	P. Dendle and A. Touwaide (eds), *Health and Healing from the Medieval Garden* (2008). M. Collins, *Medieval Herbals* (2000). J. Stannard, *Herbs and Herbalism in the Middle Ages and Renaissance* (1999).
상상 속의 동물들	E. Morrison, *Beasts: Factual and Fantastic* (2007).
음식과 요리	M. Montanari (ed.), *A Cultural History of Food in the Medieval Age* (2015). M. W. Adamson, *Food in Medieval Times* (2004). T. Scully, *The Art of Cookery in the Middle Ages* (1995).
『파리 주부의 살림 비결』	G. L. Greco and C. M. Rose (ed.), *The Good Wife's Guide (Le Ménagier de Paris): A Medieval Household Book* (2009).
종교 교리를 따르는 식생활	E. Baumgarten, *Practicing Piety in Medieval Ashkenaz:*

Men, Women and Everyday Religious Life (2014). D. M. Freidenreich, *Foreigners and Their Food: Constructing Otherness in Jewish, Christian and Islamic Law* (2011). C. W. Bynum, *Holy Feast and Holy Fast: The Religious Significance of Food to Medieval Women* (1988).

장 드 루아가 기록한 궁수 V. Nutton and C. Nutton, 'The Archer of Meudon: A Curious Absence of Continuity in the History of Medicine', *Journal of the History of Medicine and Allied Sciences 58:4* (2003), 401-427쪽.

블랑슈 드 카스티유 L. Grant, *Blanche of Castile, Queen of France* (2017).

루이 9세 J. Le Goff, *Saint Louis, trans. G. E. Gollrad* (2009).

구토 L. Demaitre, *Medieval Medicine: The Art of Healing, from Head to Toe* (2013). R. Waugh, 'Word, Breath and Vomit: Oral Competition in Old English and Old Norse', *Oral Tradition 10* (1995), 359-386쪽.

스칸디나비아 사가 T. M. Andersson, *The Growth of the Medieval Icelandic Sagas, 1180–1280* (2006). H. O'Donoghue, *Old Norse-Icelandic Literature: A Short Introduction* (2004).

희극과 외설 N. F. McDonald (ed.), *Medieval Obscenities* (2014). J. R. Benton, *Medieval Mischief: Wit and Humour in the Art of the Middle Ages* (2004). M. Jones, *The Secret Middle Ages* (2002).

방귀꾼 롤랜드 V. Allen, *On Farting: Language and Laughter in the Middle Ages* (2007). J. Enders (ed.), *The Farce of the Fart and Other Ribaldries: Twelve Medieval French Plays in Modern English* (2011).

존 아던 P. M. Jones, 'Staying with the Programme: Illustrated Mansucripts of John of Arderne, c.1380-c.1550', in *Decoration and Illustration in Medieval English Manuscripts*, ed. A. S. G. Edwards (2002), 204-236쪽.

생식기

제실 성모상	E. Gertsman, *Worlds Within: Opening the Medieval Shrine Madonna* (2015).
여성	K. M. Phillips (ed.), *A Cultural History of Women in the Middle Ages* (2013). J. Herrin, *Unrivalled Influence: Women and Empire in Byzantium* (2013). S. Joseph et al. (eds), *Encyclopedia of Women and Islamic Cultures* (2007). M. Schaus (ed.), *Women and Gender in Medieval Europe: An Encyclopedia* (2006). A. Grossman, *Pious and Rebellious: Jewish Women in Medieval Europe*, trans. J. Chipman (2004).
부인과 의학	M. H. Green, *Making Women's Medicine Masculine: The Rise of Male Authority in Pre-Modern Gynaecology* (2008).
「여성의 신비에 관하여」	H. R. Lemay, *Women's Secrets: A Translation of Pseudo-Albertus Magnus' De Secretis Mulierum with Commentaries* (1992).
『트로툴라』	M. H. Green, *The Trotula: An English Translation of the Medieval Compendium of Women's Medicine* (2002).
조산사	F. Harris-Stoertz, 'Midwives in the Middle Ages? Birth Attendants, 600-1300', in *Medicine and the Law in the Middle Ages*, ed. W. Turner and S. Butler (2014), 58-87쪽. M. H. Green and D. L. Smail, 'The Trial of Floreta d'Ays (1403): Jews, Christians and Obstetrics in Later Medieval Marseille', *Journal of Medieval History 34:2* (2008), 185-211쪽.
제왕 절개술	R. Blumenfeld-Kosinski, *Not of Woman Born: Representations of Caesarean Birth in Medieval and Renaissance Culture* (1990).
'출산 쟁반'	J. M. Musacchio, *The Art and Ritual of Childbirth in Renaissance Italy* (1999).

벤 에즈라 시너고그 A. Hoffman and P. Cole, *Sacred Trash: The Lost and Found World of the Cairo Geniza* (2011).

빌제포르타 D. A. King, 'The Cult of St. Wilgefortis in Flanders, Holland, England and France', in *Am Kreuz – Eine Frau: Anfänge, Abhängigkeiten, Aktualisierungen*, S. Glockz-in-Bever and M. Kraatz (eds) (2003), 55-97쪽.

양성구유 L. DeVun, 'Erecting Sex: Hermaphrodites and the Medieval Science of Surgery', *Osiris 30* (2015), 17-37쪽.

궤르빌 메하인 K. Gramich and C. Brennan (eds), *Welsh Women's Poetry 1460–2001: An Anthology* (2003). D. Johnston, *The Literature of Wales* (1994).

성과 성애 R. Evans (ed.), *A Cultural History of Sexuality in the Middle Ages* (2012). R. M. Karras, *Sexuality in Medieval Europe: Doing unto Others* (2005). V. L. Bullough and J. A. Brundage (eds), *Handbook of Medieval Sexuality* (1996).

음경 L. Tracy (ed.), *Castration and Culture in the Middle Ages* (2013).

『장미 이야기』 F. Horgan (ed.), *The Romance of the Rose* (2009).

「그레티르 사가」 D. Zori and J. Byock (ed.), *Grettir's Saga* (2009).

포피 L. B. Glick, *Marked in Your Flesh: Circumcision from Ancient Judea to Modern America* (2005).

동성애 R. Mills, *Seeing Sodomy in the Middle Ages* (2015). N. Giffney, M. M. Sauer and D. Watt (eds), *The Lesbian Premodern* (2011). G. Burger and S. F. Kruger, *Queering the Middle Ages* (2001).

소변 검사 요령 F. Wallis, *Medieval Medicine: A Reader* (2010). M. R. McVaugh, 'Bedside Manners in the Middle Ages', *Bulletin of the History of Medicine 71* (1997), 201-223쪽.

「크록스턴 성체극」 J. T. Sebastian (ed.), *Croxton Play of the Sacrament* (2012).

발

신성 로마 제국 황제 P. H. Wilson, *Heart of Europe: A History of the Holy Roman Empire* (2016).

발에 입맞춤하기 L. Brubaker, 'Gesture in Byzantium', *Past & Present 203:4* (2009), 36–56쪽.

카롤루스 대제 J. Fried, *Charlemagne*, trans. P. Lewis (2016).

『관직과 성직에 관하여』 R. Macrides et al. (eds), *Pseudo-Kodinos and the Constantinopolitan Court: Offices and Ceremonies* (2013).

빌럼 요르단스 R. Van Nieuwenhove et al. (eds), *Late Medieval Mysticism of the Low Countries* (2008).

〈프란체스코회 수도사의 성모〉 J. Cannon, 'Kissing the Virgin's Foot: Adoratio before the Madonna and Child Enacted, Depicted, Imagined', *Studies in Iconography 31* (2010), 1–50쪽.

신발 Q. Mould, 'The Home-Made Shoe, A Glimpse of a Hidden but Most Affordable Craft', in *Everyday Products in the Middle Ages: Crafts, Consumption and the Individual in Northern Europe c. AD 800–1600*, ed. G. Hansen (2015). F. Grew and M. de Neergaard, *Shoes and Pattens* (2001).

보헤미아의 앤 T. Alfred, *Reading Women in Late Medieval Europe: Anne of Bohemia and Chaucer's Female Audience* (2015).

돼지 C. Fabre-Vassas, *The Singular Beast: Jews, Christians and the Pig*, trans. C. Volk (1997).

앙통의 뵈브 R. B. Herzman et al. (eds), *Four Romances of England: King Horn, Havelok the Dane, Bevis of Hampton, Athelston* (1997).

여행 J. B. Friedman et al. (eds), *Trade, Travel and Exploration in the Middle Ages: An Encyclopedia* (2000).

순례 E. Tagliacozzo and S. M. Toorawa, The Hajj: Pilgrimage in Islam (2015). B. Whalen, Pilgrimage in the Middle Ages: A Reader (2011). K. Ashley and M. Deegan, Being a Pilgrim: Art and Ritual on the Medieval Routes to Santiago (2009). J. Stopford (ed.), Pilgrimage Explored (1999).

예루살렘 — B. D. Boehm and M. Holcomb, Jerusalem, 1000-1400: Every People under Heaven (2016). S. S. Montefiore, Jerusalem: The Biography (2012). 《한국어판》 사이먼 시백 몬티피오리,유달승 옮김, 『예루살렘 전기—축복과 저주가 동시에 존재하는 그 땅의 역사』(시공사 펴냄, 2012). J. Wilkinson et al. (eds), Jerusalem Pilgrimage, 1099-1185 (1988).

아일랜드 시 문학 — M. O'Riordan, *Irish Bardic Poetry and Rhetorical Reality* (2007). O. Bergin, *Irish Bardic Poetry* (1970).

십자군 그림 — J. Folda, *Crusader Art: The Art of the Crusaders in the Holy Land, 1099–1291* (2008).

여행기 — S. A. Legassie, *The Medieval Invention of Travel* (2017). C. Thompson (ed.), *The Routledge Companion to Travel Writing* (2016). M. B. Campbell, *The Witness and the Other World, Exotic European Travel Writing, 400–1600* (1991).

투델라의 벤야민 — M. A. Signer et al. (eds), *The Itinerary of Benjamin of Tudela: Travels in the Middle Ages* (1993).

『맨더빌 여행기』 — A. Bale (ed.), *John Mandeville's The Book of Marvels and Travels* (2012).

지도 — K. Pinto, *Medieval Islamic Maps: An Exploration* (2016). J. B. Harley and D. Woodward, *The History of Cartography: Cartography in Prehistoric, Ancient and Medieval Europe and the Mediterranean* (1992).

미래의 몸

SF(사이언스 픽션) C. Kears and J. Paz (eds), *Medieval Science Fiction* (2016).

신대륙 F. Fernández-Armesto, *1492: The Year the World Began* (2009). P. C. Mancall (ed.), *Travel Narratives from the Age of Discovery: An Anthology* (2006). S. Greenblatt, *Marvelous Possessions: The Wonder of the New World* (1991).

오스만 제국 C. Finkel, *Osman's Dream: The Story of the Ottoman Empire, 1300–1923* (2005). C. Imber, *The Ottoman Empire, 1300–1650: The Structures of Power* (2002).

마르틴 루터 D. K. McKim (ed.), *The Cambridge Companion to Martin Luther* (2003).

파라셀수스 C. Webster, *Paracelsus: Medicine, Magic and Mission at the End of Time* (2008). P. Elmer (ed.), *The Healing Arts: Health, Disease and Society in Europe, 1500–1800* (2004).

르네상스 시대의 해부학 S. Kusukawa, *Picturing the Book of Nature: Image, Text and Argument in Sixteenth-Century Human Anatomy and Medical Botany* (2012). R. K. French, *Dissection and Vivisection in the European Renaissance* (1999). A. Carlino, *Books of the Body: Anatomical Ritual and Renaissance Learning*, trans. J. Tedeschi and A. C. Tedeschi (1999).

생물고고학과 고古DNA(aDNA) M. Jones, *Unlocking the Past: How Archaeologists Are Rewriting Human History with Ancient DNA* (2016). C. S. Larsen, *Bioarchaeology: Interpreting Behavior from the Human Skeleton* (2015). T. A. Brown and K. Brown, *Biomolecular Archaeology: An Introduction* (2011).

성 아만도의 성해함 J. Hartnell, 'Scanning Saint Amandus: Medical Technologies and Medieval Anatomies', *postmedieval 8:2* (2017), 218–33.

도판 목록

1. Head and shoulders of a cadaver sold in 2003 reproduced with the permission of Termedia and Philippe Charlier © Archives of Medical Science / Philippe Charlier / Termedia
2. The goddess Fortuna spinning her wheel, Manchester, John Rylands Library, MS Latin 83, fol. 214v, Photo © The University of Manchester
3. Diagram outlining the correspondence of the four elements, Oxford, St John's College, MS 17, fol 7V, reproduced by permission of the president and Fellows of St John's College, Oxford, © University of Oxford
4. Folio from an Arabic translation of the *Materia Medica* by Dioscorides; recto: a physician treats a blindfolded man; verso: text, 1224 (opaque watercolour, ink and gold on paper), Persian School, (thirteenth century) / Arthur M. Sackler Gallery, Smithsonian Institution, USA / Smithsonian Unrestricted Trust Funds, Smithsonian / Bridgeman Images
5. Fifteenth century surgical tools, Bibliothèque Nationale de France, Paris, MS latin 7138, fols 199v–200r, © Bibliothèque Nationale de France
6. A magical brass healing bowl, The David Collection, Copenhagen, Inc. no 36/1995, photographer: Pernille Klemp
7. Saint Elzéar of Sabran healing three lepers, c.1373 (alabaster), French School, (fourteenth

century) / Walters Art Museum, Baltimore, USA / Bridgeman Images

8. A blemmya, foot of folio from 'The Rutland Psalter', c.1260 (ink & colour on vellum), English School, (thirteenth century) / British Library, London, UK / © British Library Board. All Rights Reserved / Bridgeman Images
9. A man's head complete with a diagrammatic outline of his brain, Cambridge University library, MS Gg. 1.1, fol. 490v © Cambridge University Library
10. Majnun and Layla fainting at their meeting / British Library, London, UK / © British Library Board. All Rights Reserved / Bridgeman
11. The beheading of Olivier de Clisson, Bibliothèque Nationale de France, MS Français 2643, fol 126r © Bibliothèque Nationale de France
12. A *Johanisschussel*, the decapitated head of John the Baptist on a platter, Xanten, StiftsMuseum, Object no. 119, CC BY
13. Two tapestries of the six known as 'La Dame a la Licorne', titled L'Ouie, or hearing, and La Vue, or sight c.1484-1500 Paris musée national du Moyen Âge, Inv. No. Cl. 10834, 10836 © RMN - Grand Palais / Musée de Cluny - musée nationale du Moyen Âge / Michel Urtado
14. Iraq: The earliest known medical description of the eye, from a nineth century work by Hunayn ibn Ishaq (809-873), twelfth century CE manuscript / Pictures from History / Bridgeman Images
15. Incense burner with images of the planets within roundels, Mamluk, 1280-90 (pierced & engraved brass inlaid with silver), Syrian School, (thirteenth century) / Samuel Courtauld Trust, The Courtauld Gallery, London, UK / Bridgeman Images
16. Lamp or censer (gilded copper with enamel and crystal), Italian School, (fourteenth century) / Metropolitan Museum of Art, New York, USA / Bridgeman Images
17. Interior of the Hagia Sophia, Photographer: Ian Fraser © Alamy / Ian Fraser
18. Recitation of the Exulet during the Easter Vigil. Exultet of the Cathedral of San Sabino in Bari / Bari Cathedral, Bari, Italy / Alinari Archives, Florence / Bridgeman Images
19. Reliquary of the Jawbone of Saint Anthony of Padua, made in 1349, Padua, Basilica di Sant' Antonio, Photo © Alamy / Ferdinando Piezzi
20. Ms Roy 6 E VI fol. 503v, Inhabited initial 'D' showing a dentist extracting teeth from a patient's mouth using a cord, from 'Omne Bonum', 1360-75 (vellum), English School, (fourteenth century) / British Library, London, UK / © British Library Board. All Rights

Reserved / Bridgeman Images

21. The Sixth Cluny Tapestry 'A Mon Seul Desir', Paris, Musée national du Moyen Âge, Inv. No. Cl. 10831-6, © RMN - Grand Palais (muse de Cluny - musée national du Moyen Âge) / Michel Urtadop
22. A man carrying his skin on a pole, Henri de Mondeville's *Chirurgia Magna*, Bibliothèque Nationale De France, MS Français 2030, fol. 10v © Bibliothèque Nationale de France
23. © The Dissection, illustration from 'Fasciculus Medicinae' 1493 (woodcut), Italian School, (fifteenth century) / Biblioteca Civica, Padua, Italy / Bridgeman Images
24. Fifteenth century rhinoplasty technique, *De curtorum chirurgia per insitionem*, Gaspare Tagliacozzi, Venice 1597, Wellcome Collection. CC BY
25. Scenes from the Life of Saint Benedict (detail). Rome, San Crisogono © 2018. Photo Scala, Florence/Fondo Edifici di Culto - Min. dell'Interno
26. A verger's dream: saints Cosmas and Damian performing a miraculous cure by transplantation of a leg. Oil painting, Attri. Master of Las Balbases, c.1495, Wellcome Collection. CC BY
27. Add 42130 fol. 82, Two knights jousting, from the 'Luttrell Psalter', c.1325-35 (vellum), English School, (fourteenth century) / British Library, London, UK / © British Library Board. All Rights Reserved / Bridgeman Images
28. Brother Fritz the Parchment-Maker, scraping down a stretched skin with his *lunellum*, Housebook of the twelve-Brothers, c.1425, Stadtbibliothek Nürnberg, Amb. 317.2°, f. 34v © Stadtbibliothek Nürnberg
29. Small holes in parchment transformed by a twelfth-century scribe, Bamberg, Staatsbibliothek, MS Msc. Patr, 41, fol. 69r, Photo: © Gerald Raab / Staatsbibliothek Bamberg
30. The Acts room in the Palace of Westminister containing hundreds of parchment rolls recording over 500 years of British laws, Photo: Jack Hartnell © 2018 Jack Hartnell
31. A woollen burial tunic for a child, Egypt c.400-600, London, Victoria and Albert Museum, No. T.7-1947 © Victoria and Albert Museum, London
32. Two scenes from the Marnhull Orphrey, London, c.1300-1350, London, Victoria and Albert Museum, No. T.31&A-1936 © Victoria and Albert Museum, London
33. A diagrammatic skeleton explaining the detail of the bones in the body, *Tashrih-I*

badan-I insan, Mansur ibn Ilyas, 1488, Bethesda National Library of Medicine, MS P 18, fol. 12b, CC BY

34. Two pages from different parts of a medical book written in Greek by healer John of Aron, Bologna, Biblioteca Universitaria, MS Gr 3632, fols 385r and 431r © CC BY Biblioteca Universitaria Bologna
35. Bowl with Prince on Horseback from Iran (decorated stonepaste), Seljuq Dynasty (1016-1307) / Metropolitan Museum of Art, New York, USA / Bridgeman Images
36. Sculpted scenes above the western door of the cathedral of Conques, finished c.1107, Wikimedia, CC BY
37. A quadralingual gravestone made in 1149, Palermo, Zisa Museum, Elenco San Giovanni no. 11
38. The mausoleum of the Ziyarid emir Qabus ibn Wushmgir, built 1006, Jorjan, Iran
39. Two effigies of Alice Chaucer (1404-1475) from her alabaster tomb in St Mary's Church, Ewelme, Oxfordshire © Cameron Newham
40. Detail from a Dance of Death, Janez iz Kasta, the Church of the Holy Trinity in Hrastovlje, Slovenia © Getty
41. A carved ivory rosary bead showing a kissing couple and a skeleton, c.1490-1500 Paris, Musée du Louvre, OA 180 © RMN-Grand Palais (musée du Louvre) / Jean-Gilles Berizzi
42. An image of many of the body's vital organs form a Latin medical manuscript in thirteenth-century England, Oxford, Bodleian Library, MS Ashmole 399, fol. 23v © Bodleian Library
43. Three portraits of courtly love from the fourteenth-century Codex Manesse, Heidelberg, Universitatsbibliothek, Cod. Pal. germ. 848, fols 79, 249v and 237r, CC BY
44. Douz Regart, a personification of the lover's gaze, Bibliothèque Nationale de France, MS Français 2186, fol. 41v © Bibliothèque Nationale de France
45. Six circular details from a German medallion tapestry, c.1360, Regensburg, Historisches Museum
46. Frau Minne torturing the hearts of her beloved, print by Master Casper von Regensburg, c.1485, Berlin, Kupferstichkabinett, Ident. Nr. 467-1908 © Kupferstichkabinett, Staatliche Museen zu Berlin
47. The heart of Christ viewed through the wound in his side, Book of Hours, Netherlands

1405–1413, Oxford, Bodleian Library, MS Lat. Liturg. F. 2., fol 4v © Bodleian Library

48. Both sides of *Speerbilde* by Hartmann Schedel, c.1465, Munich Staatsbibliothek, clm 692, fol. 73v, CC BY
49. A blood-letting figure from a Hebrew medical miscellany, southern France or northern Italy, early 1400s, Bibliothèque Nationale de France, MS Hebreu 1181, fol. 266r
50. Print showing the ritual murder of Simon of Trenta, included in Hartmann Schedel's *Weltchronik*, Nuremberg, 1493, Wikimedia CC BY
51. The Tassilo Chalice made in the late eighth century for Liutperga, wife of the Bavarian Duke Tassilo III, Kremunster, Benedictine Abbey, CC BY
52. Egerton MS 1821, f.7v-8r, 'Psalter and Rosary of the Virgin', c.1480–90 (colour on vellum), English School, (fifteenth century) / British Library, London, UK / © British Library Board. All Rights Reserved / Bridgeman Images
53. Christ: Miracle of Bleeding Host of Dijon – Host inscribed with image of Christ, arms outstretched, flanked by instruments of the passion. Drops of blood cover surface of host, some forming ring around perimeter. Book of Hours. France, Poitiers, c.1475. MS M.1001, fol. 17v. Purchased on the Fellows Fund, 1979. New York, The Pierpont Morgan Library © 2018. Photo: the Morgan Library & Museum / Art Resource, NY/ Scala, Florence
54. A Wound Man from a Bavarian manuscript, c.1420, London, Wellcome Library, MS 49, fol 35r, Wellcome Apocalypse CC BY
55. A small ivory carving depicting a game of Hot Cockles, probably made in fourteenth century France, London, British Museum no. 1888, 1217.1 © Trustees of the British Museum
56. Surgical instruments from a thirteenth-century copy of al-Zahrawi's *Kitah at-Tasrif*, Leiden, Universitatsbibliothek, MS Or. 2540 © Leden University
57. Amputation saw, Europe, 1501–1600, by Science Museum, London, no. A241432, CC BY
58. A Guidonian hand from a musical miscellany, Montecassino Archivio dell'Abbazia, cod. 318, p. 291 © Montecassino Achivio Dell'Abbazia
59. A hand inscribed with chiromantic readings, England, 1290s, Oxford, Bodleian Library, MS Ashmole 399, fol. 17r © Bodleian Library

60. The Winwick Brooch, a fifteenth century love token, Warrington Museum, Treasure no. 2005 T549. Photo: © Warrington Museum
61. Sculpted relief of King Ardashir of Sasania, Naqsh-e Rostam, Iran, CC BY
62. Hand-washing automaton with flush mechanism, folio from 'The Book of Ingenious Mechanical Devices'; by Al-Jazari, 1315 (opaque w/c, ink & gold on paper), Islamic School, (fourteenth century) / Freer Gallery of Art, Smithsonian Institution, USA / Bridgeman Images
63. Harley MS 5294 ff.42v to 43r, Pages on herbs from the 'Pseudo-Apuleius Complex' (ink & colour on vellum), English School, (twelfth century) / British Library, London, UK / © British Library Board. All Rights Reserved / Bridgeman Images
64. Excerpt of a fourteenth-century Spanish Haggadah, Manchester, John Rylands Library, Hebrew MS 6, fol 19b © The University of Manchester
65. Wall-painting showing the emaciated Saint Mary of Egypt, Church of Panagia Phorbotissa, Asinou, Cyprus. Printed with permission of the Department of Antiquities, Cyprus © Department of Antiquities, Cyprus
66. Physicians examining a large accumulation of guts, late fourteenth-century commentary on Aristotle's *De animalibus*, Bibliothèque Nationale de France, MS Français 16169, fol. 179r © Bibliothèque Nationale de France
67. Effigies of Charles IV (d.1 February 1328) and Jeanne d'Evreux (d.4 March 1371), c.1371-2, Paris, Musée du Louvre, R.F. 1436 and 1437 © RMN-Grand Palais (Musée du Louvre) / Hervé Lewandowski
68. Sloane MS 56, fol. 44r, Operation to close an anal fistula, from the 'Liber Medicinarum' (ink & colour on vellum), English School, (fifteenth century) / British Library, London, UK / © British Library Board. All Rights Reserved / Bridgeman Images
69/70. Shrine of the Virgin, c.1300 (gilded wood), German School, (thirteenth century) / Metropolitan Museum of Art, New York, USA / Bridgeman Images
71. Eight presentations of the foetus in the womb, nineth century gynaecological manuscript, Brussels, Bibliothèque Royale de Belgique, MS 3701-15, fols 27v and 28r © Bibliothèque Royale de Belgique
72. A birthing tray, Florence, painted by Bartolomeo di Fruosino, 1428 © Bridgeman Images / Private Collection
73. The trickster Abu Zayd of Saruj speaking to an assembled group, the *Maqamat*, Mu-

hammad al-Hariri, illustrated by Yahya al-Wasiti, c.1237, Paris, Bibliotheque Nationale de France, MS Arabe 5847, fol. 58v

74. Saint Wilgefortis on the cross, c.1430–40 (ink on parchment), Flemish School, (fifteenth century) / Walters Art Museum, Baltimore, USA / Bridgeman Images
75. Nuns plucking penises from a tree, *Roman de la Rose*, Richard and Jeanne de Montbaston, Paris, Bibliothèque Nationale de France, MS Français 15397, fol. 22 © Bibliothèque Nationale de France
76. Abraham circumcising himself, from an illustrated Bible, France, 1355, Bibliothèque Nationale de France, MS Français, 15397, fol. 22 © Bibliothèque Nationale de France
77. A wheel of urine sprouting from a tree, German medical manuscript c. 1420, Wellcome Apocalypse, MS49 fol. 42r, Wellcome Collection
78. Watercolour showing the amputation of the foot of the Holy Roman Emperor Friedrich III, c.1493, Veinna, Graphische Sammlung Albertina, Min. 22475 © Albertina
79. Duccio di Buoninsegna (c. 1260–1318): Madonna dei Francescani (Madonna of the Franciscans). Siena, Pinacoteca Nazionale. Restored © 2018. Photo Scala, Florence – courtesy of the Ministero Beni e Att. Culturali e del Turism
80. A selection of medieval shoes, c.1200–1400, Museum of London, Object no. BC72 [79] <2496> © English School / Museum of London, UK / Bridgeman Images
81. Persian Astrolabe c.1000, Oxford Museum of the History of Science, Inv. No. 33767 © Museum of the History of Science, University of Oxford
82. Church of the Nativity, Bethlehem, 1934–9 (b/w photo) / Private Collection / Bridgeman Images
83. Map of Egypt, 1348 (vellum), Al-Idrisi or Edrisi, Abu Muhammad (c. 1100–64) (after) / Egyptian National Library, Cairo, Egypt / Bridgeman Images
84. Catalan Atlas, Abraham Cresques, c.1375, Paris, Bibliothèque Nationale de France, MS Espagnol 30 © Bibliothèque Nationale de France
85. Seven Sleepers of Ephesus (tempera on panel) Cretan School (c. 1500–1600) /Private Collection © Richard and Kalias Icons, London, UK / Bridgeman Images.
86. An anatomical diagram of a man and a woman, c.1559, Wellcome Library, EPB / D 296, anatomical fugitive sheets, CC BY
87. Excavation of a medieval plague pit in London during the construction of Crossrail © Crossrail

88. Twelfth-century casket reliquary of Saint Amandus being scanned, Maryland Medical Centre, Baltimore © Photo: Jack Hartnell

각 그림의 저작권자와 연락하고자 원 출판사가 모든 노력을 기울였으나 끝내 닿을 수 없던 경우가 일부 있습니다. 향후 입수되는 정보가 있다면 기꺼이 수정해 나가겠습니다.

찾아보기

성씨를 일관되게 사용하는 경우는 중세 시대가 끝날 무렵까지도 매우 드물었다. 다음의 찾아보기에서 성씨가 알려진 인물은 성씨를 먼저 표기했다(예: '초서, 제프리'). 이와 달리 출신지의 지명으로 알려진 인물(예: 보헤미아의 앤, 카스페르 폰 레겐스부르크, 카르타헤나의 테레사)은 이름을 먼저 표기했다. 아랍 인명 가운데 다수는 성씨 또는 부칭을 이용해 같은 방식으로 표기했다[찾아보기 항목과 위치는 한국어판에 맞추어 조정했다—편집자].

ㄱ

ㄴ

ㄷ

ㅂ

ㅅ

ㅇ

ㅊ

ㅋ

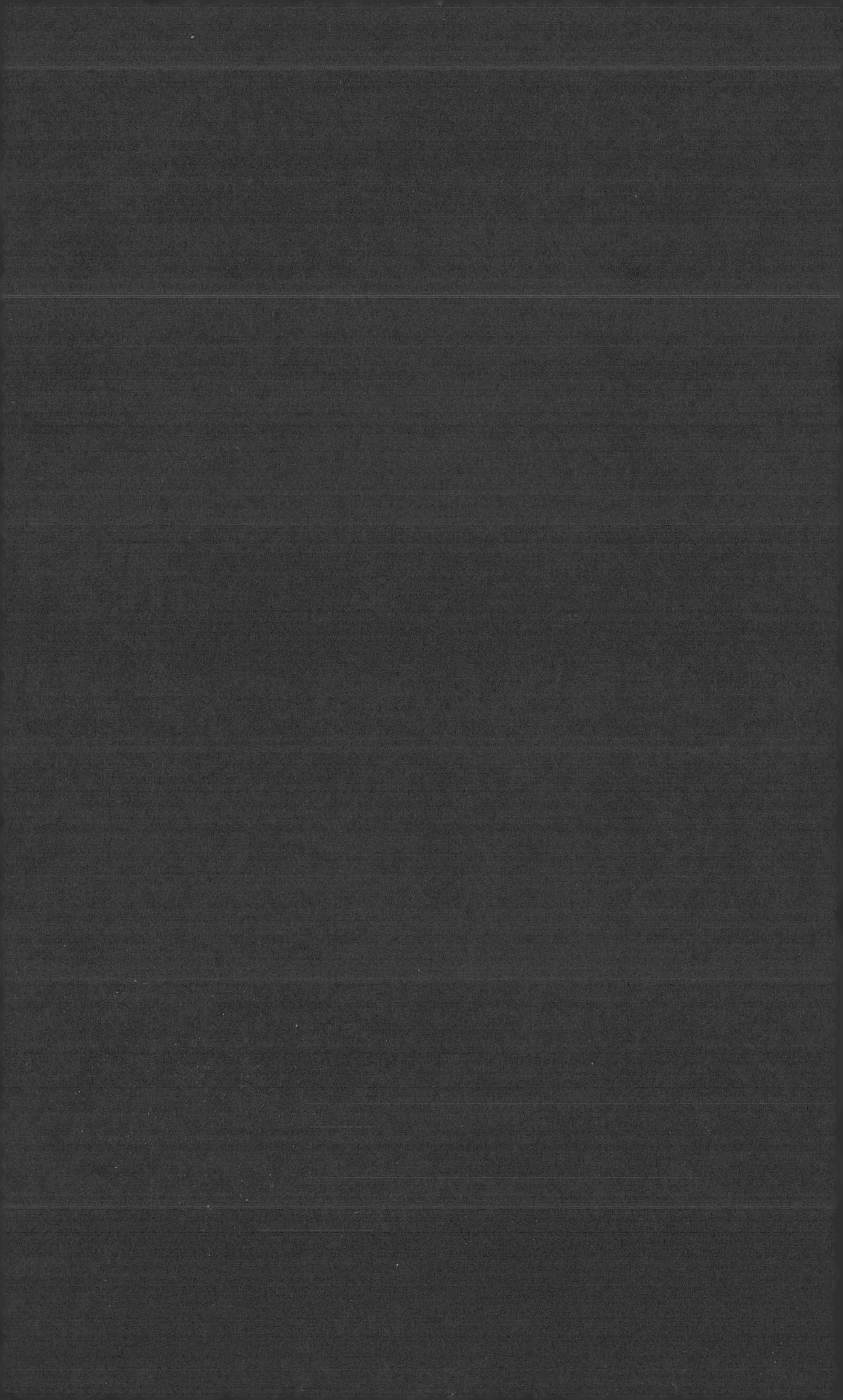